MUJER Y CULTURA EN LA COLONIA
HISPANOAMERICANA

MUJER Y CULTURA EN LA COLONIA HISPANOAMERICANA

Edición de Mabel Moraña

© **Biblioteca de América, 1996**
Instituto Internacional de Literatura Iberoamericana
1312 CL - University of Pittsburgh
Pittsburgh, PA 15260
(412) 624-5246 • (412) 624-0829 FAX

Colaboraron en la preparación de este libro:

Composición y diseño gráfico: Erika Braga
Correctores: Bladimir Ruiz y Regina Schroeder

MUJER Y CULTURA EN LA COLONIA HISPANOAMERICANA

MABEL MORAÑA, Introducción 7

I. INSCRIPCIONES DEL MITO

DIANA DE ARMAS WILSON, "A imitación de las amazonas": mujeres aguerridas en *La Araucana* 23

ROSA HELENA CHINCHILLA, La voz acallada de la mujer en dos crónicas de la Nueva España 35

RAQUEL CHANG-RODRÍGUEZ, La princesa incaica Beatriz Clara y el dramaturgo ilustrado Francisco del Castillo 51

MARÍA ANTONIA GARCÉS, Fundaciones míticas: el cuerpo del deseo en Waman Puma 67

II. INTERTEXTOS DEL HUMANISMO CRIOLLO

ALICIA COLOMBÍ-MONGUIÓ, El *Discurso en loor de la poesía*, carta de ciudadanía del humanismo sudamericano 91

TRINIDAD BARRERA, Una voz femenina anónima en el Perú colonial, la autora del *Discurso en loor de la poesía* 111

III. CUERPO Y ESCRITURA EN LA CLAUSURA MONACAL

KATHLEEN MYERS, El discurso espiritual en la fundación del convento de la Soledad: La crónica de la Madre María de San José (1656-1719) 123

ASUNCIÓN LAVRIN, La celda y el siglo: epístolas conventuales 139

MARÍA DOLORES BRAVO ARRIAGA, El "Costumbrero" del convento de Jesús María de México o del lenguaje ritual 161

MARGO GLANTZ, El cuerpo monacal y sus vestiduras 171

STACEY SCHLAU, "Yo no tengo necesidad que me lleven a la Inquisición". Las ilusas novohispanas 183

FRANK GRAZIANO, Santa Rosa de Lima y el cuerpo sacrificial 195

IV. Sor Juana Inés de la Cruz: voz y máscara

Elías Trabulse, La guerra de las finezas. La otra respuesta a Sor Filotea en un manuscrito inédito de 1691 203

José Pascual Buxó, Sor Juana Inés de la Cruz. Los desatinos de la Pitonisa 217

Georgina Sabat-Rivers, "Loa del auto a San Hermenegildo": Sor Juana frente a la autoridad de la sabiduría antigua 235

Marie Cécile Bénassy-Berling, Sor Juana frente al mundo infernal 247

Jorge Checa, Los caracteres del estrago: Babel en *Primero sueño* 257

Rosa Perelmuter, Sor Juana Inés de la Cruz ante la crítica 273

V. Otras imágenes

Julie Greer Johnson, Los pícaros y las pícaras en el Nuevo Mundo. Algunas observaciones 281

Sara Castro-Klarén, El siglo XVIII: sujetos sub-alternos y el teatro de la Perricholi 295

Nancy Vogeley, La figuración de la mujer. México en el momento de la Independencia 307

MUJER Y CULTURA EN LA COLONIA HISPANOAMERICANA

Introducción

Material primario de mitos ancestrales, protagonista oculta y subalterna de las heroicas gestas de resistencia americana, oscuro objeto del deseo y de las proyecciones imaginarias de los conquistadores, habitante callado pero no mudo de los espacios cortesanos, monacales y domésticos de la Colonia y luego, poco a poco, presencia subversiva en los contradictorios escenarios protonacionales, la mujer colonial sigue ocupando un espacio en gran parte todavía impenetrado por el discurso crítico e historiográfico latinoamericano.

Las múltiples facetas de su existencia histórica, como las de otros sectores sometidos y marginalizados por las prácticas del poder, se confundieron siempre con las imágenes que de ella produjeron los dominadores, "dueños de la letra" que desde el Descubrimiento a nuestros días han ejercido la hegemonía representacional y la decodificación discursiva.

Es difícil percibir su perfil en los relatos de la historia patriarcal, en la cuantificada historiografía neoposivista y liberal que ha leído su presencia apenas como la verificación de una variable de epopeyas masculinas que la asocian a los mitos de la fertilidad, a los ideologemas del honor y la virtud o a los paradigmas de familia y Estado que fundaron los imaginarios nacionales de América, otorgándole siempre una posición subalterna o ancilar dentro de los proyectos dominantes.

Más difícil aun es rescatar su voz propia y las alternativas de una intrahistoria sectorial que cuando aflora gracias a la indagación de archivo y a la interpretación textual nos revela desde una perspectiva inédita la conflictiva red de valores, creencias y prácticas sociales que dio origen a la sociedad criolla.

El espacio vital y discursivo de la mujer colonial fue siempre un ámbito acotado y controlado por estrategias y retóricas que le asignaron valores y funciones precisas e inapelables destinadas a confirmar y fortalecer el lugar del Poder. Por eso sus modos de existencia, sus luchas y sus logros pueden ser hoy leídos solamente como micro-relatos que concentran y sobrepasan las contradicciones y conflictos de la totalidad en la que se inscriben. Por eso también su actividad es siempre percibida como transgresora, fronteriza y beligerante, su *modus operandi* como alegórico, reticente o paradójico, y sus logros como puntas de un *iceberg* que hunde su base en las aguas oscuras de una historia que, como las riquezas de América, se convirtió en ajena antes de haber podido comenzar a ser propia.

El presente volumen sobre *Mujer y cultura en la Colonia hispanoamericana* intenta rescatar esas imágenes para empezar a hilarlas como trama de un tejido distinto al que ofrecen las versiones tradicionales del período que comienza en América con el descubrimiento de Europa (de sus *adelantados*, misioneros y burócratas, de sus libros, sus pestes y sus mitos) y se extiende hasta la fundación de los estados nacionales.

Los trabajos reunidos en este libro recorren un periplo que va desde las primeras imágenes rescatadas en crónicas, relaciones e iconografías coloniales hasta las que se acercan a las etapas que preparan la Independencia. A pesar de su variedad de tópicos y métodos, los estudios coinciden en el objetivo de recuperar, a través de la investigación de documentos y la interpretación textual, los rasgos que definen un sujeto social siempre en huida, multifacético y reticente, que casi nunca se revela en una primera lectura y que habita primordialmente en los márgenes y en las entrelíneas de los discursos masculinos.

El volumen presenta cinco aspectos complementarios de la presencia de la mujer en los discursos coloniales. El primero, bajo el título de "Inscripciones del mito" registra el pasaje de representaciones femeninas de la oralidad mítica al discurso letrado de las crónicas, la épica y el drama ilustrado. El segundo apartado, "Intertextos del humanismo criollo", analiza la inserción poético-humanística de la mujer en uno de los pocos textos que la integran a la tradición canónica europea y americana: el *Discurso en loor de la poesía*. El tercero, "Cuerpo y escritura en la clausura monacal" propone una serie de calas en las intrincadas alternativas de la disciplina conventual y la religiosidad colonial. El dedicado a la Décima Musa, bajo el título de "Sor Juana: voz y máscara", explora diferentes aspectos de la siempre intrigante e inagotable obra de la monja mexicana. Finalmente, "Otras imágenes" registra la presencia de la mujer en textos picarescos y en discursos de los siglos XVIII y XIX que ya anuncian los avances de la emancipación americana.

En sus cinco apartados, *Mujer y cultura en la Colonia hispanoamericana* se aboca de este modo a una exploración múltiple de la mujer como presencia mítica, como sujeto histórico y social, como productora cultural y como imagen producida por los discursos dominantes a partir de los modelos y paradigmas que constituyeron el imaginario patriarcal de Occidente y conformaron el sustrato ideológico fundacional de la América hispana.

La mujer aparece a veces con una dimensión casi onírica, como ensoñación y proyección imaginaria en la que se concentra una memoria cultural muy anterior al error de cálculo que propiciara la materialización, para los europeos, del siempre presumido territorio de ultramar.

En la primera parte del libro titulada "Inscripciones del mito", Diana de Armas Wilson nos muestra, por ejemplo, la imagen de las amazonas como paradigma cambiante que desde el mito griego hasta el Siglo de Oro español reinventa la leyenda entregando en cada versión imágenes fragmentarias de un yo que se proyecta simbólicamente en su *alter ego* femenino. Como nos explica la autora, la amazona concentra el carácter aguerrido con la sexualidad anticonvencional, inspirando la imagen de *mujer varonil* que desafía, con la transgresión genérica, los espacios controlados del orden masculino.

Madres desnaturalizadas que se apareaban libremente y devolvían a sus padres los hijos varones, siempre militantes, rebeldes y evasivas, estas mujeres prodigiosas constituyen una raza distinta, un "otro" que articula temores y deseos y que es capaz de sobrevivir prescindiendo del hombre y combatiéndolo exitosamente.

La hermandad autosuficiente de las amazonas nutre las pesadillas de los conquistadores y de los humanistas europeos que, a través de textos y épocas variadas, especulan sobre sus orígenes y costumbres y testimonian sus presuntas apariciones, configurando el mapa de la leyenda. Entre otros, Alonso de Ercilla recoge el mito de las amazonas construyendo en *La araucana* modelos femeninos "de imitación" (Doña Mencia de Nidos, Fresia) que integrados en el discurso épico erosionan con su espíritu transgenérico la hegemonía masculina representando a su manera un valor primordial en el discurso épico: la defensa, hasta el sacrificio, del territorio amenazado.

Rosa Helena Chinchilla analiza el mito de la Malinche a partir de la representación que de ella hace Bernal Díaz del Castillo en su *Historia verdadera de la conquista de la Nueva España* y también a partir de las imágenes que nos llegan a través de *Los lienzos de Tlaxcala*, que realizan la historia pictórica de la "lengua" de Cortés. La autora estudia el tema de la voz femenina y los códigos medievales de conducta que aconsejaban para la mujer el comportamiento "callado" como requisito de la armonía social. La autora se refiere asimismo a los ideales femeninos presentes en el mundo musulmán, que alude a la mujer sólo a través del razonamiento analógico, para mostrar hasta qué punto la figura de Malitzin —símbolo de la voz que posibilita la gesta masculina— contradice los modelos más vigentes en el imaginario peninsular. Doña Marina es apropiada por Bernal siguiendo los modelos de la humildad cristiana y supeditándola a la figura del héroe cuyo honor la intérprete tiene que proteger. Sin embargo, el protagonismo de la "lengua" es inocultable, y Hernán Cortés, conocido él mismo por el nombre de Malinche, es por momentos obnubilado por la mujer que lo acompaña.

En los lienzos tlaxcaltecas la figura de la Malinche muchas veces sobrepasa la del conquistador, resaltando la importancia de la acción popular de los vencidos con mucho más énfasis del que usa al respecto el discurso letrado. Ambas representaciones apuntan apenas, sin embargo, a la zona oscura de la interacción genérica y discursiva en la Colonia, dejando abierto un amplísimo campo de indagación no sólo sobre el papel de los sujetos femeninos en la Conquista sino también acerca del valor ideológico de las estrategias representacionales a partir de las cuales el productor colonial se apropia de su empiria y la reformula simbólicamente.

En lo referente al mundo andino, el trabajo de Raquel Chang-Rodríguez se centra en la figura de la princesa incaica Beatriz Clara, cuyo matrimonio con el capitán Martín García de Loyola, descendiente de Ignacio de Loyola, uno de los fundadores de la orden jesuita, representa simbólicamente los vínculos entre la nobleza indígena y los representantes de la política virreinal. Chang-Rodríguez estudia versiones iconográficas y dramáticas de la boda, particularmente la loa a *La conquista del Perú* de fray Francisco del Castillo, dramaturgo del siglo XVIII. En esta composición se reproduce el tema de la unión de la Nación peruana con un representante de Europa, situación que recoge la relación fundacional entre la princesa incaica y el capitán español.

De la Colonia a la Ilustración, la sociedad criolla se define siempre por esta conflictiva tensión entre mundos y culturas que siendo primariamente antagónicas, se encuentran y se funden dando lugar a la América mestiza donde la heterogeneidad de clases, etnias y culturas es la principal marca de identidad y la principal fuente de indagación poética e histórica. De ahí que las instancias míticas se reciclen y reactualicen de manera constante, haciendo de la literatura una constante práctica de exploración simbólico-ideológica de los sustratos culturales en que se fundan proyectos y utopías.

En la *Nueva corónica y buen gobierno* de Felipe Guaman Poma de Ayala la imagen femenina aparece asociada al mito de la creación. María Antonia Garcés explora la figura de Mama Waku, madre de Manco Capac y también creadora de artes y hechicerías en el ámbito andino. Su condición de fundadora de la dinastía incaica se combina, en la elaboración de Guaman Poma, con su capacidad oracular y con un carácter lujurioso y seductor que introduce la idea del incesto y, por tanto, de la ilegitimidad de la estirpe incaica: Mama Waku, perteneciente a la casta de los *amaru*, se casa con su hijo, contraviniendo así el orden natural con un desafiante sesgo de diabolismo fundacional.

Como indica Garcés, esta imagen femenina que termina desplazando a la del hijo, corroe los valores y códigos del dominador, y ayuda a preservar, a pesar del proceso de la aculturación colonialista, el imaginario del dominado. La sexualidad anticonvencional remite otra vez, como en el caso de las amazonas, a un cuerpo que es objeto/sujeto del deseo, espacio de lo prohibido y, al mismo tiempo, piedra fundacional de una historia que, en el caso del Incario, el pueblo sojuzgado elabora a partir de sus tradiciones y sus símbolos.

Los estudios dedicados por Alicia de Colombí-Monguió y Trinidad Barrera al *Discurso en loor de la poesía* y reunidos bajo el título de "Intertextos del humanismo criollo" su ubican en el nódulo mismo de la alta cultura virreinal. La autora anónima del *Discurso* realiza su apología poética, como nos muestra Colombí-Monguió, como una empresa que utiliza el subgénero de la defensa para reivindicar, desde la perspectiva femenina pero también desde la posición criolla, los logros que legitimaban la integración del escritor americano en el Parnaso humanista. Doble subversión de códigos y paradigmas que busca abrir espacio a productores culturales marginalizados al pugnar por el reconocimiento de un humanismo virreinal que reelabora los *topoi* clásicos y redefine el concepto mismo de poesía, empujando los límites del canon.

Colombí-Monguió explora la intertextualidad genérica y los subtextos del *Discurso* que van definiendo, a través de las redes de la *imitatio* humanística la percepción poética original de Clarinda. Descubre así el proyecto de promover un humanismo intercontinental, o sea un universalismo de nuevo signo que desde la perspectiva criolla y femenina debía reivindicar a la Colonia como *locus* productor de cultura capaz de desafiar los fundamentos mismos del exclusivismo europeo.

En el estudio de Trinidad Barrera se hace énfasis en el *Discurso en loor de la poesía* en tanto discurso marginal que desafía el espacio hegemónico a partir de diversas "estrategias de autorización" que permiten elaborar la condición subalterna del sujeto americano. Barrera reconoce en el texto de la anónima autora peruana el proyecto de redefinir el espacio cultural americano desde una posición de enunciación que denota las marcas de la doble subalternidad de la mujer americana. Explora el problema de la identidad de la escritora virreinal, de sus "tretas" de auto-ocultamiento y simbolización y de sus recursos de apropiación canónica e inscripción genealógica, leyendo el *Discurso* en su vinculación con otros textos y tradiciones que alimentan su vertiente humanística. Al mismo tiempo, Trinidad Barrera sugiere la proyección del largo poema peruano hacia lo que sería el futuro de las letras hispanoamericanas, reafirmando su valor de texto fundacional que desde su posición desplazada inaugura, sin embargo, los términos de una larga lucha por la definición y reconocimiento de la identidad cultural del continente.

El apartado dedicado a "Cuerpo y escritura en la clausura monacal" se adentra en el laberinto disciplinario y altamente simbólico del mundo conventual y en las complejas redes de la religiosidad colonial. Los estudios agrupados dentro de esta temática revelan formas de existencia y productividad cultural femeninas que sobrevivieron tanto a la rigidez y las imposiciones del dogma como al *borramiento* de la memoria histórica.

El trabajo de Kathleen Myers sobre la crónica de la Madre María de San José nos entrega no solamente información sobre la vida conventual novohispana sino también sobre las estrategias para la inscripción de la experiencia cotidiana dentro de la codificada escritura eclesiástica. Nos da ejemplo, a través del caso de la monja agustina, de los peregrinajes, ceremonias, tormentos y escándalos que en general rodearon la vida de las monjas en su misión de expansión de la estructura eclesiástica desde la que se ejercía la enseñanza cristiana y la devoción monacal.

La relación de María de San José se centra en las alternativas que rodearon a la fundación del Convento de la Soledad en la actual ciudad de Oaxaca, entonces Antequera, en 1697. A partir de este hecho, se rescata el relato autobiográfico que forma parte de la crónica espiritual de la agustina, el cual narra su triunfo sobre los demonios persecutorios que la asediaron gran parte de su vida. Asimismo la narración incluye datos sobre su vida cotidiana y experiencias místicas, en una relación de alto contenido testimonial y valor historiográfico.

De modo similar, el estudio de la conocida historiadora Asunción Lavrin acerca de Sor Lorenza Bernarda nos introduce a la compleja red de relaciones que unían la vida conventual con el resto de la sociedad novohispana. En "La celda y el siglo: epístolas conventuales" Lavrin analiza principalmente fragmentos del discurso epistolar que se establece a través de las misivas ente la monja capuchina y Doña Ana Francisca de Zúñiga y Córdoba, personalidad de la alta sociedad novohispana, quien termina traicionando la confianza de su corresponsal al denunciar ante el Consejo de Indias los supuestamente oscuros motivos de la franciscana al intentar fundar un nuevo convento en la ciudad de Puebla.

El estudio resalta la importancia del convento como ámbito controlado de recogimiento femenino y centro de primordial importancia cívica y religiosa. A partir de la lectura del trabajo de Lavrin se verifica una vez más el papel central de la educación eclesiástica en el proceso de disciplinamiento social e ideológico, la importancia en la selección y promoción de valores comunitarios y la funcionalidad que las autoridades eclesiásticas ejercían sobre la sociedad en general.

La hermandad que se desarrollaba en los claustros requería una disciplina de alma y cuerpo que con frecuencia sólo encontraba alivio en la escritura, la cual tendía puentes destinados a unir los represivos espacios conventuales con las instituciones y personajes del exterior.

Contemporánea de Sor Juana y de la Madre María de San José, Sor Lorenza Bernarda se vincula a las mismas autoridades eclesiásticas que marcaron a fuego la vida y la obra de la Décima Musa: el arzobispo Francisco Aguiar y Seijas y el obispo de Puebla, Manuel Fernández de Santa Cruz, entre otros. El discurso epistolar nos revela una vez más, como en el caso de Sor Juana, la peligrosa pasión por la palabra, recurso transgresor gracias al cual hoy podemos escudriñar el inmenso silencio de esa época en la que la mujer busca no sólo formas de expresión personal, comunicación y denuncia, sino también de integración, a través de diversas prácticas participativas, en la sociedad de su época.

Pero las peripecias por las que atraviesa la escritura conventual no pueden valorarse plenamente sin el conocimiento de las condiciones de producción de esos discursos que revelan la intimidad individual y colectiva en el ámbito eclesiástico. Como derivación y reforzamiento de las imposiciones del dogma, la disciplina conventual reglamenta las prácticas individuales y comunitarias, la disposición de los objetos y la regulación de las horas que articulan el espacio privado a las exigencias de la meditación, la devoción y el adoctrinamiento.

El estudio de los *Costumbreros*, libros canónicos que establecen los hábitos y ritos que deben regir la domesticidad y la institucionalidad conventuales, nos introduce al mundo de la clausura monjil, presidido por la autoridad masculina, a la que se subordina la potestad de la Abadesa, madre espiritual de su comunidad. El estudio de María Dolores Bravo, centrado en el *Costumbrero del Real Convento de Jesús María de México*, de 1685 (el cual incluye la aprobación explícita del conocido arzobispo Aguiar y Seijas) ilustra acerca de la fuerte incidencia que tiene la organización de la rutina en la jerárquica sociedad conventual. La autora anota de qué modo la regulación del *Costumbrero* sigue el modelo familiar así como el de la reglamentación castrense o carcelaria al establecer rígidamente la utilización que debe hacerse de los espacios, las horas y los ritos eclesiásticos. El *Costumbrero* moldea la identidad de la religiosa reforzando las ideas de obediencia, subordinación, humildad y austeridad como requisitos para la armonía colectiva y la salvación individual.

La sumisión del cuerpo al espíritu es constantemente enfatizada y simbolizada a través de la gestualidad individual y de las actividades prescritas a todos los que integran la familia conventual. El papel del confesor, el régimen de castigos y penitencias, así como la consistente obligación de negar el yo sometiéndolo por medio de la represión doctrinaria y la autocensura, son aspectos insoslayables de la vida religiosa, que contribuyen a explicar los términos en los que va formalizándose el imaginario eclesiástico-letrado en la Colonia como expresión y transgresión de una subalternidad planificada hasta en sus más mínimos detalles en beneficio del Poder.

En "El cuerpo monacal y sus vestiduras" Margo Glantz explora a su vez el tema del sacrificio y el padecimiento conventual descubriendo en el castigo físico de la religiosa un ritual de purificación y redención comunitarias, que utiliza a la mujer como cuerpo del sacrificio. El trabajo de Glantz se basa en el *Parayso Occidental* de Carlos de Sigüenza y Góngora, pensado por su autor como un libro que relata la historia del convento de Jesús María, fundado en México en 1580.

Como en el caso de las relaciones que tienen como centro los conventos antes mencionados, el texto del polígrafo mexicano incluye además de la historia conventual elementos hagiográficos y técnicas de disciplinamiento tendientes a guiar la vida de la hermandad concepcionista. Glantz se concentra en la relación referida a dos hermanas, Inés de la Cruz y Marina de la Cruz, la primera de las cuales escribe su propia biografía, que Sigüenza y Góngora incorpora en su texto.

En las prácticas del sacrificio y el autocastigo que conducen a la santidad, Glantz descubre una teatralización didáctica y una retórica corporal destinadas a controlar las fuerzas diabólicas que se asientan primordialmente en el cuerpo femenino imposibilitando la elevación espiritual. No exento de placer masoquista, el sacrificio individual se compensa con las visiones místicas y con la conciencia de una heroicidad devota que purga los pecados de la comunidad en el cuerpo propiciatorio de la religiosa.

El estudio de Stacey Schlau sobre ilusas novohispanas se basa en el caso de María Rita Vargas y María Lucía Celis, cuyos testimonios son presentados ante el tribunal inquisitorial en relación a un juicio que duró diez años y que involucró al sacerdote Antonio Rodríguez Colodrero, confesor de las dos mujeres, acusado de extralimitaciones en su función de consejero espiritual. El estudio de Schlau resalta la importancia de la escritura como parte de la relación inter-individual y como recurso de producción de sujetos y documentación forense dentro de los diversos estratos de la institucionalidad eclesiástica.

La autenticidad de los diarios de María Rita y María Lucía, presentados en la letra del confesor que supuestamente transcribía sus versiones originales, es inverificable. Pero ese mismo hecho arroja luz acerca del complejo sistema de mediación escrituraria propio de la Colonia y sobre la constante usurpación de individualidad que derivaba habitualmente del autoritarismo eclesiástico. El proceso de inscripción/transcripción de peripecias y conflictos personales, así como el de su fiscalización y utilización textual como evidencia acusadora nos informan sobre los mecanismos de fetichización escrituraria que convertían a la ciudad letrada en un recinto panóptico controlado por el dogma y la autoridad masculina.

La experiencia visionaria, el paradigma de la familia como núcleo de orden, armonía y elevación moral, el elemento erótico como metáfora de la transgresión y la escritura como inscripción del yo o marca de otredad, al igual que en los otros estudios acerca de la vida conventual reunidos en este volumen, constituyen una red que revela el complejísimo ámbito de la subjetividad femenina colonial amenazada por el dogma y desafiante ella misma por su irreductible potencial subversivo. La documentación que nos llega sobre la vida conventual no es sólo fragmentaria sino, como indica Schlau, caleidoscópica. Solamente un cuidadoso trabajo de contextualización y de interpretación puede abrirse paso entre los signos y símbolos que componen el tejido representacional en el que la mujer es siempre un personaje subalterno, y lograr dar sentido a las voces múltiples y muchas veces contradictorias del período.

El complejo tema de la religiosidad virreinal se completa en este libro con el sugerente trabajo de Frank Graziano sobre "Santa Rosa de Lima y el cuerpo sacrificial", donde se aborda el tema de la identidad criolla a través del estudio de quien fuera la primera santa americana.

El autor de éste se aproxima al proceso de beatificación, canonización y textualización de Santa Rosa de Lima a través de las analogías poéticas que sugiere su nombre, el cual alimenta la leyenda del autosacrificio y el triunfo sobre la materialidad terrenal. Graziano vincula el tema del marianismo al de la sexualidad femenina extendiéndose sobre los tropos de la jardinería como cultivo de la pureza, extirpación del mal y expiación de los pecados.

La vida, sacrificio, muerte y resurrección beatífica de Santa Rosa no es sólo una aproximación a la textualización hagiográfica, sino una introducción a uno de los mitos más fecundos y significativos de los que componen el imaginario criollo. La mujer, esta vez elaborada como constructo mítico-simbólico, es el núcleo de una religiosidad transculturada, que al reformular en la Colonia los principios y ritos de la cristiandad, los articula a las condiciones sociales e ideológicas específicas del Nuevo Mundo. Santa Rosa purga en su cuerpo el pecado de un cristianismo explotador y despiadado que se asocia con el orden masculino, paradigma de la autoridad. A partir de su sacrificio fundacional, la Iglesia se proyecta hacia las etapas futuras de una historia que requeriría nuevas formas de protagonismo político y social. Santa Rosa es sólo el primer pilar y, por lo mismo, uno de los más significativos del edificio americano, en el que la mujer es, en tantos casos, incorporada como paradigma de la fecundidad y como ejemplo de autoinmolación en los altares del Poder.

Todos estos trabajos, que en sí mismos constituyen una excelente aproximación a áreas tan específicas e interconectadas de la cultura colonial, forman en su totalidad un discurso crítico que contextualiza a nueva luz otros temas más explorados, pero de ningún modo agotados, de la historia colonial.

Los trabajos reunidos bajo el título de "Sor Juana Inés de la Cruz: voz y máscara" rinden homenaje a la Décima Musa rescatando aspectos muy diversos y a veces insospechados de la obra de la monja mexicana, demostrando que la investigación colonial presenta aún innumerables desafíos al estudioso contemporáneo.

El primero de ellos, titulado "La guerra de las finezas. La otra respuesta a Sor Filotea en un manuscrito inédito de 1691", nos confiere el inusual privilegio de anunciar al lector el hallazgo de un nuevo texto rescatado gracias a la erudita perseverancia de Elías Trabulse, que en el año del tercer centenario de la desaparición de la monja nos acerca esta nueva evidencia del ingenio barroco. El manuscrito inédito al que hace referencia el investigador mexicano encaja a la perfección en el conjunto epistolar que constituyen la "Crisis de un sermón" o "Carta Atenagórica", la dirigida al Padre Núñez de Miranda, hallada en Monterrey en 1982, y la famosa "Respuesta a Sor Filotea de la Cruz", documentos medulares para el estudio de la obra de la monja mexicana y de las encrucijadas por las que atraviesa la identidad criolla en sus desafíos al Poder imperial y a sus representantes virreinales.

Para no arrebatar al lector de este libro el placer de descubrir por sí mismo los intríngulis de esta inserción textual que ilumina el tema de la autoría y de la autoridad escrituraria en la Colonia no revelaremos en este prólogo demasiados detalles del texto a que hace referencia Elías Trabulse, y que se encuentra actualmente en prensa en la Ciudad de México. Diremos solamente que Trabulse recrea las alternativas de la polémica discusión que hace Sor Juana del "Sermón del mandato" pronunciado por el jesuita portugués Antonio Vieyra entre 1642 y 1652 en la Capilla Real de Lisboa, reconstruyendo los vínculos textuales de ese debate y la compleja red de interrelaciones personales que condicionan y explican las instancias retórico-ideológicas que constituyeron "la guerra de las finezas". En ese contexto, el recién descubierto manuscrito novohispano firmado por la pluma de Serafina de Cristo adquiere su real dimensión, abriendo al investigador una nueva puerta hacia la reconstrucción histórico-literaria del siglo XVII.

Las relaciones entre Sor Juana, el obispo de Puebla, Manuel Fernández de Santa Cruz, y el confesor de la monja y calificador de la Inquisición, Padre Antonio Núñez de Miranda, se desplazan como en un tablero de ajedrez por los compartimientos textuales, permitiendo entrever, a través de las máscaras barrocas, los juegos de poder que la monja tuvo que enfrentar para llevar a cabo su empresa intelectual. Este nuevo documento al que nos introduce el estudio de Elías Trabulse, y que sin duda ocupará a muchas generaciones de estudiosos del Barroco de Indias, une el ámbito privado de la cotidianeidad conventual con las regulaciones del espacio público, las aventuras de la escritura con las imposiciones del dogma, la potencialidad de la femineidad monacal con el autoritarismo del mundo masculino, avenidas todas que confluyen en la obra de Sor Juana y que en tantos sentidos marcan las etapas posteriores de la cultura americana.

El trabajo de José Pascual Buxó sobre el *Epinicio gratulatorio al Conde de Galve* es otro ejemplo de erudito sondeo textual y capacidad interpretativa. Pascual Buxó estudia la recepción que de esta composición realizaron diversos críticos, así como el contenido poético y valor histórico-literario de esta pieza apologética en la que Sor Juana proyecta su estatura humanística articulando la ocasión a lo permanente, lo circunstancial al universo mítico-simbólico que constituía en gran medida el imaginario barroco.

Pascual Buxó recupera la coyuntura histórica de la que surge el texto sorjuanino y las relaciones intertextuales que permiten comprender el *Epinicio* dentro de la obra total de la Décima Musa. Asimismo analiza los elementos en los que se apoya el armazón retórico del texto y la actualización de tradiciones, mitos y tópicos que la monja reelabora en función de su tema.

En el trabajo sobre la "Loa del auto a San Hermenegildo: Sor Juana frente a la autoridad de la sabiduría antigua" Georgina Sabat-Rivers reconstruye las circunstancias de producción de esta composición sorjuanina, adentrándose en el estudio del contenido americanista y de las tradiciones humanísticas que se combinan en su elaboración. Sabat-Rivers estudia el concepto de historia subyacente en el auto, así como la integración del discurso escolástico, realizando un cuidadoso análisis textual que deja al descubierto la perspectiva sorjuanina sobre la importancia del Descubrimiento, el tema de la verdad histórica, el problema del conocimiento y la asimilación de aspectos científicos, puntos todos enfocados desde la perspectiva femenina que reafirma su presencia y capacidad de penetración en los temas más variados del repertorio cultural de la época.

A la elaboración de la loa no son ajenas las implicancias ideológicas que van unidas al tema del libre albedrío que sale a luz con la discusión en torno a las finezas de Cristo, tópico tan presente en la obra de Sor Juana y en general en el debate hermenéutico de su tiempo. Asimismo el reordenamiento del mundo a partir del Descubrimiento de América impulsa la idea de que con el mundo americano se inaugura una nueva etapa histórica que marca necesariamente una ruptura con concepciones anteriores, indicando hasta qué punto es imprudente la aceptación de verdades absolutas, que nuevos descubrimientos pueden echar por tierra.

Como en la "Loa del auto a San Hermenegildo", la propia circunstancia histórica de Sor Juana representa, desde el punto de vista de las praxis sociales y de las aventuras del conocimiento, un *tour de force* respecto a las acendradas tradiciones humanísticas y a los discursos del poder político y religioso. Sus textos evidencian la presencia de un nuevo sujeto social americano y como en la loa estudiada por Sabat-Rivers, un *plus ultra* de nuevos territorios conquistados para el conocimiento, cuyo mapa la mujer, a partir de la pionera labor de la jerónima, ayudaría en tan gran medida a definir.

Marie-Cécile Bénassy-Berling estudia a "Sor Juana frente al mundo infernal". Su trabajo se adentra en el tema del satanismo cristiano revisando ejemplos bibliográficos que aportan elementos sobre la mentalidad novohispana, particularmente en lo que tiene que ver con la constitución del imaginario diabólico. Bénassy-Berling hace referencia a las diversas representaciones del mundo demoníaco, donde el diablo con frecuencia canaliza elementos de sátira o crítica sociales, o sirve como elemento burlesco o atemorizante, según las necesidades del discurso o situación concreta en que su imagen es utilizada.

En los textos de Sor Juana, la presencia diabólica aparece aludida muchas veces de manera indirecta, tratando de mantener sus referencias dentro de las definiciones tridentinas en cuanto a la representación de Infierno y Purgatorio. En cuanto a las alusiones más directas al tema, Bénassy-Berling hace referencia a la *Respuesta a Sor Filotea*, los villancicos a Santa Catarina de Alejandría, los autos sacramentales y otras composiciones poéticas tratando de definir la imagen que del demonio configura la percepción de la monja jerónima y ofreciendo así al lector otra faceta de la obra de esta mujer letrada, de tan decisiva influencia en la construcción del imaginario americano.

Jorge Checa, por su parte, se dedica a una de las composiciones más complejas e intrigantes de Sor Juana Inés de la Cruz. En su estudio "Los caracteres del estrago: Babel en *Primero sueño*", el autor se concentra en la composición sorjuanina en tanto texto polisémico y autorreflexivo, persiguiendo el proceso discursivo a partir del cual va desencadenándose la producción de significados. Teniendo en cuenta el modelo de las *Soledades* de Góngora, el estudio de Checa recorre los niveles temático, lingüístico y compositivo del *Primero sueño*, prestando principal atención a los recursos discursivos y símbolos a partir de los cuales se construye el poema. Estudia los elementos de la *episteme* clásica y sus vinculaciones con la imagen de la pirámide, en tanto símbolo que connota la aventura intelectual. Autorreferencial y enigmático, el *Primero sueño* continúa siendo un desafío para la crítica sorjuanina, ilustrando la cualidad babélica sobre la que Jorge Checa llama la atención en este ensayo.

El estudio de Rosa Perelmuter titulado "Sor Juana Inés de la Cruz ante la crítica", éste nos entrega una aproximación a las distintas etapas de recepción por las que ha atravesado la obra de la monja barroca principalmente a lo largo del siglo XIX. Haciendo referencia a ediciones y estudios críticos que relevaron y evaluaron la obra de Sor Juana, Perelmuter descubre la existencia de diversos modelos historiográficos y paradigmas críticos que han guiado la incorporación de sus obras al canon dominantemente masculino de las letras americanas.

El tema de la condición femenina de la escritora barroca es recurrente en los estudios críticos, como fórmula de atenuación o falsa exaltación de las cualidades literarias de la autora del *Primero sueño*. A la excepcionalidad y métodos creativos de la monja se suman así los que se asocian con la ruptura de esquemas crítico-historiográficos a que obliga la atipicidad y dimensión de su genio.

Perelmuter nos introduce a un tema que puede ser, sin duda, expandido espacial y temporalmente: el de la recepción e institucionalización del discurso sorjuanino, desde el siglo XVIII a nuestros días. El estudio crítico-historiográfico de la obra de Sor Juana, que fuera incorporada como parte del imaginario nacional mexicano y también del latinoamericano a través de múltiples y muy diversas lecturas, dice mucho no solamente sobre las apropiaciones que se han realizado de sus textos sino sobre la definición cultural e ideológica de quienes desde posiciones de poder cultural han decidido qué aspectos de su obra, y en qué medida, merecían integrar el *corpus* de las bellas letras americanas. Como sucede con su propio proceso creativo, también a través de su recuperación crítica, la obra de Sor Juana se diversifica, fragmenta y recompone. Voz y máscara, entonces, de una presencia femenina que aunque gana la fama por la palabra, también calla y se encubre para sobrevivir.

El último apartado del volumen reúne, bajo el título general de "Otras imágenes", tres estudios sobre la representación de la mujer en textos coloniales.

El de Julie Greer Johnson caracteriza la picaresca peninsular y se refiere a los cultivadores americanos del género, desde Mateo Rosas de Oquendo a Fernández de Lizardi. Los elementos picarescos están presentes en el anecdotario de crónicas y relaciones del siglo XVI, pero será el siglo barroco el que verá florecer la recepción de la picaresca en América.

Julie Greer Johnson analiza la presencia de pícaras en el discurso literario de la Colonia, descubriendo rasgos del género en las obras de Rodríguez Freile, Sigüenza y Góngora y Sor Juana Inés de la Cruz. En las relaciones de *El carnero*, como en el teatro de Cristóbal de Llerena, los elementos satíricos nutrían ya la representación del mundo colonial, otorgando a la mujer un papel fundamental como vehículo para señalar, a través de la crítica social, la corrupción de las costumbres coloniales. En obras posteriores, el modelo se prolonga como manera de reformular, dentro de los límites de la discursividad canónica, la percepción del mundo americano, que porfiadamente se apartaba del destino de sumisión y orden que le asignara el proyecto imperial, exponiendo conductas sociales que trasgredían los paradigmas de la virtud.

Johnson destaca la función del humor y la ironía, así como la transformación que sufre el género picaresco al ser adaptado a la realidad americana. La representación de la mujer colonial como pícara sirve como canalización del estereotipo misógino, permitiendo su inclusión en el discurso masculino como ejemplo de decadencia moral. Asimismo Johnson recupera en su estudio figuras como la de Catalina de Erauso, quien en su peripecia americana ejemplifica la expansión de la mujer hacia espacios masculinos, promoviendo una deconstrucción crítica de la sociedad de la época. La picaresca canaliza así no sólo temas vinculados a la justicia social sino también sentimientos incipientes de identidad criolla, a los que la mujer incorporara su propia agenda elaborada desde el margen de los discursos y las prácticas masculinas.

Como otro ejemplo de picaresca americana, el estudio de Sara Castro-Klarén sobre "El siglo XVIII: sujetos subalternos y el teatro de la Perricholi" nos adentra nuevamente en el mundo andino, mostrando la funcionalidad del espectáculo teatral como canalización y simbolización del protagonismo femenino. Castro-Klarén nos presenta un mundo carnavalizado en el que se unen vertientes discursivas de muy diversa estirpe y en el que la retórica corporal cumple un papel transgresor y desafiante de los principios de orden y autoridad.

La autora recoge las distintas fuentes que registran la vida de Micaela Villegas, "perra-chola", actriz cómica, iletrada, escandalosa y amante del viejo virrey Amat que la celebra en público minando su propio espacio de poder con esta implantación populachera. Castro-Klarén resalta la naturaleza híbrida de esta mujer, cuya gestualidad metaforiza la decadencia colonial. Al mismo tiempo, destaca su valor contestatario y el desmontaje social que posibilitan sus conductas transgresoras. La picaresca figura de la Perricholi es construida por sus biógrafos masculinos a través de distintas intancias, desde Ricardo Palma a nuestros días. De modo que su historia es en realidad la peripecia de las lecturas y apropiaciones discursivas que de ella hacen los historiadores y escritores que siguen siendo seducidos por su encanto emblemático.

El último estudio del volumen corresponde al trabajo de Nancy Vogeley titulado "La figuración de la mujer: México en el momento de la Independencia", en el que se analiza la irrupción de la imagen femenina en la escena pública a través de periódicos, oratoria religiosa, declaraciones políticas y las múltiples simbolizaciones que acompañan su representación. Vogeley analiza la articulación de estas imágenes con el liderazgo masculino y el papel que ambos cumplen en la configuración del nacionalismo y de los proyectos político-ideológicos que lo sustentan. El sugerente estudio de Vogeley explora así, en múltiples niveles, el valor asignado y tácito de esas imágenes en relación con la modernidad y los procesos de secularización que forman parte del imaginario republicano.

El tema tan en boga de la construcción de la nación americana no puede prescindir de una reflexión, que recién empieza a realizarse en profundidad, acerca del papel femenino en el proceso de destotalización colonial. La temática del cuerpo femenino y sus variadas alegorizaciones, así como el complejo proceso de nacionalización de los mitos y símbolos femeninos heredados de la Colonia se vinculan a la problemática de la colonización tanto en lo que tiene que ver con la vida doméstica como con los procesos de institucionalización cultural que adquieren nuevo signo a partir de la Independencia.

En este nivel, Vogeley analiza el símbolo de la Virgen de Guadalupe y las formas de apropiación de que fue objeto tanto por parte de las instituciones eclesiásticas como en el interior del discurso político, como patrona de los insurgentes y, más tarde, como símbolo de la nación.

Basándose en las obras de Fray Servando Teresa de Mier y José Joaquín Fernández de Lizardi, así como en panfletos políticos publicados en 1829, Vogeley se adentra en las transformaciones del mito estudiando la relación de la imagen femenina con los ideologemas de heroísmo, pureza y amor a la patria, llamando la atención sobre la crítica social canalizada a través de las voces femeninas, pero también sobre el problema del poder implícito en este proceso representacional. El estudio de Vogeley nos deja así situados en los albores de la vida emancipada, en etapas en que la activación de la mujer como sujeto social adquiere nuevas formas prácticas y simbólicas. Las modalidades de su representación, así como sus articulaciones al Poder y sus interacciones con el liderazgo masculino en la Independencia y durante las instancias de formación y consolidación de los estados nacionales variarán sustancialmente, pero serán en gran medida tributarias de los caminos ya abiertos por las *praxis* y discursos coloniales.

Los objetivos de formación y disciplinamiento del ciudadano, así como los procesos de ordenamiento institucional definidos como parte de los proyectos nacionales en las nuevas repúblicas requerirán de la integración paulatina, social y discursiva, de la mujer, cuya voz debe ir venciendo la larga tradición del "comportamiento callado". Como sujeto social de creciente incidencia en el espacio público, ella impulsa reclamos y reivindicaciones que ponen constantemente a prueba los límites de la nación-estado. Entre ellos, el derecho a una autorrepresentación que se proponga como alternativa ante los discursos del Poder. Con su protagonismo creciente, en la historia, las letras y la cotidianeidad latinoamericanas, la presencia de la mujer contribuye a dibujar nuevos mapas sociales e ideológicos en una América siempre amenazada por la desterritorialización material e ideológica. Este libro se ofrece ahora al lector con la esperanza de que los estudios aquí reunidos ayuden a definir en alguna medida los trazos de esta nueva cartografía al mostrar los caminos que recorrió durante la Colonia la imagen y la *praxis* de la mujer, habitante del mito y de la historia, en la celda y el siglo.

Deseo indicar mi reconocimiento a Keith McDuffie, quien apoyara este proyecto desde el comienzo como parte del plan de reapertura de la serie *Biblioteca de América* iniciada por Alfredo Roggiano hace ya muchos años. A los colaboradores del volumen agradezco no sólo la alta calidad de sus contribuciones sino la paciencia y profesionalismo con que admitieron mis constantes sugerencias. Asimismo, este libro no habría sido posible sin la excelencia editorial de Erika Braga, la colaboración entusiasta de Margarita Leño y la minuciosidad de Bladimir Ruiz y Regina Schroeder, quienes tuvieron a su cargo la corrección de manuscritos y pruebas de imprenta. A todos ellos mi más cálido agradecimiento.

Mabel Moraña

I. INSCRIPCIONES DEL MITO

"A IMITACIÓN DE LAS AMAZONAS":
MUJERES AGUERRIDAS EN *LA ARAUCANA*

POR

DIANA DE ARMAS WILSON
University of Denver

Cualquier panorama de los territorios del Nuevo Mundo habitados por amazonas comenzaría, convencionalmente, con las obsesivas referencias de Colón sobre Matinino, una isla situada al este/sudeste de la Española, "a donde no avia sino solas mugeres". Aunque sus frágiles carabelas le impidieron verlas —y mucho menos capturar a "cinco o seis" de ellas como recuerdo para los Reyes Católicos— Colón se declaró "cierto" acerca de la existencia de estas mujeres y sus hábitos de reproducción: copulaban anualmente con los *caribes*, afirmó, devolviendo siempre los hijos varones a sus padres.[1] La misma visión panorámica de las amazonas en las crónicas se cerraría con el extraordinario espectáculo que surge en la expedición de Orellana de 1542, cuando algunos españoles esforzados (según la relación de Gaspar de Carvajal) se topan con unas altas y blancas guerreras a orillas del río Amazonas (el entonces río Marañon).[2] Los cincuenta años que separan la obsesión de Colón de la lucha de Orellana, documentada en un relato "fidedigno" de testigos, registran el avance paulatino de las amazonas en el imaginario del Nuevo Mundo.

Como parte del equipaje mental de la teratología clásica traído por los viajeros europeos —el cual incluía a gigantes, pigmeos, cíclopes, dragones, grifos, sirenas, mujeres barbadas, jóvenes albinos y hombres con cara de perro— las amazonas resultan, en efecto, indispensables para la comprensión del papel del género (sexual) en la Conquista. Ellas constituyen una pieza clave para entender las angustias "profesionales" y las distorsiones inconscientes de los conquistadores. La sistemática necesidad de estos exploradores de proyectar y destruir a unas amenazantes antagonistas femeninas amerita un estudio más cuidadoso. Refiriéndose a los imperios romano y británico, Laura Brown ha indicado que el conjunto de discursos que representan "la iniciación, consolidación, celebración, defensa y aún la crítica del imperialismo" estaba íntimamente ligado a la representación de la mujer y, de manera aun más crucial, de la amazona, "asesina parecida al hombre".[3]

Una obra recientemente publicada acerca de los cronistas españoles indica, en una referencia pasajera, que el mito griego de las amazonas afianzó la imagen de la mujer física y moralmente fuerte del Nuevo Mundo, imagen que a su vez inspiró la de la *mujer varonil* en el drama del Siglo de Oro español.[4] Este ensayo, que intenta iluminar el papel de las amazonas en la expansión territorial española, explorará desde las crónicas hasta la épica, concentrándose específicamente en el primer poema épico de la conquista del Nuevo Mundo, *La Araucana*. Alonso de Ercilla y Zúñiga (1533-1594) tiene éxito en el proyecto —nunca logrado por Colón— de captar a las amazonas en su infinita variedad: clásicas y modernas, europeas y nativas.

Las amazonas que Colón trasplantara, virtualmente inalteradas, del Viejo al Nuevo Mundo sufren unas transformaciones inquietantes, tanto físicas como metafísicas, a lo largo del siglo XVI: cambian de color de piel, se someten a conversiones religiosas, celebran matrimonios, sufren enfermedades y, sobre todo, conservan sus senos. Para comprender algunos de estos cambios revolucionarios, debemos dar un vistazo, aunque sea breve, a la tradición clásica que apoya a las susodichas amazonas. Strabo, el geógrafo griego que describe las costumbres del Imperio romano (64 A.C. - 19 D.C.) puede servirnos de guía. En un pasaje sorprendentemente moderno, Strabo se pregunta por qué la historia continúa evocando los mismos viejos, falsos y monstruosos mitos de las amazonas. ¿Quién podría creer, pregunta a sus lectores de principio de la era cristiana,

> que un ejército de mujeres, o una ciudad o tribu, pudieran alguna vez haber estado organizados sin hombres, y no solamente organizados, sino aún haber avanzado por territorios que pertenecen a otros pueblos...? *Esto sería lo mismo que decir que los hombres de esos tiempos eran mujeres, y las mujeres hombres.*[5]

Los mitos que ponen a prueba la credibilidad de Strabo se remontan al Asia Menor, donde los historiadores griegos registran por primera vez el *habitat* y hábitos de las amazonas. Aunque Herodoto (siglo V A.C.) volvió a la etimología para llamarlas "matadoras de hombres" ("Oiorpata"),[6] el mismo Strabo favoreció aquella otra obstinada derivación del término *amazona*, que significa, literalmente, "sin un pecho": el pecho derecho de todas las amazonas es "cauterizado cuando son niñas pequeñas, de modo que puedan fácilmente usar el brazo derecho para cualquier propósito necesario" —ya sea para mejorar sus habilidades con el arco, arrojar la jabalina o manejar la doble hacha liviana.[7] Este radical ajuste anatómico era, como nos recuerda Strabo, un rumor entre los griegos (tópico del "dicen que").

Tres características de las antiguas amazonas, por lo menos, se transmitirían al Renacimiento. Primero, la idea de que eran evasivas: siempre se decía que las amazonas habían sido vistas "por allá", en los bordes del imperio —en Frigia, Licia, Tracia, Albania y en el Cáucaso— esfumándose cada vez más a medida que aumentaba el conocimiento geográfico de los griegos. Segundo, que ellas se apareaban al azar y que generalmente devolvían los hijos varones a los padres.⁸ Y tercero, que ellas eran tremendamente militantes —siempre listas para romper hostilidades, siempre metidas en cuestiones de hombres. En otras palabras, desde su *debut* clásico hasta su renacimiento en el Renacimiento, estas mujeres legendarias fueron caracterizadas por su modo de ser evasivo, su control sobre la reproducción y su alto nivel de agresividad.

Fue sin duda inevitable que el llamado Descubrimiento de América diera un nuevo hogar a las amazonas, impartiéndoles, a la vez, una nueva misión. Al igual que los griegos "se apropiaron del mito de las amazonas para el proyecto de Atenas",⁹ los españoles se apropiarían de él para su proyecto de conquista, moldeándolo de acuerdo con sus propias necesidades e intereses. Un texto que reafirma románticamente esta apropiación fue *Sergas de Esplandián* (1510) de Garci Rodríguez de Montalvo, el quinto libro de *Amadís de Gaula* (y el primero de la biblioteca de Don Quijote en ser arrojado a la hoguera).¹⁰ Montalvo ofrece a la historia el toponímico "California":

> Sabed... que a la diestra mano de las Indias hubo una isla, llamada California, muy llegada a la parte del Paraíso Terrenal, la cual fue poblada de mujeres negras, sin que algún varón entre ellas hubiese, que *casi como las amazonas* era su estilo de vivir. Éstas eran de valientes cuerpos y esforzadas y ardientes corazones y de grandes fuerzas.¹¹

Como documentara hace algún tiempo Irving A. Leonard, la novela caballeresca de Montalvo —que describe a California como el sitio "donde en grande abundancia el oro y las preciosas piedras se crían"— parece haber incrementado la búsqueda de amazonas en las Indias.¹²

La expedición de Juan de Grijalva a Yucatán en 1518, por ejemplo, atestiguó la existencia de lugares que "se decían" habitados por "una raza de amazonas".¹³ En ese mismo año, Cortés fue instruido por el Gobernador de Cuba, Diego de Velásquez, para estar alerta en cuanto a la presencia de amazonas en Tierra Firme. Aparentemente Cortés dejó esta investigación para después de la conquista de Tenochtitlán, ya que en su *Cuarta carta* (1524) a Carlos V relata que su lugarteniente Cristóbal de Olid había oído algo al respecto. Los caciques de Ciguatán le habían contado de una isla a unas diez jornadas de viaje, rica en perlas y oro y habitada por mujeres "sin varón ninguno":

> y que en ciertos tiempos van de la tierra firme hombres, con los cuales han acceso, y las que quedan preñadas, si paren mujeres las guardan, y si hombres los echan de su compañía.¹⁴

Este tópico clásico de los hijos varones que se desechan resurge en un angustioso *memorandum* de Cortés a su pariente Francisco. Cortés lo envía a averiguar la verdad acerca de la existencia de otro distrito completamente femenino cerca de Colima, cuyas mujeres seguían los hábitos reproductivos de las amazonas descritas en las "'istorias antiguas.'"¹⁵ La antigua historia de los "ajuntamientos carnales" de las amazonas —como los describió Montalvo—

parecía cautivar y amedrentar, a la vez, a los exploradores del Nuevo Mundo. Apenas se entera de la existencia de ciertas indias arqueras durante su desastrosa gestión como Gobernador del Paraguay, Cabeza de Vaca—según Oviedo —le prende fuego a toda una región, arrasando un pueblo de unas novecientas casas y sometiendo a los sobrevivientes a la esclavitud.[16]

La verificación de la existencia de las amazonas en el Nuevo Mundo le corresponde a los humanistas europeos, quienes, en su mayoría, se mostraban resistentes a los informes sobre monstruos y prodigios. "Los monstruos", como anuncia la *Utopía* de Tomás Moro a la Europa latinizada de 1516, "han dejado de ser noticia". El humanista milanés Pedro Mártir de Anglería, residente en la corte de los Reyes Católicos, se siente obligado a repetir la historia inaugural de Colón sobre los apareamientos de caníbales y amazonas y el destino de sus hijos: "Cuando los niños eran destetados, mandaban a los varones con sus padres, pero se quedaban con las niñas, precisamente como hacían las amazonas". No obstante, Pedro Mártir concede que podría haber islas en América donde las mujeres fueran excelentes arqueras, capaces de resistir los ataques de los invasores europeos, pero pregunta, a la vez, si esas mujeres serán *realmente* amazonas. Este humanista sugiere una solución intermedia. Más bien prefiere pensar que ellas son unas monjas del Nuevo Mundo, "vírgenes ermitañas" que "disfrutaban en retiro ... como las vestales que se encuentran en muchos sitios entre los antiguos".[17] En cuanto a la perturbadora cuestión de cómo podrían ser las amazonas vírgenes y *también* concebir hijos, Antonio Pigafetta, cronista sobreviviente de la expedición de Magallanes, ofreció una guía para los perplejos: según él, a las amazonas de Acoloro, una isla cerca de Java mayor, las preñaba el viento. Estas amazonas javanesas —según se lo contó un piloto a Pigafetta— exponían a sus hijos varones a un destino peor que el abandono: "cuando dan a luz, si el vástago es varón, lo matan, pero si es mujer la conservan".[18]

El fantasma de las amazonas llevó a Fernández de Oviedo (1478-1557), cronista oficial de las Indias y primer autor americano de una novela de caballería, a someter a múltiples revisiones un capítulo de su *Historia general y natural de las Indias* (Libro 6, capítulo 23), capítulo que trata de las visiones de Núñez de Guzmán y de sus retracciones acerca de las amazonas. Estas revisiones, finamente analizadas por Kathleen A. Myers, muestran la ambivalencia de Oviedo en torno al tema de las amazonas. Oviedo tuvo que reconocer que todos los relatos acerca de estas guerreras se basaban en testimonio de *indios* —testigos en el Nuevo Mundo de una fantasía del Viejo Mundo.[19] Y aunque Oviedo finalmente rechazó la posibilidad de la existencia de amazonas en el Caribe, fue el primer cronista en afirmar su presencia en las márgenes del río que proféticamente llamó, en una carta al Cardenal Pietro Bembo, el "río de las amazonas".[20]

En un sentido más filológico, Oviedo también se preocupó por la etimología de la palabra *amazona*, explicando que "en griego *a* quiere decir 'sin' e *zona* quiere decir 'teta', y, por esto, amazona quiere decir 'sin teta'".[21] (En una glosa posterior sobre la palabra "amazonas", Covarrubias deriva su "teta" no del griego "zona" sino del latín "mamma" [a-*ma*-zona]. En sí mismo un "tesoro" de excentricidades prácticas, Covarrubias especula también acerca de las amazonas como carnívoras o —deslizándose hacia abajo en la cadena alimenticia— como "sauropátidas, porque comían lagartijas").[22] A pesar de los problemas de Oviedo para distinguir un seno de un faja (en griego "zona" no significa "teta"), puede ser aplaudido por haber divulgado que las amazonas americanas *no* mutilaban su seno derecho. Basándose en esta diferencia de sus antecesoras clásicas, él las reclasifica como amazonas *por imitación*: "mujeres que viven *a imitación de las amazonas*".[23]

López de Gómara, un humanista menos receptivo, ni siquiera aceptaría imitaciones. Considerando las visiones de las amazonas en las márgenes del río Marañon como mentiras extravagantes, Gómara rehúsa creer que las mujeres puedan vivir sin hombres o desterrar a sus propios hijos. Encuentra increíble, además, que cualquier mujer llegue a cauterizar o cortar su seno derecho, porque aun con éste, arguye Gómara, podría fácilmente manejar el arco.[24] Como un nuevo Strabo, Gómara lamenta que los mismos relatos fabulosos acerca de las amazonas se hayan repetido desde el Descubrimiento de las Indias. Sin embargo, nunca piensa en preguntarse por qué las amazonas están siempre asociadas al descubrimiento de nuevos territorios.

La traducción del cuerpo femenino como territorio ha sido señalada una y otra vez por el discurso colonial postmoderno, tanto español como inglés.[25] Al plantear que el discurso del descubrimiento inglés estuvo "apoyado en una concepción territorial del cuerpo femenino", Louis Montrose abre esta concepción para incluir a las amazonas: la noción de "la tierra como mujer", indica el erudito, podría ser conceptualmente convertida en "una tierra *de* mujeres".[26] Sir Walter Ralegh describió esta tierra en su *Discoverie of Guiana* (1595), un texto que retomó muchos de los mitos familiares sobre las amazonas, informando a los ingleses de la corte isabelina, a través de una imagen semicoqueta y dulzona, que las amazonas sudamericanas se juntaban cada abril para "echar suertes" sobre sus *valentines* (novios).[27]

Cualquiera de estos conceptos —"la tierra *como* mujer" o "una tierra *de* mujeres"— sirve como racionalización de la invasión, ya sea corporal o territorial. Ambas ideas, por lo demás, pueden ser iluminadas a través de la proyección, un mecanismo freudiano de defensa que atribuye a un objeto exterior pensamientos prohibidos, mientras que, simultáneamente, se desplaza cualquier sentimiento de culpa asociado con esos pensamientos. Entendida por algunos teóricos como la "proyección del repudio", la proyección freudiana emerge al menos en dos sentidos diferentes, ambos defensivos: "es siempre cuestión de arrojar afuera lo que uno rehúsa *reconocer* en sí mismo o *ser* uno mismo".[28]

En el *Esplandián* de Montalvo, los mejores caballeros cristianos de Europa acusan a las amazonas de California por su deseo de "apocar" a la población masculina hasta que ellas "los pudiesen señorear, con todas sus tierras".[29]

Esta racionalización fácilmente puede considerarse como una "proyección del repudio": la noción de que "nosotros los europeos deseamos ser los amos de esta tierra" se transforma, a través de tal proyección, en "esas mujeres desean 'señorear' esta tierra". Los imperialistas de Montalvo aquí proyectan lo que rechazan en sí mismos —la ambición masculina, el deseo de poseer tierras nuevas— sobre una raza de delegadas negras. El acto de proyección permite a los europeos justificar la conversión de las amazonas y la conquista de su próspera tierra.[30] Una vez conquistada por las fuerzas cristianas, la isla de California, según anuncia el texto, "mudará el estilo que de muy grandes tiempos hasta ahora ha guardado", reemplazándolo con "la natural generación de los hombres y mujeres" (555-56).

En un implícito debate con esta clase de triunfalismo auto-celebratorio, las versiones más verosímiles de Ercilla sobre el tópico de las amazonas dejan entrever la ansiedad que suscita el deseo territorial y la violencia que sostienen al Imperio. En el prólogo a la Primera Parte de *La Araucana*, y como parte de un catálogo del valor araucano, Ercilla describe el papel de las mujeres indígenas en la guerra:

> Y es tanta la falta de gente por la mucha que ha muerto en esta demanda, que para hacer más cuerpo y henchir los escuadrones, vienen también las mujeres a la guerra y peleando algunas veces como varones, se entregan con grande ánimo a la muerte.[31]

El Canto diez de *La Araucana* incluye una imagen aterradora de estas guerreras, que, "hiriendo el cielo a gritos", arrancan las espadas de los cadáveres castellanos y corren a la batalla como "temerarias homicidas":

> no sienten ni les daban pesadumbre
> los pechos al correr, ni las crecidas
> barrigas de ocho meses ocupadas,
> antes corren mejor las más preñadas (10.5).

Aunque esta imagen de las asesinas embarazadas en su tercer trimestre de preñez podría explorarse más, deseo concentrarme aquí en dos amazonas "por imitación" que virtualmente enmarcan la épica de Ercilla: Doña Mencía de Nidos (Canto siete), una *pálida* imitación, y Fresia (Canto treinta y tres), más cercana a la versión clásica.

Doña Mencía es la única mujer española en *La Araucana* a quien se le da una voz. En el Canto siete del poema, unos españoles derrotados por los nativos cruzan el río Biobío hacia Concepción (hoy Penco, fundada por Valdivia en 1550). Estos sobrevivientes son recibidos con muchas lamentaciones por los colonizadores españoles, quienes, llenos de pánico por la aproximación del araucano Lautaro (personaje auténticamente histórico), se preparan para abandonar el pueblo. Aquí surge Doña Mencía, "una dama noble, discreta, valerosa, [y] osada". Pero esta valerosa y osada dama también se presenta como una inválida, que siente "más dolor" en su lecho de enferma que "Progne con la turbada Filomena" (7.21-22). Con esta curiosísima comparación clásica, Ercilla nos remite al mito griego de dos hermanas, la una traicionada, y la otra, mutilada. A pesar de sus dolores misteriosos, Doña Mencía se levanta ante la inminencia del ataque indígena:

> Estando enferma y flaca en una cama,
> siente el grande alboroto y esforzada,
> asiendo de una espada y un escudo
> salió tras los vecinos como pudo (7.20).

En una arenga de nueve estrofas que no revela ninguno de los apremios de una Progne sin lengua, Doña Mencía trata de detener a los colonizadores que van huyendo, recordándoles que están dejando atrás toda su "hacienda", sus "ricas minas" y sus "ríos de arenas de oro" —frases que recuerdan la constante proximidad entre amazonas y metales preciosos (7.25-27). Rogando a sus compatriotas que dejen atrás una vida de pobreza "en casa ajena", Doña Mencía termina con estas palabras expiatorias: "¡... que yo me ofrezco aquí, que la primera / me arrojaré en los hierros enemigos!" Ella insiste en que los colonizadores sean "testigos" de su auto-sacrificio. "'¡Volved, volved!' gritaba pero en vano / que a nadie pareció el consejo sano" (7.28). Los españoles en fuga deciden ignorar su "odiosa plática": "pues apenas entró por un oído / cuando ya por el otro había salido" (7.30). Ni el cuerpo de Doña Mencía ni su consejo son considerados "sanos", lo que sugiere que algo huele mal en la colonia de Concepción. Después de que los españoles huyen a Mapochó, los araucanos proceden a saquear e incendiar por completo a Concepción.

Doña Mencía desmiente el temor universal de las mujeres ante la guerra, un tópico clásico que Ercilla explota más arriba. Cuando Francisco Villagrán desea vengar la muerte de Pedro de Valdivia, las mujeres protestan contra la inminente batalla, temiendo por las vidas de sus esposos:

> con lagrimosos ojos y gemidos
> echadas de rodillas por el suelo,
> les ponen los hijuelos por delante
> pero cosa a moverlos no es bastante (4.86).

Doña Mencía no da ninguna muestra de tales temores femeninos: su espíritu masculino le permite funcionar como *alter ego* del español imperialista. Ella incluso se las arregla para cuestionar la heroicidad masculina —ganando gran fama "en tiempo que a los hombres es negada"— tópico también usado por Edmund Spenser, contemporáneo inglés de Ercilla. Spenser abre el Canto III de su *Faerie Queene* anunciando que las mujeres tienen el mayor dominio ["most sway"] en la guerra (3.2). El desarrollo de este tópico tanto en Ercilla como en Spenser fortalece el planteamiento de Francisco Javier Cevallos de que *La Araucana* es un poema "del Renacimiento europeo".[32]

Como figura de variadas contradicciones ideológicas, Doña Mencía recuerda al antiguo héroe Heracles, quien sirvió de modelo de la colonización griega. A diferencia de Teseo, "héroe de la *polis* más que de la colonia", Heracles convirtió el nuevo territorio en lugar seguro para establecerse. Su violenta historia "sirvió de modelo de la colonización, narrando míticamente sus aventuras mientras se desplazaba de las fronteras occidentales del mundo hasta las orientales, exterminando a los que se interponían a la presencia civilizadora de los griegos".[33] Como es sabido, entre las tareas tradicionales de Heracles estaban la conquista y expulsión de las amazonas. Al concentrar en su persona la significación tanto de Heracles como de las amazonas, Doña Mencía despliega una hibridez asombrosa. Esta robusta inválida —desafiante y enferma, heróica y vulnerable, conquistadora y conquistada— sufre, entre otras cosas, de un caso grave de "paradóxica epidémica".[34]

¿Por qué incluir a Doña Mencía entre las amazonas americanas "por imitación"? Ciertamente ella carece de muchas de las cualidades que definen a las amazonas clásicas: es una "compañera del Imperio", no una bárbara;[35] se mantiene sola, no con una hueste de hermanas que la apoyan; y, a pesar de su estridente defensa de una colonia sugestivamente llamada "Concepción", no parece tener ningún interés erótico. Lo que une a Doña Mencía con las amazonas clásicas, sin embargo, es su disposición a morir en aras de su territorio. Este episodio, de hecho, ilustra cómo el término "territorio" deriva, como nos lo recuerda Homi Bhabha, de dos palabras —*terra* (tierra) y *terrere* (temer)— y cómo *territorium* significa "un lugar del cual la gente, atemorizada, tiene que huir".[36] Sólo Doña Mencía no le teme a esta tierra que, según ella, los colonizadores han ganado con derecho: "de vuestro esfuerzo y brazos adquirida" (7.27).

Si Doña Mencía, al comienzo de *La Araucana*, expresa resistencia ante la idea de ser derrotada, Fresia, hacia el final del poema, expresa sólo rabia. Al descubrir descubierto que los españoles capturaron a su esposo cerca de Ongolmo, esta "mujer del gran Caupolicano"

> no reventó con llanto la gran pena
> ni de flaca mujer dio allí la muestra,
> antes de furia y viva rabia llena,
> con el hijo delante se le muestra
> diciendo: "La robusta mano ajena
> que así ligó tu afeminada diestra
> más clemencia y piedad contigo usara
> si ese cobarde pecho atravesara" (33.76).

Llena de ira hacia su esposo por haberse dejado capturar —"pudiendo haber honradamente muerto" (33.78)— Fresia se presenta a sí misma como autoengañada:

"¡Ay de mí! ¡Cómo andaba yo engañada
con mi altiveza y pensamiento ufano
viendo que en todo el mundo era llamada
Fresia, mujer del gran Caupolicano!" (33.78).

Esta "triste palla" (Ercilla usa una palabra quechua para aludir a Fresia) (33.75) se destaca de las otras heroínas indígenas cuyas historias sentimentales están interpoladas en el poema —Guacolda (13.43-14.13), Tegualda (20.36-21.12), Glaura (28.3-44) y Lauca (32.32-43). Como Lía Schwarz Lerner sostiene con razón, todas estas mujeres son heroínas petrarquistas o caballerescas.[37]
Para mí, sin embargo, el más visible signo del *status* amazónico de Fresia es su pragmático retorno del hijo varón a su padre (33.78 & 79). Ercilla toca aquí el tópico del hijo varón desechable, imagen que invade la imaginación de los exploradores, como hemos visto, tanto en la antigüedad clásica como en el Nuevo Mundo. En estas ricas estrofas de *La Araucana* encontramos vestigios de ese impactante aspecto del mito, el cual se repite desde Colón hasta Orellana. "Toma, toma tu hijo", le grita Fresia a Caupolicán, agregando que ella no puede amamantar más al niño: "que el sensible dolor y golpe agudo / estos fértiles pechos han secado" (33.81). El debate acerca de los pechos iniciado por los antiguos y replanteado a lo largo del siglo XVI no podía haber pasado desapercibido por Ercilla, un poeta que, como indica persuasivamente James Nicolopulos, estaba profundamente empapado de la tradición de la *imitatio*.[38]
Aunque Fresia es una candidata de primer orden para ser encasillada entre las amazonas americanas "por imitación", ella se asocia con una tradición milenaria cuando abandona a su hijo al cuidado del padre:

"Críale, críale tú que ese membrudo
cuerpo en sexo de hembra se ha trocado,
que yo no quiero título de madre
del hijo infame del infame padre" (33.81).

Emasculando desdeñosamente a su esposo por su derrota militar, Fresia transforma al gran héroe araucano en una parodia grotesca de la madre que amamanta. Y con el retorno del hijo a su padre, ella se lanza a los caminos.
A pesar de su *status* oficial como enemigas y de su separación textual de veintiséis cantos, Doña Mencía y Fresia funcionan como dos lados de la moneda imperialista: la una como delegada del conquistador ineficaz; la otra, como figura del bárbaro indomable. La mujer europea y la nativa se funden en la imagen de la amazona de Ercilla, y la doble noción freudiana de la proyección ilumina esa fusión. Así, Doña Mencía puede ser leída como una proyección de lo que los conquistadores españoles rehusaron reconocer en sí mismos, es decir, el miedo enfermizo de la "Reconquista" —de ser vencidos por los vencidos, de tener que abortar el proyecto y los frutos, de Concepción. Fresia, por su

lado, funciona como una proyección de lo que los conquistadores, en su lucha psíquica contra la barbarie y el afeminamiento imaginarios, rehusaron *ser ellos mismos*: sexualmente diferentes y políticamente subordinados. Las dos aguerridas mujeres de *La Araucana* proféticamente representan lo que para Strabo era todavía impensable: que dondequiera que un territorio está en juego, las diferencias sexuales tienden a borrarse. Sólo por haber iluminado las antiguas y tenebrosas conexiones entre el género sexual y la Conquista, merece Ercilla, en las palabras de Cervantes, "eterno y sacro monumento".[39]

Traducción: Mabel Moraña

NOTAS

[1] Véase la anotación del 6 de enero de 1493 en el *Diario* de Colón. Véanse también las anotaciones del 13, 14, 15, 16 y 18 de enero. En la anotación del 14 de enero, Matinino es denominada "Isla de las mugeres". *The "Diario" of Christopher Columbus's First Voyage to America: 1492-1493*, Oliver Dunn and James E. Kelley, Jr., editores (Norman: University of Oklahoma Press, 1989); ortografía actualizada. Colón también habla de esta isla poblada de mujeres en las cartas "gemelas" a Santángel-Sánchez, publicadas en *The Four Voyages of Columbus*, Cecil Jane, editor, 2 vols. (New York: Dover, 1988), 1.16, así como en la "Carta a los Reyes", extraviada durante un largo tiempo y publicada en *El Libro Copiador de Cristóbal Colón: correspondencia inédita con los Reyes Católicos sobre los viajes a América*, Antonio Rumeu de Armas, editor, 2 vols. (Madrid: Testimonio, 1989). Para un fino estudio sobre los caribes, véase "Cannibalism as Defacement: Columbus's Account of the Fourth Voyage" de Nicolás Wey-Gómez, *Journal of Hispanic Philology* 16, 2 (1992): 195-208.

[2] Existen dos versiones del viaje de Francisco de Orellana por el río Amazonas: el testimonio del fraile Dominicano Gaspar de Carvajal (diciembre de 1541-septiembre de 1542) y la versión de la *Relación* de Carvajal publicada en la *Historia general y natural de las Indias, islas y tierra-firme del Mar Océano* de Gonzalo Fernández de Oviedo y Valdés, José Amador de los Ríos, editor, 4 vols. (Madrid: Real Academia de la Historia, 1851-55), vol. 4, 541-73.

[3] Laura Brown, "Amazons and Africans: Gender, Race, and Empire in Daniel Defoe," en *Women, "Race", and Writing in The Early Modern Period*, Margo Hendricks y Patricia Parker, editores (London: Routledge, 1994), 121.

[4] James C. Murray, *Spanish Chroniclers of the Indies: Sixteenth Century* (New York: Twayne Publishers, 1994), 15.

[5] *The Geography of Strabo*, trad. Horace Leonard Jones, 8 vols., Loeb Classical Library (London: William Heinemann, 1928), vol. 5, 11.5.3; énfasis añadido.

[6] *Herodotus*, trad. A.D. Godley, 4 volúmenes, Loeb Classical Library (Cambridge: Harvard University Press, 1921; reimpresión 1963), Vol. 2, 4.110.

[7] Strabo, *Geographica*, vol. 5, 11.5.1.

[8] Las amazonas de Strabo se aparean en "secreto y [en la] oscuridad" con los gargarios. Las amazonas retienen las niñas hembras nacidas de estas uniones, "pero los varones son llevados a los gargarios para ser criados; y cada gargario al cual es llevado un niño adopta a ese niño como suyo, considerando al niño hijo suyo a causa de su incertidumbre". Véase *Geography*, vol. 5, 11.5.1.

[9] Sobre esta apropiación griega, véase Page du Bois, *Centaurs and Amazons: Women and the Pre-History of the Great Chain of Being* (Ann Arbor: The University of Michigan Press, 1991), 58.

[10] Aunque la edición de Sevilla, de 1510, no es presumiblemente la primera, es la edición más temprana existente del *Esplandián*. Cito por Garci Rodríguez de Montalvo, *Sergas de Esplandián*, en *Libros de Caballerías*, Pascual de Gayangos, editor. Biblioteca de Autores Españoles, 40 vols. (Madrid: 1857), 555; énfasis y acentos añadidos. Agradezco a Marie Cort Daniels por haber leído un temprano borrador de este ensayo.
[11] Montalvo, *Esplandián*, 539.
[12] Irving A. Leonard, *Books of the Brave* (New York: Gordian Press, 1964), en especial capítulos 4 y 5. Montalvo, *Esplandián*, 545.
[13] El cronista de Grijalva era Juan Díaz, un clérigo. Véase H.R. Wagner, editor. *The Discovery of New Spain in 1518 by Juan de Grijalva* (Pasadena: Cortés Society, 1942), 207.
[14] Véase Hernán Cortés, *Cartas de relación*, cuarta edición (México: Editorial Porrúa, 1969), 154.
[15] "Instrucciones dadas por Hernando Cortés a Francisco Cortés su lugarteniente en la villa de Colima. Año de 1524", en Pacheco y Cárdenas, *Colección de documentos inéditos de descubrimientos, conquistas ... en América* (Madrid, 1864-1884; 42 vols.), vol. 26, 153; citado en Irving, *Books of the Brave*, 49.
[16] Gonzalo Fernández de Oviedo y Valdés, *Historia general y natural de las Indias* (1535), Juan Pérez de Tudela Bueso (BAE), editor, 5 vols. (Madrid: Ediciones Atlas, 1955), vol. 2, 383-86.
[17] Pedro Mártir asocia a los caníbales con los tracios: "Parecía que durante ciertas épocas del año los caníbales iban a visitar a estas mujeres, así como en la historia de la antigüedad los tracios cruzaron hasta llegar a la isla de Lesbos habitada por las amazonas". Véase *De Orbe Novo: The Eight Decades of Peter Martyr D'anghera*, Francis Augustus McNutt, traductor, 2 vols. (New York: G.P. Putnam's Sons, 1912), vol. 1, libro 2, 73-74; y vol. 1, libro 9, 390. Véase también *De insulis nuper inventis* de Mártir (Alcalá, 1516), en la edición de Cologne de 1574 de *Decades of Orbe novo*; citada por Antonello Gerbi, *Nature in the New World: From Christopher Columbus to Gonzalo Fernández de Oviedo*, Jeremy Moyle, traductor (Pittsburgh: University of Pittsburgh Press, 1985), 61n.
[18] Véase el relato de Antonio Pigafetta en *Magellan's Voyage Around the World: Three Contemporary Accounts*, Charles E. Nowell, editor (Evanston: Northwestern University Press, 1962), 247-48.
[19] Kathleen A. Myers, "Imitation, Authority, and Revision in Fernández de Oviedo's *Historia general y natural de las Indias*. *Romance Languages Annual*, III (1992), 523-30.
[20] La carta de Oviedo fue escrita el día 20 de enero de 1543 —exactamente un mes después de ser testigo de la llegada de Orellana y de sus compañeros a Santo Domingo. Una traducción italiana de esta carta, incluida dentro de la colección de Ramusio, brindó a Europa el primer relato del viaje épico de Orellana dentro de América del Sur. Véase Gerbi, *Nature in the New World*, 167.
[21] Esta representación de Oviedo de mujeres con un sólo pecho fue originalmente influenciada por la *Epítome* de Justiniano (II:4). Véase Myers, "Imitation", 527.
[22] Sebastián de Covarrubias, *Tesoro de la lengua castellana o española*, Felipe C. R. Maldonado, editor (Madrid: Editorial Castalia, 1994), 83.
[23] Oviedo, *Historia general*, B.21, c.8 y B.26, c.29; citada en Myers, "Imitation", 527. Remitiéndose a las amazonas de Orellana, Oviedo se pregunta si "uno realmente puede usar el término amazonas", porque estas mujeres no amputaban sus senos derechos. Véase la edición de Pérez de Tudela de la *Historia general* de Oviedo, XLIX, 4: V, 240a; cf. L, 24: V, 392a, 394.

[24] Francisco López de Gómara, *Historia general de las Indias* (Madrid: Rivadeneyra, 1852), *Biblioteca de autores españoles*, vol. 22.

[25] En ciertos textos del Siglo de Oro "el deseo petrarquista de poseer a la mujer se convierte en un deseo de poseer nuevos territorios"; véase Lisa Rabin, "The Reluctant Companion of Empire: Petrarch and Dulcinea in *Don Quijote de la Mancha*", *Cervantes* 14, 2 (Fall 1994), 84. Sobre este deseo petrarquista véase el fino estudio de Roland Greene, "Petrarchism among the Discourses of Imperialism", en *America in European Consciousness, 1493-1750*, Karen Ordahl Kupperman, editora (Chapel Hill: University of North Carolina Press, 1995), 130-65.

[26] Louis Montrose, "The Work of Gender in the Discourse of Discovery", en *Representations* 33 (Winter, 1991), 13 y 25.

[27] Véase Walter Ralegh, *The Discoverie of the Large, Rich and Beautiful Empyre of Guiana, with a relation of the great and Golden Citie of Manoa (which the spanyards call El Dorado)*, London 1596 texto facsimilar (Amsterdam: Da Capo Press, 1968), 23.

[28] Sigmund Freud, "Psycho-Analytic Notes Upon an Autobiographical Account of a Case of Paranoia (Dementia Paranoides)", *Collected Papers*, Vol. III (New York: Basic Books, 1959), 387-470. Sobre la "proyección de repudio", véase Jean Laplanche y J.-B. Pontalis, *The Language of Psycho-Analysis*, Donald Nicholson-Smith, traductor (New York: Norton, 1973), 351. Agradezo a María Antonia Garcés por ayudarme a repensar las dinámicas de la proyección.

[29] Montalvo, *Esplandián*, 539.

[30] Sobre la justificación, véase Freud, "Psychoanalytic Notes", 449. Sobre las conversiones amazónicas, véase Alison Taufer, "The Only Good Amazon is a Converted Amazon: The Woman Warrior and Christianity in the *Amadís Cycle*", en *Playing with Gender: A Renaissance Pursuit*, Jean R. Brink, Maryanne C. Horowitz y Allison P. Coudert, editores (Chicago: University of Illinois Press, 1991), 35-51.

[31] Alonso de Ercilla, *La Araucana*, Marcos A. Moríñigo e Isaías Lerner, editores, 2 vols. (Madrid: Clásicos Castalia, 1979), vol. I, 122. Citaré por esta edición de *La Araucana*, documentando entre paréntesis en el texto el número del canto y de la estrofa.

[32] Francisco Javier Cevallos, "Don Alonso de Ercilla and the American Indian: History and Myth", *Revista de Estudios Hispánicos* 23, 3 (October 1989), 1-20. Quisiera agradecer al profesor Cevallos por haberme invitado a dar una versión de este trabajo en su sección del MLA, "Heroic Attempts: Reading Latin American Epic Poetry", San Diego, 29 de diciembre de 1994.

[33] duBois, *Centaurs and Amazons*, 58.

[34] Véase Rosalie L. Colie, *Paradoxia Epidemica: The Renaissance Tradition of Paradox* (Princeton: Princeton University Press, 1966).

[35] En su prólogo a la *Gramática de la lengua castellana*, dedicada a Isabel la Católica, Antonio de Nebrija aduce que "siempre la lengua fue compañera del imperio". Véase la edición de Pascual Galindo Romero y Luis Ortíz Muñoz (Madrid: Edición de la Junta del Centenario, 1946).

[36] Homi K. Bhabha, *The Location of Culture* (London: Routledge, 1994), 99-100.

[37] Lía Schwartz Lerner, "Tradición literaria y heroinas indias en *La Araucana*", *Revista Iberoamericana* 38.81 (1972): 615-26.

[38] James Nicolopulos, *The Poetics of Empire in the Indies*, por publicar en Pennsylvania State University Press.

[39] La frase de Cervantes está en su "Canto de Calíope", Libro VI de *La Galatea*, Juan Bautista Avalle-Arce, editor, 2 volúmenes (Madrid: Espasa-Calpe, 1968), 191.

LA VOZ ACALLADA DE LA MUJER EN DOS CRÓNICAS DE LA NUEVA ESPAÑA

POR

Rosa Helena Chinchilla
The University of Connecticut

El mito de la heroína doña Marina/ Malitzín/ Malinche/ se ha discutido extensamente en torno a su significado y origen, y solamente el estudio cuidadoso de testimonios de sus contemporáneos puede esclarecer el proceso de la formación de este mito.[1] El análisis de los dos textos en los cuales se divulga principalmente indica que esos textos crean una idealización que funciona para formar historias con ciertos fines predeterminados. La *Historia verdadera de la Conquista de la Nueva España* por Bernal Díaz del Castillo y *Los lienzos de Tlaxcala* muestran dos realidades de doña Marina que se contradicen. Bernal crea una heroína dócil y silenciosa, mientras que el *Lienzo* le da a ella un papel privilegiado como acompañante de Cortés. Sin embargo el cuidadoso estudio de las metas de los "escritores" de estas narrativas muestra cómo se utiliza a la mujer amerindia dentro de ciertos prejuicios culturales para crear una imagen que se adecúa a circunstancias preestablecidas, y que estos autores no buscan reproducir una verdad auténtica del personaje.

La historia verdadera de la Conquista de la Nueva España contiene la mejor representación de Marina por un español. Las distorsiones de esta narrativa se evidencian cuando se comparan con la historia pictórica del anónimo artista tlaxcalteca titulada *Los lienzos de Tlaxcala*, parte de *La descripción de la ciudad y la provincia de Tlaxcala*. Esta descripción acaso menos divulgada de doña Marina, atestigua su importancia en la primera fase de la Conquista de la Nueva España. Los arquetipos culturales que cada uno de estos autores buscan perpetuar determinan la manera en que se representa el papel de doña Marina en la Conquista.

Bernal Díaz del Castillo imbuido en los valores medievales castellanos, impone cierta idealización al personaje de doña Marina. Ella queda codificada en el lenguaje de otra cultura que requiere de la mujer silencio y obediencia. El vestido honorable de los valores cristianos cubre a doña Marina para prestigiarla ante el lector español que busca a la mujer pasiva. Por así decirlo, la "voz" de la Conquista de México es acallada hasta el silencio.

Bernal Díaz narra una historia con la intención de dejar un legado a sus hijos que les demuestre el honor de la empresa que fue la Conquista. El concepto de la mujer que más influye en Bernal Díaz del Castillo es un reflejo de las actitudes acerca de la mujer que se encuentran en varios textos medievales. Su memoria idealizada de los eventos que ocurrieron en la Conquista está llena de los ideales más positivos del mundo europeo. La obra de Christine de Pizan *Livre des trois vertus* es una obra didáctica del alto medievo que trata de instruir a la mujer en la conducta ideal. Este tratado documenta los valores que se quieren perpetuar en la mujer ideal europea del alto medievo. Pizan ilustra cómo cada tipo de mujer, desde la princesa hasta la prostituta, puede mejorar su vida y tener mayor éxito al adherirse rígidamente a ciertos ideales virtuosos. En este libro se encuentra muy bien formulada la actitud prevaleciente hacia y acerca de la mujer que sigue muy de cerca Bernal Díaz. Pizan exige que la mujer no debe llamar atención hacia su persona y de esa manera podrá ejercer su papel social sin complicaciones. Pizan no limita qué clase de actividades o responsabilidades puede tener una mujer. Su obra atestigua la importancia que las mujeres tenían en aquella sociedad como gobernantes, amas, mercaderes, artesanas y labradoras. Pero en todas estas profesiones la mujer debería emprender su trabajo con gran humildad. Así Pizan aconseja a la mujer ideal que sea retraída y recatada. Este comportamiento "callado" trae siempre mayor armonía a la sociedad.

Los ideales islámicos, que también influyeron en el medio ambiente castellano, comparten mucho con las ideas de Pizan. El papel de la mujer en la España musulmana sería más liberado que el de sus contrapartes femeninas en otros reinos del mundo musulmán (Guichard 81). Sin embargo, el ideal de la mujer silenciosa está presente en las actitudes de la España musulmana. Por ejemplo Ibn-Khaldûn escribe que aunque en las escrituras religiosas las mujeres no se mencionan directamente, ellas todavía tienen que conformarse a las leyes. En el *Muqaddimah,* él dice explícitamente y así evalúa el estatus de la mujer en la sociedad:

> A las mujeres no se les dice directamente (que deben seguir las leyes religiosas) por referencia explícita a ellas en el texto, pero en la opinión (de Ibn al-Khatîb), a ellas se les incluye solamente por razonamiento analógico. Eso es porque *las mujeres no tienen ningún poder.* Los hombres controlan sus acciones, excepto en sus deberes relativos a la adoración divina, donde cada quien controla los suyos (159-160).[2]

Es decir que en el concepto de Ibn-Khaldûn la mujer no tiene ni puede tener poder.

El papel de la mujer en la España cristiana durante la Reconquista era imprescindible por la necesidad de repoblar las áreas nuevamente conquistadas, como atestiguan las distintas leyes de España. Pero en las obras literarias medievales, su papel está limitado o idealizado. Rasgos de una mujer ideal en el discurso novelístico, lírico, e histórico de los siglos XV y XVI aparecen en la concepción de doña Marina que presenta Bernal. Pero Marina no es el ideal de la novela caballeresca: a ella nunca se le pinta en la *Historia verdadera* como la princesa amada —de belleza única y perfecta— que inspira a Cortés.[3] Bernal no escoge representar a Marina en el papel de amor connubial (Cortés tiene una esposa española que vive en Cuba durante la mayor parte de la narrativa). Pero Marina se representa, en vez, como una sirviente fiel o una mujer dedicada a una misión religiosa. En todo caso el concepto de doña Marina que crea Bernal sigue muy de cerca los ideales que se encuentran en la obra didáctica de Pizan.

Bernal rechaza a la heroína de la crónica medieval, que, tal como Sponsler ha demostrado, era representativa de algún comportamiento anormal.[4] El papel de participante activo es aberrante en la mujer, y, por consiguiente, Bernal Díaz no puede caracterizar a Marina como "conquistadora". Bernal decide crear en Marina a una mujer que parece ser una amalgama de la devota religiosa, la concubina fiel y la hábil traductora. Se convierte en la voz de la nueva religión cristiana, cuya motivación principal en sus diálogos con los nativos locales es la misma conversión religiosa.

Las mujeres amerindias que conocieron los españoles, inclusive doña Marina, no cabían fácilmente en las categorías predeterminadas que traían los conquistadores, y por eso tenía que ocurrir una transformación. Una idealización de la amerindia se basa en un ideal muy próximo al que se encuentra en la obra de Christine Pizán. La mujer europea debe guardar silencio en casi toda ocasión, y transferir estos valores a la traductora amerindia resulta casi imposible. Pizan prescribe: "La princesa siempre debe ser cuidadosa ante quien habla" (106). Y la mujer para Pizán será más exitosa con un comportamiento modesto: "Además, el lenguaje de la doncella debiera ser bueno siempre y devoto, ni excesivo, ni prolijo. Sus ropas debieran ser modestas sin coquetería, su manera humildemente callada, con la mirada puesta hacia abajo y el habla modesta" (202).

En el capítulo XXXVII, el único dedicado a doña Marina en la *Historia verdadera*, Bernal le da una ascendencia noble, y cuenta cómo fue vendida y esclavizada por su madre.[5] Bernal narra la historia de esta parte de su vida en una forma romántica, similar al estilo de las historias bíblicas. Doña Marina perdonó a su familia por haberla vendido a la esclavitud con las palabras: "que no supieron lo que hacían y se lo perdonaba" (XXXVII, 84) casi evocando las palabras de Jesucristo.[6] Bernal además cuenta brevemente que estuvo casada con un hidalgo Juan Jaramillo, sin más detalles de ese casamiento infeliz. No se hace ninguna mención del sufrimiento que seguramente tuvo con referencia a las acciones de su familia y de su matrimonio. Para hacerla parecer honorable Bernal encubre los sentimientos de doña Marina en el ideal del sufrimiento silencioso.

Sólo al final de esta descripción de Marina cuenta Bernal Díaz que ella tenía conocimiento de las lenguas coatzacoalco y tabasco, la primera un dialecto náhuatl y la segunda un dialecto maya, que era la fuente verdadera de su importancia y poder. Doña Marina sigue el patrón de una "buena" mujer a la cual se le quita el poder del habla; su gloria es secundaria a la de Cortés y su iniciativa siempre debe ser mínima. En esta caracterización de doña Marina, ella se desvanece al hablar poco y actuar lo menos posible al igual que la princesa sabia de la imaginación de Pizán: "Especialmente entre damas y caballeros, y caballeros extranjeros y otros de importancia, ella debe conducirse siempre discretamente, con cara tranquila, *hablando poco* con un aire de inocencia. La gente estará complacida de ver a una mujer llevarse tan bien" (124).

A lo largo de la trayectoria de la Conquista de la Nueva España ya sea como concubina, esclava, esposa de un español, madre de Martín Cortés, traductora, y medio de supervivencia en la selva de Centroamérica, para Bernal ella permanece siempre como la heroína de los mejores ideales de humildad cristiana. No sólo en las descripciones breves de la persona de doña Marina, por ejemplo cuando escribe "bien se le parescia en su persona, entremetida y desenvuelta" (XXXVI, 82). Pero aun más sobresaliente cuando al llegar a un pueblo maya, Bernal escribe:

> Y les dijo otras muchas cosas la doña Marina, que las sabía bien decir, y los que no quisieron venir a se someter al dominio de su Majestad, que los castigaría, y aun [a] los dos religiosos franciscanos que Cortés traía les predicó cosas muy santas y buenas [...] (CLXXXIII, 505-506).

Doña Marina usa su poder de habla, principalmente para transmitir los ideales religiosos cristianos.[7] Al tomar en cuenta la importancia de doña Marina en las conversiones masivas que los frailes hicieron, estas descripciones ganan mayor peso. Ella se vuelve poderosa en el texto de Bernal con la habilidad de cristianizar a otros a través de su humildad y devoción ejemplares, en vez de ser la voz con el poder de catequizar.

Dentro del sistema codificado social europeo Marina tiene la obligación de proteger el honor de Cortés: "Por supuesto, ella no debe decir mentiras o hablar sin verdad de otros, ni hablar contra los valores de la honestidad, ni decir palabras amargas o contestaciones que le puedan causar pena a su señora" (Pizán 151). Muchas veces cuando se le encuentra a lo largo de la narrativa de Bernal, el lector no se da cuenta que doña Marina es quien habla. Sólo una mención de su nombre indica su presencia, y en muchos casos es indistinguible de Aguilar, el otro traductor: "Y Cortés le respondió con doña Marina e Aguilar, nuestras lenguas, muy amorosamente" (CLVI, 887).[8] De igual manera la habilidad diplomática de Marina, es algo que Bernal elogia lacónicamente en las entrevistas con Moctezuma: "E doña Marina, que era tan avisada, se lo dezía de arte que ponía tristeza con nuestra parte" (CXV, 240).

En algunas ocasiones Bernal, el narrador, deja que Marina la protagonista resalte, y da más énfasis a las contradicciones que conlleva la falsificación de los hechos. Por ejemplo en la escena dramática de la muerte de Cuauhtémoc, se nota brevemente su papel en la última confesión: "los frailes franciscanos los fueron esforzando y encomendando a Dios con la lengua doña Marina" (CLXXVII, 490). Sin embargo, poco después Bernal le da crédito por la supervivencia en la selva: "Y Cortés les habló con doña Marina, para que llamasen [al sus vecinos, e que no hobiesen miedo, e que trajesen de comer" (CLXXVII, 490-491). O sea la existencia misma se la deben a Marina, pero está ya tan predeterminado su papel, que no se le elogia de manera adecuada. La presencia de Marina persiste sin embargo: "Y Cortés les preguntó con nuestra lengua doña Marina por el camino" (CLXXVIII, 497). No es sólo la voz de conversión sino también la voz de subsistencia. Y el narrador continuamente dice que es su voz la que predica la nueva religión a los indígenas.

Los nombres de Marina y Cortés forman la instancia más sobresaliente de la falta de encubrimiento y reportaje real por parte de Bernal. Al explicar los nombres de Cortés que le han dado los nahuas y los olanchos, Marina sobresale como la fuente de su nombre:

> Antes que más pase adelante quiero decir como todos los pueblos por donde pasamos, e en otros donde tenían noticia de nosotros llamaban a Cortés Malinche, [....] Y la causa de haberle puesto aqueste nombre es como doña Marina, nuestra lengua, estaba siempre en su compañía, especial cuando venían embajadores o pláticas de caciques, y ella lo declaraba en la lengua mejicana, por esta causa llamaban a Cortés el capitán de Marina y para más breve le llamaron Malinche; y también se le quedó este nombre a un Juan Pérez de Artiaga, vecino de Puebla, por causa que siempre andaba con doña Marina y con Jerónimo Aguilar deprendiendo la lengua y a esta causa le llamaban Juan Pérez Malinche (LXXIV, 149).

Es ésta la primera instancia en que Bernal dice simplemente que todo español asociado con doña Marina comparte su nombre de Malitzin. Pero es aun más sorprendente lo que Bernal dice posteriormente en la narrativa: "Y tan temido era Cortés de los naturales y tan nombrado, que hasta [en] los pueblos de olancho, donde fueron las minas ricas que después se descobrieron, era temido y acatado, y llamábanle en todas aquellas provincias el capitán Hue Hue de Marina, e lo que quiere decir es: el capitan viejo que trae a doña Marina (CLXXXIII, 506)". Aquí se hace constar de nuevo que los que atestiguan los eventos, los conquistados, le dan a doña Marina mayor importancia. Los dos nombres "el capitán de Marina" y "el capitán que trae a Marina" muestran que ella es una conquistadora y Cortés es sólo un subalterno. Los amerindios que ellos encuentran reconocen el poder que ejerce doña Marina al darle su nombre a Cortés. Bernal da evidencia del gran significado que tiene doña Marina en el éxito de la empresa de Cortés, a pesar de su visión impotente de la mujer.

Bernal escribe la descripción más completa y mejor conocida de doña Marina, la traductora de Cortés.[9] Como escritor establece muchas veces que su propósito principal es decir la historia "verdadera" o "real" de la Conquista. Pero esta caracterización de doña Marina no muestra veracidad, sino una idealización que se conforma con las normas europeas. En muchas instancias tiene que incluir su presencia y habla a la par de Moctezuma y Cortés, pero ella debe ser escondida para darle mayor honra y respeto a Cortés. Marina queda transformada como buena, devota y silenciosa y, así, el lector europeo de Bernal tendría simpatía por esa amerindia. Finalmente Bernal enfatiza en la descripción inicial su papel de madre de Martín Cortés y la despersonaliza como "lengua". Es ya como "lengua" como su papel es reducido absolutamente en el texto histórico. Marina queda escondida detrás del velo de bondad y honor, tan elogiado por la conceptualización de Pizán. Y así Bernal transporta los ideales de la mujer española a la mujer amerindia que él conoció.

La dramatización pictórica de la Conquista que acompaña a la historia escrita por el mestizo Diego Camargo Muñoz da un énfasis verdaderamente distinto al papel de doña Marina.[10] Esta narrativa fue preservada al ser adjunta a un manuscrito mandado a España que se intentaba presentar como relación geográfica (Acuña 16). A los tlaxcaltecas se les ordenó mandar una descripción "etnográfica" de sí mismos, por su alianza con Cortés. Ellos tomaron esta oportunidad para representar su papel en la Conquista de la manera más positiva.

El artista anónimo de esta narrativa no está inhibido por ninguna de las represiones sociales que sin duda tenía Bernal. Él está libre de representar la realidad conforme a los valores del "otro". Una de las metas de este texto es establecer la preponderancia de los tlaxcaltecas en las batallas de la Conquista. Estos lienzos son únicos porque son unos de los pocos documentos artísticos de los eventos de la Conquista desde el punto de vista de los amerindios. Su autor (o autores) son artistas tlaxcaltecas sofisticados quienes están prejuiciados a favor de la importancia de los tlaxcaltecas en la Conquista. Por eso la presencia auténtica de doña Marina, y el hecho de que una mujer de raza amerindia luche constantemente en formas diplómaticas y en las batallas a favor de Cortés es imprescindible en su argumento al rey de España para que favorezca al pueblo tlaxcalteca (*figura* 2). El verdadero papel de doña Marina tampoco se puede esclarecer solamente con este texto pictórico.

El lienzo de Tlaxcala consta de ciento cincuenta y seis dibujos. Los primeros cincuenta y seis narran la primera fase de la Conquista hasta el momento en que la ciudad de México fue destruida.[11] De estos cincuenta y seis dibujos, veintidos tienen a doña Marina como a uno de los protagonistas principales. La presencia de doña Marina en estos lienzos está marcadamente en contraste con su ausencia en la narrativa de Bernal, donde solamente uno de casi doscientos capítulos que narran los mismos eventos, se le dedica a ella con exclusividad.[12] El artista anónimo incluye escenas de conversaciones con otros nativos, escenas con Cortés y sus hombres descansando y escenas de verdaderas batallas, en las cuales Marina participa activamente. Se busca no sólo narrar eventos dispersos, sino dar constancia de la ayuda del tlaxcalteca y la presencia de doña Marina tiene mucho peso dentro de esta otra "verdad".

Brevemente algunas de las características importantes de esta narrativa con respecto al retrato de "Malitzín", como se le llama en los lienzos, son las

Figura 1

Figura 2

Figura 3

Figura 4

Figura 5

siguientes. El diálogo se presenta a través de sus cuerpos, casi siempre Marina está indicando con sus dedos algún gesto. El tamaño de sus manos es muchas veces desproporcionado en relación a su cuerpo, lo cual aún más sugiere su papel activo en los diálogos que se dibujan (*figura* 1). Cuando ella permanece inmóvil sus ojos gesticulan también, ya sea con tristeza o pidiendo algo (*figura* 2). Marina físicamente está muchas veces entre Cortés y los mexicas, en un gesto de protección (*figuras* 1 y 3). En muchos de los lienzos su tamaño es proporcionalmente mayor que el de Cortés, enfatizando su importancia (*figura* 3). Y también resalta su papel en la transmisión de la nueva religión (*figura* 4). Ella siempre se distingue del grupo de españoles, como la única mujer, y de los demás amerindios, por su huipil maya.

El artista tlaxcalteca está sin duda utilizando al personaje de Marina para enfatizar en la narrativa el papel imprescindible de su pueblo en la Conquista. Si Marina está allí y sus características indígenas pueden resaltarse, entonces el reportaje al rey será aun más vigente.

Fácilmente se pueden notar las muchas discrepancias incluso en eventos tan mitificados como los de "la noche triste" en los textos de Bernal y el artista de Tlaxcala. Bernal cuenta brevemente lo que les pasó a las mujeres que acompañaban a Cortés y sus hombres:

> Pues olvidado me he de escribir el contento que recibimos de ver viva a nuestra doña Marina y a doña Luisa, la hija de Xicotenga, que las escaparon en las puentes unos tascaltecas, [...] y los que las escaparon y salieron primero, fueron unos hijos de Xicotenga, y quedaron muertas las más de nuestras naborías que nos habían dado en Tascala y en la misma ciudad de México (CXXVIII, 277).

De las mujeres indígenas sólo Luisa de Xicoténcatl y doña Marina se recuerdan.[13] Y Bernal dice estos hechos casi como algo sin importancia. Debe hacerse notar que estas mujeres fueron rescatadas por otros tlaxcaltecas y que a las mujeres que habían sido posiblemente concubinas de los españoles se les menciona como "naborías". En contraste, los lienzos muestran a Marina como la única mujer rescatada (*figura* 5), aquélla que realmente comparte todo lo bueno y lo malo de la batalla. Este lienzo muestra a todos descansando después de la batalla, salvo Cortés que permanece a caballo. Doña Marina está al frente dormida, aparte del resto, pero su sufrimiento se representa de manera muy hábil.

Sin duda tanto Bernal Díaz del Castillo y el artista de Tlaxcala pintan a Marina en la manera que mejor muestra sus metas como cronistas. Lo que ellos describen de esta mujer es casi todo lo que se sabe de ella. Bernal la describe de manera idealizada como cristiana y devota, con habilidad cumpliendo su deber de traductora. El artista de Tlaxcala en cambio la muestra como participante activa, omnipresente, cuidando y compartiendo con los conquistadores en la guerra, la cristianización de los pueblos y en los momentos de descanso. En esta narrativa ella se convierte en una mujer fuerte, capaz en la batalla tanto como en la diplomacia. El artista de Tlaxcala le da poder de voz y acción en estos lienzos silenciosos. Y, sin embargo, está atada a la imagen de Cortés. Como narrador, el artista también modifica los hechos "verdaderos" al enfatizar todo lo que puede ser asociado con el pueblo de los tlaxcaltecas.

Los dos narradores exageran su ideal y dejan al lector moderno con dudas que sólo se entienden dentro de la relatividad cultural de cada uno. El personaje de doña Marina lo usa cada autor a su manera para establecer la prioridad de su pueblo en la Conquista y para socavar las culturas en competencia. Los retratos pictóricos se vuelven un punto de comparación para entender más completamente la narrativa de Bernal Díaz, la cual sin duda en el mundo occidental, por ser escrita, es la que tiene mayor autoridad para la corte del siglo XVI y para el lector moderno.

Notas

[1] El mito de Marina se ha discutido extensamente en torno al carácter mexicano. Para una discusión concisa de este tema véase también: "La Malinche: hacia una semiótica de la Conquista" por Navas Ruiz que resume muchas de estas ideas. Sandra Messinger Cypess en *La Malinche in Mexican Literature: From History to Myth* (Austin: Texas University Press, 1991) da una lectura cuidadosa del mito a lo largo de la literatura mexicana. Para un relato literario del mito véase el capítulo dedicado al tema de Malinche en Fernando Benítez, *La ruta de Hernán Cortés* (México: Fondo de Cultura Económica, 1950).
[2] Todas las traducciones de textos en inglés son del autor.
[3] Ya ha sido documentado, entre otros, por Irving Leonard en *Los libros de los conquistadores* que ellos eran lectores ávidos de las novelas de caballerías y de los romances, y por eso esperaríamos heroínas similares.
[4] Para una discusión más amplia de las heroínas medievales véase el estudio de Lucy L. Sponsler, *Women in the Medieval Epic and Lyric Traditions*.
[5] Tzvetan Todorov afirma de los cronistas de la Conquista de la Nueva España en *The Conquest of America*: "all agree in recognizing the importance of La Malinche's role" (New York: Harper, 1984) 100. Para un análisis crítico del método seguido por Todorov, véase Rolena Adorno "Arms, Letters, and the Native Historian in Early Colonial Mexico", *1492-1992: Re-writing the Conquest* (Minneapolis: The Prisma Institute, 1989) 201-224. Sin embargo, no es posible aceptar que al comparar a doña Marina con otros amerindios se pueda decir que ella tuvo un papel muy importante, porque no se le destaca como a los protagonistas españoles, a pesar de que ella tuvo mayor importancia que muchos de éstos como se nota en *Los lienzos de Tlaxcala* que se discutirán en este artículo.
[6] Todas las citas de la *Historia verdadera de la Conquista de la Nueva España* incluyen capítulos para facilitarle al lector que sigue otra edición; he preferido seguir la edición de Espasa-Calpe por ser una de las más accesibles.
[7] Bernal resalta la humildad cristiana de Marina al comparar en el capítulo XXXVII a Marina con José y sus hermanos en Egipto; y también al darles a los parientes de Marina el nombre de Marta y Lázaro. Véase el estudio de Kunner quien establece claras relaciones entre el traductor como traidor, que al vincularse al conquistador y los misioneros crea con ellos una dependencia para llevar a cabo el dominio del pueblo indígena.
[8] Jerónimo de Aguilar fue uno de los náufragos rescatados en Yucatán que aprendió un dialecto maya. Al llegar a Coatzacoalcos doña Marina sirve de intérprete entre la lengua

maya y la lengua náhuatl.

[9] El mismo Cortés sólo hace alusión al personaje de su esclava Marina dos veces. En la segunda carta dice "Y estando algo perplejo en esto, a la lengua que yo tengo que es una india de esta tierra, que hube en Potonchán [...]" *Cartas de relación* (México: Porrúa, 1963) 49. Y en la quinta carta escribe: "Y para que creyese ser verdad, que se informase de aquella lengua que con él hablaba, que es Marina, la que yo siempre conmigo he traído, porque allí me la habían dado con otras veinte mujeres" (269). Su cronista, F. López Gómara, le dedica el capítulo XXVI, en el cual se cuenta de nuevo el relato de su esclavitud, y le menciona de paso en otras ocasiones en *Cortés: The Life of the Conqueror by his Secretary*. Lesley Byrd Simpson, traductor (Berkeley: University of Califonia Press, 1964).

[10] Por ser un medio principal de narrativa de los pueblos de Mesoamérica, la narrativa pictórica refleja con mayor autenticidad la versión tlaxcalteca de los eventos históricos.

[11] *Los lienzos de Tlaxcala* narran eventos posteriores a la Conquista de Anáhuac, tales como los que se refieren a la Conquista de Guatemala, y otros en los cuales doña Marina no participó.

[12] Sí además se comparan los textos de la narrativa de las acciones de Marina en el *Lienzo de Tlaxcala,* se constata que allí su papel es imprescindible hasta este momento. Bernal en cambio la trata como a un personaje muy secundario, aunque le da crédito por algo del éxito de sus tratos con los pueblos mexicas. Bernal tiene la oportunidad de describir con más detalle las acciones de Marina, y es muy rara esta clase de descripción.

[13] Es interesante notar que la vida de Luisa de Xicoténcatl se codificó de manera muy paralela en las narrativas por algunos cronistas y en la manipulación diplomática de don Pedro de Alvarado. Ella fue llevada a Guatemala en compañía de Alvarado y también al Perú en la fallida empresa de aquél. Cuando don Pedro se casa con doña Beatriz de la Cueva, su segunda esposa, doña Luisa desaparece de toda la documentación, aparentemente muerta. Sólo reaparece en 1589 cuando se le otorga una ayuda de costa por ser madre y abuela, curiosamente se ordena que la cantidad se entregue a Pedro de Alvarado, posiblemente el hijo del conquistador. Cito el documento, y subrayo algunas palabras: "Que por cuanto por parte de doña Luisa, india, vecina de la Ciudad Vieja, le ha sido hecha relación que la susodicha es *india principal y natural de la ciudad de Tlascala*, de la Nueva España, y fue *de las primeras* que pasaron a estas provincias, con los españoles que las conquistaron y pacificaron, en que pasó mucho trabajo, y siempre permaneció en esta ciudad y en la ciudad vieja, donde es vecina, y tiene muchos nietos, y entre ellos algunos españoles, *personas principales*, y ella está muy vieja y necesitada por tanto, que para ayuda a pasar su necesidad, mandaba e mandó que se le den a la dicha doña Luisa, veinticinco tostones de ayuda de costa, los cuales le den los oficiales de la real hacienda de esta provincia de los tributos vacos que fueren a su cargo ...". Así ordenó el licenciado Pedro Mallén de la Rueda en 1589 y lo cita Ernesto Chinchilla Aguilar, "Evocación del año 1532", *El Imparcial* (Guatemala, 30 de julio-8 de agosto 1981). La orden se repitió en 1590 y en 1591, y se supone que ella murió posiblemente octogenaria en 1591 ó 1592. Éste queda como el único rastro que dejó después del año 1541.

OBRAS CONSULTADAS

Bornstein, Diane. *The Lady in the Tower*. Hamden: Anchor Books, 1983.
Díaz del Castillo, Bernal. *Historia verdadera de la Conquista de la Nueva España*. Alfonso Remón, editor. Madrid, 1632.
───── *Historia verdadera de la Conquista de la Nueva España* 1928. Carlos Pereyra, editor. Madrid: Espasa Calpe, 1985.
───── *Historia verdadera de la Conquista de la Nueva España*. Joaquín Ramírez Cabañas, editor. México: Porrúa, 1972.
───── *Historia verdadera de la Conquista de la Nueva España*. Eduardo Mayora, editor. Guatemala: Sociedad de Geografía e Historia de Guatemala, 1933.
Dillard, Heath. *Daughters of the Reconquest. Women in Castillian Town Society 1100-1300*. Cambridge: Cambridge University Press, 1984.
Guichard, Pierre. *Structures sociales "orientales" et "occidentales" dans l'Espagne musulmane*. Paris: Mouton, 1977.
Ibn Khaldûn. *The Muqaddimah. An Introduction to History*. Franz Rosenthal, traductor. Princeton: Princeton University Press, 1981.
Kummer, Werner. "Malinche, Patron-Saint or Informer?" *A Fetschrift for Native Speaker*. Florian Coulmas, editor. The Hague: Mouton, 1981. 175-193.
Leonard, Irving. *Books of the Brave*. Cambridge: Harvard University Press, 1949.
Mignolo, Walter. "El mandato y la ofrenda: La *Descripción de la ciudad y provincia de Tlaxcala*, de Diego Muñoz Camargo, y las relaciones de Indias". *NRFH* 35 (1987): 451-484.
Muñoz de Camargo, Diego. *Descripción de la ciudad y provincia de Tlaxcala de las Indias y del mar océano para el buen goverino y ennoblecimiento dellas*. René Acuña, editor. México: UNAM, 1981.
Navas Ruiz, Ricardo. "La Malinche: hacia una semiótica de la Conquista". *Ensayos de literatura europea e hispanoamericana*. Félix Monchacatorre, editor. San Sebastian: Universidad del País Vasco, 1990.
Pastor, Beatriz. "Silence and Writing, the History of the Conquest". *1492-1992 Re/discovering Colonial Writing*. Minneapolis: Prisma Institute, 1989. 121-163.
Pizan, Christine de. *A Medieval Woman's Mirror of Honor*. Charity Cannon Willard, traductor. New York: Persea Books, 1989.
Phillips, Rachel. "Marina/Malinche: Masks and Shadows". *Women in Hispanic Literature*. Berkeley: University of California Press, 1983. 97-114.
Sáenz de Santa Marra, Carmelo. *Introducción crítica a la "Historia verdadera" de Bernal Díaz del Castillo*. Madrid: CSIC, 1967.
Seco, Carlos. "Doña Marina a través de los cronistas". *Estudios cortesianos*. Madrid: CSIC, 1948. 497-504.
Sponsler, Lucy A. *Women in the Medieval Spanish Epic and Lyric Tradition*. Lexington: The University of Kentucky Press, 1975.

LA PRINCESA INCAICA BEATRIZ CLARA
Y EL DRAMATURGO ILUSTRADO FRANCISCO DEL CASTILLO

POR

RAQUEL CHANG-RODRÍGUEZ
The City College-Graduate School
City University of New York

1. LA CONQUISTA DEL PERÚ Y LAS MUJERES INDÍGENAS Y MESTIZAS

Los protagonistas de la conquista del Perú han ganado fama universal por su participación en este acontecimiento histórico. Por el lado europeo se hallan los compañeros de empresa Francisco Pizarro y Diego de Almagro, y el dominico fray Vicente de Valverde; por el andino, Huascar y Atahualpa, príncipes del linaje real, y el intérprete Felipillo. Menos conocidas, sin embargo, son las mujeres europeas, indígenas y mestizas que vivieron los años iniciales del encuentro, el posterior choque cultural y las primeras décadas de colonización.

Debido al reciente interés de historiadores deseosos de ofrecer una visión más exacta de esta primera etapa de desarrollo, es posible consignar el nombre y la actuación en el Perú de mujeres europeas de diversas capas sociales. Entre las españolas que llegaron poco después del prendimiento de Atahualpa en Cajamarca (1532), se encuentran Isabel Rodríguez, apodada La Conquistadora; Inés Muñoz, la cuñada de Francisco Pizarro que salvó a los hijos mestizos del Marqués de la ira de los almagristas; y María de Calderón, a quien Francisco de Carvajal mandó estrangular por vocear su lealtad a la Corona en las guerras civiles del Perú (Martín 13-18).

El acceso a datos que permitan configurar una imagen de la vida de las nativas tomadas por la fuerza u otorgadas a los europeos con el propósito de propiciar alianzas, responder a sus deseos sexuales y servirles en menesteres domésticos no ha sido fácil. En el caso específico de algunas pertenecientes a la nobleza incaica y unidas a importantes figuras de la Conquista como mancebas o esposas, testamentos y cartas así como el testimonio de crónicas e historias, ofrecen una limitada mirada a diferentes aspectos de su vida. Por estos documentos sabemos de la noble hija de Guayna Capac, doña Inés Huaylas Yupanqui, entregada por su hermano Atahualpa a Francisco Pizarro, a quien le dio dos hijos, Francisca y Gonzalo, para después casarse con un paje del conquistador, Francisco de Ampuero; de cómo doña Angelina Cuxirimay Ocllo, prometida de Atahulpa, pasó a ser amante de Francisco Pizarro, tuvo dos hijos con el conquistador, y finalmente se casó con el cronista Juan de Betanzos

(Rostworoski, *Doña Francisca* 17-19); de la mestiza Francisca Pizarro, obligada por la Corona a abandonar Perú y residir en España donde la rica encomendera se casaría primero con su tío, Hernando Pizarro, y después con Pedro Arias Dávila Portocarrero, un noble endeudado (Rostworoski, *Doña Francisca* 69-72). Estas noticias dejan constancia de los avatares de esas mujeres; sin embargo, faltará para siempre la historia íntima, la versión personal, a través de la cual se pueda vislumbrar y comprender su sentir más allá del dato empírico o la versión ajena de los hechos.

2. LA ÑUSTA BEATRIZ CLARA

Coetánea de doña Francisca Pizarro (1534-98), es la princesa incaica doña Beatriz Clara Coya (c. 1556-1600), hija del inca Sayri Tupac en la coya Cusi Huarcay (*Lámina 1*).

Lámina 1. El matrimonio de Sayri Tupac y Cusi Huarcay, los padres de Beatriz Clara Coya (Guaman Poma 2:444).

Conviene recordar que Sayri Tupac es a su vez hijo de Manco II, quien fue impuesto como inca por los europeos, se rebeló contra ellos en el Cuzco (1536-37), y, después de su derrota, se refugió en las montañas de Vilcabamba y allí estableció su corte. Cuando este soberano falleció en 1545, lo sucedió Sayri Tupac. A instancias del virrey Hurtado de Mendoza, este inca vilcabambino abandonó en 1558 su refugio y aceptó la autoridad de la Corona (*Lámina 2*). Sayri Tupac murió poco después, probablemente envenenado, y dejó a su hija, doña Beatriz Clara, como única heredera de la rica encomienda de Yucay.[1]

Lámina 2. Sayri Tupac conversando con el virrey Hurtado de Mendoza (Guaman Poma 2:442).

La noble niña se crió entre las monjas del convento de Santa Clara en el Cuzco hasta los ocho años de edad, cuando su madre la llevó a la casa de Arias Maldonado, un influyente conquistador. Allí se proyectó su matrimonio con Cristóbal, el hermano de éste; como los planes entraron en conflicto con designios de las autoridades coloniales que veían como muy peligrosa la unión entre un miembro de esa rica familia de conquistadores con una princesa descendiente del linaje real incaico, se llegó a decir que Cristóbal Maldonado había violado a la niña Beatriz Clara para así forzar el matrimonio con ella. Acusado de conspiración, el revoltoso fue enviado a España con otros sospechosos de sedición. Por otro lado, desde Vilcabamba, el tío de la princesa incaica, don Diego de Castro Titu Cusi Yupanqui, impuso como condición para abandonar ese refugio que tanto molestaba a la Corona, la autorización al matrimonio de su hijo Quispe Tito con la joven ñusta. En medio de estos manejos, doña Beatriz fue devuelta al convento y allí permaneció hasta los quince años, cuando, a instancias del virrey Francisco de Toledo, expresó su preferencia por el matrimonio (Rostworoski, *Doña Francisca* 81).

El virrey Toledo otorgó a doña Beatriz en casamiento a un capitán de su séquito, Martín García de Loyola, en recompensa por haber prendido y llevado en cadenas al Cuzco a Tupac Amaru I, el último de los soberanos de Vilcabamba, tío de doña Beatriz Clara Coya (*Láminas 3 y 4*).

Lámina 3. Tupac Amaru entra al Cuzco llevado en cadenas por don Martín García de Loyola (Guaman Poma 2:451).

La boda se llevó a cabo con el lujo correspondiente a la unión de familias tan importantes en los Andes y España: la novia, princesa real del Incario; el novio, sobrino de Ignacio de Loyola, uno de los fundadores de la orden jesuita. El virrey confirmó el derecho de los esposos al repartimiento de Yucay del cual tomaron posesión el 29 de octubre de 1572 (Rostworoski, *Doña Francisca* 82). Por carta del virrey Toledo al soberano español se sabe que García de Loyola aceptó este matrimonio por servir al rey, aunque la novia «fuese yndia y de su traje» (Rostworoski, *Doña Francisca* 81-82). Además de la voluntad de servicio, influiría poderosamente en su decisión la cuantiosa herencia paterna, restituida a la princesa una vez efectuado el desposorio.[2]

Lámina 4. Decapitación de Tupac Amaru en el Cuzco (Guaman Poma 2:452).

Más tarde, cuando don Martín fue nombrado gobernador y capitán general de las provincias de Chile, la pareja se instaló en Concepción donde les nació una hija, Ana María. Después del fallecimiento de su esposo en 1596,[3] doña Beatriz Clara se trasladó a Lima y allí murió el 21 de marzo de 1600 (Rostworoski, *Doña Francisca* 83-84). Continuando su política de destierro para con los miembros de la nobleza incaica, la Corona ordenó que la niña Ana María pasara a España donde después se casó con don Juan de Enríquez de Borja, nieto de San Francisco de Borja y futuro marqués de Alcañices. En reconocimiento a su noble ancestro, a la coya Ana María se la nombró en 1614 Adelantado del Valle de Yupanqui, y también se le otorgó el título de marquesa de Santiago de Oropesa (Rostworowski, *Doña Francisca* 84), distingo de nobleza reclamado después por Tupac Amaru II.

3. LA REPRESENTACIÓN PICTÓRICA DEL DESPOSORIO

La trascendencia de éste y otros enlaces[4] pronto se hizo evidente en la política virreinal. En el siglo XVII se pintó un gran lienzo de los matrimonios de Beatriz Clara Coya y Martín García de Loyola, y de Ana María Coya de Loyola y Juan de Enríquez de Borja, conservado en la iglesia de la Compañía en el Cuzco (*Lámina 5*).

Lámina 5. El desposorio de doña Beatriz Clara Coya y don Martín García de Loyola, y de la hija de ambos, Ana María, con don Juan Enríquez de Borja (Iglesia de la Compañía, Cuzco; en Gisbert, fig. 168).

Allí aparecen, además de las dos parejas contrayentes,[5] figuras claves de la realeza incaica y de la Iglesia española (Gisbert 155-56). Se ha especulado que, a través de éste y otros óleos, los jesuitas querían divulgar en diferentes niveles los vínculos de la orden con la nobleza indígena quizá con el propósito de alentar futuros designios políticos.[6] El lienzo fue reproducido varias veces y actualmente se ha confirmado la existencia de seis versiones de ese tema (Gisbert 156); una de ellas se encuentra en el Museo Pedro de Osma en Lima (*Lámina 6*), y otra en

Lámina 6. Detalle de doña Beatriz Clara Coya y don Martín García de Loyola (Museo Pedro de Osma, Lima, Perú).

el Beaterio de Copacabana en esa misma ciudad (*Lámina 7*). Más allá de proyectos políticos laicos y religiosos, la biografía de la coya y las versiones iconográficas de su matrimonio pueden verse como emblema de la ardua encrucijada cultural en la cual se desenvolvieron las mujeres indígenas y mestizas de su tiempo, inclusive cuando su nobleza fue reconocida por la Corona.

Lámina 7. Matrimonio de doña Beatriz Clara Coya y don Martín García de Loyola (Beaterio de Copacabana, Lima, Perú).

4. LA DRAMATIZACIÓN IGNACIANA DEL ENLACE

Dada la importancia del matrimonio de doña Beatriz y don Martín, no sorprende que el evento haya sido representado en vivo posteriormente. En efecto, después de siglo y medio del desposorio, en el día de San Francisco de Borja, el 10 de octubre de 1741:

> se hizo en la iglesia de la Compañía [en el Cuzco] una representación del casamiento de don Martín García de Loyola, y la hija de don Felipe Túpac Amaru [sic]: conforme se halla pintado en un cuadro que está a la entrada de dicha iglesia. Hizo al esposo, un hijo de don Gabriel Argüelles, llamado Pedro: y la esposa, una hija de un cacique de (en blanco) llamada Narcisa.... No faltó quien dijese, haberse ejecutado mojiganga[7] y encamisada[8] ésta por los mantos capitulares, aquélla por la representación de los esposos (Esquivel y Navia 2:434).

Dada la afición de la orden jesuita a las representaciones dramáticas tanto como vehículo catequizador y ejemplarizante como para alentar el estudio de la oratoria y la retórica entre sus alumnos de colegios y universidades,[9] cabe preguntarse si esta dramatización del matrimonio fue repetida habitualmente en iglesias y claustros ignacianos del Perú colonial para celebrar las fiestas más importantes de la orden. Aunque es imposible responder a esa pregunta con entera certeza, la evidencia disponible permite afirmar que doña Beatriz Clara Coya transitó, de la historia, a la pintura y la literatura.

5. LA PRINCESA INCAICA Y EL DRAMATURGO ILUSTRADO

La biografía de esta princesa del Incario llamó la atención de fray Francisco del Castillo (1716-70),[10] poeta y dramaturgo nacido en Piura y afincado en Lima, también conocido como el Ciego de la Merced por su severa miopía y pertenencia a esa orden religiosa a la cual ingresó en 1734.[11] Es muy probable que del Castillo conociera la historia del matrimonio de doña Beatriz y don Martín; que haya podido asistir a la representación dramática de éste en claustros ignacianos, y también haya visto el óleo del desposorio posiblemente en el Beaterio de Copacabana en Lima. Ciertamente la biografía de la Coya tanto como su enlace con un miembro de la nobleza española le llamaron la atención y le fueron útiles para representar ideas prevalentes dentro del sector criollo del Perú virreinal. Por ello en su loa *La conquista del Perú* (1748), aprovecha ambos (la vida y el desposorio de Beatriz Clara) para reclamar el sitio legítimo y preferente de Nación Peruana, uno de los personajes alegóricos, entre los pueblos que rinden tributo a Fernando VI, el soberano español, en su coronación.

Asimismo, conviene observar que en el siglo XVIII circuló en Perú una nueva edición de *Comentarios reales* (1722-23 [1609-1617]) del Inca Garcilaso prologada por González Barcia. Sabemos que el Ciego de la Merced aprovechó la versión garcilasiana de la Conquista como fuente principal del drama, *La conquista del Perú*, de cuya loa nos ocupamos. No sería descabellado proponer entonces que su lectura y aprovechamiento de tan central revisión de la historia peruana despertaran en él un orgullo por el pasado de su tierra y un interés en figuras ligadas a la elite incaica y española. Tales preocupaciones se conformarían, como se ha señalado, al patrón de una época donde los criollos buscaban legitimar sus reclamos y reafirmar su identidad americana acudiendo a un pasado indígena bastante cercano.[12]

5.1 EL TEATRO DE FRAY FRANCISCO DEL CASTILLO

Integrado por cinco piezas mayores (autos sacramentales, comedias y dramas) y varias menores (loas, entremeses, sainete, introducción y fin de fiesta),[13] el teatro del Ciego de la Merced ocupa un lugar preponderante dentro de la dramaturgia virreinal peruana tanto por el número de composiciones como por su diversidad temática.[14] Entre las cinco obras mayores sólo ha visto luz *Mitrídates, rey del Ponto*,[15] drama afrancesado y desigualmente justipreciado por la crítica, donde el autor cuenta los avatares del soberano de un reino del Asia Menor finalmente sometido por Roma.[16] En esta categoría permanecen inéditas: *El redentor no nacido, mártir, confesor y virgen: San Ramón*, pieza religiosa donde se cuenta la vida y milagros de ese santo; la comedia de enredo, *Todo el ingenio lo allana*; el auto sacramental, *Guerra es la vida del hombre*; y la comedia histórica, *La conquista del Perú*, cuya temática y acción la hacen la más interesante de todas ellas para el lector moderno.

5.2 LA LOA A *LA CONQUISTA DEL PERÚ*

Aunque *La conquista del Perú*[17] no ha aparecido en forma de libro,[18] su loa fue incluida por Rubén Vargas Ugarte en una selección de las *Obras* de fray Francisco del Castillo que el erudito historiador preparó y dio a la estampa en Lima en 1948,[19] doscientos años después que el Ciego de la Merced la escribió. Ambas obras, la loa y el drama, fueron compuestas a pedido del "gremio de los naturales" de la ciudad de Lima para celebrar la coronación de Fernando VI en una fiesta realizada en septiembre de 1748 presidida por José Manso de Velasco, Conde de Superunda y virrey del Perú (1745-61). Un impreso anónimo del mismo año, *El día de Lima*, describe los festejos donde hubo fuegos e iluminación (216), la representación en honor al rey de *Ni amor se libra de amor* de Calderón, (224-25), y una "fiesta de los naturales" donde indígenas de Lima y sus contornos desfilaron ataviados como nobles de la realeza incaica (237-68). No sería desaventurado suponer que *La conquista del Perú* fuera llevada a las tablas ya que sus versos finales aluden a un "teatro" donde "se ha visto / la conquista del Perú," y al "senado" o público asistente a la representación (f. 350r), capaz de aprobarla con sus vítores (Reverte Bernal, *Aproximación* 180); al final de la loa también se previene al "senado" sobre el contenido del drama y se menciona su salida "al teatro" (237). Carecemos, sin embargo, de información documental para confirmar la puesta en escena de la obra con su correspondiente loa. En ésta uno de los personajes alegóricos, la Nobleza, describe la ascendencia de doña Beatriz y detalla especialmente su matrimonio y el de su hija Ana María con encumbrados señores españoles.

Como ya han observado otros críticos, el origen de la loa está ligado a los prólogos latinos e italianos que tanto influyeron en el teatro español de los siglos áureos (Flecniakoska 15). El vocablo se usó por primera vez en 1551 en una comedia de Corpus Christi, la *Farsa llamada Danza de la Muerte* (1551) de Juan de Pedraza, para referirse al antiguo prólogo del teatro latino (Meredith 103). En esos prólogos clásicos y posteriormente en las loas, el actor saludaba al público y pedía su atención, silencio y benevolencia (Flecniakoska 34); más tarde, a partir de Luis Quiñones de Benavente (1589?-1651), la loa se tornará más compleja e incluirá decorado propio, juegos escénicos y la participación de varios personajes (Flecniakoska 129). En su clasificación de las loas,[20] Cotarelo y Mori dedica un apartado a las representadas en fiestas reales, a cuya categoría pertenece la que precede a *La conquista del Perú*, loa muy evolucionada donde, siguiendo el esquema fijado por Calderón (introducción, argumento y solución), el autor se dirige a un público más selecto y capaz de entender temas de mayor vuelo intelectual.[21]

Los personajes de la loa de fray Francisco del Castillo son la Música, y ocho figuras alegóricas (Fama, Europa, Regocijo, Nobleza, Amor, Nación Peruana, Dicha, Obligación) cuyas iniciales deletrean a modo de acróstico el nombre de Fernando VI, el soberano recién coronado. Cada personaje canta sus alabanzas al nuevo rey a quien el mundo entero debe obedecer. En la loa todo es concierto hasta que aparece la Nación Peruana vestida de india. Regocijo, Fama y Europa quieren saber quién es y por qué ha venido a la celebración; Música identifica a la extraña como "La Nueva Castilla" quien, por amor al soberano, "con Europa ha hecho / unión, celebrando / a Fernando el sexto" (224). Sin embargo, en un curioso silogismo Europa cuestiona la devoción de Nación Peruana: cómo puede la extraña amar a un rey desconocido. Amor responde que lo conoce a través de su "alter ego", o sea, el virrey José Manso de Velasco. Pero Europa insiste:

> Si, pues con tales defensas
> has probado tu derecho.
> Ahora me resta saber
> qué razón o fundamento
> tiene la Nación Peruana
> cuando intenta este festejo
> para adunarse[22] conmigo (225).

Sin duda, la pregunta, más allá del por qué de la unión, cuestiona el abolengo de la extranjera: ¿qué le da derecho a la advenediza Nación Peruana a igualarse con la preclara Europa en el homenaje al nuevo rey pues la primera es india, mientras la segunda es española? (227). Cuál no sería la sorpresa de la orgullosa Europa cuando Nobleza explica cómo Nación Peruana está «encadenanda» o emparentada con ella:

> Oye, si quieres saberlo.
> Un Don Martín de Loyola,
> dignísimo caballero
> del Orden de Calatrava,
> que era muy cercano deudo
> del glorioso San Ignacio
> de Loyola, a cuyo celo
> de Jesús la Compañía
> vio la tierra con ser cielo;
> este, pues, preclaro héroe
> fue quien unió los dos reinos
> recibiendo en matrimonio
> a una India de nuestro Imperio.
> Doña Beatriz Clara Coya,
> hija del príncipe excelso,
> Don Diego de Sairi Túpac,
> madre de esta dama siendo,
> Doña Beatriz Cusi Huarcay
> la que con dicho Don Diego
> recibió el santo bautismo
> año de mil y quinientos
> y cincuenta y ocho, que ha
> dos siglos, once años menos,
> cuya elevada nobleza

fue, porque estos descendieron
del invicto Manco Cápac,
Inca del Perú primero (227-28).

El largo parlamento remite al histórico enlace de la princesa incaica y el capitán español en 1572, recogido en varios óleos y aprovechado, en los albores de la Ilustración, por un escritor criollo para recalcar el indisoluble nexo de dos linajes nobles y de dos continentes distantes. Nación Peruana corrobora lo inmutable de esta "unión de la sangre" con una bella metáfora: es imposible separar partes tan ligadas como los distintos licores mezclados en un mismo vaso (231). Así, el histórico enlace abre el discurso y trae a la superficie la añeja prosapia de la exótica figura alegórica tanto como la singular hibridez cultural peruana.[23]

6. OPACIDADES DEL SIGLO DE LAS LUCES

En virtud de este encumbrado linaje, Nación Peruana es aceptada en el coro de admiradores de Fernando VI y anuncia una comedia, *La conquista del Perú*,[24] donde se manifestará "la lealtad y el rendimiento / con que la Nueva Castilla / con las armas del afecto / libre quiso sujetarse / al augusto hispano gremio" (236). Que esta comedia destaque la actuación clave de un griego, Pedro de Candia, el papel de las predicciones en el sometimiento "pacífico" de los antiguos peruanos, la muerte de Guayna Capac y de su sucesor debido a una plaga traída por los extranjeros, la actitud conciliadora de Atahualpa en contraste con las depredaciones de los europeos, y un final donde, simbolizada por la figura de Rumiñagüi, la rebeldía se ofrece como paradigma, hace pensar en una versión irónica más que épica de la sujeción del Tahuantinsuyu. Si a esto se añade que Castillo compuso en 1751 un largo canto dedicado a Melchormalo de Molina, Marqués de Monterrico, y a Fermín Carvajal, Conde de Castillejo, elogiando con tono épico su participación en una incursión militar que derrotó a los indígenas insurrectos en la zona de Huarochirí[25] (Reedy 51), y que en un poema de 1746 escrito poco después del terremoto que asoló a Lima, el vate lamentó la destrucción de su "dulce patria" (138), vemos que las posturas contradictorias asociadas con los criollos durante el siglo XVIII, también signan los escritos de del Castillo.[26] Tales actitudes —alabanza y burla de las autoridades coloniales, orgullo del pasado pre-colombino y desprecio del indígena coetáneo, amor al suelo patrio no extrañan en fray Francisco del Castillo, poeta y dramaturgo que, como Beatriz Clara Coya, vivió y escribió en la disyuntiva marcada por dos épocas: el primero entre la Colonia y la Ilustración, y la segunda entre la Conquista y la Colonia.

NOTAS

¹ Ver el estudio de este repartimiento de Rostworoski.
² Vale notar que cuando Cristóbal Maldonado regresó al Perú quiso anular el matrimonio alegando que se había casado antes con doña Beatriz Clara (Rostworoski, *Doña Francisca* 82-83).
³ Murió cuando él y su real fueron masacrados por indígenas. Parece ser que, después de un sonado triunfo contra los nativos, el capitán olvidó poner vigilancia nocturna en el campamento (Rostworowski, *Doña Francisca* 83).
⁴ Un segundo lienzo del siglo XVIII, atribuido al círculo del pintor indígena Marcos Zapata por Teresa Gisbert, recoge el matrimonio de Teresa Idiáquez con Beltrán García de Loyola, y el de Juan Idiáquez con Magdalena de Loyola (Gisbert 155-56).
⁵ La segunda pareja está constituida por Ana María Coya de Loyola, la hija de don Martín y doña Beatriz, y Juan Enríquez de Borja, emparentado con San Francisco de Borja.
⁶ Sobre la teocracia jesuita, ver Duviols.
⁷ Fiesta pública donde los hombres se enmascaraban con disfraces ridículos, frecuentemente de animales (*DA*: 2:587).
⁸ Tipo de fiesta nocturna y espontánea donde se desfilaba por la ciudad con hachas y a caballo (*DA*: 2:428).
⁹ En este sentido ver el trabajo de Frederick Luciani sobre la *Comedia de San Francisco de Borja* (1640) escrita por el jesuita Matías de Bocanegra (1612-48) y representada en México con motivo de la visita del virrey Diego López Pachecho y Bobadilla al colegio ignaciano de San Pedro y San Pablo.
¹⁰ No sería extraño que en las tertulias frecuentadas por el autor, escuchara los datos sobre estos enlaces y los recogiera después en la loa de *La conquista del Perú*.
¹¹ Como dato curioso vale notar que Ricardo Palma llamó a Francisco del Castillo, "Un loco más en el manicomio de las letras peruanas" (TPC, 604); lo tildó, además, de licencioso repentista (TPC, 605), ignorando otras contribuciones literarias del mercedario.
¹² La figura más típica en la revaloración criolla del mundo precolombino es el erudito mexicano Carlos de Sigüenza y Góngora (1645-1700), quien utilizó a los soberanos aztecas como paradigmas de buenos gobernantes en el arco triunfal que se le encargó para darles la bienvenida a los marqueses de la Laguna en 1680 (*Teatro de virtudes políticas*). En cuanto al desarrollo de la identidad criolla en Hispanoamérica, ver los trabajos de Pagden y Brading.
¹³ Sigo la clasificación de Reverte Bernal (Ver *Aproximación* 161-200).
¹⁴ Las piezas se encuentran en tres manuscritos: uno se conserva en el Archivo Histórico Nacional de Santiago de Chile, Fondo Antiguo, volumen 6, con el título de *Obras literarias de Fray Francisco del Castillo*, otro en la Biblioteca Nacional de Madrid (signatura 16.283), bajo el rótulo de *Comedias varias que ha compuesto el P. Fray Francisco del Castillo ... 1749*; y el tercero en el Archivo General de la Nación de Buenos Aires, legajo Biblioteca Nacional 257, documento 3666 (Reverte Bernal, *Aproximación* 13).
¹⁵ En su tesis doctoral Milla Batres transcribió el auto sacramental *Guerra es la vida del hombre*, del manuscrito de Madrid (Ver Reverte Bernal, *Aproximación* 171-79).
¹⁶ Ver Arrom (108-09) y Reverte Bernal (*Aproximación* 186-95).
¹⁷ El manuscrito completo (loa y drama) se encuentra en la Biblioteca Nacional de Madrid (signatura 16.283). He podido leerlo y estudiarlo en una copia mecanografiada que gentilmente me facilitó Concepción Reverte Bernal.
¹⁸ Concepción Reverte Bernal la publicará próximamente en su edición del teatro del Ciego de la Merced; esta investigadora ya tiene en su haber una edición del teatro de Castillo en *microfiche*.

[19] Citamos la loa por esta edición.
[20] Las divide en 1) sacramentales, 2) de Nuestra Señora y de los Santos, 3) de fiestas reales, 4) de casas particulares y de 5) presentación de compañías (En Sabat-Rivers, Introducción 49).
[21] Seguramente los dramaturgos virreinales se dieron cuenta que la loa, por su brevedad y agilidad, era un vehículo apropiado para mostrar sus inquietudes a los miembros de la elite europea y criolla. Sor Juana, por ejemplo, escribió doce loas; tres de ellas han sido recientemente analizadas por Georgina Sabat-Rivers quien ha destacado su centralidad dentro del pensamiento y la producción dramática de la monja mexicana.
[22] "Adunarse" equivale a "juntarse", a "unirse entre sí dos cosas" para un fin específico (*DA*: 1:96).
[23] Por otro lado, en una ambivalencia frecuente en textos coloniales y material iconográfico del siglo XVIII, este vínculo podía servir para justificar la continuación del dominio español en América, tal y como anunciaban los óleos de la genealogía de los reyes incas seguidos de los soberanos españoles pintados en el Perú durante el siglo ilustrado. Sobre el tema ver Gisbert 156-57, 175-83.
[24] Ver mi estudio de este drama histórico.
[25] La rebelión ocurrió el 25 de julio de 1750, cuando los indios comandados por Francisco Inca, en protesta contra los tributos y la mita, tomaron el pueblo de Huarochirí y mataron a los principales funcionarios y vecinos españoles. Los líderes no consiguieron el apoyo de los indígenas de la zona y fueron derrotados y ejecutados. Quienes lograron escapar se unieron al ejército de otro caudillo rebelde, Juan Santos Atahualpa (Tauro 3:101).
[26] Sobre las contradicciones de la elite criolla de Perú y México en los albores de la Independencia, ver Maticorena Estrada y Brading. En cuanto al distanciamiento de estas posturas criollas de las ideas ofrecidas en textos, documentos y material iconográfico de la tradición amerindia, ver Stone y Moraña.

BIBLIOGRAFÍA

Aparicio, Severo. "Vida y obra poética del Ciego de la Merced de Lima". *Revista de Estudios de Madrid* 12.57 (1961): 457-79.

Arrom, José J. *Historia del teatro hispanoamericano (Época colonial)*. 2ª edición. México: de Andrea, 1967.

Brading, David. *The First America: The Spanish Monarchy, Creole Patriots, and the Liberal State 1492-1867*. Cambridge: Cambridge University Press, 1991.

Burga, Manuel. *Nacimiento de una utopía. Muerte y resurrección de los incas*. Lima: Instituto de Apoyo Agrario, 1988.

Castillo, Fray Francisco del. *Obras*. Edición, introducción y notas de Rubén Vargas Ugarte, S. J. Lima: Studium, 1948.

_____ *Obra dramática*. Edición, introducción y notas de Concepción Reverte Bernal. Madrid: en prensa.

Chang-Rodríguez, Raquel. *El discurso disidente: ensayos de literatura colonial peruana*. Lima: PUCP, 1991.

_____ "Entre la tradición colonial y la ruptura ilustrada: *La conquista del Perú* de fray Francisco del Castillo". *Crítica y descolonización: el sujeto colonial en la cultura latinoamericana*. Editoras Lúcia Helena Costigan y Beatriz González Stephan. Caracas-Columbus: "Equinoccio", Universidad Simón Bolívar y The Ohio State University, 1992. 469-89.

Diccionario de Autoridades [1726-39]. Edición facsimilar. 3 volúmenes. Madrid: Gredos, 1990.

Duviols, Pierre. *La destrucción de las religiones andinas (Conquista y Colonia)* [1971]. Traductor Albor Maruenda. México: UNAM, 1977.

El día de Lima [anónimo]. Lima, 1748.

Esquivel y Navia, Diego de. *Noticias cronológicas de la gran ciudad del Cuzco*. Edición, prólogo y notas de Félix Denegri Luna con la colaboración de Horacio Villanueva Urteaga y César Gutiérrez Muñoz. 2 volúmenes. Lima: Banco Wiese Ltdo.-P. L. Villanueva, 1980.

Flecniakoska, J. L. *La loa*. Madrid: Sociedad General Española de Librería, 1975.

Gisbert, Teresa. *Iconografía y mitos indígenas en el arte*. La Paz: Gisbert y Cía. S. A., 1980.

Guaman Poma de Ayala, Felipe. *Primer nueva corónica y buen gobierno* [1615]. Edición crítica de John V. Murra y Rolena Adorno. Traducciones y análisis textual del quechua por Jorge L. Urioste. 3 Volúmenes. México: Siglo XXI, 1980.

Lavrin, Asunción, editora. *Sexuality and Marriage in Colonial Latin America*. Lincoln: University of Nebraska Press, 1989.

Lohmann Villena, Guillermo. *El arte dramático en Lima durante el Virreinato*. Sevilla: Escuela de Estudios Hispanoamericanos de la Universidad de Sevilla, 1945.

Luciani, Frederick. "The *Comedia de San Francisco de Borja* (1640): The Mexican Jesuits and the 'Education of the Prince'". *Colonial Latin American Review* 2.1-2 (1993): 121-41.
Martín, Luis. *Daughters of the Conquistadores. Women of the Viceroyalty of Peru.* Albuquerque: University of New Mexico Press, 1983.
Maticorena Estrada, Miguel. "Sobre nación, casta e independencia en el Perú". *Página Libre* (Lima), 7-29-1990.
Meredith, Joseph A. *Introito and Loa in the Spanish Drama of the Sixteenth Century.* Philadelphia: University of Pennsylvania, 1928.
Milla Batres, Carlos. "Vida y obra literaria édita e inédita del Ciego de la Merced: Fray Francisco del Castillo Andraca y Tamayo (1716-1770)". Tesis doctoral. Lima: UNMSM, 1976.
Moraña, Mabel. Introducción y edición. *Relecturas del Barroco de Indias.* Hanover: Ediciones del Norte, 1994. i-xii.
Pagden, Anthony. "Identity Formation in Spanish America". *Colonial Identity in the Atlantic World, 1500-1800.* Nicolas Canny y Anthony Pagden, editores. Princeton: Princeton University Press, 1987. 51-93.
Palma, Ricardo. *Tradiciones peruanas completas.* Edición y prólogo de Edith Palma. Madrid: Aguilar, 1957.
____ *Tradiciones en salsa verde.* Edición y prólogo de Francisco Carrillo y Carlos Garayar. 2ª edición. Lima: Biblioteca Universitaria, 1973.
Reedy, Daniel R. "El Ciego de la Merced: A Blind Poet's View of Popular Culture in Eighteenth-Century Lima". *In Retrospect: Essays on Latin American Literature (In Memory of Willis Knapp Jones).* Editors Elizabeth S. Rogers and Timothy J. Rogers. York: Spanish Literature Publications Co., 1987. 40-54.
Reverte Bernal, Concepción. "Notas para un estudio de la 'Mise en scene' de una comedia histórica hispanoamericana: *La conquista del Perú*, de fray Francisco del Castillo (Lima, 1716-1770)". *Anales de Literatura Hispanoamericana* 12 (1983): 115-28.
____ *Aproximación crítica a un dramaturgo virreinal peruano: fray Francisco del Castillo ("El Ciego de la Merced").* Cádiz: Universidad de Cádiz, 1985.
____ "Un poeta virreinal peruano: fray Francisco del Castillo, 'el Ciego de la Merced'". *Estudios* (México) 12 (1988): 69-88.
Rostworoski de Diez Canseco, María. "El repartimiento de Doña Beatriz Coya en el valle de Yucay". *Revista de Historia y Cultura* 4 (1970): 153-267.
____ *Doña Francisca Pizarro. Una ilustre mestiza, 1534-1598* Lima: IEP, 1989.
Sabat-Rivers, Georgina. Introducción biográfica y crítica. *Sor Juana Inés de la Cruz. Inundación castálida* [1689]. Madrid: Castalia, 1982. 9-71.
____ "Apología de América y del mundo azteca en tres loas de Sor Juana". *Revista de Estudios Hispánicos* 19 (1992): 267-91.
Sigüenza y Góngora, Carlos de. *Seis obras.* Prólogo de Irving A. Leonard. Edición, notas y cronología de William C. Bryant. Caracas: Biblioteca Ayacucho, 1984.

Silverblatt, Irene. *Moon, Sun, and Witches. Gender Ideologies and Class in Inca and Colonial Peru*. New Jersey: Princeton University Press, 1987.

Stone, Cynthia Leigh. "Rewriting Indigenous Traditions: The Burial Ceremony of the *cazonci*". *Colonial Latin American Review* 3 (1994): 87-114.

Tauro, Alberto, ed. *Enciclopedia ilustrada del Perú*. 6 Volúmenes. Lima: PEISA, 1987.

Vargas Ugarte, Rubén, S. J. Edición, introducción y notas. *De nuestro antiguo teatro* [1943]. Lima: Milla Batres, 1974.

_____ "Introducción". Fray Francisco del Castillo. *Obras*. v-xxx.

FUNDACIONES MÍTICAS:
EL CUERPO DEL DESEO EN WAMAN PUMA

POR

María Antonia Garcés
Cornell University

En las primeras décadas del siglo diecisiete (c. 1613), un escritor indígena de Huamanga, Perú, escribe una "carta" a Felipe III. La carta nunca llega a su destino. El osado escritor es Felipe Guaman Poma de Ayala [Waman Puma], un secretario de jueces y "visitadores" regionales que se autodenomina "autor y príncipe" (*Buen gobierno*, II, 947-948, 998, 991). La "carta" del indio Felipe al rey Felipe, titulada *Nueva corónica y buen gobierno*—una crónica de mil doscientos folios ilustrada con cuatrocientos dibujos— apenas se descubre en 1908, en la Biblioteca Real de Copenhague.[1]

John Murra ha apuntado que el hallazgo de esta crónica ha sido el descubrimiento más importante del siglo para el conocimiento del mundo andino.[2] La obra de Waman Puma no sólo aspira a explicar la civilización andina desde sus orígenes hasta el acontecer mismo de la vida colonial, sino que se dirige directamente al rey para plantear los males producidos por la colonización española y proponer soluciones para los mismos. Recordemos el horizonte histórico del escritor indígena. Con la llegada del Virrey Francisco de Toledo al Perú a fines del siglo dieciséis, se inicia la campaña de extirpación de idolatrías que emprende la sistemática destrucción de las instituciones y estructuras significantes de las sociedades andinas.[3] La dramática ejecución de Tupac Amaru, en 1572, suprime el último bastión autónomo del orgulloso Imperio de los Inkas (Stern 130). La posición histórica de Waman Puma, en este contexto, es compleja. Como secretario e intérprete de los inspectores de idolatría, "visitadores" y jueces regionales peninsulares, se ve en la penosa necesidad de servir de mediador entre la administración colonial y sus explotados congéneres indígenas.

Pero hay algo más: Waman Puma construye su concepción totalizadora del universo andino desde una perspectiva provinciana hostil a los inkas. Anti inka pero pro-andino (Adorno, *Guaman Poma* 5), el escritor destaca su descendencia directa en línea paterna de los gobernantes Yarovilcas, que precedieron a los inkas en el Cuzco.[4] Doblemente conquistado, primero por la ocupación inkaica de la región Yaro de sus ancestros y luego por la invasión española del Imperio inka, Waman Puma oscila entre un fuerte antagonismo contra los señores cuzqueños y su propia identificación con los vencidos —es decir, con las estructuras simbólicas del mundo andino y, por extensión, con aquello que ha sido excluido o reprimido por el orden socio-simbólico: lo femenino.

Este trabajo pretende explorar los procesos del pensamiento andino y sus redes significantes, partiendo del mito de origen de los inkas —el mito de los Ayar— en la versión de Waman Puma. Quisiera sugerir que bajo la versión hispanizada que brinda Waman Puma de este mito se agita la cadena de símbolos del pasado andino en la que la mujer ocupa un destacado lugar. Al asociar el mundo de la creación con el ámbito de lo femenino, Waman Puma convierte a su protagonista, la legendaria heroína Mama Waku, en la fundadora de la dinastía inkaica y la creadora de los ritos y leyendas que instituyeron el Tawantin Suyo.

Waman Puma dibuja los ídolos de los inkas: *Inti* [el Sol], la montaña de Wanakauri y la cueva de Pacari Tampu, entre otros (I, 264 [266]). La luna, símbolo femenino por excelencia, preside esta representación.

Esta percepción autóctona de la fabulosa Mama Waku se reinscribe, sin embargo, dentro de la cosmovisión europea medieval, que concibe a la mujer como lo demoníaco, imagen introducida en el Perú colonial por los conquistadores y teólogos españoles. Las "serimonias y hecheserías" de la "encantadora" Mama Waku, y su juego amoroso con dioses u hombres andinos, irrumpen en un relato que vacila entre la represión hispánica del deseo y las imágenes del goce femenino que las gestas de los antiguos peruanos evocan. Al examinar algunas de las tensiones y maniobras contradictorias del texto, me propongo liberar al Otro sujeto —el sujeto del deseo— que aparece incrustado en la superficie mítica y novelesca del discurso de Waman Puma.

El escritor indígena expone varias versiones del famoso mito de los hermanos Ayar.[5] Lo más asombroso de la primera versión de este mito es su presentación de una formidable protagonista, Mama Waku. La heroína adquiere una preponderancia especial, que será incrementada en otros capítulos de *Nueva corónica*.[6] Mama Waku aparece aquí como la madre del héroe cultural de los inkas, Manqo Qhapac, quien presuntamente llega al Cuzco cuando las antiguas generaciones andinas se han extinguido.[7] A pesar de lo que se afirma tradicionalmente, Waman Puma asevera que el "verdadero" primer inka no fue Manqo Qhapac, sino *Tocay Qhapac*, un kuraka que no tuvo ídolos ni ceremonias.[8] Mama Waku se convierte así en la fundadora de los ritos y ceremonias impuestos por los inkas en el Cuzco: "[el reino] fue limpio de eso hasta que comenso a rreynar su madre y muger de Manco Capac Ynga y su casta" (1, 80).

Una lectura cuidadosa de este pasaje revela también que Mama Waku emerge como el origen de la palabra creadora: "fue [la] primer enbentadora [de] las dichas *huacas* ydolos y hecheserías, encantamientos [con los que] les engañó a los dichos yndios" (I, [81]: 63). De hecho, la "primera enbentadora" de los ídolos y hechicerías de los inkas se confunde en el texto con un misterioso "primer cronista" que, de acuerdo con Waman Puma, elaboró la fábula de Manqo Qhapac. Asimismo, Mama Waku parece haber tejido otras ficciones fabulosas: "dixo que era hija del sol y de la luna ... Para se casar, dizen que pedió a su padre el sol dote y le dio dote y se casaron madre e hijo"(I, 121). La figura legendaria de Mama Waku se asocia entonces con la invención artística, es decir, con la ilusión creada por los primeros relatos orales en la sierra andina.

La importancia atribuida a Mama Waku en ésta y otras leyendas donde se relatan las hazañas míticas de los hermanos Ayar remite a la preponderancia del papel materno en los orígenes de las civilizaciones andinas. La obra de Waman Puma deja entrever así huellas de antiguos cultos a divinidades femeninas de rasgos benignos o malignos, cultos que se extienden hasta el período inkaico. De ahí que Mama Waku adquiera en esta obra relieves gigantescos: ella termina desplazando al héroe —Manqo Qhapac— a quien el narrador pretende desvirtuar.[9]

EL MITO DE LOS AYAR

Con el fin de examinar la transformación que sufre la figura mítica de Mama Waku en manos de Waman Puma, quizá sea necesario recordar brevemente la saga de los hermanos Ayar. La relación más temprana de este mito, escrita por Juan de Betanzos [1551], resulta especialmente valiosa. Su autor conocía el *quechua* y estaba relacionado por matrimonio con la *panaca* de Atahualpa.[10] En esta crónica, cuatro hermanos —*Ayar Kachi* [Ancestro sal]; *Ayar Uchu* [Ancestro ají o pimiento], *Ayar Awka* [Ancestro guerrero] y *Ayar Manqho* [Primer ancestro]— surgen de la cueva de Pacarec Tampu, cerca del Cuzco, acompañados por sus hermanas. Los nombres de las hermanas son: *Mama Waku* [Muela del juicio, "Madre que enseña los dientes", Abuela]; *Mama Kura* [Tia materna/Nuera/Madre de la castración]; *Mama Rawa* [Horca o picota antigua donde ahorcaban a los condenados/instrumento de labranza]; y *Mama Ocllu* [Madre regordeta o hinchada/nutriente]. Los hermanos/esposos salen de la cueva provistos de una vara de oro que se hundirá en la tierra cuando aparezca el sitio para la fundación de una ciudad.[11] En el camino, el formidable Ayar Kachi saca su honda y con algunas piedras derriba varios cerros. Envidiosos de su fortaleza, los hermanos deciden deshacerse de él para lo cual lo llevan hasta la cueva originaria, donde lo sepultan vivo, tapando la entrada con grandes piedras. Ayar Manqo [*Manqho*= fundador] se apropia entonces de Mama Waku, la mujer del varón desaparecido (Betanzos 17-18).[12]

Waman Puma representa las Armas propias de los Inkas, entre las que se destacan Inti [el Sol, Mama Coya [la Luna] y Pacari Tampu [Pacari Tanbo], la cueva de la que salieron los hermanos Ayar (I, 79).

El segundo hermano, Ayar Uchu, se torna en *wak'a* [lugar sagrado] al llegar a la cima del cerro de Wanakauri. Este hermano es venerado como el ancestro de los sacerdotes. El tercer hermano, Ayar Awka, despliega unas alas enormes con las que se remonta volando hasta llegar al sol, de donde regresa hecho piedra (Betanzos 19). Otro cronista contradice esta versión, añadiendo que Ayar Awka se convierte en piedra al llegar al Cuzco (Sarmiento de Gamboa 216-18).[13] Al sobrevivir a sus hermanos, Ayar Manqo, más conocido como Manqo Qhapac [*Qhapac*= título real], funda la ciudad imperial. El héroe se apropia así de las cuatro hembras, una de las cuales (Mama Oqllu) es la madre del heredero Sinchi Ruq'a (Betanzos 21).[14]

¿Cuál es el papel de Mama Waku en estos relatos? En las informaciones de Betanzos, Mama Waku aparece como una mujer varonil y guerrera que lucha al lado de Manqo Qhapac en diversas contiendas con grupos rivales. Si el nombre de Mama Oqllu [Madre regordeta, nutriente] ostenta las huellas de sus atributos maternos,[15] el de Mama Waku sugiere condiciones inquietantes. En su *Vocabulario de la Lengua general de todo el Perú llamada lengua QQichua o del Inca* [1608], Diego González Holguín define a *Huacco* o *Huacco raquiro* como "gran molar o muela del juicio". En quechua, el nombre de Mama Waku podría significar algo así como "Madre que enseña los dientes". En aymara, el término *huaccu marmi* se aplica a la "mujer estéril", y *huaccu* designa a la "mujer varonil que trabaja como un hombre y es libre en [el] hablar" (Bertonio; Urbano xlix-l).[16]

En efecto, es Mama Waku quien inicialmente lanza la barra de oro con la que los héroes toman posesión del Cuzco. Dentro de estos lineamentos de apropiación simbólica de la tierra, es también Mama Waku quien siembra las primeras semillas de maíz que germinan en la ciudad sagrada de los inkas. En otra versión del mito, Mama Waku increpa a su compañero Ayar Kachi con "palabras feroces" hasta enviarlo a la cueva donde encuentra la muerte. Algunas crónicas relatan que, al llegar al Cuzco, Mama Waku toma su *ayllu* [boleadora] y haciéndola girar en el aire, hiere a un antiguo habitante de la región. Después lo abre por los pechos y, sacándole los bofes, sopla fuertemente sobre ellos. Otro cronista añade que los inkas, capitaneados por Manqo Qhapac y Mama Waku, "mataron a cuantos pudieron ... [de estos indios llamados Guallas] y a las mujeres preñadas sacaban las criaturas de los vientres, para que no quedase memoria de aquellos miserables Guallas" (Sarmiento de Gamboa 218).[17]

Las prácticas rituales antes descritas reaparecen en otros textos. En *Comentarios reales de los Incas*, el Inca Garcilaso describe los ritos y ceremonias de las tribus pre-inkaicas, que sacrificaban a sus víctimas abriéndolas vivas por los pechos y sacándoles el corazón y los pulmones para examinar los agüeros: "Con la sangre ... rociaban el ídolo ... y luego, en los mismos pulmones y corazón, miraban sus agüeros ... [y luego] ... comían al indio sacrificado con grandísimo gusto y sabor" (I: 29). La alusión a estos cultos prehispánicos nos remite de nuevo a Waman Puma, quien acusa a Mama Waku de ser la fundadora de la idolatría y hechicería de los inkas.[18] La descripción de Mama Waku como gran "fingedora, ydúlatra y *hichesera*" (I, [81]: 63) sugiere su probable participación como sacerdotisa en ciertas ceremonias religiosas andinas. De hecho, Mama Waku es la diosa de la fertilidad de los inkas (Zuidema, *Reyes y guerreros* 102-104).[19] Durante las fiestas de la cosecha en el Cuzco, la nobleza inkaica honraba a Mama Waku, conmemorando la primera siembra realizada en tiempos inmemoriales por la heroína legendaria (Molina, 66; Rostworowski, *Estructuras andinas* 134).

WAK'AS, DIABLOS Y BRUJAS

Vale anotar que el concepto de "bruja" o "hechicera" no era común al ámbito andino, sino que fue importado junto con otras creencias medievales europeas (Silverblatt 159-96). Parece ser que el demonio acompañó a los primeros españoles que viajaron a las Indias, como lo confirma un temprano cronista peruano: "En otro navío que de Castilla venía por la isla española se metió el demonio" (Rodrigo Lozano, citado por Bataillon 19). El diablo no sólo aparece en algunas de las representaciones iniciales del Nuevo Mundo sino que reaparece continuamente con su aliada, la bruja, en el escenario americano.[20]

En el Perú, el demonio se convierte en el Padre de la idolatría. El temible personaje habla a través de los ídolos de los pueblos andinos, explica los sacrificios humanos y la sodomía, y posee los cuerpos y almas de los indios (Duviols, *La lutte* 29-30). El culto andino a las *wak'as* revela la presencia satánica que intenta vencer incesantemente al reino de Dios.[21] Las "consultas" de los indígenas a las momias de sus antepasados y a los grandes oráculos de Pachacamac, Rimac o Apurimac corroboran estas creencias. Varios cronistas afirman haber "oído" al demonio mientras conversaba con sus ministros a través de las *wak'as*. Pedro Pizarro (190), un pariente del marqués, cuenta que un prisionero español de Manqo Inka, llamado Francisco Martín, escuchó a su captor indio hablando con el demonio.[22] De esta manera, si el diablo se comunica con los indígenas por medio de las *wak'as*, es porque el mundo andino está impregnado de sus poderes y, por consiguiente, debe existir también la brujería, base de estas fuerzas maléficas. Fray Martín de Murúa (301), entre otros, asegura que estos "brujos" o "brujas" andinos del demonio son casi siempre mujeres.

Esta misoginia de indudable filiación bíblica se traduce en el relato de Waman Puma sobre las hechicerías y pecados carnales de Mama Waku. La valiente mujer guerrera de los ciclos míticos andinos se transforma así, merced a la evangelización y colonización española, en un personaje distinto, aunque también poderoso, pues tiene contacto directo con los demonios: "[Mama Waku] hablaba con los demonios del ynfierno y hazía serimonias y hecheserías. Y así hacía hablar piedras y peñas y palos y zerros y lagunas porque le rrespondía los demonios" (I, [81]: 63).[23] De este modo, las deidades ancestrales veneradas por los pueblos andinos descienden al rango de demonios, mientras que la heroína de las gestas inkaicas se transforma en un oscuro personaje que refleja los temores y prejuicios de los conquistadores y colonizadores españoles.[24]

No deja de ser notable, sin embargo, que Waman Puma represente a Mama Waku como una hechicera que tiene conexiones con el mundo subterráneo. En su versión del mito de los Ayar, el comentarista indígena Santa Cruz Pachacuti Yamqui Salcamayhua relata que la madre de Manqo Qhapac era llamada *Pacha Mama Achi*, es decir, "la Madre Tierra Hechicera-Adivina" (240). Para las sociedades andinas los "hechiceros" o "hechiceras" eran oráculos que funcionaban como mediadores entre lo humano y lo sagrado. Ellos obtenían su poder de las profundidades subterráneas —la región de la fertilidad y de los muertos, también relacionada con el shamanismo y la adivinación.[25]

Acomodando su relato a las enseñanzas de los teólogos y colonizadores españoles, Waman Puma describe a Mama Waku como una mujer lujuriosa y seductora: "fue mundana y encantadora ... dicen que se echaua con los hombres que ella quería de todo el pueblo" (I, [80-81]: 63-64). El pasaje asocia así a la "encantadora" Mama Waku con la gran pecadora bíblica Eva, como lo confirma el sermón dirigido a las mujeres andinas que concluye el capítulo de *Buena corónica* sobre las *Quyas* [reinas]:

> No os espantéis, mugeres. El primer pecado que acometió fue muger. La Eua pecó con la mansana, quebró el mandamiento de Dios. Y ací ydúlatra comensaste, muger, y ciruiste a los demonios (I, 44).

Aunque Mama Waku parece desconocer al padre de su propio hijo, el texto sugiere que el "padre desconocido" de Manqo Qhapac podría ser el mismo demonio. Más aún, Waman Puma apela a una suerte de "anunciación" diabólica en la que es el mismo Satanás quien anuncia a Mama Waku que está encinta: "Y supu por suerte del demonio questaua empreñada un hijo y que el demonio le enseñó que pariese el dicho niño y que no lo mostrase a la gente y que lo diese a una ama llamada Pillco Zita" (I, [81-82]: 63-64). Es el demonio también quien aconseja a Mama Waku hacer surgir a Manqo Qhapac de la cueva de Paqarec Tampu diciendo que es hijo del sol y de la luna. Un pasaje posterior, tachado por el autor, finalmente identifica al verdadero progenitor del héroe cultural de los inkas: "[Manqo Qhapac] fue hijo del demonio, enemigo de Dios y de los hombres, mala serpiente, *amaro*" (I, [82]: 64).[26]

El autor nos sorprende entonces con una notable revelación: "[Ella] se llamó Mama Uaco después que se casó con su hijo y entró a ser señora y rreyna" (I, 81).[27] Convertido en el "pecado original" de los inkas, el incesto real involucra ahora a las "madres" de los señores cuzqueños. Con base en la anómala relación del "Inka idólatra" con su madre, Waman Puma acusa a los inkas de "ilegitimidad". Al trasladar estas prácticas institucionales a los comienzos de la dinastía inkaica,[28] Waman Puma confirma las tesis del virrey Francisco de Toledo sobre la naturaleza ilegítima del gobierno de los inkas. De hecho, sus argumentos contra los inkas (acusados de ser usurpadores, tiranos e idólatras) son semejantes a los de la *Historia índica* de Sarmiento de Gamboa y a las de obras de este sesgo como las *Informaciones* de Toledo (Duviols,

"Periodización" 36). Por tanto, Waman Puma asegura que Manqho Capac no tenía "por derecho de Dios ni de justicia el ser rrey ... y dize que es *amaro* serpiente y demonio, no le biene el derecho de ser señor y rey como lo escriven" (I, 81).[29]

El reino del *amaru*

Estas insinuaciones repetitivas nos llevan a explorar el transfondo cultural —el sustrato andino— que aflora en el texto de Waman Puma. La constante alusión a la serpiente *amaru* en este contexto no es fortuita.[30] Si para el extirpador de idolatrías la mención de la serpiente evoca inmediatamente un escenario de tentaciones diabólicas, en el universo andino la devoción al *amaru* apunta a un sustrato de ricas connotaciones mitológicas.[31] En su famoso *Vocabulario de la lengua Quichua*, González Holguín define al *amaru* como una serpiente o "dragón sin alas". De gran trascendencia simbólica, la serpiente de dos cabezas se relaciona con el agua y el arco iris y con el mundo subterráneo del shamanismo y de la adivinación (Earls y Silverblatt 314-16).[32]

En las tradiciones de los antiguos peruanos, el *amaru* se asocia con una violenta explosión que irrumpe desde una montaña, cae en un lago y, finalmente, se transforma en arco iris. El comentarista indígena Pachacuti Yamqui Salcamayhua ofrece la más dramática descripción del *amaru* al referirse al nacimiento de Tupac Amaru, hijo de Pachakuti Inka:

> En este tiempo dizen que llegó la nueva como en el Cuzco obo un milagro, que como una *yauirca* [lazo] ó *amaro* [amaru] abia salido del cerro de Pachatuzan, muy fiera bestia, media legua de largo y grueso, de dos braças y media de ancho, y con orejas y comillos y barbas; y viene por Yuncaypampa ... y de alli entra á la laguna de Quibipay; entonces salen de Asocanta dos *sacatas* [cometas] de fuego, ... y otro viene para mas abajo de Guamanca, los cuales dixen que eran animales con alas y orejas y colas y quatro pies, y encima de las espaldas muchas espinas como de pescado; y desde lejos dizen que les parescia todo fuego (276).

Como mediadora entre el cielo y la tierra, la serpiente mitológica conecta el mundo subterráneo de la fertilidad y de los muertos [*urun pacha*] con el mundo de los hombres [*kay pacha*] y el mundo celestial [*hanan pacha*].[33] Aunque la serpiente-dragón *amaru* encarna los principios de alianza y de asociación, también reaparece como destrucción (y regeneración) cuando las relaciones de equilibrio y estabilidad no se preservan en el orden social y natural del universo (Earls y Silverblatt 316).

Hemos visto que *Amaru* fue el nombre escogido por el legendario príncipe *Amaru Yupangui*, más conocido como *Tupac Amaru* [Serpiente-Dragón Real], a cuyo nacimiento se refiere Pachacuti Yamqui Salcamayhua en su relato sobre los dragones voladores de los Andes. Este príncipe era venerado como la cabeza de *Qhapac Ayllu*, el linaje real de los inkas. Tupac Amaru estaba vinculado a la clase sacerdotal de los *Tarpuntay* (los sembradores), quienes tenían a su cargo valiosas funciones rituales relacionadas con la agricultura.[34] Igualmente era el responsable de la organización de las *wak'as* y de la implantación de los ídolos y ceremonias del Cuzco en las provincias conquistadas por los inkas (Rostworowski, *Pachacutec* 235-42).[35]

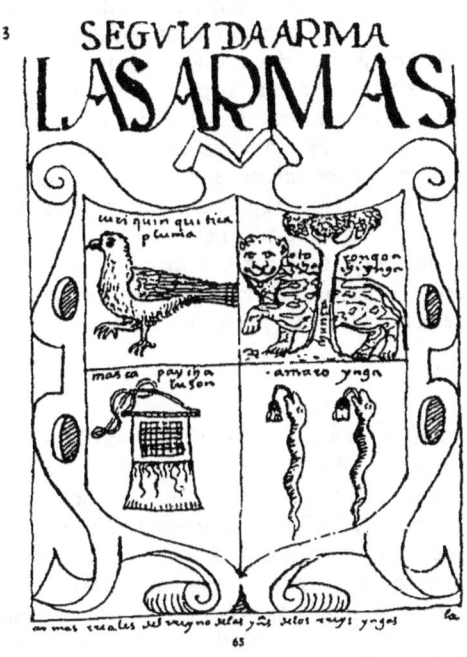

Las segundas armas de los Inkas, según Waman Puma, entre las que se aprecia la *masca paycha* (borla real) y la serpiente de dos cabezas, *amaru* (I, 83).

La importancia atribuida al *amaru* en las culturas andinas nos lleva a trazar su recorrido por el texto de Waman Puma. Éste precisa que Mama Waku pertenecía a la casta de los *amaru*: "su madre y muger de Manqo Capac Ynga y su casta ... Fueron de los *amaros* y serpientes" (I, 80). La serpiente legendaria emerge de nuevo en los títulos del inka reinante: "*Otorongo Achachi Ynka, Amaru Ynka* [Ancestro Jaguar Inka, Serpiente-Dragón Inka]" (I, 270-71) y se presenta una vez más en la ilustración de Waman Puma de las armas reales del Imperio inka (I, 83). Al otro lado del Atlántico, el *amaru* reaparece en el escudo de armas que inaugura la primera edición de *Comentarios reales de los Incas* del Inca Garcilaso de la Vega (Lisboa, 1609). El escudo del escritor mestizo ostenta, a un lado, los emblemas de su linaje paterno (español) y, al otro, los de su ascendencia materna (inkaica), entre los que descolla la serpiente de dos cabezas, *amaru*. Asociado con el linaje real de los inkas, con las funciones rituales de Tupac Amaru o con las aquellas atribuidas a la presunta sacerdotisa Mama Waku, el *amaru* irrumpe como un síntoma explosivo que perturba el discurso de Waman Puma.[36]

Esta compleja red simbólica que subvierte los códigos impuestos por la "aculturación forzada" de las sociedades autóctonas andinas apunta a la preservación de "otras" estructuras de pensamiento en el orden de lo simbólico —el orden del lenguaje.[37] La confrontación de los conceptos "hechicera" y *amaru* desde las perspectivas de dos códigos culturales radicalmente diferentes —el europeo y el amerindio— revela la presencia de una red de símbolos, de origen andino, que socava continuamente al primero. Esto demuestra que, a pesar de su aparente adaptación a la visión de sus interlocutores imaginarios —el rey español y el lector europeo contemporáneo— Waman Puma permanece inscrito en las tradiciones orales del pasado andino. Más aún, la demonomanía del autor y su obsesiva preocupación por la sexualidad de su heroína, Mama Waku, señalan la presencia de otros subtextos conflictivos en la narrativa de Waman Puma. Como la serpiente-dragón *amaru*, estos subtextos misteriosos intentan trastornar la progresión lineal del relato.

El CUERPO DEL DESEO

Las continuas alusiones a la sexualidad "libre" de Mama Waku revelan un aspecto del goce femenino que surge en forma natural en ésta y otras leyendas andinas, como la historia de Chawpi Ñamca, heroína de los *Ritos y Tradiciones del Huarochirí*.[38] Chawpi Ñamca, "madre de todos los hombres", tiene relaciones sexuales con las *wak'as* y varios amantes hasta que se encuentra con Rucana Coto, quien logra satisfacerla: "Una vez él [Rucana Coto] y su gran verga satisfacieron deliciosamente a Chaupi Ñamca" (*Ritos* 146). El nombre de Rucana Coto alude veladamente al tamaño de su pene [*Ruccana* = el dedo mayor de la mano, dedo del corazón; en quechua y aymará, Rucana Coto = una montaña en forma de dedo]. Las tradiciones andinas cuentan que los hombres de pene pequeño imploraban la ayuda de Rucana Coto, diciendo para sí mismos: "Me crecerá". Seducida por la virilidad de Rucana Coto, Chawpi Ñamca decide que sólo éste, entre todas las guacas, es un verdadero hombre y opta por quedarse con él para siempre (*Ritos* 78).[39] Otra fábula describe cómo una hermana de la diosa Chuqui Suso detiene al héroe invasor Tutay Quiri, mostrándole sus "vergüenzas" y sus senos. La diosa logra subyugar al guerrero con sus encantos, poniendo sus artes femeninas al servicio del Estado (*Ritos* 83; Millones y Pratt 52-3).[40]

En este contexto, el cuerpo sensual de Mama Waku —el cuerpo del deseo— se infiltra en la narrativa de Waman Puma, que danza al son de placeres prohibidos. Oscilando entre la represión hispánica del deseo y las imágenes del goce femenino que Mama Waku y Chawpi Ñamca parecen invocar, el mundo andino se convierte en mujer. Esto resulta evidente en el capítulo que retoma la historia de Mama Waku como primera *Quya* [Reina], capítulo introducido por un dibujo encantador. Aquí la palabra se erotiza, presentándose como un *exceso* que desborda el discurso de Waman Puma y que incluso se infiltra en el dibujo que traza la efigie de Mama Waku. Al reproducir el pasaje he resaltado (con un [/]) las intensas fluctuaciones textuales que, parafraseando a Michel de Certeau (249), señalan la intersección del deseo y la prohibición:

> [Mama Waku] fue muy hermosa y morena de todo el cuerpo y de buen talle / Dizen que fue gran hechicera ... que hablaba con los demonios ... hacía hablar a las piedras y peñas, ydulos guacas / ... Tenía su vestido de rosado y tenía sus topos [prendedor] muy grandes de plata / ... Dejó la ley del demonio muy entablado a todos sus hijos [y] nietos ... / Pero fue muy amiga de los caualleros y demás gentes. / Gobernaba más que su marido *Mango Capac Ynga*; / ... [todos] le obedecieron y rrespetaron en toda su uida / porque hazía milagros de los demonios nunca vista de hombres. / ... Pero fue muy hermocícima muger y de mucho sauer y hazía mucho bien a los pobres ... del Cuzco (I, 121).

Waman Puma representa a la primera *Coia* [*Cuya*] o Reina, Mama Waku, durante su "toilette" (I, 120).

Alternando entre lo diabólico y lo divino (lo estético), el cuerpo erotizado de Mama Waku se convierte en el sitio textual del goce. Más fundamentalmente, el fantasma occidental del "Sabbat" —el pacto (carnal) de las brujas con el demonio— se contrapone al símbolo de un paraíso perdido: al cuerpo-objeto y cuerpo erótico representado por ese "hermos[o] y moren[o] ... cuerpo" de Mama Waku. El retorno al texto de lo que ha sido excluido o reprimido por las estructuras coloniales del poder —las redes simbólicas del mundo andino, el ámbito del deseo— señala la aparición del sujeto —el sujeto del deseo— en el texto de Waman Puma.[41] Este sujeto quebranta la superficie mítica de la narrativa, irrumpiendo en forma de transgresión o de estallido que, como la serpiente *amaru*, se torna en arco iris —en poesía. De hecho, evocando a William Blake en su glosa al *Paraíso perdido* de Milton, podríamos preguntarnos si Waman Puma no pertenece, sin saberlo, al partido del diablo —es decir, al partido de Mama Waku.[42]

Vale recordar aquí la famosa analogía de Freud sobre la relación que la escritura (que recorre) y el saber (que transforma a los sujetos en objetos) mantienen con el hecho de "copular" o "pisotear el cuerpo de la tierra madre" (*SE* XX: 90). El hermoso cuerpo moreno de Mama Waku, recreado y acariciado por la escritura, señala metonímicamente el producto de este trabajo. Al "escribir" un cuerpo de *mujer* (el cuerpo de una reina andina), ese "príncipe" ficticio (Waman Puma) está escribiendo su propia historia, que es también la de su encuentro imaginario con el objeto arcaico del deseo. En este viaje en busca del tiempo perdido, Waman Puma se identifica con lo femenino, asociado por los colonizadores con el mundo indígena—inferior y culturalmente deficiente como las mujeres, de acuerdo con las categorías del pensamiento europeo.

Las sistemáticas acusaciones del escritor contra Mama Waku revelan, además, sus vínculos con las estructuras del pensamiento andino. El mismo texto deja entrever las maniobras del narrador para desplazar a otros sus imputaciones contra Mama Waku: "*Dizen que* era gran hechicera, [y] que hablaba con los demonios" (I, 21; énfasis mío). El *dizen que* no sólo recorre este capítulo sino que reemerge cada vez que surge una nueva —y sospechosa— inculpación contra la heroína. Aunque el "dicen que" sirve para distanciar al narrador de los sucesos dudosos que se propone relatar, representa también una irrupción de las estructuras simbólicas de la lengua quechua en el discurso de Waman Puma. El enigmático *dizen que* resulta ser una transliteración directa del sufijo quechua *si*, que significa que el hablante ha obtenido su información de oídas y que, por tanto, no puede corroborarla como testigo (Adorno, "Of *Caciques*" 40). Más allá de resguardar al cronista de posibles cargos de parcialidad, el *dizen que* revela su identificación con las tradiciones orales andinas y con el mundo simbólico que recrea en su escritura.[43]

Por otro lado, si en la relación inicial del origen de los inkas, Mama Waku adquiere una importancia desmesurada, en el capítulo sobre la primera *Quya*, la Reina-Madre desplaza completamente al hijo, caracterizado como débil: "Gouernaba mas que su marido *Manco Capac Ynga*; toda la ciudad del Cuzcoco (sic) le obedecieron y rrespetaron en toda su vida, porque hazía milagros de los demonios nunca uista de hombres" (I, 121). Esta percepción de lo femenino, que pone en duda la supremacía masculina, parece corresponder a un sistema que posiblemente existió en tiempos primordiales.[44] La descripción inicial que hace Waman Puma del binomio madre/hijo, en la que el hijo —Manqo Qhapac— no es reconocido por el padre, apunta a un tipo de organización social donde no hay individuación de las relaciones sexuales.[45] La madre, en aquellos tiempos, habría ejercido el control de los medios de producción, así como de los sistemas sociales, religiosos y de descendencia. El hombre aparecería entonces como un simple genitor, a menudo excluido del grupo familiar y pronto sustituido por otro varón. Cristóbal Vaca de Castro y otros narran la historia de pueblos gobernados por mujeres, como el de los Yungas, en la costa peruana.[46]

La versión del mito de los Ayar de Waman Puma apunta por tanto a un sustrato mítico, de origen andino, donde la imagen femenina aparece como la de una madre terrible elevada al rango de divinidad. En estas estructuras sociales de índole matrilineal, se celebraban sacrificios filiales a la Luna o *Mama Killa*, al Mar o *Mama Qucha*, y a la (Madre) Tierra o *Pacha Mama* —que aún se venera en la Sierra andina (Malpartida 173-85). Las huellas del centro ceremonial de Sechín y del gran templo de Chavín de Huántar dan cuenta de un terrible escenario ritual donde aparecen hombres decapitados o mutilados, víctimas sacrificadas a divinidades femeninas con *vagina dentata*.[47]

Un vestigio de estas antiguas ceremonias aflora en el culto al oráculo de Apurimac. Éste era un tronco de árbol grande rodeado de una banda de oro sobre la cual estaban soldados dos pechos de mujer, de oro también. El tronco estaba cubierto con la sangre de los sacrificios rituales y vestido con hermosos ropajes femeninos. A cada lado del ídolo había hileras de troncos más pequeños, igualmente ataviados con prendas femeninas y bañados en sangre. Pedro Pizarro (190-91), testigo ocular de esta escena, alude a la presencia de una sacerdotisa que interpretaba las instrucciones de la *wak'a*: "En este palo mayor les hablaba el demonio, que llamaban Apurima [*Apurimac*]. De ésta era guarda una señora que se decía Arsapay, hermana de estos Yngas [inkas]".

Las funciones sacerdotales atribuidas a Arsapay recuerdan aquéllas asignadas a Mama Waku en *Nueva corónica*. En este sentido, Waman Puma establece asociaciones inquietantes entre el misterioso "primer cronista" que inventó la historia de Manqo Qhapac, y los ritos religiosos inaugurados por Mama Waku en la región cuzqueña. El "primer cronista" de las sagas fundacionales de los inkas y la "primera enbentadora [de] las ... huacas ydolos y hecheserías con que les engañó a los dichos indios" (I, 80) no sólo se confunden en el texto sino que parecen tener funciones análogas en el campo de la ficción. Ese misterioso "primer cronista" y la "primera embentadora" de las idolatrías y leyendas del Cuzco aparentan ser, por tanto, una misma persona.

Aunque Waman Puma también narra posteriormente la versión clásica del mito de los Ayar, donde los cuatro hermanos y hermanas salen de la cueva de Pacarec Tampu, es a esta versión inicial, donde reina *Mama Waku* como soberana del mundo de las tinieblas y de la creación, a la que da especial preponderancia en su *Nueva corónica*. Es importante destacar que ningún otro cronista se ha detenido con tanta dedicación y aparente deleite en la figura mítica de Mama Waku como Waman Puma. Bajo la pluma del escritor indígena, la heroína de los antiguos peruanos se transforma en la "hechicera" lujuriosa y seductora que establece los ritos "idólatras" y las bases políticas e ideológicas del inkario. Es importante recordar en este contexto que la madre de Manqo Qhapac era también llamada *Pacha Mama Achi* [La Madre Tierra Hechicera-Adivina]. Significativamente, el término *Achi* tiene una connotación similar a *Manqo*, que significa el fundador del *ayllu* [linaje] (Zuidema, *Inca Civilization* 103), lo que parece darle cierta razón a Waman Puma.

No sabemos a ciencia cierta si Mama Waku fue la verdadera fundadora de las fábulas y ritos religiosos traídos por los inkas al Cuzco. Sin embargo, como insinúa Waman Puma, ella podría simbolizar el origen de la creación entre los inkas. En su primera versión del mito de los Ayar, Waman Puma cuenta que Mama Waku da a luz a dos generaciones sucesivas de reyes — tanto a su hijo, Manqo Qhapac, como a su nieto, Cinche Ruq'a Inka (I, 121). Esta imagen extraordinaria la convierte en un paradigma monstruoso de la creación, en un símbolo casi diabólico de auto-regeneración, al estilo de la serpiente mitológica *amaru*. Al tejer las primeras narrativas del Estado mientras engendra "ídolos" y reyes para el Imperio, la "encantadora" heroína de Waman Puma, Mama Waku, surge efectivamente en el texto como la Hechicera/Fundadora del Tawantin Suyo.

Notas

Quiero agradecer a Siglo XXI Editores de México por su permiso para reproducir los dibujos de la obra de Felipe Guaman Poma de Ayala, *Nueva corónica y buen gobierno* (México: Siglo XXI, 1980).

[1] Cito a *Nueva corónica y buen gobierno* de Felipe Guaman Poma de Ayala [Waman Puma] por la edición de Murra y Adorno, indicando el volumen, número de folio y de página. Fuera del texto de Waman Puma, todas las palabras en *quechua* han sido transcritas de acuerdo con el alfabeto fonémico utilizado por Urioste en esta edición. Aunque Waman Puma asevera que pasó treinta años escribiendo su obra monumental, la "carta abierta" a Felipe III fue probablemente redactada entre 1612 y 1615. Véase la introducción de Adorno a *Nueva corónica*, xliii.

[2] Sobre Waman Puma como etnohistoriador véase el Prólogo de Murra a la *Nueva corónica*, xiii-xix.

[3] Al mismo tiempo, en España, la política de Felipe II en relación con sus reinos de ultramar da un brusco viraje. Las obras de Fray Bernardino de Sahagún se suprimen por orden explícita del rey (Carta del 22 de abril de 1577 al virrey Martín Enríquez, de México, citada por Bataillon). El mismo Felipe II ordena que nadie escriba sobre las supersticiones y costumbres de los indios, porque esto atenta contra la religión del Imperio (Bataillon 15).

⁴ Pease estudia la genealogía de Waman Puma y sus vínculos con los gobernantes Yarovilcas en el Prólogo a su edición de *Nueva corónica* (xiv-xvi).
⁵ Existen más de cuarenta versiones del ciclo mítico de los Ayar, que da cuenta del origen de los inkas y de los pueblos andinos. Todas las versiones conocidas de este mito fueron escritas entre 1542 y 1653 por europeos —cronistas, soldados y burócratas que llegaron después de 1532 al Perú— o por comentaristas indígenas entrenados por los españoles. Para el resumen de estos mitos, ver a Urbano.
⁶ Véase, por ejemplo, la "historia" de Mama Waku como primera *Quya* [Reina] de los incas (I, 120-121), capítulo estudiado por Adorno en "Of *Caciques*" 27-47; y *Guaman Poma* 130-39.
⁷ Estas generaciones o edades eran llamadas: *Wari Wiracocha Runa* [hombres del tiempo de *Wira Qucha*]; *Wari Runa* [hombres de la cultura *Wari*]; *Purun Runa* [hombres de un estado primitivo]; y *Awka Runa* [época de los *Awka* = hombres de guerra]. La quinta edad, *Inca Pacha Runa* es la edad de los incas, que el autor hace coincidir con el nacimiento de Cristo (I, 48, 53, 57, 63).
⁸ Esta aseveración se contrapone a la del cronista indígena, Pachacuti Tamqui Salcamayhua, quien relata que: "Este inca *Mancocapac* fue enemigo de las guacas, y como tal los detruyo al curaca *Pinacocapac* con todos sus ydolos; y lo mismo vencio á *Tocaycapac*, gran idolatra" (244). Tanto el Inca Garcilaso como Fray Martín de Murúa mencionan a Tocai Qhapac y Pinau o Pinan Qhapac, como jefes de grupos étnicos que antecedieron a los inkas en el Cuzco (Véase *Comentarios* I: 42; y Rostworowski, "Los Ayarmaca" 58-101).
⁹ Este desplazamiento de la figura masculina por la femenina también se observa en otros mitos andinos, como los de Pachacamac, Vichama y Cautegan, donde la ausencia del padre es manifiesta. Sobre este tema, véase Rostworowski, *Estructuras andinas* 70-71.
¹⁰ Las *panacas* [de *pana* = hermana del varón] eran *ayllus* [grupo social o linaje] reales constituidos por los descendientes de los emperadores incas (Zuidema, *Inca Civilization* 15, 18).
¹¹ El término "hermano" o "hermana" no designa a verdaderos hermanos sino más bien a primos que, como miembros de una *panaca*, estaban relacionados entre sí a través de un antepasado común.
¹² Sobre el mito de los hermanos Ayar, véase Betanzos 17-21; Cieza de León, II: 6-26; y Sarmiento de Gamboa, 213-18.
¹³ En el relato de Cieza de León (II: 6-18) los hermanos son tres: Ayar Uchu, Ayar Hache Arauca y Ayar Manco. Éstos salen de Pacarec Tampu, a pocas leguas del Cuzco, acompañados por sus compañeras —Mama Waku, Mama Cora y Mama Rahua. Dos de los hermanos se convierten en piedra.
¹⁴ Sarmiento de Gamboa (133) relata que Manqo Qhapac se convirtió también en una piedra de tres pies de alto después de su muerte.
¹⁵ El significado del nombre de Mama Oqllu se deriva de los verbos: *ocllay cuni* [poner algo en el seno]; *ocllani ocllaycuni* [calentar al niño que duerme en el seno]; *ocllani* [empollar, como la gallina sobre los huevos] (González Holguín, *Vocabulario de la lengua general de todo el Perú*).
¹⁶ Otra valiente mujer guerrera del pasado andino fue Chañan Qori Kuka, una fiera luchadora de Choco, que participó en la defensa del Cuzco durante la guerra de los Chankas. Véase Sarmiento de Gamboa (232-33); y Pachacuti Yamqui Salcamayhua (272).

[17] Sobre la ferocidad de Mama Guaco, véase Betanzos 20 y Sarmiento de Gamboa 214. La obra de Hernández et al. (1-26) estudia la función simbólica de Mama Waku en ciclo de relatos de los hermanos Ayar.

[18] Al referirse a la religión de los inkas, el Inca Garcilaso indica que "hubo también hechiceros y hechiceras [sacerdotisas], y este oficio más ordinario lo usaban las indias que los indios" (*Comentarios reales* I: 35). Waman Puma también señala que, en la ceremonia llamada Pumap Chupan, la *Quya* [Reina] rogaba a la Luna acompañada de sus "hechiceras" que oficiaban en este culto (I, 265). Silverblatt (47-58) examina los cultos andinos en que las mujeres actuaban como sacerdotisas.

[19] Esto parece indicar que la legendaria Mama Waku gradualmente asumió los atributos de la diosa Pacha Mama [la Madre Tierra], guardiana de los poderes de la fertilidad en los Andes.

[20] Cieza de León, entre otros, representa a los sacerdotes indígenas hablando con el diablo. Véase Adorno, "The Depiction of Self" (110-18). Pascual de Andagoya también describe a los brujos y brujas del Darién que, "por inducimiento del Diablo", hacían muchos daños a niños y adultos (citado por Caro Baroja 162-163).

[21] El concepto *wak'a*, mal traducido por los españoles como "ídolo", tiene un significado polivalente. Spalding (63) indica que las *wak'as* eran deidades que habían ejecutado grandes obras —como la construcción de canales de irrigación que beneficiaban a una comunidad— después de lo cual se habían convertido en piedra para proteger los recursos creados para su pueblo. Una *wak'a* puede tomar la forma de una roca, cueva u otra formación natural y puede ser la protectora de un grupo étnico o una deidad consultada por los pueblos de una región. El Inca Garcilaso también brinda una detallada explicación de este concepto de la cultura andina (Véase *Comentarios reales*, I: 63).

[22] José de Acosta también se refiere a otros casos similares en su *Historia natural* (235-36).

[23] Corroborando esta interpretación hispánica del culto a las *wak'as*, Acosta (368-71) describe las "unturas" que usan las viejas de "este oficio" (la brujería) en el mundo andino.

[24] En un artículo sobre el *Taki Onkoy* [la enfermedad del canto], el ritual nativista que surgió en 1565 como un mensaje de rechazo al invasor, Castro Klarén (161-85) demuestra cómo la destrucción de las *wak'as* y la profanación del Cuzco obligó a los indígenas a "enterrar" a sus deidades en el mundo subterráneo. El *Taki Onkoy* anunciaba la resurrección de las *wak'as* de su ámbito subterráneo y la destrucción de la dominación española.

[25] Zuidema indica que el término *Achi* tiene una connotación similar a *Manqo*, que significa el fundador del *ayllu* (*Reyes y guerreros* 103). Según Bertonio, *Manqo* —en aymará *manqhue*— es un sinónimo de *kotayo* y *toca*, tres términos que significan cueva o profundidad para esconderse —quizá la cueva donde se guardaban las momias de los ancestros.

[26] Para el estudio de la influencia de la literatura de conversión y de los sermones españoles en Waman Puma, véase Adorno, *Guaman Poma*, esp. 57-9. Adorno plantea que Waman Puma es "anti inca pero pro andino, anti clerical pero pro católico" (5).

[27] Sobre esta variante del mito de los Ayar, véase el *Prólogo* de Pease a su edición de *Nueva corónica* de Waman Puma (xxii y lxviii).

[28] Diversas fuentes revelan que Tupac Inka Yupangui es el primer señor cuzqueño que se casa con su hermana Mama Oqllu en el momento de asumir la *maskha paycha* [borla real]. Este matrimonio entre hermanos de sangre parece haber consolidado el incesto real entre los inkas. Véase Rostworowski, "Succession" 417-27.

²⁹ Duviols demuestra que los criterios medievales sobre las brujas y los heréticos se aplicaron a los indios idólatras y "hechiceros", quienes fueron acusados de mantener un pacto explícito con el demonio. La "idolatría" apoya así la campaña del virrey Francisco de Toledo para defender los "justos títulos" de la Corona española sobre la región andina ("La lutte" 40-46). Sobre la manipulación de los conceptos de "idolatría" y hechicería por Waman Puma, véase Duviols, "Periodización y política" (33-40).

³⁰ El *amaru* surge cuatro veces en la primera versión de Waman Puma del mito de los Ayar (I, 80-82), especialmente en los pasajes tachados que revelan la ambivalencia del autor acerca de los orígenes de Manqo Qhapac. La "mala serpiente" *amaru* se asocia aquí con el demonio y, también, con la sexualidad libre de Mama Waku.

³¹ El *amaru* parece constituir un *símbolo dominante*, en el sentido de un paradigma polisémico que condensa los valores primordiales de una cultura. Me acojo aquí a la definición de un *símbolo dominante* propuesta por Turner (31).

³² El Inca Garcilaso describe al *amaru* como una enorme culebra (boa) venerada por la tribus amazónicas de los Antis (*Comentarios* I: 200). Waman Puma también menciona al *amaru* entre los ídolos venerados en el Anti Suyu. Sin embargo, de acuerdo con González Holguín y Pachacuti Yamqui Salcamayhua, el término *amaru* apunta a una creación mitológica —a una serpiente o dragón con (o sin) alas. En quechua, el nombre de la boa es *Mach'acuay* [gran serpiente].

³³ Al establecer el circuito antropocósmico de la fertilidad, el *amaru* simboliza un evento cósmico. Así, la imagen y trayectoria del *amaru* parece representar un abrazo sexual antropocósmico.

³⁴ Cristóbal de Albornoz señala que el *mach'acuay* [boa] y el *amaru* estaban asociados con los reyes inkas (citado por Duviols, "Un inédit" 23). Para la relevancia actual del *amaru* en los sistemas cosmológicos y astronómicos de los Andes, véase Urton, *At the Crossroads*, 88-9 y 177-79.

³⁵ El *amaru* (principio femenino, también asociado con el mundo de los muertos) era metafóricamente vencido en el juego del *ayllu* [de *ullu* = pene] (boleadora), juego ritualmente recreado entre los inkas y los señores de las provincias subyugadas. Para las implicaciones políticas de éste y otros juegos ceremoniales entre los inkas, véase Zuidema, "El juego" 41-51. Acerca del combate ritual entre *waman* y *amaru* en las culturas incaica y Wari, véase Zuidema, *Reyes y guerreros* 269-72, y 390-97.

³⁶ El *amaru* se ha identificado a menudo con revueltas y revoluciones. El último descendiente de los incas que encabezó la revuelta contra las autoridades coloniales en el siglo XVII se llamó Tupac Amaru [Serpiente Real]. El líder peruano (José Gabriel Condorcanqui [1740?-1781]) que se sublevó contra los españoles en el siglo XVIII asumió el mismo nombre.

³⁷ Me refiero al concepto de "aculturación forzada" definido por Turner (129-35) como la institucionalización de los conceptos maniqueos bien/mal en estructuras cosmológicas precapitalistas donde esta dicotomía no existía anteriormente.

³⁸ Para una interpretación psicoanalítica y etnohistórica de este mito, véase M. Lemlij et al., I: 129-35.

³⁹ Su fiesta incluía una danza en la que todos bailaban desnudos. *Los ritos y tradiciones de Huarochiri* relatan que a Chawpi Ñamca le encanta mirar "la verga" de los individuos (150-51). Sobre esto, véase Silverblatt 101-02; y Rostworowski, *Estructuras andinas* 85.

⁴⁰ Estos relatos de la mitología andina parecen plantear que aquellas "primeras mujeres" del antiguo Perú serían libres tanto para la guerra como para el amor (Lemlij et al., *Mitos*, I: 134).

[41] Me refiero al concepto freudiano de inconsciente. El espacio de este trabajo no permite ampliar estos lineamentos, que desarrollo en otra parte (Véase "Writing the Body of *Mama Waku*", en prensa). Quisiera sugerir a partir de esta vía que el que verdaderamente habla en el texto es "el sujeto de la enunciación que no es 'yo' sino Otro, o, si se quiere, Ello" (Braunstein 166).

[42] William Blake, *The Marriage of Heaven and Hell*, grabado no. 6. Blake creía que el verdadero Dios, apasionado y visionario, de *Paraíso perdido* era el demonio.

[43] Sobre el uso problemático del *dicen que* y otras estructuras simbólicas del pensamiento andino en *Comentarios reales* del Inca Garcilaso, véase Garcés (125-50).

[44] Es imposible determinar si estas sociedades matriarcales existieron o no históricamente. Evidentemente, en la prehistoria de cada hombre o mujer, una mujer (la madre) ocupó una vez el sitio del poder. Por tanto, el mito reelaboraría y resolvería de manera imaginaria las experiencias psicológicas y sociales de un individuo y/o sociedad particular. Sobre el mito del matriarcado, véase Bamberger (262-80).

[45] Sobre la relación dual madre/hijo entre los inkas, véase Rostworowski, *Estructuras andinas* 79.

[46] Malpartida (35) estudia la preponderancia de lo femenino formidable en la historia de los pueblos andinos.

[47] Acerca del culto a las divinidades maternas en los mitos andinos, véase Malpartida, "El superyó" (173-85). La arqueóloga Lyons (95-148) también ha encontrado en las representaciones inscritas en el Gran Templo de Chavín la presencia de divinidades femeninas, identificadas por la vagina dentada.

Bibliografía

Acosta, José de. *Historia natural y moral de las Indias*. 2ª edición. Edmundo O'Gorman, editor. México: Fondo de Cultura Económica, 1962.
Adorno, Rolena. "Of Caciques, Coyas, and Kings: The Intricacies of Point of View". *Dispositio* 4 (1979): 22-47.
____ *Cronista y príncipe: La obra de don Felipe Guaman Poma de Ayala*. Lima: Pontifia Universidad Católica del Perú, 1989.
____ "The Depiction of Self and Other in Colonial Peru". *Art Journal* 49 (1990): 110-18.
____ *Guaman Poma: Writing and Resistance in Colonial Peru*. Austin: University of Texas Press, 1986.
____ "La redacción y enmendación del autógrafo de la *Nueva corónica y buen gobierno*". Prólogo a *El Primer nueva corónica* por Felipe Guaman Poma de Ayala. México: Fondo de Cultura Económica, 1980. xxxii-xlvi.
____ "El sujeto colonial y la construcción de la alteridad". *Revista de Crítica Literaria Latinoamericana* 14 (1988): 55-68.
Bamberger, Joan. "The Myth of Matriarchy: Why Men Rule in Primitive Society". *Woman, Culture and Society*. Michelle Zimbalist Rosaldo and Louise Lamphere, editores. Stanford: Standford University Press, 1974. 262-80.
Bataillon, Marcel. "Un chroniqueur péruvien retrouvé: Rodrigo Lozano". *Cahiers de l'Institut des Hautes Etudes de l'Amérique Latine* 2 (1961): 1-25.
Bertonio, Ludovico. *Vocabulario de la lengua aymara*. Edición facsimilar [1612]. Cochabamba, Bolivia: Ediciones CERES, 1984.
Betanzos, Juan de. *Suma y narración de los incas*. María del Carmen Martín Rubio, editora. Madrid: Atlas, 1987.
Braunstein, Néstor A. "Lingüistería: Lacan, entre el lenguaje y la lingüística". *El lenguaje y el inconsciente freudiano*. México: Siglo XXI, 1986. 161-235.
Caro Baroja, Julio. *Las brujas y su mundo*. Madrid: Alianza Editorial, 1968.
Castro-Klarén, Sara. "Dancing and the Sacred in the Andes: From the Taqui-Onkoy to 'Rasu-Ñiti'". *Dispositio* 14/36-38 (1991): 161-185.
Cieza de León, Pedro de. *Crónica del Perú*. Franklin Pease, editor. 2 vols. Lima: Pontificia Universidad Católica del Perú, 1986.
De Certeau, Michel. *La escritura de la historia*. Jorge López Moctezuma, traductor. México: Universidad Iberoamericana, 1985.
Duviols, Pierre. "Un inédit de Cristóbal de Albornoz". *Journal de la Société des Américanistes* 55 (1967): 7-17.
____ *La lutte contre les religions autochtones dans le Pérou colonial*. Paris: Institut Français d'Etudes Andines, 1971.
____ "Periodización y política: la historia prehispánica del Perú". *Sobre Waman Puma*. Pierre Duviols, Rolena Adorno y Mercedes López-Baralt, editores. La Paz: Hisbol, 1987. 7-42.
Earls, John e Irene Silverblatt. "La realidad física y social en la cosmología andina". *Proceedings 42nd. International Congress of Americanists*. París (1966): 299-325.

Freud, Sigmund. "Inhibitions, Symptoms and Anxiety". *The Standard Edition of the Complete Psychological Works of Sigmund Freud*. 20 volumes. James Strachey, editor. London: The Hogarth Press, 1959. XX: 77-144.
Garcés, María Antonia. "Lecciones del Nuevo Mundo: La estética de la palabra en el Inca Garcilaso". *Literatura hispanoamericana de la colonia*. Betty Osorio de Negret, editora. *Texto y Contexto* 17 (1991): 127-50.
_____ "Writing the Body of Mama Waku: Primal Scenes in Waman Puma". *Dispositio* 18/44 (1993): 1-23 (en prensa).
Garcilaso de la Vega, el Inca. *Comentarios reales de los incas*. Aurelio Miró Quesada, editor. 2 vols. Caracas: Ayacucho, 1960.
González Holguín, Diego. *Vocabulario de la Lengua general de todo el Perú llamada Lengua QQuichua o del Inca*. 3ª edición. Raúl Porras Barrenechea, editor. Lima: Universidad Mayor de San Marcos, 1989.
Guaman Poma de Ayala, Felipe. *Nueva corónica y buen gobierno compuesto por don Felipe Guaman Poma de Ayala*. John V. Murra y Rolena Adorno, editores. Traducción quechua Jorge Urioste. México: Siglo XXI, 1980.
_____ *Nueva corónica y buen gobierno*. Franklin Pease, editor. Caracas: Ayacucho, 1980.
Hernández, Max et al. *Entre el mito y la historia: psicoanálisis y pasado andino*. Lima: Ediciones Psicoanalíticas Imago, 1987.
Lemlij, Moisés, et al. "Las cinco ñamcas: Aspectos de lo femenino en *Ritos y tradiciones de Huarochirí* recogidos por Francisco de Ávila". *Mitos*. 3 vols. Moisés Lemlij y Julliana Falco, editores. Lima: Sociedad Peruana de Psicoanálisis, 1989. I: 129-35.
Lyon, Patricia J. "Female Supernaturals in Ancient Peru". *Ñawpa Pacha* 16 (1978): 95-148.
Malpartida, Daniel. "Las diosas andinas y los sacrificios filiales". *Revista Cambio* 21 (1986).
_____ 1989. "El superyó cultural y los sacrificios filiales". *Mitos*. 3 vols. Moisés Lemlij y Juliana Falco, editores. Lima: Sociedad Peruana de Psicoanálisis. I: 173-186.
Millones, Luis y Mary Pratt. *Amor brujo: imagen y cultura del amor en los Andes*. Lima: Instituto de Estudios Peruanos, 1989.
Molina (el cuzqueño), Cristóbal de. *Relación de las fábulas y mitos de los incas*. Francisco Loayza, editor. *Los pequeños grandes libros de historia americana* 4. Lima: D. Miranda, 1943.
Murra, John V. "Waman Puma, etnógrafo del mundo andino". Prólogo a *El Primer nueva corónica y buen gobierno* por Felipe Guaman Poma de Ayala, 1980. xiii-xix.
Murúa, Martín de. *Historia del origen y genealogía real de los incas*. Constantino Bayle, editor. Madrid: Consejo Superior de Investigaciones Científicas, 1943.
Pachacuti Yamqui Salcamayhua, Joan de Santa Cruz. *Relación de Antigüedades deste Reyno del Perú*. *Tres relaciones de antigüedades peruanas*. Marco Jiménez de la Espada, editor. Madrid: Imprenta Tello, 1879. 230-328.

Pease, Franklin. *Prólogo* a *Nueva corónica y buen gobierno* por Felipe Guaman Poma de Ayala. Caracas: Ayacucho, 1980. ix-lxxxix.
Pizarro, Pedro. *Relación del Descubrimiento y Conquista de los reinos del Perú. Crónicas del Perú.* Biblioteca de Autores Españoles 168. Madrid: Atlas, 1965.
Rostworowski de Díez Canseco, María. "Los Ayarmaca". *Revista del Museo Nacional* 36 (1969-1970): 58-101.
____ *Estructuras andinas del poder.* Lima: Instituto de Estudios Peruanos, 1987.
____ *Pachacutec Inca Yupangui.* Lima: Editorial Torres Aguirre, 1953.
____ "Succesion, Cooption to Kingship, and Royal Incest anong the Inca". *Southwestern Journal of Anthropology* 16 (1960): 417-27.
Sarmiento de Gamboa, Pedro. *Historia índica*. Carmelo Sáenz de Santamaría, editor. Biblioteca de Autores Españoles 135. Madrid: Atlas, 1965.
Silverblatt, Irene. *Moon, Sun, and Witches: Gender Ideologies and Class in Inca and Colonial Peru*. Princeton: Princeton University Press, 1987.
Spalding, Karen. *Huarochirí: An Andean Society Under Inca and Spanish Rule.* Stanford: Stanford University Press, 1984.
Taussig, Michael. *The Devil and Commodity Fetishism in South America.* Chapel Hill: University of North Carolina Press, 1980.
Turner, Victor. *The Forest of Symbols. Aspects of Ndembu Ritual*. Ithaca: Cornell University Press, 1974.
Urbano, Henrique. *Wiracocha y Ayar: héroes y funciones en las sociedades andinas.* Cuzco: Centro de Estudios Rurales Andinos Bartolomé de las Casas, 1981.
Urton, Gary. *At the Crossroads of the Earth and the Sky: an Andean Cosmology.* Austin: University of Texas Press, 1988.
____ *The History of a Myth: Pacariqtambo and the Origin of the Incas.* Austin: University of Texas Press, 1990.
Zuidema, Reiner Tom. "El juego de los *ayllus* y el *amaru*". *Journal de la Société des Américanistes* 56 (1967): 41-51.
____ *Reyes y guerreros: Ensayos de cultura andina.* Manuel Burga, editor. Lima: Fomciencias, 1989.
____ *Inca Civilization in Cuzco.* Jean Jacques Decoster, traductor. Austin: University of Texas Press, 1990.

II. INTERTEXTOS DEL HUMANISMO CRIOLLO

EL *DISCURSO EN LOOR DE LA POESÍA*, CARTA DE CIUDADANÍA DEL HUMANISMO SUDAMERICANO

POR

ALICIA DE COLOMBÍ-MONGUIÓ
SUNY-Albany

Para Antonio Cornejo Polar,
paladín de Clarinda

El discurso humanista es, por esencia, un discurso mediatizado desde sus géneros y subgéneros hasta su lengua. Lengua culta, siempre determinada por la intervención contextual y subtextual de otro discurso subyacente. Tal mediatización impregna tanto significados como significantes, y determina el discurso erudito del humanismo en todos sus aspectos. En América se lo encuentra muy a menudo potencializado por muchos, diversos y complejos factores, es decir mediatizado en grado altísimo. La amplitud y la generalización de tal discurso en nuestro hemisferio me parecen síntoma de una necesidad urgente en la comunidad cultural. A mi juicio, este imperativo tiene en América una doble ladera, que creo poder delinear con dos palabras: la necesidad de pertenecer y la de poseer.

El discurso humanista resulta de inmediato identificable por sus vehículos literarios: los subgéneros donde se explaya en poesía o en prosa. Fueron éstos usados deliberadamente como carta de presentación que define tales obras como humanistas, implícitamente exigiendo ser aceptadas, entendidas y juzgadas desde los valores de los *studia humanitatis*. Cuando Clarinda, la Anónima peruana, escribe su "Discurso en loor de la poesía", está señalando la filiación de su obra desde los mismos umbrales del poema; se trata no sólo del elogio sino de la defensa de la poesía, "ya qu'el vulgo rústico perverso/ procura aniquilarla" (vv. 19-20)[1] como se declara desde los tercetos preliminares. Más adelante, en la invocación a Diego Mexía define el género de su labor sin mayor vueltas: "defiendo a la Poesía" (v. 47), para casi de seguido insistir en la causa y razón de su "Discurso":

> Mas el grave dolor que me ha causado
> ver a Elicona en tan umilde suerte,
> me obliga a que me muestre tu soldado.
> Que en guerra que amenaza afrenta o muerte
> será mi triunfo tanto más glorioso
> cuanto la vencedora es menos fuerte (vv. 55-60).

El "Discurso", contemplado desde la mira de uno de los ejemplos más tempranos, venerables y difundidos de su especie, el de Giovanni Boccaccio en el penúltimo capítulo de su *Genealogia Deorum Gentilium*[2] muestra a las claras la indudable estirpe humanista del subgénero literario a que pertenece, subgénero que a su vez señala el verdadero alcance de la obra. Boccaccio, apenas terminado el parlamento inicial, comienza el ataque al "inetto vulgo", confrontándolo a los "dotti", los doctos. Por su parte la peruana también alude al enemigo vulgo al comienzo de su obra, para más adelante indicar que la poesía que defiende es la de "los dotos poetas" (v. 337).[3]

Clarinda se siente imprescindible paladín de la poesía, y procede a usar metáforas militares para definirse como "soldado" suyo, y para caracterizar como mortal "guerra" la situación en que acomete la empresa. Semejantes figuras no las encontró nuestra Anónima en los usuales panegíricos a la poesía, ya que ni las requerían ni las acomodarían fácilmente. Muy otra cosa ocurre en una *defensa* con su implicación de ataque y contrataque que reclama imágenes bélicas, las cuales, claro está, abundan en los modelos humanistas. Después de hablar de los enemigos de la poesía, Boccaccio pide la ayuda del rey al que dedica su obra: "porgi aiuto a chi *per te guerreia*. Hora fa bisogno lo animo & il petto saldo, perticohe *l'armi* di questi (de los enemigos de la poesía) sono acute & venenose" (230v). Muy consciente de su femineidad, Clarinda declara:

> Bien sé qu'en intentar esta hazaña
> pongo un monte mayor qu'Etna, el nombrado,
> en ombros de muger que son d'araña (vv. 52-54).

De inmediato viene a concluir que tal debilidad, más que en desmedro irá en mérito suyo, porque sin falsas modestias está harto segura de su victoria final: "será mi triunfo tanto más glorioso/ cuanto la vencedora es menos fuerte". En un poema que repetidamente trasluce su feminismo, estos versos lo anuncian, revelando en la supuesta debilidad de la mujer la garantía de su victoria. Y, sin embargo, hasta en palabras tan personales se reconoce el tópico humanista. Tal como hará la peruana, Boccaccio, en el momento mismo de introducir las metáforas bélicas confiesa que, "attento che *le mie forze sono picciole* & l'ingegno debile", no duda que "acompañado de la justicia" ha de vencer (230v). Ninguno de los dos duda del triunfo final, pero mientras el gran toscano deplora su debilidad y confía en la ayuda del rey para lograr la victoria, la Anónima lejos de lamentar sus menguadas fuerzas las enaltece en directa relación a su condición femenina, de modo que el triunfante "sexo débil" merezca mayor gloria.

Sin duda nuestra poeta conocía bien la estructura y los motivos, hacia su época ya codificados, de la "defensa de la poesía", uno de los subgéneros más distintivos de las letras humanistas. Nace *ab ovo* con el primer humanismo en las epístolas de Albertino Mussato, en la *Invectiva contra medicos* de Petrarca.[4] Su amigo Boccaccio continúa la defensa, la repite Coluccio Salutati en varias de sus cartas y en *Las labores de Hércules*. Avalada desde su génesis por la más autorizada e indiscutible paternidad, se transmite a innúmeras plumas más o menos preclaras. El hecho mismo de ser una obra "defensa de la poesía" conlleva un significado de incalculable alcance para la caracterización intelectual de su autor, de modo que ninguna de estas declaraciones debe ser considerada un puro ejercicio retórico.

De las cinco disciplinas de las humanidades fue la poética acaso la más distintiva, porque en su nombre los primeros humanistas lucharon contra los "modernos" escolásticos, en repetida apologética de los *studia humanitatis*.[5] El "Discurso en Loor" es mucho más que una simple *laudatio*,[6] aunque no podía menos que incluir un elogio de la poesía, tópico necesario y obligado dentro de toda "defensa". Reconocer que pertenece a uno de los subgéneros más característicos del humanismo permite oír el genuino mensaje de un poema que justamente por ser "defensa de la poesía" es todo un manifiesto, el del humanismo sudamericano. Al elegir escribir esa "defensa" su autora se declara humanista, y esa Academia Antártica de que habla tiene absoluta e indiscutible realidad cultural, siendo sus miembros todos ciudadanos de la patria de los *studia humanitatis*. Ésta es la Academia Antártica en el momento de presentar credenciales. Atendamos a ellas.

Justo es comenzar por las de la autora confrontada al problema de su condición femenina. Como era sabido —baste leer al Dr. Huarte de San Juan que se basa en las premisas científicas en boga respecto a la naturaleza femenina— las mujeres, por serlo, no podían tener ingenio de ningún tipo ni, por tanto, dedicarse al estudio de ninguna ciencia. Puesto que la poesía las involucra todas, se desprende que nadie más negado a ella que una mujer. Para Clarinda las cosas no podían quedar en semejantes términos porque entonces mal podía luchar como soldado victorioso en las lides poéticas, ni podía considerarse Fébada y habitar honrosamente el Parnaso humanista (v. 48).

¿Era frecuente agregar al "catálogo de héroes"[7] uno de heroínas? No, por cierto. Boccaccio por ejemplo no lo hace. Pero para ser ciudadana de la república de poetas doctos la Anónima tiene que probar que le pertenece por un derecho que no puede negársele en nombre de la incapacidad de un sexo que ha mostrado su capacidad desde la mujer primera, porque así como no es de dudar que su marido "cantasse a su Dios muchas canciones" también es de pensar "qu'Eva alguna vez le ayudaría" (vv. 130-138). Entre Moisés y David aparecen Jael y Débora, y poco después Job y Jeremías, con un terceto cada uno, son precedidos por la magnífica Judit a cuya gloria cabe el doble de tercetos (vv. 187-192), quien victoriosa "eroicos y sagrados versos canta". La era cristiana la abre en cuatro tercetos el ejemplo supremo de María, la Virgen del Magníficat, lo cual en verdad "no es pequeño argumento" (vv. 205-216). Recuerda tres paganas, comenzando por Safo, y hace muy apropiada transición al cristianismo con la latina Proba Valeria, de obra jánica,[8] a la que suceden las Sibilas, proféticas "en metro numeroso, grave y terso" (vv. 430-450). De allí pasa a la Italia moderna y al femenino presente de su Perú:

> pues qué diré d'Italia, que adornada
> oy día se nos muestra con matronas,
> qu'en esto eceden a la edad passada.
>
> Tú o Fama, en muchos libros las pregonas,
> sus rimas cantas, su esplendor demuestras,
> i assí de lauro eterno las coronas.
>
> También Apolo se infundió en las nuestras[9]
> y aun yo conozco en el Pirú tres damas
> qu'an dado en la Poesía eroicas muestras (vv. 451-459).

De no tener en mientes el postulado médico, biológico y teológico de la inevitable flaqueza del ingenio mujeril nos resultaría imperceptible la acusada ironía de sus palabras. Clarinda presenta sus credenciales reclamando sus derechos de intelectual y poeta, tal como a finales de siglo lo hará la espléndida audacia de Sor Juana Inés. Aunque menos osada, no es nuestra Anónima menos subversiva. Como a la mexicana le era preciso demostrar que en lo que respecta a su sexo los sabios yerran, porque a lo largo de la historia numerosas mujeres de muy diferentes naciones han logrado bien merecido lugar entre las huestes poéticas:

> Mas será bien, *pues soi muger*, que d'ellas
> diga mi Musa, si el benino Cielo
> quiso con tanto bien engrandecellas.
>
> *Soi parte*, y como parte me recelo,
> no me ciegue afición, mas diré solo
> *que a muchas dio su lumbre el Dios de Delo* (vv. 421-426, énfasis mío).

El catálogo de heroínas le fue imprescindible para probar la existencia de una capacidad que, de serle negada, la exiliaba *de facto* de la comunidad humanista. Para presentar su propia identidad dentro de tal comunidad, de hecho y por derecho, por saberse y proclamarse mujer y poeta Clarinda, desde el comienzo, se agrega a sí misma a la nómina gloriosa. Bien a las claras nos lo dice al principio del catálogo de heroínas: "pues soi mujer" diga la musa de las mujeres poetas, porque en esto yo "soi parte". Con tal catálogo Clarinda ha cumplido su primer requisito de ciudadanía al reclamar los indudables derechos que estableciera el mismísimo Apolo cuando derramó su luz entre tantas mujeres, Fébadas todas desde Eva hasta las anónimas señoras peruanas.

En su invocación inicial nuestra poeta pide "la mano y el favor de la Cirene/ a quien Apolo amó con amor tierno" (vv. 1-2), para muy pronto dirigirse no ya a una ninfa universal —por lo clásica y mitológica— sino a otras tanto más íntimas, nacidas de palabra poética tan urgente cuanto insólita:

*Aquí Ninfas d'el Sur venid ligeras,
pues que soy la primera que os imploro,
dadme vuestro socorro las primeras* (vv. 22-24, énfasis mío).

"El poeta ha visto ninfas", como alguna vez dijo Rubén. No son estas deidades invención menos milagrosa que las que transcurren su maravilla por el "Cántico espiritual". Si San Juan contempló las "ninfas de Judea" —y los críticos aún no se ha cansado de comentarlas— el humanismo virreinal creó la visión de estas ninfas meridionales, hasta hoy tristemente desapercibidas por una crítica indiferente a su breve milagro.

Si la Cirene del primer verso, y tantísimas otras deidades al uso no son más que simples transplantes al espacio sin espacio de la mitología clásica, en estos tercetos la Anónima se empeña en localizar puntualmente su sudamericanismo en espléndida conjunción de ninfa y poetizar: "Aquí [lugar de su acto poético] Ninfas d'el Sur [ninfas sudamericanas]". Del mismo modo en que no se siente poetizar en apátridas parnasos, tampoco lo hace en el indefinido *illo tempore* del mito. Escribe desde un ahora muy consciente de su prioridad temporal: en tal acto poético Clarinda se sabe "la primera" (v. 23). Es hora que contemplemos en estos tercetos, y con el debido asombro, nada menos que el surgir de las ninfas sudamericanas, recién nacidas gracias a la también recién nacida palabra del humanismo del Perú, que las creó al invocarlas. Versos que hubiese adorado y sin saberlo adoró Darío, aparecen con admirable propiedad en el primer manifiesto de una poética sudamericana, versos, en verdad, emblemáticos.

Boscán en su manifiesto y defensa de una nueva poesía, la "Carta a la Duquesa de Soma",[10] declaró la propia primacía histórica, repitiendo el sentir del autor de una de las artes poéticas más célebres, *libera per vacuum posni vestigia princeps*. Así Horacio (*Carmina*, 1.19, 21). Parnasianas y olímpicas, todas las criaturas que la erudición del sueño humanista hizo pulular por innúmeros textos de la vieja Europa, llegan ahora a un mundo para ellas necesariamente nuevo. Sin duda, como Boscán, la peruana "puso su planta libre en tierra nunca hollada". Musas, pegasos, ninfas habían hecho obligado cortejo al esfuerzo del poeta renacentista, y en el "Discurso" vienen a definir desde sus primeros versos el carácter de una poesía que se exige y se exhibe culta. Bien sabe la Anónima que es "la primera" en invocar estas insólitas, prelúcidas, pristinas "ninfas del Sur". Lo hace para crear en tierra virgen un poema que no es menos que el certificado de nacimiento de la comunidad humanista del Perú.

Todo en el "Discurso" demuestra el hecho, comenzando por su catálogo de héroes. Raro catálogo. Salvo en una estrofa,[11] Clarinda ha excluido mención individual de todo poeta moderno, mientras Boccaccio, por ejemplo, se explaya en los mismos. Sin embargo, ambos lo hacen por motivo semejante. El toscano quiere mostrar el entronque de su generación con los *antiquii*, en nombre de los cuales el más temprano humanismo se lanzó a la batalla contra los "modernos" escolásticos (de ahí el énfasis en su admirado Petrarca) y en los poetas vernáculos de su patria y de su lengua (de donde el venerado Dante). La peruana quiere arraigar la república humanista en su propia tierra, por lo cual los únicos contemporáneos que nombra *in extenso* son los que la habitan. Citar individualmente a los modernos italianos y a los españoles de la península no haría más que diluir y menguar la importancia de los únicos que en realidad le importan, los de las ninfas del Sur. No podía omitir el catálogo de celebridades de la antigüedad porque, en su función definitoria, le resultaba muy útil. Nuestra Anónima no repite meramente *topoi* clásicos, los utiliza poniéndolos al servicio de su propósito. Todo humanista necesitaba —para serlo— resucitar a los antiguos, sin los cuales el humanismo no hubiese existido jamás, de ahí que el hecho mismo de mencionarlos revele la identidad de la autora como auténtica humanista.

Nuestra Anónima hace las cosas con mucho tino, tanto en lo que calla como en lo que canta. Recién decía que los modernos aparecen en una sola estrofa:

> De los modernos callo a Mantuano,
> a Fiera, a Sanazaro, y dexo a Vida,
> y al honor de Sevilla, Arias Montano (vv. 238-240).

¿Por qué Mantuano y no Ariosto, Sannazaro y Vida en vez de Bembo, Arias Montano en vez de Garcilaso? Si todos ellos eran conocidos ampliamente en el Perú, y eran todos humanistas ¿por qué tan heterodoxa selección de modernos? La razón es muy sencilla. Los que nombra habían escrito obras profanas, pero ella los ha elegido por sus obras religiosas. El suyo es el Jerónimo Vida de la *Cristíada* que imitó Hojeda, el Sannazaro del largo poema latino sobre el parto de la Virgen —no el de la celebérrima *Arcadia* — y el Arias Montano de los estudios bíblicos. Todos grandes humanistas que fueron autores de obras religiosas escritas en latín —la lengua por excelencia del sabio humanista— porque lo que la peruana quiere ilustrar es la poesía sagrada del humanismo:

> De aquí los sapientísimos varones
> hizieron versos Griegos y Latinos
> de Cristo, de sus obras y sermones (vv. 232-234).

Nada de esto tiene desperdicio. Dada su definición de la poesía como docta y como don divino, su defensa requería que estos poetas fuesen humanistas a la par que teólogos.[12] Del mismo modo celebrará al poeta como filósofo, pues Dios

> dio al mundo (indino d'esto) los Poetas
> a los cuales filósofos llamaron,
> sus vidas estimando por perfetas.
>
> Estos fueron aquellos que enseñaron
> las cosas celestiales, i l'alteza
> de Dios por las creaturas rastrearon (vv. 259-264).

Petrarca había insistido en que los poetas no decían nada distinto de lo que habían dicho sabios como Platón y Aristóteles (*Ep. Me.* 2.10); siguiendo a su amigo, Boccaccio fue aun más lejos al declarar que los poetas "di esso numero de philosophi essere computati, non essendo da loro alcuna altra cosa sotto velame poetico nascosta ecetto che conforme alla philosophia", salvo que la visten de la hermosura y la elegancia del arte. Los poetas discurren de la naturaleza y de sus obras, del cielo y las estrellas (p. 242v). La similitud de estas ideas con las de nuestra Anónima es tan evidente que no requiere más prueba que su mismo enunciado. Para todo el humanismo se trata de un tema de central importancia en la defensa de la poesía, y que implica el concepto —tan preeminente en el "Discurso"— de la poesía como compendio de todas las artes liberales.

Ya Dante en su *Comedia* (*Paradiso* 2, 10-11) se alza en solemne loa de aquéllos que dedicaron al estudio largo tiempo de sus vidas; Petrarca por su persona y su obra fue arquetipo del poeta sabio; Boccaccio consideraba que el más meritorio entre sus muchos escritos era la eruditísima *Genealogia*, donde insiste que el poeta debe ser esforzado y ferviente estudioso ya que la poesía exige severa disciplina y largo aprendizaje (pp. 231v-232r). Este tema junto con el de la poesía como don divino, fundamental en el "Discurso" como en toda la poética del humanismo, remitía naturalmente al Cicerón del *Pro Archia*.[13] Si Clarinda lo leyó debió ser en traducción,[14] pero en realidad no es indispensable que lo haya hecho.[15] Podía muy bien usar los mismos argumentos y seguir parafrásticamente muy de cerca el texto ciceroniano sin recurrir directamente al mismo, por la sencilla razón de que amplias citas del *De Oratore*, del *De Inventione* y, claro está, del *Pro Archia* aparecen en las defensas de la poesía humanista desde siempre. Así, por ejemplo, lo hace *in extenso* Boccaccio, al afirmar que la poesía es "del seno d'Iddio essere infusa" para responder a quienes lo niegan:

> Si leggerono adunque quello che Marco Cicerone, homo philosopho ... ha detto in quella oratione che fece nel Senato per Aulo Licinio Archia, forse se inchineranno piu a darmi fede. Dice egli in tal modo: et cosi habiammo inteso da grandi huomini & dottisimi gli studi dell'altre cose essere fermati nella dottrina, ne i precetti & nell'arte, ma il Poeta voler per natura essere eccittato dalle forze dell'ingegno, & quasi esser enfiato da un certo spirto divino. Adunque, per non far piu lunga diceria, assai si provedere de gli huomini pii la poesia essere una facolta, aver origine del grembo d'Iddio, dall'effetti pigliar il nome, & a lei appartenersi molte cose degne, & eccelse, delle qual quelli istessi, che ciò negano, spesse volte si serveno, se cercano dove ò quando, & con qual guida & per opra di cui essi compogano le loro fittione, mentre drizzano le scale per gradi distinte fino al Celo, mentre medesimamente i famosi Alberi di rami fecondi producono a le stelle, mentre circondano con giri i monti fino in alto (231v-232r).

Larga cita parafrástica muy propia de las letras humanistas, es muy de esperar en lo que respecta a Cicerón. Petrarca — quien había redescubierto el *Pro Archia*— había consagrado al gran orador como modelo por excelencia de la prosa latina, tal como Virgilio en poesía; a principios del siglo XVI el Cardenal Bembo, en su epístola *De imitatione*, canonizaría a ambos como los únicos modelos para la imitación humanista de las letras latinas. De ahí que en el catálogo de poetas célebres Virgilio ocupe más estrofas que todos los poetas clásicos nombrados en el "Discurso" (vv. 349-355 y 406-408) donde su eminente presencia resulta, con la de Cicerón, signo evidente de la poética humanista, presente en toda defensa de la poesía: la de la *imitatio*. Para decirlo en breve me serviré del Brocense, cuyas palabras merecen considerarse emblemáticas de tal poética: "Digo y afirmo que no tengo por buen poeta al que no imita los excelentes antiguos".[16] El "Discurso en Loor" justamente por humanista es imitativo, por eso sólo en su intertextualidad genérica y en los subtextos específicos de sus versos puede hallarse acabado su sentido.

La *imitatio* determina la naturaleza mediatizada de la lengua humanista, de donde no basta con leer el texto, es preciso sub-leerlo, atendiendo renglón a renglón los subtextos que lo informan. Sub-leamos el "Discurso" y se verá cómo lo que a primera vista pasa por detalle insignificante adquiere rico sentido, y lo que parece no tenerlo rebosa de significado. Se ha pensado, por ejemplo, que no es posible desprender "las preferencias literarias [individuales] que tuviera Clarinda".[17] Si bien no las indica explícitamente, todo poema imitativo, desde su misma subtextualidad, señala cuáles son los modelos que más precia su autor. La Anónima no necesitaba nombrar sus poetas favoritos; cualquier lector de entonces los hubiese reconocido en versos que, por lo diáfanos, translucen los bienamados modelos. Así para presentar a Pedro de Oña en todo su humanismo, le bastan dos palabras, "espíritu gentil" (v. 553), porque el inconfundible eco de Petrarca es definitorio de toda una poética.[18] Sin leer su nombre más al descubierto se entiende que el vate del *Canzoniere* era íntimo de la Musa de Clarinda. Para saber que Pedro Falcón fue poeta humanista basta la definición que nos da el "Discurso": "Ya *el culto Tasso*, ya el escuro Dante/ tienen imitador en ti" (vv. 610-611). Más que los posibles modelos de Falcón, estos versos nos revelan otro poeta favorito de quien en su "culto Tasso" está repitiendo exactamente palabras de Garcilaso de la Vega, suprema gloria de la poesía del humanismo en nuestra lengua.[19]

Al comienzo de la serie de ingenios peruanos nos dice nuestra poeta:

> Testigo me serás, sagrada Lima,
> qu'el dotor Figueroa es laureado
> por su grandiosa y elevada rima.
>
> Tú d'ovas y espadañas coronado
> sobre la urna transparente oíste
> su grave canto y fue de ti aprobado (vv. 520-526).

¿Quién es ese "tú" coronado d'ovas y espadañas? No puede ser Figueroa que lleva, además de la *laurea* del doctor, la corona de laurel del poeta (recuérdese la obsesión dáfnea del tan laureado Petrarca). Tampoco puede ser la ciudad que en femenino es "sagrada Lima", mientras el "coronado" es masculino. El enigma deja de serlo si nos acordamos de Garcilaso, el modelo de imitación por excelencia de nuestro segundo Renacimiento. La Anónima ha telescopado varias imágenes —las ovas, las espadañas y la urna— que describen al río Tormes en la Segunda Égloga del toledano.[20] De donde quien aquí oye y aprueba el canto del poeta tiene que ser, novísimo como las ninfas del Sur, el tan limeño Rímac que aparece en la mítica imagen fluvial que creó la poesía clásica y veneró la humanista.[21]

Acabamos de atender a tres detalles del "Discurso" que por lo ejemplares definen la poética desde la cual escribe Clarinda —la de la *imitatio* humanista— y señalan su preferencia por el petrarquismo y el garcilasismo que comparte con Dávalos y Figueroa y, probablemente, con la mayoría de los miembros de la Academia Antártica.[22]

He dicho que nuestra fébada escribe en su aquí y su ahora. Lo hace por cierto muy a conciencia. No podía ser menos ya que se sirve del más venerable subgénero de la poética humanista creo que no tanto por defender la poesía como por manifestar los derechos de las letras australes a formar parte de la *elite* de un humanismo que, internacionalizado en Europa, aspira y logra en el "Discurso" hacerse intercontinental. A mi juicio no es otro el propósito de nuestra peruanísima poeta. Su obra —como confío haber demostrado— es una defensa de la poesía, que sigue de muy de cerca los tópicos establecidos por aquellos denodados campeones de las Musas cuando la poesía estaba siendo acosada y denostada muy de veras en las largas décadas que van desde Mussato a Petrarca y desde Boccaccio a Coluccio Salutati. A comienzos del siglo XVII hacía más de un siglo que el *curriculum* humanista había triunfado en Europa. La dignidad de la poesía no sólo había quedado sobradamente establecida sino que el prestigio de practicarla había cundido tanto que la socarronería de Cervantes veía en el enjambre de poetas estridente y pululante "poetambre". La poesía no necesitaba ya de los denodados esfuerzos que, siglos antes, había requerido de esos campeones suyos que se llamaron a sí mismos poetas antes de que se llamasen humanistas. De ahí que los argumentos de Clarinda suenen a veces algo anticuados.[23] Son de cierto vetustos, y no por medievales, sino por ser exactamente los mismos que usó ese primer humanismo contra muy reales ataques a la poesía, la disciplina en nombre de la cual alzarán su grito de batalla contra los "bárbaros" escolásticos. Resulta imprescindible reconocer los venerables tópicos que —al nacer en Italia hacia los siglos finales de la Edad Media europea— el humanismo estableció desde sus primeras "defensas de la poesía". Es preciso no sólo para saber lo que la Anónima está haciendo, sino el por qué y el cómo de lo que hace. Es necesario para lograr discernir el alcance de tales tópicos en la forma en que los sigue al mismísimo tiempo en que los desvía hacia intereses muy inmediatos de su aquí y de su ahora.

Considérese un tema que no es de esperar en las poéticas clásicas. Los ignorantes y maldicientes enemigos del Parnaso pretenden "condenar a fuego a la Poesía,/ como si fuese Erótica o Nefanda."

> Necio: también será la Teología
> mala, porque Lutero el miserable
> quiso fundar en ella su heregía?
>
> Acusa a la Escritura venerable
> (porque la tuerce el mísero Calvino)
> para probar tu intento abominable (vv. 697-705).

¿Qué puede sonar más a Contrarreforma que estos tercetos? El obsesivo odio de Trento ha hecho que Lutero y Calvino se inmiscuyan en esta tan humanista defensa de la poesía. Insólitas presencias ... y, sin embargo, no deberían parecernos tan insólitas. El ataque a la poesía provino, sobre todo, de teólogos escolásticos frecuentemente dominicos, para quienes esgrimir argumentos de herejía era hábito del alma. De ahí que, para establecer la indiscutible ortodoxia del arte, las "defensas de la poesía" la muestran nacer con el Génesis y acumulan héroes de las Sagradas Escrituras, como Moisés y David, Job y Jeremías. Por eso el "Discurso" nombra explícitamente los autores de poesía sacra aunque hable en general de los de la profana; por eso defiende la moralidad de los poetas y de su arte e insiste en el origen divino del "don de la Poesía" "casto y bueno" (v. 689) a la par que en su provechosa dulzura. Éstos están muy lejos de ser tópicos exentos que provienen de tiempos y fuentes tan varios como los de Platón, Aristóteles, Cicerón, Horacio y Quintiliano. Semejante diversidad de autores no implica correlativa variedad de lecturas ni contacto directo con los clásicos. A la erudición de la Anónima le hubiera sido suficiente —y en mi opinión lo fue— estar íntimamente familiarizada con algunos de los textos básicos del humanismo italiano, y muy en especial con sus "defensas de la poesía" que ofrecían un conglomerado de anécdotas, menciones y citas de la inmensa mayoría de los autores clásicos, algunas de cuyas obras más célebres los mismos humanistas habían salvado del polvoriento olvido de las bibliotecas medievales. Petrarca rescata el *Pro Archia* de Cicerón y sus cartas a Attico, Poggio Bracciolini resucita a Quintiliano ... No, la peruana no tuvo que esforzarse en descifrar a los clásicos, le sobró con leer los textos de quienes los leyeron: los humanistas italianos en defensa de la poesía entraron a saco con cuanto motivo, tópico y tema su vastísima erudición hallase entre los clásicos para, en su ordenado cúmulo, pertrechar el territorio bienamado. En repeticiones infinitas dentro de incontables proemios, discursos, epístolas y diálogos, todos apologéticos de una poética, se terminó por hacer tópicos propios de un subgénero humanista, no sólo los tópicos clásicos sino también conceptos, motivos y temas que en la obra de su antiguo progenitor fueron originales y nuevos. Independientemente de cómo funcionaran originariamente, el humanismo los acomodó dentro de las nuevas estructuras literarias que inventara para expresarse. Así lo que en Ovidio pudo ser idea nueva en frase recién nacida, en el Arcipreste de Hita es ya tópico ovidiano, en Petrarca se vuelve tema humanista, y en Sannazaro y Tansillo ya *topoi* del humanismo.

En el "Discurso en Loor" la serie de tópicos, mencionados en el párrafo anterior, no debe entenderse como una suma por adición de términos sueltos. Debe, en cambio, comprenderse como una estructura cuyas partes en correlación estrecha conforman un todo bien unificado, del cual el tema de la herejía no es detalle desdeñable. No estaba aún ni en ciernes la Reforma cuando ya Boccaccio usaba los ejemplos de "Arrio, Pelagio et di gli altri heretice" (vv. 234v). La peruana usa pues y una vez más los tópicos de la antigua "defensa" humanista en muy contemporáneo *aggiornamento*. Nadie que viviese en alguna parte del Imperio hispánico podía fácilmente evadirse de la preocupación y hasta del terror de una sombra de herejía. Con Lutero y Calvino la defensa de la poesía del "Discurso" entra de lleno en el reino de lo temporal, en el ámbito de la historia. No son estos los aires del Parnaso. Son los del Imperio.

Para legitimar lo que se poseía, antes que nada, estos peruleros y criollos tenían que proclamar su pertenencia al Imperio, en segundo término participar de su misión en la comunidad espiritual de los civilizadores, y finalmente formar parte de una *elite* cultural que les garantizara nobleza en el único mundo que ellos consideraban civilizado, es decir, en la república humanista. Si bien la Anónima escribe su poema para cimentar la pertenencia a esta última, no por eso olvida el *sine qua non* de las otras dos. Recibiendo legitimización de tan alta autoridad como el dios de la guerra junto al de las artes, he aquí el Imperio en la pluma y en la espada:

> Que como dio el Dios Marte con sus manos
> al Español su espada, porque el solo
> fuesse espanto y orror de los Paganos,
>
> assí también el soberano Apolo
> le dio su pluma para que bolara
> del exe antiguo a nuestro nuevo Polo (vv. 469-474).

Muy hábilmente se hace que la dual gloria del Imperio vaya a desembocar en cauce americano. ¿Contra qué paganos se ejercitaban las espadas españolas en aquel entonces? Considérese que estos versos están planteados en un paralelismo hecho bien explícito en el "assí también" con que arranca el segundo terceto, de modo que Marte tanto como Apolo vinieron del mundo viejo al Orbe Nuevo. Por tanto estos "paganos" no pueden ser otros que los indios de América, los nuevos "bárbaros". La clase dominante del Virreinato debió sentir imperiosa necesidad de legitimar su poder como *elite* conquistadora de la "barbarie". Por lo menos desde Heródoto, barbarie es lo que define la otredad; lo aunque domeñable, ajeno, y por domeñado, despreciable. Si para poseer y medrar necesitaban de la "barbarie" en toda su inmediatez, esa misma inmediatez los amenazaba con la feroz vivencia del propio exilio cultural. Al indio se lo espanta con la espada, a la par que con la pluma se civiliza un mundo bárbaro. Pero no debo adelantarme. Vayamos por pasos.

Muy curiosamente el "Discurso" al usar otro consabido tópico humanista —el de las armas y las letras— lo ha yuxtapuesto al antiquísimo de la *translatio studii* en los imperios. Como Grecia la pasara a Roma, ahora España la pasa a América. El mensaje es atrevido, porque el fin de toda *translatio* es enaltecer al receptor con necesaria mengua del donante, pero esto ¡cuánto más contundente suena en el verso de Clarinda! Apolo dio su pluma al Imperio español no para que permaneciera en la península o sus posesiones europeas, fuera en ese Reino de las Dos Sicilias que engendró la gloria de Valla y de Sannazaro, fuese en aquel Flandes que ennobleció Erasmo. No, se la dio translaticiamente para que España la pasara a otro hemisferio que el europeo, que en el "Discurso" no es simplemente el Viejo Mundo sino el "*exe* antiguo". Con una palabra la asombrosa peruana nos ha cambiado el *axis mundi*: América es ahora el eje nuevo. Y aun dice más. Esta extraordinaria *translatio* de las musas no acontece en tierra sólo nueva, sino y sobre todo en tierra *nuestra*. No creo que ningún peninsular hubiese deseado o escrito cosa semejante. ¡Qué peculiar elogio de España el de la peruana! En silenciado desmedro de la península, eje antiguo de una *translatio* que empobreciéndolo transfiere el *axis* cultural a la propia patria, esas vírgenes regiones donde la Academia Antártica ha hecho resonar la lira del musageta humanista. En el "Discurso" los doctos del Virreinato podían reconocerse en toda su soñada nobleza: esa gloria de pertenecer a un Imperio y a un Parnaso donde el Perú se ha vuelto *axis mundi*.

El tópico mismo de la *translatio studii* implica la misión civilizadora del Imperio, y viene muy a cuento en el "Discurso" ya que en ella se fundaba el mandato legitimador de la España imperial. Bien lo entiende la lúcida peruana, a quien le viene a las mil maravillas el tópico humanista del poeta como civilizador:

> Estos mostraron de Naturaleza
> los secretos; juntaron a las gentes
> en pueblos y fundaron la nobleza (vv. 265-267).

Cimentado en la autoridad de Cicerón y de Horacio, este linajudo *topos* de la defensa de la poesía, avala en los tercetos del "Discurso" la misión imperial. La centra en sus poetas, esas doctas plumas del Perú entre las cuales, claro está, sabe estar nuestra campeona de las musas. Intento de legitimización del poder por la poesía. Porque si en Francia o en Italia el juntar "a las gentes en pueblos" pudiera entenderse como actividad urbanizadora, dentro del Virreinato las mismísimas palabras referían de inmediato a no menos inmediata realidad haciendo de repartos y encomiendas actos benéficos del civilizador. En el "Discurso" la elite cultural del Virreinato asienta, por vía doble, su derecho a poseer, tanto por pertenecer al Imperio como al Parnaso. Tal la Academia Antártica, vanguardia de la civilización:

> Y vosotras, Antárticas regiones
> también podéis teneros por dichosas,
> pues alcançais tan célebres varones;

cuyas plumas eroicas, milagrosas
darán y an dado muestras cómo en esto
alcançais voto, como en otras cosas (vv. 496-501).

Estos versos sirven de preámbulo a la presentación de los miembros de la Academia, y no pueden decirlo más a las claras: nuestras antárticas regiones, gracias a sus poetas, han logrado carta de ciudadanía y tienen derecho a voto en la república humanista.

Mucho se ha discutido si la la Academia Antártica existió, por lo que debe entenderse si de hecho sus miembros se reunían de acuerdo al común uso de las academias de la época. Lo hicieran o no, y el cómo y el dónde, son preguntas que no tocan el meollo de la cuestión. La existencia de la Académica Antártica en tanto realidad cultural no necesita más prueba que la que le extiende el "Discurso" de la peruana. Éste, como toda partida de bautismo no sólo certifica la existencia del bautizado sino que además nos informa de sus nombres. No otra cosa hace Clarinda cuando da el de cada uno en su lista de ingenios. Tal como la Iglesia no es otra cosa que la comunión de sus fieles, la Academia tiene acabada realidad en los miembros que la conforman. Pero una partida de bautismo no deja tal constancia sino para certificar entrada y pertenencia a una comunidad espiritual. Tal hace también la Anónima cuando incluye en su poema las alabanzas de cada miembro.[24] No entendamos en estos versos agregados adventicios; cada elogio es parte integrante de una suma, conformada por la existencia de cada individuo en particular.

El "Discurso" presenta bajo el estandarte de las letras humanistas su nómina de honor. La *elite* cultural del Virreinato queda perfectamente identificada en todo lo esencial, con la mención de cada uno de sus reconocidos miembros dentro de la comunidad intelectual a la que pertenecen, la misma que desde la cuna se levantó en defensa y alabanza de la poesía e hizo de la poética su sustancia y base. Por todo lo cual el poema debe ser entendido como deliberado esfuerzo de presentar, cimentar, legitimar y enaltecer la *elite* de letrados y —cosa extraordinaria— de letradas del Virreinato en su elegida identidad de poetas doctos, instrumentos de la civilización y paladines de las cristianas musas. No es de dudar que al ruego de la peruana acudieron sus ninfas del Sur. ¿Quiénes sino ellas hubieron de inspirar este "Discurso en loor de la poesía"?, el manifiesto mismo del humanismo en América.

NOTAS

[1] Todas las citas del poema de la Anónima se harán por la edición de Antonio Cornejo Polar, *Discurso en loor de la poesía. Estudio y edición* (Lima: Universidad Nacional Mayor de San Marcos, 1964), 218, vv. 1-2. La numeración de versos citados se da siempre en el texto.
[2] Usaré la versión italiana, *Della Genealogia degli Dei, tradotti et adornati per G. Gioseppe Betussi da Bassano* (Venetia: Apresso Francesco Lorenzini da Turino, 1564). Daré la numeración de páginas en el texto.

[3] Boccaccio ("Alcune cose contra gli ignoranti", 225r). La defensa de la Anónima no es necesariamente aristocrática, pero sí elitista, porque todo el humanismo lo fue, no tanto por el estrato social al que pertenecían sus miembros (en su gran mayoría de la clase media profesional), sino por lo docto. Casi no falta mención del enemigo vulgo en pluma humanista, que imita de Petrarca, el cual como siempre imita a sus bienamados clásicos, y en este caso en particular a Horacio.

[4] Al final de la *Invectiva contra médicos* (*Invectivarum contra medicum quendam libri IV*) Petrarca defiende la poesía como superior a todas las artes prácticas (entre ellas, claro está, la medicina). Fue la *Invectiva* texto fundamental para los humanistas del futuro, como modelo ejemplar de este subgénero peculiarmente humanista, la "defensa de la poesía".

[5] Uno de los ataques más formidables contra los estudios humanistas se dio en *Lucula noctis* (la luciérnaga), libro que el dominico, y futuro Cardenal, Giovanni Dominici, dedicó a Coluccio Salutati. Paul Oskar Kristeller, *Eight Philosophers of the Italian Renaissance* (Stanford: Stanford University Press, 1955), señala con su acostumbrada lucidez que el concepto de poesía era para los humanistas de la mayor importancia: "During the fifteenth century, before the term humanist had been coined, humanists were usually known by the name of poets ... This notion might help us to understand why the defense of poetry, one of the favorite topics of early humanist literature, involved a defense of humanist learning as a whole", 153.

[6] Antonio Cornejo Polar ha mostrado con justeza cómo la Anónima desarrolla con nitidez los tópicos de la *laudatio* clásica de un arte, *Discurso*, 120-121. Se refiere al sistema tópico señalado por Robert E. Curtius, quien establece los *topoi* de la loa desde el ejemplo Plutarco. Por cierto la alabanza es parte de fundamental importancia dentro de toda defensa de la poesía, pero mientras que el elogio de un arte no es un subgénero distintivo del humanismo, la defensa de la poesía sí lo es.

[7] Sobre el tópico clásico del catálogo de héroes, ver Cornejo Polar, 121, *apud* Curtius y Alberto Tauro, *Esquividad y gloria de la Academia Antártica* (Lima: Editorial Huascarán, 1948), 409.

[8] Autora antes de su conversión al cristianismo de una épica pagana y después de la misma, de una vida de Cristo en centón virgiliano.

[9] v. 457 se lee en la ed. de Cornejo Polar "También Apolo se infundió en las *muestras,*" obvio error de imprenta por "nuestras".

[10] Ver mi artículo "Boscán frente a Navagero: el nacimiento de la conciencia humanista en la poesía española", *NRFH* 11 (1992), n° 1, 143-168.

[11] Aunque no pertenezcan al catálogo propiamente dicho, en el sentido que no son nombrados por sí mismos sino como términos comparativos, vale la pena señalar marginalmente las menciones a Dante y a Tasso en el elogio a Antonio Falcón (v. 610).

[12] Considerando que en los ya mencionados ataques contra los *studia humanitatis* (ver nota 5 *supra*) se condenaba en los poetas la inmoralidad, inutilidad y frivolidad de sus temas e intereses, en las Defensas de la Poesía es frecuente encontrar desde muy temprano una serie de tópicos relacionados a semejantes ataques. Ninguno de éstos falta en el "Discurso" de la Anónima. El horaciano *utile dulce* viene a respaldar la defensa tanto de la moralidad como de la utilidad de la poesía (vv. 289-291, v. 294). *Topos* que no falta en ninguna poética humanista, Cornejo Polar lo ilustra ampliamente en las españolas, *Discurso*, 191-94. Por mi parte, para situarlo en la estructura tópica a la que corresponde, que es la de un subgénero humanista, lo refiero al mencionado capítulo XIV de la *Genealogia* de Boccaccio, donde se le dedican dos apartados, "La Poesia essere utile facultà" (230v-231r) y "Che piu tosto si vede essere cosa utile che dannosa" (233v-234 r-v). El ejemplo

de los poetas teólogos funciona en el "Discurso en loor" como prueba contundente del carácter nada frívolo y en verdad sagrado del quehacer poético, tal como lo había hecho en Boccaccio, "percioche molti de i nostri sono stati poeti, & oggi di ve ne sono, iquali sotto la corteccia delle loro fittione hanno rinchiuso i sacri & devoti sensi della religion Christiana, acciohhe vi sia mostrato di molti alcuna cosa. Il nostro Dante, benche in lingua volgare ma arteficiosa, in quel libro chiamato Comedia mirabilmente ha designato il triplice stato de i fonti secondo la dottrina della sacra Theologia & l'illustre e novissimo poeta Francesco Petrarca nelle sue Bucoliche ... ha notato le lodi del vero Iddio & della inclita Trinita, & molte atre cose" (248r), a lo cual sigue una lista de autores latinos donde no falta, como en los correspondientes versos del "Discurso" la alabanza del "Hispano Iuvenco" (vv. 236-237) casi en eco del "Giuvenco, huomo spagnolo" de las *Genealogia* (248 r-v).

[13] Desde Menéndez Pelayo hasta Alberto Tauro y Antonio Cornejo Polar, la crítica más señera del "Discurso" lo ha relacionado acertadamente con Cicerón y en especial su *Pro Archia*. Marcelino Menéndez Pelayo, *Historia de la poesía hispanoamericana*, en *Obras completas*, II (Madrid: Librería de Victoriano Suárez, 1913), 164; Alberto Tauro, *Esquividad*, 262 ss, 307- 310, 310 ss, 373 ss; Cornejo Polar, *Discurso*, 163-64, 173-75, 204-208.

[14] Tengamos en cuenta que "la Colonia era un excelente mercado para las obras de Cicerón, y no hay embarque que no consigne variadas obras de él, tanto en latín como en romance", Cornejo Polar, *Discurso*, 207. Observación importante: Clarinda debe haber leído sus obras en español porque creo poder probar que no sabía latín como para haberlo hecho en el original. De haber tenido algunos latines, fueron muy pocos, porque ya hacia el primer año de estudios se solía leer la obra de Julio César, la cual —como todos los textos clásicos— era exhaustivamente estudiada en todos sus aspectos históricos, comenzándose por la biografía del autor ¿cómo no hacerlo con la historia de una guerra escrita por el vencedor? ¿cómo no redoblar el comentario histórico con un hombre de importancia tal que su nombre hasta el siglo XX denotó el poder de Káiseres y Zares? Pues bien, nuestra docta peruana comete al respecto un error tan garrafal que revela de sobra la parquedad de sus conocimientos clásicos, y lo superficial de un latinismo de oropel. Seánme testigos estos tercetos: "A *Julio César* vimos (por quien luto/ se puso Venus, siendo *muerto a mano del Bruto*/ en nombre, i en los echos bruto),/ en cuanta estima tuvo al soberano/ metrificar, pues de la negra llama/ libró a Marón, el doto Mantuano./ I en onor de Calíope su dama/ escrivió el mesmo la sentencia en verso/ por quien vive *la Eneyda* y tiene fama" (vv. 349-357 énfasis mío). Por un lado es obvio que aquí no se trata de un César que se pueda confundir con otro, porque éste es el Julio al que mató Bruto. De donde Clarinda sabía algo de su muerte, pero nada sustancial de su vida, porque no sabe siquiera cuándo vivió. Aunque está enterada de que nació en Mantua ignora cuándo vivió Virgilio, cuya *Eneida* —lo digo tristemente— no leyó nuestra poeta, como tampoco leyó esas églogas que tanto amara Garcilaso. De haber leído las *Bucólicas* (lo primero que los maestros hacían leer de la obra virgiliana) hubiese sabido ya desde la primera que el Mantuano vivió bajo Octavio, el vencedor de Actio, quien salvó la *Eneida* de las llamas. De haberla leido Clarinda se hubiese enterado, al llegar al Canto VI, que cuando Virgilio escribe la obra Julio César estaba muerto, de modo que no le hubiese atribuido el acto salvador. Por todo lo cual puedo decir con certeza que nuestra Anónima ni estudió latín ni estaba interesada en historia y literatura romanas, ya que ignora cosas que hubiese dado por sentadas un muchacho de diez a doce años que hubiera atendido el *curriculum* normal. La lengua que sí conocía bien era la italiana, como lo afirma Diego Mexía en la *Primera Parte del Parnaso Antártico* al hablar de la autora del "Discurso": "señora principal d'este reino, mui versada en lengua Toscana y Portuguesa". Si la señora hubiese sabido latín este estupendo traductor de Ovidio se

hubiera apresurado a decirlo en primerísimo lugar. Este conocimiento del italiano que nos documenta Mexía es de importancia fundamental para entender cuáles fueron las auténticas fuentes, las fuentes directas, de la obra de Clarinda, de las cuales creo que proviene el yerro revelador. En las defensas de la poesía escritas en italiano, una de las cuales hubo de ser el modelo del "Discurso en loor", se dan a menudo como ejemplos arquetípicos de gobernantes que amaron y protegieron la poesía, los dos de Clarinda, el de Alejandro Magno (vv. 364-378) y el de Octaviano. Así lo hace Boccaccio en su *Genealogia* en lo que respecta a Homero y Alejandro (228r), y seguido da el de Augusto, "che diviene amicissimo d'Ottaviano Cesare alhora imperatore del mondo, dalquale per serbare l'egregio poema dell'Eneida, da lui morendo lasciato per testamento che fusse abbrugiato, ogni autorità delle leggi fu calcata co[n] piedi et con questi eleganti versi comandò che fosse serbato et honorato" (228r). Lo que debió ocurrir, me atrevo a conjeturar, es que la peruana leyó en alguna defensa italiana *il Cesare*, como se ha dicho y hasta hoy aún se dice comunmente al hablar de Augusto. Naturalmente a ningún humanista italiano se le hubiera ocurrido que un lector podía confundir este *Cesare* con ningún otro, tratándose de anécdota tan sabida y de autor tan venerado como Virgilio. Por no conocer ni someramente la historia de Roma ni la vida y obra de Virgilio, la peruana al leer *il Cesare* creyó que se trataba del único César que remotamente recordaba, tal vez por lo impresionante de su muerte.

[15] Cornejo Polar considera el *Pro Archia* como fuente directa del "Discurso": "A nuestro parecer es absolutamente cierto que Clarinda conoció directamente las obras del escritor latino. Así lo prueban las anotadas similitudes, ciertamente importantes y notoriamente numerosas. Clarinda enteróse —y bien— del pensamiento ciceroniano, conocimiento que no tenemos por qué dudar que fuera de primera mano" (207). Creo que tras lo dicho en la nota anterior cabe dudar que la peruana se interesara en conocer a Cicerón, pues no le interesó leer a Virgilio ni en latín ni en traducción alguna. Dada tal actitud, las similitudes notadas y hasta las paráfrasis de textos ciceronianos que por cierto se dan en el poema, no son probatorias de modo alguno, porque todas ellas se daban —en exactamente la misma estructura tópica y temática— en las defensas de la poesía del humanismo italiano, el cual eligió —por lo menos desde Petrarca— que su elocuencia fuese estrictamente ciceroniana tanto en estructuras como en temas. De ahí que con justicia Tauro notara la estructura ciceroniana del "Discurso", y que los críticos señalaran un parecido que, por lo cercano, creyeron directa derivación textual. Cuando Cornejo Polar juzga que "el clasicismo del 'Discurso' es en lo fundamental un latinismo" (205) tiene razón sobrada, no porque Clarinda fuese una latinista ni mucho menos, sino porque todos los humanistas italianos no podían menos que ser acabados latinistas, supremamente ciceronianos. Porque la fuente directa del "Discurso" fue una "defensa de la poesía" escrita por algún clasicista italiano, es decir, por un típico humanista, el clasicismo, el latinismo del poema es indudable, aunque el de su autora fuese de segunda mano.

[16] Antonio Gallego Morell; *Garcilaso de la Vega y sus comentaristas* (Granada: Universidad de Granada, 1966), 25. Continúa el Brocense: "Y si me preguntan por qué entre tantos millares de Poetas, cómo nuestra España tiene, tan pocos se pueden contar dignos deste nombre, digo que no ay otra razón, sino porque les faltan las ciencias, lenguas y doctrinas para saber imitar".

[17] Cornejo Polar, *Discurso*, 135. Ver mi nota 22 *infra*.

[18] Nuestra sensibilidad moderna, hija del Romanticismo, no termina por comprender que la imitación, lejos de ser un fenómeno adventicio es factor *sine qua non* para que un poeta del Renacimiento y del Barroco sea considerado poeta. Las palabras de crítico tan eximio como el profesor de retórica de Salamanca, Francisco Sánchez de las Brozas,

deberían limpiarnos de criterios anacrónicos. Muchos de los pecados de Menéndez Pelayo se deben a estos rezagos de un romanticismo que lo cegó al momento de juzgar la obra de Boscán (Colombí-Monguió, art. citado *supra*), la de Góngora, la de Sor Juana y, caso que aquí nos interesa, la de Pedro de Oña. Dice el santanderino que el *Arauco Domado*, aunque no carece de lozanía, está afeado por su artificiosidad, y Cornejo Polar lo cita, lamentando que la obra sufra "casi constantemente inoportunas influencias de Virgilio, Tasso y Ariosto" (*Discurso*, 131). Oña ya desde el título mismo está intentando emular a Ercilla, es decir, imitar victoriosamente *La Araucana*, que había sido de inmediato reconocida como la mayor épica culta escrita en español. Ya desde la primerísima estrofa de su épica, Ercilla está señalando su modelo fundamental, Ariosto, siendo la presencia de la *Eneida* más que evidente, ya que era obligatoria en toda la épica del humanismo que tenía como modelo óptimo y santo tutelar a Virgilio. De modo tal que Pedro de Oña no hubiese podido de ninguna manera escribir su obra sin imitar la *Eneida*, ni hubiese podido emular a Ercilla sin imitar a sus dos modelos. Oña agrega en sabio contrapunto el de Torquato Tasso, contrapunto sobre el que la crítica literaria de la época estaba alzando bien estridente querella teórica, a la que se suman los *Discorsi sopra l'epica* del mismo Tasso. Dada la intención emuladora de Oña sus imitaciones de Torquato no son por casualidad: al modelo privilegiado de su rival está contraponiéndole el del poeta que intentaba vencer a Ariosto, tal como él esperaba hacer con Ercilla. La gloria del poeta renacentista es la imitación. Sin ella no debía haber poema culto que mereciera tal nombre. La cuestión no era si se imitaba o no, sino cómo y a quién se imitaba. El "espíritu gentil" de Clarinda proviene del "spirto gentil" del *Canzoniere*, LIII, celebérrima canción de Petrarca.

[19] Garcilaso de la Vega, Soneto XXIV, vv. 3-4: "a Tansilo, a Minturno, al culto Tasso/ sujeto noble de imortal corona" (Gallego Morell; *Garcilaso*, 99). El Tasso a quien se refiere el toledano es Bernardo, el padre de Torquato.

[20] Garcilaso de la Vega, Égloga II: "el viejo Tormes como a hijo/ lo metió al escondrijo de su fuente,/ de do va su corriente comenzada./ Mostróle una labrada y cristalina/ urna, donde él reclinaba el diestro lado" (vv. 1169-1174); y el Danubio: "de sauces coronado y de un vestido/ de las ovas tejido" (vv. 1591-92). Naturalmente la "cristalina urna" de Garcilaso es la madre de la "transparente" del "Discurso". Sobre la corona de espadañas (cañas) véase el comentario de Herrera respecto de los ríos, n° 30: "Cosa muy usada fue poner dioses a los ríos, pintándolos recostados y alzando el medio cuerpo, y con las urnas debajo el brazo ..., coronábanlos por la mayor parte con guirnaldas de caña ... Tal describe Virgilio en el 8 al mismo Tibre: cum tenuis glauco velebat amictu/ carbasus, et crines undosa tegebat arundo ... Dicen que coronan las sienes con cañas porque las riberas de los ríos están vestidas y hermosas con la selva y espesura de ellas ... o porque la caña es palustre y se cría en lugares llenos de agua ... Antonio Minturno: alzato un poco sovra l'onde il petto/tra verdi fronde; cui ceruleo è'l velo,/ il crin di salce, e di tremante canna/ la lunga barba .... Mario di Leo en el 2 canto del Amor preso: ... tiene a man destra un urna .../e di ghirlande di palustri fronde/ cinge le tempie ..." (Gallego Morell; *Garcilaso*, 412-413).

[21] Puesto que el "tú" del v. 524 se refiere al río, propongo que el v. 520 se lea: "Testigo me serás, *sagrado* Lima", coligiendo que el femenino "sagrada" debe ser error de imprenta en la edición moderna o en el original. Lima es la ciudad del río Lima, como lo atestiguan abundantes textos, y entre los poéticos pocos tan elocuentes como la Epístola de otra peruana: "Y quien del claro Lima el agua beve/ sus primicias te ofrece", vv. 83-84, "Amarilis a Belardo" en *La Filomena con otras diversas Rimas, Prosas y Versos de Lope de Vega Carpio* (Madrid: Casa de la viuda de Alonso Martín, 1621), 138r. Sin duda, el "sagrado Lima" de la Anónima es un recuerdo, tal vez a modo de homenaje, de un verso

de Mejía de Fernangil, quien en su Epístola a Don Diego de Portugal había escrito: "Y, tú, sagrado Lima, tremolento". Bernardino de Montoya, en su canción "Al río Lima", usa el motivo de la urna: O sacro Lima,/ la caudalosa urna a que se arrima/ tu cuerpo anziano (vv. 6-8), de las ovas, "por tiernas cañas y por verdes obas" (v. 192) en *Cancionero peruano del siglo XVII*, Raquel Chang-Rodríguez, editora (Lima: Pontificia Universidad Católica del Perú, 1983), 53 y 58.

[22] Alicia de Colombí Monguió, *Petrarquismo peruano: Diego Dávalos y Figueroa y la poesía de la Miscelánea Austral* (Londres: Tamesis, 1985), capítulos VI, VII, VIII, IX. Cornejo Polar al hablar de los poetas antárticos dice que "todos los escritores citados se mueven dentro de los límites del italianismo renacentista, algunos en el sentido de la inquietud humanista por el saber universal, otros llevados por el espíritu de exquisitez cortesana y todos —cual más, cual menos— admiradores fervientes de la cultura clásica y su resurrección italiana" *Discurso*, 135. Palabras que, como los describen con toda justeza, he de usar de base para acabar de caracterizarlos en un intento de definición. El italianismo renacentista, la inquietud humanista, el espíritu de exquisitez cortesana, el fervor por la cultura clásica y su resurrección italiana son todos característicos de un sólo fenómeno: el humanismo, que en poesía no es otra cosa que petrarquismo. El Cardenal Bembo que había declarado a Virgilio y Cicerón modelos únicos para las letras latinas, en su *Prose della volgar lingua* (1525) había hecho lo mismo con Petrarca para la poesía en lengua vernácula. En breve, el petrarquismo debe entenderse como el discurso homógeneo de la poesía del humanismo, primero en Italia, luego en el resto de Europa y por fin en la América hispana. De modo que todos los miembros de la Academia Antártica, escriban en verso o en prosa, pertenecen a una sola corriente cultural, la más prestigiosa de su época, el humanismo, por lo cual en tanto intelectuales son humanistas, y en tanto poetas petrarquistas.

[23] Cornejo Polar afirma que el "Discurso" se inscribe "en la vieja polémica acerca de las relaciones entre el cristianismo y la cultura pagana ... La actitud de Clarinda es positiva; esto es, se muestra de acuerdo con que los poetas cristianos aludan a personajes de la mitología pagana y en esto está de acuerdo con el sentir del Renacimiento. Pero la justificación de su manera de pensar, además de curiosísima, desentona fuertemente con la mentalidad de su época. Podría decirse, incluso, que éste es el único tema en el que se percibe nítidamente un olorcillo a antigualla, a retraso cultural, que desdice todo lo anteriormente comentado" *Discurso*, 190. La formulación de la Anónima es la siguiente: "Si dizes que te ofende i trae confuso/ ver en la Iglesia llenos los Poetas/ de Dioses qu'el Gentil en aras puso,/ las causas son mui varias y secretas/ y todas aprovadas por Católicas,/ i assí en las condenar no te entremetas./ Las unas son palabras Metafóricas/ i, aunque muger indota me contemplo,/sé que también ai otras Alegóricas" (vv. 715-723). Boccaccio en el Cap. XV de su *Genealogia*, después de defender el uso de los clásicos por los poetas cristianos en su apartado "Che molti versi si sono posti in molti luoghi dell'opera non senza cagione", entra en abierta defensa en los dos apartados siguientes, el último de los cuales, ya desde su título —"Non essere cosa dishonesta alcuni Christiani tratare cose gentili"— prueba cuan propio del humanismo en su defensa de la poesía fue el tipo de argumentación de la peruana. Como ella, Boccaccio no intenta justificar el uso de las letras paganas con razones puramente estéticas sino que, como hará la Anónima, arguye que "mentre le loro [de los paganos] favole tengono in se cose naturali overo morali, & questa anco piu adoprarsi cerca la verità Catolica, purche in qualità delle favole il voglia, il che habiammo conosciuto havere fatto alcuni poeti Orthodoxi dalle fittione de quali sono stati coperti i sacri documenti" (255r). Y para probar lo dicho aduce el supremo ejemplo de Dante, quien puso a los dioses y poetas gentiles al servicio

de la religión católica en el supremo ejemplo de alegoría cristiana que es la *Divina comedia*. Confrontamos aquí uno de los principios fundamentales de la poética humanista, que Petrarca expresó repetidamente, y a su zaga todo el primer humanismo, y que continúa sosteniéndose mucho después y llega hasta el modernísimo Torquato Tasso, de donde no puede considerársele anticuado. Como decía, no todo panegírico pero sí toda "defensa de la poesía", implica una poética. El humanismo, justamente por su defensa de los clásicos griegos y latinos, no podía dejar de lado las relaciones entre el cristianismo y la cultura pagana, de donde todos los documentos básicos de la poética humanista inevitablemente aluden al tema. Tal es el caso del "Discurso", cuyos conceptos se basan en los de textos humanistas tan ilustres como la *Oratio* —el discurso en ocasión de su coronación— de Petrarca, su *Epistola Metrica* 2.10, la carta a su hermano, *Familiares* 10.4, el IX libro del *Africa*, su épica latina, la *Vida de Dante* de Boccaccio, varias églogas de su *Bucolicum Carmen* (la XI, *Pantheon*, la XII, *Sapho*, cuya tesis es que la poesía es sagrada, y la XII, *Laurea*) y en los capítulos finales de la *Genealogia*. El programa intelectual del humanismo puede resumirse en la fórmula que da Petrarca, y que define casi perfectamente la tónica intelectual y espiritual del "Discurso en loor": "Sabiduría platónica, dogma cristiano y elocuencia ciceroniana" (*De sui ipsius et multorum ignorantia*). El concepto de que en la poesía la verdad se oculta al tiempo que se sugiere bajo un hermoso velo, la "fermosa cobertura" de Juan Ruiz, central en muchas obras medievales (sea el *Libro de Buen Amor* o la *Divina Comedia*), se hace humanista en las repetidas formulaciones de Petrarca, a quien siguen Boccaccio y Coluccio Salutati; de ahí provienen las "palabras metafóricas" y "alegóricas" en los versos del "Discurso". Cornejo Polar acierta en reconocer lo viejo del concepto, pero no por serlo es menos moderno que todos los demás *topoi* discutidos. Éste también es parte, y muy importante, de una estructura literaria unificada en todos sus tópicos y temas, la de la defensa de la poesía humanista.

[24] No nos confunda anacrónicamente la repetida hipérbole comparativa de cada elogio, que no es sino *topos* obligatorio de un género que, como ya señaló Cornejo Polar, ilustraron Cervantes y Lope. Ni en el "Canto de Calíope" del primero ni en el "Laurel de Apolo" del segundo se hallará lo que hubiese sido una moderación indeseable e indeseada. Éstas no son circunstancias que requieran sobriedad crítica; no se trata de evaluaciones comparativas con reclamo de objetividad. La preceptiva ha indicado siempre que una de las estrategias más eficaces para el elogio es la explícita o implícita comparación con un modelo arquetípico, incluyendo en lo posible la victoria de la persona alabada en emulación triunfante sobre aquél.

UNA VOZ FEMENINA ANÓNIMA EN EL PERÚ COLONIAL, LA AUTORA DEL *DISCURSO EN LOOR DE LA POESÍA*

POR

TRINIDAD BARRERA
Universidad de Sevilla

Debo comenzar recordando que una mujer, Emily Brontë, escribió *Cumbres Borrascosas* y que un hombre, Flaubert, escribió *Madame Bovary*. En ambas novelas se bucea en el "alma" femenina, pero me quedo, puesta a elegir, con la segunda, aunque sólo sea por lo que tiene el bovarismo de querida enfermedad. Con esto quiero decir que dudo, en principio, de que exista un modo masculino y un modo femenino de abordar temas intemporales, aunque también reconozco que hay textos que están inconfundiblemente escritos por mujeres, *Nubosidad variable* de Martín Gaite o *El ojo de la mujer* de Gioconda Belli, por ejemplo, y que al leer textos de esta naturaleza, siento una empatía evidente y unas vibraciones que me remiten a compartir con ellas una identidad recíproca, una no diferenciación del yo.

Ya no se trata, solamente de la acción de escribir, sino que como reconoce Griselda Gambaro, hay que situarse en la acción de leer. Hay que descubrir el subtexto anticipatorio desde el cual se ponen a escribir las mujeres. Virginia Woolf, en *El cuarto propio*, propuso la noción de artista como andrógino, es decir, la integración de los dos lados de la condición humana que ejemplificara su célebre Orlando.

El tema es desde luego complejo y difícil de solucionar, nada más hay que ojear la bibliografía creciente en las dos últimas décadas que intentan poner orden en la existencia de una escritura femenina, distinta a la masculina, ya sea desde presupuestos desconstructivistas o antifreudianos, sobre todo cuando a partir de la década de los veinte se hace atractiva la historia de la mujer, por ser un momento en que la identidad femenina se convierte en tema de amplia discusión.

Pero si bien es cierto que, a partir de aquellos años, la mujer se vuelve sujeto activo y productor de su propio discurso y, más aún en el contexto hispanoamericano, donde la escritura femenina amplía las posibilidades estructurales de la novela y de la poesía e insiste en la identidad de la mujer como respuesta a la narrativa y poesía masculinas vigentes, no menos cierto es que esta resistencia se incuba en los siglos anteriores y tiene sus fases que, no por perdidas en los oscuros siglos coloniales, deben ser olvidadas.

No me refiero ya a ese paradigma indiscutible de los derechos intelectuales de la mujer que defendiera, allá por los años terminales del siglo XVII, la Décima Musa mexicana, en su espléndida *Respuesta a Sor Filotea*, aireada como bandera aún en los tiempos presentes por grupos que intentan apropiarse como suyo un discurso que excede las insignias particulares. Me estoy refiriendo a otro caso, más oscuro si cabe ya que debe esconder su nombre, al de la artífice de una de las escasa poéticas coloniales del virreinato, la autora del *Discurso en loor de la poesía* (1608), que ya Mabel Moraña señaló como "un texto que sugiere la problemática del productor colonial, específicamente en lo que toca a la condición de la mujer dentro de la cultura virreinal".[1]

Georgina Sabat, a quien se deben algunos estudios referidos a la anónima[2] autora, ha rastreado los antecedentes en el tratamiento de la mujer en la literatura española de los siglos medievales al XVII, señalando cómo la mujer medieval pierde, en buena medida, el trato igualitario que le atribuyó el cristianismo, aunque la clase alta se viese menos afectada. El *Libro de Buen Amor* o el Corbacho sacaron a relucir mujeres que respondían a la imagen angélica o demoniaca transmitida a través de la mitología clásica. La mujer aguerrida tuvo en la "serrana" un molde muy utilizado, así como en los cuentos de D. Juan Manuel la mujer de carácter fuerte terminaba por ser domada. El "entendimiento" aplicado a la mujer debía ocultarse bajo ropas masculinas o cualquier otro subterfugio. La independencia femenina terminaba por claudicar, ya fuese mediante el matrimonio o el convento y, en los casos extremos, con la muerte.

El neoplatonismo renacentista subordinó la mujer al hombre a través del amor, así como el petrarquismo elaboró una imagen idealizada de la mujer por su belleza. No hay más que recordar el teatro del Siglo de Oro para comprobar los castigos a que éstas eran sometidas por parte de los varones de la familia cuando por medio se cruzaba alguna sospecha relativa al honor, hasta el punto de que cuando una mujer creía que debía limpiar su honor no dudaba en disfrazarse de hombre.[3]

Modestia y silencio recomendaba Fray Luis de León a la mujer, mientras que Luis Vives hablaba de la mujer como maestra de sus hijos. Los erasmistas recomiendan que la mujer se limite al ámbito doméstico; los humanistas le permiten saber, pero eso sí, privadamente, limitada a las paredes del hogar.

María de Zayas, contemporánea de Lope de Vega, previene en sus *Novelas amorosas y ejemplares*, sobre la "impiedad" y tiranía de los hombres, al tiempo que conmina a éstas a tener confianza en su actitud y agudeza intelectual. Como luego hará nuesta anónima autora del discurso, trae a colación, como ejemplos, el catálogo de mujeres famosas que le han precedido en el intento. No sólo María de Zayas escapa a esa concepción masculina de la realidad ("La traición en la amistad" de la Zayas podría ser un ejemplo, aunque también la comedia "Los empeños de una casa" de Sor Juana), sino que el mundo de la novela pastoril concede a las mujeres, parecidas libertades, sobre todo la libertad para expresar sus sentimientos.

Pocos testimonios tenemos del tratamiento que a la mujer cultivada se le dio en los virreinatos, si exceptuamos algunos estudios que referidos a Sor Juana Inés de la Cruz insisten en las dificultades de su sexo para el desarrollo libre de sus preferencias intelectuales, quizás el caso de Sor Juana sea especial porque en ella se conjugan factores diversos que vienen a terminar en el silencio y fracaso final de su vida, pero también es cierto que la orden religiosa elegida finalmente por ésta le permitió durante buenos años de su existencia el asistir a los cenáculos literarios de la corte y aún de desarrollarse con comodidad entre las paredes del convento. En este sentido me parece muy interesante el análisis de sus "tretas" que Josefina Ludmer analiza en "Las tretas del débil",[4] examinando el papel de subordinación de Sor Juana al Obispo de Puebla a través de la carta, una postura que podemos apreciar también en la anónima peruana.

Antonio Cornejo Polar[5] y Georgina Sabat se inclinan por pensar que nuestra mujer y sus contemporáneas debieron tener una cierta comodidad para frecuentar los círculos literarios próximos, lo cual no impide que tengan que ocultar sus nombres, lo que ya de entrada las coloca en una postura distinta respecto a sus colegas del otro sexo.

Cuando Diego Mexia en su *Primera Parte del Parnaso Antártico*[6] da entrada como pórtico de su traducción de las *Heroidas* ovidianas, al *Discurso en loor*, dice a modo de presentación de su autora, "por cuyo mandamiento y por justos respetos, no se escribe su nombre". Esta petición propia de anonimia no es accidental si tenemos en cuenta que, en el interior de su discurso, a la hora de citar a sus colegas peruanas silencia de nuevo sus nombres:

> También Apolo se infundió en las nuestras
> y aún yo conozco en el Pirú tres damas
> que han dado a la Poesía heroicas muestras.
>
> Las cuales, mas callemos, que sus famas
> no las fundan en verso: a tus varones
> Oh España vuelvo, pues allá me llamas.

Son dos tercetos reveladores; cuando parece que va a informarnos sobre esas tres colegas de comunes aficiones poéticas, gira el tema de conversación y dice: "A tus varones vuelvo, Oh España", sólo sabremos que "sus famas no las fundan en verso". Astucia de esta "tapada" colonial como la calificó Cornejo Polar, pero también estrategia. Jean Franco[7] admite que durante el período colonial, la exclusión de la mujer de la esfera pública y de la adquisición del poder encontraba su apoyo en el dogma. Es presumible, aunque sólo sea por seguir el juego de los escondites que la fama de nuestra autora tampoco se fundara en el verso, ya que oculta igualmente su nombre y bien pudiera ser que las cuatro pertenecieran al ámbito de la Iglesia. De hecho, Luis Monguió[8] afirma: "Existieron en el Perú, además de esas dos señoras (nuestra anónima y Amarilis) otras damas hoy olvidadas o desconocidas que tal abandono no merecen" y cita a Sor Juana de Herrera y Mendoza, Doña Josefa de Azaña y Llano (1696-1748),

Doña Josefa Bravo de Lagunas y Villela y Doña María Manuela Carrillo Andrade y Sotomayor (+ 1772). No hay que olvidar tampoco el caso llamativo y excepcional de Catalina de Erauso (1585?-1650?), la "monja alférez", cuyas proezas entran de lleno en el campo de los hombres.[9]

Intentos diversos, desde el pasado siglo hasta el presente, se han sucedido en el intento de nominar a la autora del *Discurso*, llegándose incluso a negar o dudar de que fuese efectivamente una mujer y en cuyo caso se tratara de alguna superchería del propio Mexía, de Dávalos y Figueroa o cualquier poeta amigo del grupo conciliado en torno a la Antártica Academia, lo que puede admitir una lectura interpretativa tendenciosa, ¿es que acaso se consideraba demasiado saber el que se desgrana en el *Discurso* para que proviniese de la mente de una mujer? No era inconsciente ella a la pregunta que nos formulamos porque, aunque algo de tópico de falsa modestia pueda deducirse de este terceto:

> Bien sé que en intentar esta hazaña
> pongo un monte, mayor que Etna el nombrado
> en hombros de mujer que son de araña.

está claro también que no escapaba a ella la dificultad del empeño por tratarse de una mujer. La imagen de la araña, símbolo de fragilidad, se nos antoja una acertadísima metáfora de su atrevimiento que la autora remata algunos versos después:

> Que en guerra que amenaza afrenta o muerte,
> será mi triunfo tanto más glorioso
> *cuanto la vencedora es menos fuerte.*

En atención a estos versos, no sé si intencionada o fortuitamente, podría interpretarse la elección de la "araña" para referirse a sí misma con otras connotaciones, tales como las de "osadía", vanidad y máximo atrevimiento, si traemos a colación el mito griego de Aracné, la doncella de Lidia, magnífica tejedora, que desafió a la diosa Atenea a superarla, reto que contrarió a la diosa hasta el punto de que ésta le saltó los ojos a su rival con la lanzadera. Aracné, al verse ciega, se ahorcó, pero Atenea, antes de que muriese, la transformó en araña para que siguiese tejiendo eternamente su tela.

Conciencia de su condición femenina sin dudas y, por ende, de todas las dificultades que entrañaba su condición. No terminan aquí las referencias a su sexo. En el v. 235 leemos:

> mas como una mujer los peregrinos
> metros del gran Paulino, y del hispano
> Iuvenco alabará siendo divinos?

En el 421:

mas será bien, pues soy mujer, que de ellas
diga mi Musa, si el benigno cielo
quiso con tanto bien engrandecerlas;
soy parte, y como parte, me recelo,

en el 508:

A una mujer que teme en ver la orilla
.... quieres que rompa el mar con su barquilla?

En el 595:

Mas aunque tú la vana gloria huyas,
(que por la dar mujer será bien vana)
callar no quiero, a Avalos las tuyas.

En el 721:

Las unas son palabras metafóricas
y aunque mujer indocta me contemplo,
se que también hay otras alegóricas.

Vemos pues las repetidas veces que reafirma su condición de mujer, amén de otras alusiones indirectas en que claramente se define; citemos como ejemplo la bonita metáfora, sin duda petrarquista, en la que se nombra "mariposa, temerosa del fuego" —no veo probable que un hombre se calificase de mariposa— y siempre para, dentro del tópico, jugar con esa inferioridad, en su caso doble, que le lleva incluso a declararse "mujer indocta". ¿Cómo puede creer el lector que serán "vanas" las glorias de Dávalos por ella cantadas si se atreve a vuelos más altos como es el loor completo a la poesía?

El insistir en su condición femenina como osadía para su labor no es despreciable, pues es un buen comienzo en la tradición de la escritura realizada por mujeres. Es ésa la actitud que demuestra también Sor Juana con el obispo de Puebla, admitir su condición subalterna, subordinada e inferior, reiterar un no-saber que entra en franca contradicción con lo que traduce su saber. Todo el *Discurso* resume perfectamente la tradición culta en la que se inserta la anónima. Su no-decir es un disfraz para una práctica "impropia" de mujeres. La escritura, su decir, se nos revela así como una forma, quizás la única, para trascender las limitaciones de su condición.

No escapaba a Clarinda (así la llaman algunos, arbitrariamente, tomado el nombre de uno de sus versos (570): "cantando en alabanza de Clarinda") el problema de la escritura y la tradición masculinas, de un mundo donde los nombres de los poetas pueden ser aireados sin pudor, con independencia de sus cualidades, pero donde a las mujeres sólo les queda romper el silencio con el anonimato. La imagen de la "navecilla" que ella se adjudica, en medio de un ancho mar, para cuya navegación no cuenta con las coordenadas precisas para llegar a buen puerto, no deja de ser también un acierto, por encima del tópico.[10] El tema viene de Horacio y goza de buena salud en los siglos de Oro. "Entre las cristalizaciones alegóricas asociadas a un juego de imágenes figura desde siempre el mar, símbolo *ad hoc* para ser predicado de los avatares de próspera o adversa fortuna que a su antojo conduce el hombre" —comenta López Bueno. Aunque el tema del mar no goza en la época de una tradición unívoca, la peruana se nos presenta como una inexperta nauta, al arbitrio de las mudanzas, inspirada quizás en Petrarca quien, en sus *Rimas*, reiteró la imagen del mar y su simbolismo, la nave combatida por la tormenta que ansía llegar a firme puerto. Es ese clima afín al italianismo el que debe seguir nuestra culta poeta a la que Mexía calificó como "muy versada en la lengua toscana y portuguesa". La imagen del mar — no lo olvidemos— fue también muy utilizada por los poetas medievales galaicoportugueses. En definitiva, queremos señalar que nuestra voz conocía casi con seguridad la tradición del petrarquismo del XVI, el sentido de la queja frente a un presente-futuro incierto, simbolizado por las aguas marinas, aunque en este caso no esté relacionado con el tema del amor, uno de los ropajes más utilizados para el tema.

En cuanto al origen de nuestra dama, no parece que haya dudas en admitir sin empacho que era peruana. Mexía la presenta como "Señora principal de este reino", mientras que él deja bien claro que sólo reside en este reino. La importancia social marcada en esa calificación de "principal", casa lógicamente con la siguiente información, "muy versada en la lengua toscana y portuguesa", valía intelectual, desarrollo del saber que sólo puede alcanzarse, en la época, desde una posición acomodada. Y así es, en efecto, el manejo del terceto encadenado, el mismo molde que utiliza Mexía para la traducción de las *Heroidas*, lo demuestra. Aún hay otra información más: "con el cual discurso (por ser una heroica dama) fue justo dar principio a nuestras heroicas epístolas", dice Mexía. Nuestra dama es elevada a la categoría de "heroica", tal como Penélope, Filis, Hippodamia, Fedra, Enone, Isipile, Dido, Ermione, Deyanira, Ariadna, Canace, Medea, Laodamia, Hipermenestra, Elena, Ero, Cidipe y Safo. Lo más granado de las heroínas de la Antigüedad clásica, algunas de ellas son, incluso, invocadas por ésta en su *Discurso*, como apoyo femenino. Evidentemente Mexía, mediante el "juego" erudito, la estaba apoyando y no sólo por darle en el conjunto de su obra el lugar preeminente de antesala directa de su traducción, (no se olvide que el libro de Mexía contiene varias composiciones de apoyo, concretamente tres sonetos preliminares y uno final), sino por la equiparación a sus heroicas damas, algo de lo que era consciente ella que, en los inicios de su discurso, desliza los siguientes versos:

> Si Oh gran Mexía en tu esplendor me inflamo
> si tú eres mi Parnaso, tu mi Apolo
> para qué a Apolo y al Parnaso aclamo?
> Tú en el Perú, tú en el Austrino Polo

eres mi Delio, el Sol, el Febo santo
se pues mi Febo, Sol y Delio solo (vv. 40-46).

No es extraño el apoyo que le presta Mexía si tenemos en cuenta que como admirador de Ovidio que era, debía tener muy en cuenta que el sulmonés, en su *Ars Amandi*, aconsejaba a las mujeres la lectura de los poetas, curiosa línea de contacto entre tres puntos, Mexía, la dama y, en medio, Ovidio, justamente en sus *Heroidas* que privilegian el papel de la mujer. Papel muy distinto al que defendiera San Pablo, sobre el silencio que deben guardar las mujeres.

Ahora bien, a la hora de examinar detenidamente el "discurso" de esta dama, debemos admitir que se sienta a escribir a través de la apropiación masiva del discurso "modelo", la tradición de los elogios poéticos desde el Medievo a nuestros días, realizado esencialmente por hombres, por eso, intermitentemente, deberá incluir esas cuñas referenciales a su condición de mujer que hace muy distinta la tarea propuesta, porque entre otras cosas es consciente que su discurso no la representa, o al menos, no por entero. Como cómplice voluntaria del poder vigente, acaba escribiendo a otro u otro se escribe por su mano, posiblemente Mexía. Al identificarse con el discurso "modelo" para salvaguardar un espacio social amenazado y ser reconocida, dice lo que otro desea que diga, aunque no se trate de un pedido consciente sino inconsciente. Quien escribe el poema, nuestra anónima, debe abrevar en las aguas de la tradición y más aún al tratarse de una tradición de este tipo, fuertemente codificada en sus signos.

Sin ir más lejos, en el contexto de la literatura colonial, este texto que comentamos hay que enlazarlo con otros tres, el *Compendio apologético en favor de la poesía* (1604, addenda de la *Grandeza Mexicana* de Bernardo de Balbuena), la *Invectiva apologética* (1652) de Hernando Domínguez Camargo —aunque de signo contrario— y el *Apologético en favor de D. Luis de Góngora* (1662) de Juan Espinosa y Medrano. Curiosamente los tres son hombres y además, eclesiásticos. Son, prácticamente, las únicas poéticas de la literatura de la Colonia, las contribuciones a la teoría literaria del otro lado del Atlántico, en un triángulo formado por México, Perú y la Nueva Granada. Debo señalar que, aunque son comúnmente citados juntos, resultan muy distintos. El texto de Camargo es una curiosa rareza, calificada por unos como un "ingenioso, divertido y malicioso juguete teológico-literario" (Hernández de Alba) y por otros como de "una acritud encarnizada y, a menudo, plebeya" (Meo-Zilio)[11] que hace difícil creer que su autor fuese el mismo que escribió el *Poema Heroico a San Ignacio de Loyola*. Aunque quizás debamos conformarnos con la explicación que el mismo autor da al final de la dedicatoria: "Déle Dios a V. M. vida, y a mí salud, para que me envíe muchos romances en que yo divierta la soledad de estos desiertos". Curiosa queja, la misma que escapa de los labios de Bernardo de Balbuena, a la hora de escribir su *Grandeza Mexicana*.

El texto de Espinosa es, como su nombre indica, una defensa de los versos gongorinos, inscrita en un discurso de época, que sale al paso de las críticas de Faría, ataque y vituperio —como señala E. Hopkins—[12] por un lado, y apología por otro. El aprecio del erudito cuzqueño por los versos del poeta cordobés le lleva a colocar a D. Luis entre los escritores de mayor significación dentro de la creación poética en lengua castellana. Dirección, por tanto, más restringida, al igual que el caso de Camargo, que la de nuestra dama y de la de Balbuena. La obra que aquí tratamos es sólo comparable a la del poeta afincado en tierras mexicanas.

Incluso las fechas permiten hacer ese corte; el texto de la peruana y el de Balbuena son de comienzos del siglo XVII, prácticamente sincrónicos, mientras que los de Camargo y Espinosa han rebasado los límites de la mitad del siglo y responden a intereses distintos. El *Discurso* está escrito en verso, como sabemos, el *Compendio Apologético*, en prosa, y resulta mucho más prolijo en su contenido y expresión, al tiempo que viene a ser un texto de apoyo a su *Grandeza*, como el *Discurso* lo es de las *Heroidas* ovidianas de Mexía. Pero no es el momento ahora de comparar estos textos, que dejamos para mejor ocasión, sólo señalar que el esfuerzo poético de la peruana tiene su correlato en otro esfuerzo similar de la época y que es un peldaño esencial entre los primeros, para la constitución de un *corpus* del pensamiento crítico-literario surgido en tierras americanas ya en la época colonial.

Una simple confrontación de ambos textos revela el sujeto de sus escrituras. No se le ocurre a Balbuena traer a colación a la hora de citar antecedentes a las mujeres de la Antigüedad clásica y bíblica, lo que nos remite de entrada a un tema común en la escritura femenina, el de las genealogías, a veces, incluso, peregrinas. Como reconoce Jean Franco, todas las genealogías son estratégicas. "Al señalar sus afiliaciones, las escritoras obedecen a una tendencia generalizada en toda la historia literaria latinoamericana que siempre ha sido no-canónica en relación con la literatura metropolitana y siempre ha proclamado sus afinidades y diferencias con otras literaturas a manera de banderas o consignas en la disputa de posiciones".[13] Alta conciencia de su condición de mujer debió tener nuestra anónima, pues al lado de los varones cita con frecuencia a sus compañeras o esposas, Juno junto a Júpiter, Eva al lado de Adán, Débora con Barac, las matronas hebreas celebrando la muerte de Goliat, Judit en relación con Holofernes, Venus, Calíope, Camena, Dido, amén de las citadas con anterioridad. Desde el v. 421 al 460, la peruana repasa el catálogo de mujeres, comenzando por Safo, Demófila, Pola, Proba Valeria, las Sibilas, las Febadas, Tiresia Manto, son citadas por sus nombres, las italianas son aludidas en grupo, sin concretar ningún nombre y de las peruanas se nos da su número, tres.

El *Discurso* es una larga pieza, escrita en tercetos encadenados, rematados por una cuarteta final que impide que un verso quede suelto. En total 808 versos endecasílabos que sirven a la autora para desarrollar un auténtico discurso panegírico, en alabanza de un arte, la poesía, que delata de entrada su filiación renacentista. Muestra además los pilares básicos de la *laudatio* que serían inventores humanos o divinos del arte, utilidad política y moral de éste, conocimiento enciclopédico y filosofía como presupuestos del arte y catálogo de héroes.

Desde el momento que está escrito en el Nuevo Mundo recobra una importancia complementaria, como eco trasatlántico de los conceptos más usuales en torno al origen e importancia de la poesía desde la tradición clásica. Para Mabel Moraña "El sincretismo cultural del *Discurso* (ortodoxia cristiana y vertiente mitológica) admite la subordinación de esta segunda vertiente en tanto que discurso marginal que se integra y enriquece la dominante cristiana".[14]

Con el *Discurso* nuestra autora pone un pilar en el gusto italianizante que dominaba el ambiente cultural limeño de finales del XVI y principios de XVII. No es casual la elección del terceto. Recomendado "para larga materia" por Sánchez de Lima en *El Arte poética en romance castellano* (1580), también García Rengifo en su *Arte poética española* (1592), seguidor de los renacentistas peripatéticos italianos (Scaligero, Tempo) y adaptador a nuestra lengua de su preceptiva y leyes de versificación, aconseja el terceto "para escrivir historia seguida ... cadena (aquel) un inmortal discurso". Es además el molde empleado por Juan de la Cueva en su *Ejemplar poético* (1606).

La dama despliega un profundo manejo de los textos poéticos precedentes. El mundo clásico, el cristianismo, el neoplatonismo, hasta llegar a las poéticas españolas medievales y renacentistas, desde Santillana a Sánchez de Lima, Pinziano, Carvallo, Juan de la Cueva, Carrillo, etc. Dice Cornejo Polar que "el *Discurso* consigna, al exigir al poeta que sea ejercitado en artes, floreciente en ciencias, eminente en estudios y alto en su entendimiento, una idea difundida entre los tratadistas españoles desde 1499 hasta 1611, cuando menos".[15] Idea que debemos hacer extensiva hasta 1627 al menos, fecha en que se publica el *Panegírico por la poesía* de Antonio de Vera, con el que apreciamos buen número de puntos de contacto.

En otra ocasión[16] hemos rastreado los diversos influjos de las ideas poéticas contenidas en el *Discurso* de la peruana, por lo que no vamos a insistir aquí sobre lo mismo, sólo queremos señalar la singularidad de que este texto esté escrito por una mujer, compañera sin dudas de Amarilis, aquella otra dama que dedicase a Lope de Vega los más encendidos elogios, a la que contestó Lope con su "Epístola de Belardo a Amarilis", en ese juego epistolar, con nombres pastoriles, tan comunes en la época.

La obra que tratamos tiene a nuestro entender un doble valor, por un lado, en cuanto discurso marginal, minoritario, reflejo de espacios culturales distintos a los tradicionalmente hegemónicos, sacados a la luz tras la discusión sobre el canon de esta literatura, en los últimos años. Pero, por otro lado, su discurso se construye a partir de una estrategia de autorización que le permite apropiarse del discurso hegemónico, más aún con el peso específico que la tradición concedió a las teorías literarias desde la Antigüedad, lo que hace que su discurso, al mismo tiempo, la coloque en una posición central. La estrategia que utiliza es similar a la que Ana Pizarro señalase para Gabriela Mistral:[17] "La estrategia de autorización en este caso consiste en asumir un papel asignado sin pretensiones de trastocamiento, en donde el sujeto de la enunciación no va a producir, sino a reproducir, en situación de subalternidad. Una vez tranquilizado al interlocutor (aquí lector), a quien desde la primera línea se le ha indicado la pertinencia de un discurso femenino sobre el tema, comienza una reformulación del espacio".

Todo ello nos lleva a reparar en este texto y en su autora como fuente esencial de redefinición de los espacios culturales latinoamericanos, ya desde el discurso colonial.

NOTAS

[1] "Formación del pensamiento crítico-literario en Hispanoamérica: época colonial", *Revista de Crítica Literaria Latinoamericana*, 31-32, (1990) 259.

[2] "Antes de Sor Juana: Clarinda y Amarilis, dos poetas del Perú colonial", *La Torre*, I/2, (1987) 275-287 y "Clarinda, María de Estrada y Sor Juana: imágenes poéticas de lo femenino", *Essays on Cultural Identity in Colonial Latin American*, Jan Lechner, editor (Leiden, 1988) 115-129.

[3] Sobre estas cuestiones véase *Women in Hispanic Literature, Icons and Fallen Idols*, Beth Miller, editora (London, 1983); Lucía Fox-Lockert, *Women Novelist in Spain and Spanish America* (Metuchen, 1979) y Julie Greer Johnson, *Women in Colonial Spanish American Literature. Literary Images* (Westport: Greenwood Press, 1983).

[4] *La sartén por el mango*, P. E. González y E. Ortega, editores (Río Piedras: Huracán, 1984) 47-54.

[5] "Discurso en loor de la poesía", *Letras* 68-69 (Lima, 1962) 99-119.

[6] Diego Mexía, *Primera Parte del Parnaso Antártico*, Trinidad Barrera, edición facsimilar e introducción (Roma, 1990). Citaremos por esta edición en el interior del trabajo.

[7] "Apuntes para la crítica feminista y la literatura hispanoamericana", *Hispamérica*, 45 (1986) 31-44.

[8] "Compañía para Sor Juana: mujeres cultas en el virreinato del Perú", *University of Dayton Revue*, 16/2 (1983) 45-52.

[9] Hace escasos años se han publicado en España sus memorias, *Historia de la monja alférez escrita por ella misma* (Madrid: Hiperion, 1986).

[10] En uno de sus tercetos identifica el mar con el metrificar "dulce y sabroso": "¿Qué don es este? ¿Quién el mar grandioso/ que por objeto a toda ciencia encierra/ sino el metrificar dulce y sabroso?" Begoña López Bueno, "La oposición ríos/mar en la imaginería del petrarquismo y sus implicaciones simbólicas de Garcilaso a Herrera", *Estudios sobre poesía del Siglo de Oro*, Don Quijote (Granada, 1990) 29.

[11] H. Domínguez Camargo, *Obras*, Torres Quintero, editor, con estudios de Méndez Plancarte, J. A. Peñalosa y G. Hernández de Alba (Bogotá: Caro y Cuervo, 1960) XLVI y XVIII. Citaremos por esta edición. G. Meo Zilio, *Estudio sobre H. Domínguez Camargo y su S. Ignacio de Loyola. Poema heroico* (Firenza: casa Editrice G. d'Anna, 1967) 46 y 235-236.

[12] E. Hopkins, "Imagen de D. Luis de Góngora en el *Apologético* de J. Espinosa Medrano", *Revista de la Universidad Católica*, 11-12 (1982) 33-51.

[13] Hopkins, 31.

[14] Hopkins, 259.

[15] Hopkins, 165.

[16] Remitimos a nuestro estudio preliminar a la *Primera Parte del Parnaso*.

[17] Ana Pizarro, "Gabriela Mistral en el discurso cultural", *Escritura*, 31-32 (1991) 220.

III. Cuerpo y escritura en la clausura monacal

EL DISCURSO ESPIRITUAL EN LA FUNDACIÓN DEL CONVENTO DE LA SOLEDAD: LA CRÓNICA DE LA MADRE MARÍA DE SAN JOSÉ (1656-1719)

POR

Kathleen A. Myers
Indiana University

Cuando las cinco monjas agustinas recoletas del Convento de Santa Mónica en Puebla llegaron a Antequera (la actual ciudad de Oaxaca) el 14 de enero de 1697, se encontraron ante una recepción oficial en la plaza mayor concurrida por representantes de la Iglesia, por emisarios del gobierno local, por miembros de la nobleza y por gente de la ciudad, incluyendo criollos, mestizos e indios. Las religiosas se habían trasladado como fundadoras del Convento dedicado a Nuestra Señora de la Soledad, quien era la patrona de la ciudad y que, de acuerdo con la leyenda, se había aparecido milagrosamente cerca de la iglesia.[1] Las religiosas fueron de inmediato a la Catedral para dar gracias a Dios por el final feliz de una jornada que había durado doce días. Después de esta recepción, una procesión las acompañó al convento, su nuevo destino, que se hallaba en la base de una colina junto al Santuario de San Sebastián, en las afueras de la ciudad. Las cinco esposas de Cristo, con hábito y velos cubriendo sus caras, fueron transportadas en carruajes a lo largo de calles decoradas con flores y banderas. Este evento fue un momento de gran orgullo para la ciudad. Durante más de seis años, la ciudad de Antequera había estado gestionando la licencia para establecer un convento, así como buscando los fondos para su construcción. Estas diligencias se habían llevado a cabo ante numerosos obispos, y en algún momento involucraron hasta el mismo Papa y a Carlos II. Después de superar estas dificultades, la ciudad estaba lista para recibir a las religiosas fundadoras. En este ensayo examinaré la crónica personal de la Madre María de San José, quien fue una de las monjas fundadoras de La Soledad. Primero, se fijará su relación con la tradición de informes oficiales escritos por monjas y eclesiásticos que describieron la fundación de otros conventos. A continuación, se indicará la contribución que la crónica de la Madre María aporta a nuestro conocimiento de las instituciones religiosas establecidas por mujeres en la Nueva España.

Muchos de los conventos establecidos en la Nueva España durante el período de 1650 a 1750 tienen una crónica que nos cuenta de la fundación. Aunque el estudio de estas crónicas ha sido subestimado en muchos casos por los estudiosos del período, hay un importante ensayo de Josefina Muriel en su *Cultura femenina novohispana* sobre las crónicas conventuales escritas por religiosas que nos ilumina las circunstancias de su composición y publicación. En este ensayo, la autora apunta que aunque en la mayoría de los conventos y colegios de la Nueva España se nombraban cronistas oficiales (frecuentemente el nombramiento recaía en las fundadoras mismas) para escribir la historia de su fundación, muchas de estas relaciones nunca se publicaron, o bien fueron reescritas por religiosos, quienes frecuentemente cambiaron el enfoque y la primera persona de la narración original.[2]

En el caso del Convento de la Soledad, la crónica original fue terminada por las fundadoras en 1709, doce años después de la llegada de las recoletas a Oaxaca, y permaneció en los archivos de la iglesia hasta el comienzo del Siglo XX. En 1906 el Canónigo de la Soledad, Agustín Echeverría, publicó una reescritura de la crónica original con el título *Memorias religiosas y ejemplares noticias de la fundación del monasterio de Nuestra Señora de la Soledad* y desde entonces no se sabe con certeza el destino de la versión original. Aunque la página en donde aparece el título de las *Memorias* dice que éstas fueron "escritas por las Reverendas Madres Fundadoras y publicadas por" el Canónigo Echeverría, Echeverría sustituyó la primera persona de las autoras originales por la suya propia como representante de la Iglesia, dándole legitimidad eclesiástica al texto, pero alterándolo irremediablemente. Comenta, por ejemplo, sobre los sentimientos de las religiosas ("Fuera delatarse mucho en esta ocasión la pluma si quiese empeñarse escribiendo cuánto las Reverendas Madres sintieron," 132), y sobre sus palabras ("La Madre Priora pensaba [como debía pensarse] ...," 124). A pesar de que en la versión redactada por Echeverría se ofrecen detalles importantes sobre la fundación del convento, sobre la manera en la que fueron seleccionadas las fundadoras, sobre su traslado a Oaxaca, así como información sobre los primeros años del convento, se convirtió la crónica en una obra didáctica con la intención de inspirar en sus lectores modelos de virtud y de trabajo. Por si fuera poco, Echeverría sólo relega a una nota al pie de la página la mención de la existencia de varios dibujos que formaban parte del manuscrito original.

En el ensayo antes mencionado, Josefina Muriel observa que una escritora alemana en un trabajo publicado durante la primera década de este siglo menciona las memorias de la Madre Antonia de la Madre de Dios, quien fue una de las monjas fundadoras del Convento de La Soledad. La autora del ensayo conjetura que la Madre Antonia, habiendo sido una de las cronistas del Convento de Santa Mónica en Puebla y además una de las cinco fundadoras de Nuestra Señora —así como Madre Superiora posteriormente— pudo haber escrito sobre la fundación del convento en Oaxaca en sus memorias.[3] Estos manuscritos también se han perdido y sólo contamos con unas cuantas citas de ellos en la biografía eclesiástica oficial de la Madre Antonia.[4]

EL MANUSCRITO DE OAXACA

El códice de otra de las fundadoras, la Madre María de San José (1656-1719), se ha localizado recientemente en una biblioteca especializada en escritos del período colonial en los Estados Unidos.[5] La copia holográfica de los doce volúmenes de este manuscrito contiene la relación personal de la Madre María sobre el papel que ella misma desempeñó en la fundación del convento (Volumen IV, ff. 1-29). A diferencia de la crónica oficial de la fundación, el texto de la Madre María casi no contiene información específica sobre la fundación del convento y el traslado a Oaxaca. Por el contrario, su relación presenta un testimonio místico de las revelaciones que Dios le dio sobre el nuevo convento y la guía que él le ofreció como fundadora y maestra de las novicias de la Soledad. Mientras que las *Memorias* redactadas por Echeverría presentan la historia cronológica de la fundación, el manuscrito de la Madre María ofrece la historia espiritual de ésta, desde el punto de vista de una de sus fundadoras.

En virtud de que María de San José escribió sus memorias a petición de su confesor, Fray Plácido de Olmedo (ca. 1703), no es de sorprenderse que éstas tengan un carácter espiritual. María había estado escribiendo su vida para él en un cuaderno por separado,[6] cuando Fray Plácido le pidió una narración aparte sobre La Soledad. Sin el interés del confesor en los escritos de María, que la mayor parte de su historia nunca habría sido escrita, o se habría perdido.[7] María empezó a escribir sobre su vida espiritual en Puebla, unos cuantos años después de haber entrado al Convento de Santa Mónica en 1687. El obispo de Puebla, Manuel Fernández de Santa Cruz —el mismo obispo a quien Sor Juana Inés de la Cruz dirigió su famosa *Respuesta a Sor Filotea de la Cruz*— se había interesado en la intensa vida espiritual de la religiosa. Él le indicó a su confesor, Manuel Barros, que le aconsejara a María que incorporase en su diario espiritual los detalles de su vida secular, el despertar de su vocación religiosa y sus experiencias espirituales. De acuerdo con la doctrina oficial de la Iglesia, era necesario considerar las visiones de una religiosa en el contexto de toda su vida, antes de determinar bajo qué influencia espiritual se hallaba la monja.

María escribió para sus dos lectores el primer borrador sobre sus visiones del Convento de la Soledad mientras todavía vivía en el Convento de Santa Mónica. Después de la muerte de su confesor Barros en 1696, el obispo Fernández de Santa Cruz leyó esta relación y de acuerdo con lo que se dice en el segundo borrador de María, lo quemó.[8] Poco tiempo después, Fernández de Santa Cruz cambió oficialmente la lista de candidatas a fundadoras de La Soledad, ya incluyendo a la Madre María entre ellas. El segundo borrador, escrito aproximadamente cinco años después de la fundación de La Soledad, contiene una descripción del contenido del manuscrito anterior, redactado en Santa Mónica y quemado por Santa Cruz, así como una narración de sus primeros años en Oaxaca en su calidad de maestra de novicias.

Éste es el documento que nos concierne en este ensayo. Se encuentra en los primeros veintinueve folios del cuarto volumen de los escritos de María de San José y constituye sólo una pequeña parte de las dos mil páginas manuscritas que se conservan de ella. Como los otros volúmenes, el IV empieza con una narración sobre un período específico en su vida, pero cambia de tema en el resto del libro. Después de la crónica de la fundación, el volumen incluye una variedad de viñetas y pasajes escritos como sustitutos a la confesión cuando

Fray Plácido se encontraba fuera de Oaxaca. Otros pasajes fueron escritos en diferentes años y para otros confesores. En general, el Volumen IV, como los primeros diez volúmenes, sigue a *grosso modo* en orden cronológico la secuencia de su vida. (Los Vols. XI-XII son una colección de materiales sobre diversos temas, frecuentemente repeticiones). Sin embargo, los escritos no siguen un orden cronológico en su composición. Como se mencionó más arriba, la relación de la Soledad fue escrita durante el mismo período en el que fue compuesto el Volumen I, el cual contiene la relación de su vida en la hacienda.[9]

LA MADRE MARÍA DE SAN JOSÉ (1656-1719)

La Madre María de San José nació en 1656, en una hacienda ubicada en las afueras de Tepeaca,[10] y ese mismo año fue bautizada con el nombre de Juana Palacios Berruecos. Cinco hermanas y un hermano precedieron a su nacimiento, habiendo sido ella la sexta de los nueve hijos que tuvieron don Luis Palacios y doña Antonia Berruecos y Menéndez, ambos criollos y originarios de Puebla. En estas circunstancias, la niña creció en un ambiente de devoción cristiana típica de la época. La propia doña Antonia se encargó de enseñarle a su hija las oraciones que rezó durante su niñez. Por las noches la familia entera se reunía para rezar el rosario y escuchar a don Luis Palacios quien les leía en voz alta historias sobre la vida de los santos. Aunque María mostró un interés temprano en la vida religiosa, su niñez transcurrió en medio de juegos con sus hermanas y otros niños. Sin embargo, a la edad de once años, poco después de la muerte de su padre, María tuvo una experiencia religiosa. Ella misma describió este suceso, diciendo que de pronto vio un rayo que cayó en su jardín, y a continuación el diablo se le apareció en la forma de un hombre mulato completamente desnudo. Poco después, tuvo una visión de la Virgen María quien se le apareció en la forma de una estatua con vida que le hablaba dándole consuelo. En ese momento, la niña se prometió dedicar su vida a Dios y decidió entrar a un convento. Para su gran desilusión, iban a pasar veinte años antes de que pudiera cumplir su deseo.

Después de esta experiencia, María siguió un horario riguroso de oración, abstinencia y penitencias, que intentaba seguir en lo posible, dentro de sus limitadas circunstancias, las prácticas de la vida religiosa. Cada vez que hubo oportunidad, María trató de entrar en un convento. Sin embargo, varias razones lo impidieron, entre otras, la falta de dinero para la dote correspondiente,[11] el aislamiento en que ella se encontraba al vivir en una hacienda alejada de los centros religiosos, así como problemas de índole familiar. Entre estos últimos, se puede citar que tuvo una hermana que quería también entrar en un convento y tal vez motivada por la envidia que le tenía, la acusó ante la familia de no tener aptitudes para ser religiosa. También estuvo su hermano, el patriarca de la familia, quien hizo todo lo posible por conservar a María dentro del seno familiar. Hubo aun clérigos de cierta importancia que, tal como se menciona en su propia relación (Vol. I), le pusieron toda serie de obstáculos para impedir sus deseos.

Hacia 1685, María oyó que el obispo Fernández de Santa Cruz estaba por fundar el primer convento de agustinas recoletas en la Nueva España, destinado para "niñas nobles, pero pobres y que fuesen de buena cara".[12] En virtud de que su familia ya había hecho el esfuerzo de proveer el dinero necesario para la entrada de dos de las hijas a sus respectivos conventos,[13] y dada la falta de más recursos económicos para aportar la dote de María, ésta se dirigió a Fernández de Santa Cruz para pedirle un lugar en el nuevo convento. Al principio el obispo negó la petición, pero posteriormente, gracias a la intervención de otro clérigo, él cedió y María pasó a formar parte del grupo de veintidós fundadoras del Convento de Santa Mónica (1687).[14]

Los problemas de la recoleta no terminaron al tomar el hábito. De acuerdo a su propio testimonio en la relación que nos concierne aquí, tres demonios la atormentaron continuamente durante sus primeros ocho años en Santa Mónica, estorbando con frecuencia con los deberes que debía cumplir como miembro de la comunidad religiosa. A pesar de estas dificultades, María, a menos de diez años de haber entrado en Santa Mónica, se encontró entre el selecto grupo de monjas que habían sido designadas para fundar un nuevo convento de recoletas en Oaxaca (1697). La misión que le fue asignada para este convento fue la de formar a las futuras monjas en su calidad de maestra de novicias.

María de San José permaneció en Oaxaca, dedicada a la enseñanza de las novicias hasta su muerte en 1719. Las noticias sobre la beatitud de su vida se extendieron rápidamente, habiendo sido elogiada por su virtud en el panegírico *Oración fúnebre* (1719) escrito por Sebastián Santander y Torres. Pocos años después, por mandato del obispo de Oaxaca, Ángel de Maldonado, el mismo autor también escribió una narración hagiográfica basada en los propios escritos de ella, *Vida de la V.M. María de San José* (1723). También el obispo Maldonado le envió al Papa un opúsculo de ocho páginas en latín titulado *Santissimo Patri* (1726), proponiéndole que la recoleta fuese considerada para la beatificación. Claramente, sus contemporáneos la consideraban como un modelo de perfección espiritual.

María misma consideró su papel como fundadora de La Soledad entre sus logros más valiosos obtenidos en nombre de Dios. Sus escritos autobiográficos cambiaron de tono al abordar la narración de su vida en el convento de Oaxaca. Muchas de sus dudas (que tal vez se simbolizaban en la forma de los tres demonios que nos dice que la atormentaban en Santa Mónica) desaparecieron y después de un período inicial, ella presenta una imagen más segura de sí misma. También las monjas del Convento de la Soledad se habían ganado el afecto de la gente de la ciudad,[15] así como el de los obispos Fernández de Santa Cruz y Ángel de Maldonado.[16] Antes de pasar a considerar la crónica espiritual de la fundación escrita por María, será útil que examinemos la historia misma de la fundación, como antecedente necesario para el estudio de su narración, la cual fue escrita en términos más personales.

La fundación del Convento de La Soledad

Don Pedro Otalora Carvajal, arcediano de la catedral de Oaxaca, fue quien inició los primeros pasos en la fundación del Convento de Nuestra Señora de La Soledad. En 1691, en su lecho de muerte, el arcediano dejó en su testamento la cantidad de 39.000 pesos para las dotes de trece religiosas quienes iniciarían un convento junto al nuevo Santuario de San Sebastián, en donde se alojaba la estatua del santo patrón de la ciudad.[17] Un documento fechado el año siguiente revela que una de las condiciones que se estipularon para la selección de estas religiosas era que tenían que ser criollas o españolas. No se permitió a "mistas, mestizas o mulatas" entre las monjas fundadoras del convento.[18]

El obispo Fernández de Santa Cruz se enteró pronto del proyecto de don Pedro y decidió establecer un convento de agustinas recoletas. La primera dificultad a la que se enfrentó fue que tanto el cabildo como el consejo de la ciudad le negaron la licencia correspondiente; a pesar de este obstáculo inicial, el obispo no se amedrentó y tomó la decisión de dirigirse directamente a Carlos II.[19] Esta vez, Fernández de Santa Cruz tuvo más éxito: la cédula real correspondiente llegó en 1696, y a finales de ese mismo año empezó secretamente a seleccionar a cinco religiosas del Convento de Puebla, para ir a Oaxaca y empezar la ardua tarea de iniciar un nuevo convento. Gran parte de la narración de María se centra en ese año lleno de incertidumbre para ella, cuando las religiosas del Convento de Santa Mónica supieron que su comunidad, la cual se hallaba estrechamente unida, iba a cambiar para siempre.

Tanto María, como Bernarda Teresa de Santa Cruz, quien iba a ser la madre superiora de la Soledad, fueron informadas de su nuevo destino dos meses antes de dejar Santa Mónica; por otra parte, las tres otras monjas fundadoras y el resto de la comunidad fueron notificadas sólo hasta la víspera de su salida, el primero de enero de 1697.[20] Las otras religiosas que formaron parte del grupo de las fundadoras fueron las madres: Ana de San José, quien iba a actuar como madre superiora segunda; Antonia de la Madre de Dios, como tornera del convento; y la novicia Teresa de San Miguel, como ayudante adjunta.

El viaje a Oaxaca les llevó doce días. El obispo Fernández de Santa Cruz acompañó a las cinco recoletas durante tres días hasta que llegaron a los límites de su obispado. Su propio confesor, el señor canónigo don Ignacio Asenxo y Crespo, las acompañó el resto del viaje, quedándose en Oaxaca durante los primeros meses de la fundación. Las *Memorias* de Echeverría nos presentan una vívida imagen de uno de los percances que sufrieron durante el viaje en el "camino largo y doblado" de Puebla a Oaxaca:

> Era tan angosto el sitio, que, por un lado, nada tendía un repecho que rozaba la litera; por el otro, tajada peñasquería que causaba horror poner la vista en lo profundo del suelo. Ya por esta parte estuvo casi para descolgarse la una mula, y ya la litera estaba en punto de precipicio. Envalentó Dios a un lacayo. Arrimóse por el lado peligroso, aplicó todas sus fuerzas, y exponiendo su vida á un riesgo manifiesto, detuvo la litera (83).

En las *Memorias* se describe también la variedad de gente que les dio alojamiento a las religiosas. Tanto nobles, como clérigos y señoras del cabildo vinieron en ayuda de las recoletas durante su paso por Tepeaca, Tlacotepeque, Tehuacán, San Sebastián, Quiotepeque, Cuicatlán y San Juan del Rey.[21]

Doce días después de la llegada de las monjas a su nuevo lugar de residencia, se llevó a cabo la primera ceremonia en la cual una novicia profesó en La Soledad, en medio de una numerosa concurrencia. María Teresa de San Miguel, quien había venido como novicia junto con las otras religiosas, profesó, adoptando el nombre de María Teresa de San Ignacio.[22] Al finalizar aquel mismo mes, La Soledad había ya aceptado a seis novicias, dos de las cuales renunciaron a la vida conventual casi de inmediato.[23]

María revela en otros manuscritos (Vols. V, IX) que la salida de estas novicias fue la causa de una controversia entre la gente de la ciudad. Las monjas fueron acusadas de favoritismo con las novicias de Puebla, en detrimento de las candidatas originarias de Oaxaca. La rivalidad entre religiosas poblanas y oaxaqueñas empezó a ser la fuente de constantes problemas en el convento. Estas tensiones se reflejan cuando María dice de las religiosas oaxaqueñas: "[son] de tierra caliente ... y no tienen fuerzas para llevar el estatuto tan estrecho como es nuestro" (Vol. IX, f. 59). Los habitantes de la ciudad de Oaxaca pronto se tornaron en contra de las Mónicas, acusándolas de tomar dinero destinado para las dotes de religiosas oaxaqueñas y usarlo en beneficio de las novicias de Puebla. Después de una investigación llevada a cabo por órdenes del Virrey, quedó en claro que Fernández de Santa Cruz había seleccionado a novicias poblanas porque, no habiendo candidatas de Oaxaca, el convento se hallaba en la urgencia de ocupar las vacantes que tenía (el tamaño ideal para una comunidad de recoletas era aproximadamente dos docenas de religiosas).[24]

Durante el primer periodo en la vida del convento hubo otro problema. A su llegada, las monjas habían limpiado la estatua de Nuestra Señora de la Soledad. Un sacerdote que no pudo reconocer la estatua con su nueva apariencia, acusó a la Mónicas de haber mutilado la estatua, con el objeto de conservar partes de ésta como reliquia. Este incidente dio origen a un escándalo. Don Ignacio de Asenxo despejó todas las dudas que se formaron en torno a las recoletas, al exhibir la estatua en público durante diez días, de tal manera que todo el mundo la pudo ver y convencerse de que se trataba del original.[25]

Los problemas iniciales eventualmente se superaron y el convento se convirtió en materia de orgullo para la ciudad de Oaxaca, funcionando hasta la segunda parte del siglo XIX, cuando las Leyes de Reforma determinaron que su propiedad pasaba a formar parte del Estado. La información es escasa, pero hay indicios de que el convento dejó de funcionar por completo entre los años 1860 y 1870.[26] En la actualidad, una parte del convento original da cabida a un museo de pinturas y objetos religiosos, algunos de ellos tomados del convento original. Un retrato sobre la muerte de María de San José se encuentra en la colección.

EL DISCURSO ESPIRITUAL DE LA MADRE MARÍA CON MOTIVO DE LA FUNDACIÓN

El relato de María de San José nos presenta la fundación del convento vivida como experiencia personal, en contraste con la versión de Echeverría que nos ofrece la historia colectiva del Convento de la Soledad. María, tal vez, habiéndose percatado de que los detalles históricos de la fundación ya estaban siendo registrados en la crónica oficial (terminada en 1709), escogió el discurso espiritual como forma narrativa. Su historia empieza con sus primeras revelaciones sobre el futuro convento y continúa con su estancia en La Soledad, exponiendo pasajes con un profundo contenido místico.

La crónica espiritual de María tiene antecedentes en otros relatos que se hicieron con motivo de la fundación de conventos e incorporan un punto de vista personal del narrador. La fundadora de la orden española de las agustinas recoletas, Mariana de San José, por ejemplo, escribió abundantemente sobre la fundación de varios de los conventos en los que ella participó. Su *Vida* [1645], editada por Luis Muñoz, era leída con frecuencia entre las recoletas del Nuevo Mundo como fuente de inspiración.[27] En muchos de sus escritos, la monja española presenta detalles de eventos históricos que se incluían típicamente en las crónicas oficiales de fundación. Sin embargo, en el relato de su salida del convento en el cual había vivido desde la edad de doce años (para ir a Eybar), Mariana escribió casi por completo desde el punto de vista de sus experiencias interiores.[28] Es interesante notar que los escritos de Mariana y María revelan situaciones paralelas en sus vidas como religiosas. Ambas fueron notificadas sobre su traslado a un nuevo monasterio con dos meses de anticipación a la fecha de su salida; también, ambas sufren grandes tribulaciones al enterarse de su partida inminente; y las dos religiosas tienen experiencias místicas similares, una vez que se encuentran reubicadas en su nuevo convento.[29] Es indudable que la recoleta española estaba influenciada profundamente por Teresa de Jesús, a quien había conocido de niña. Por otra parte, María de San José, conocedora de los escritos de sus hermanas españolas, ubica su propio relato dentro de esta tradición de narrativa femenina que combina la crónica de fundación conventual con el misticismo.

La narración de María de San José se encuentra estructurada alrededor de dos temas: la exposición de las visiones que tuvo sobre La Soledad y la descripción de las dificultades concomitantes a la fundación misma. De acuerdo a ello, el manuscrito se divide en dos secciones principales, vinculadas entre sí por una breve historia sobre sus actividades como cronista del convento. La primera de estas secciones comienza con la descripción de varias revelaciones sobre el convento. En esta sección progresivamente se crea una tensión, en la medida en que las revelaciones se mezclan con historias sobre los ocho años que María sufría en el convento perseguida por tres demonios. En última instancia, esta sección es la descripción de un proceso que culmina en el triunfo espiritual de la autora. María, con la ayuda y permiso de Dios, recibió el poder de deshacerse de estas entidades malignas, de "echarlos a donde no harán daño a nadie ...", y así, liberó sus energías para ponerlas a la disposición de las tareas que requería el nuevo convento.

La autora explica sólo indirectamente este poder espiritual y lo legitimiza en una sección que sirve de transición, en la cual nos ofrece la historia de sus escritos sobre el convento. En ésta, ella nos explica que el primer borrador sobre sus revelaciones fue escrito a petición de su confesor. Cuando sus revelaciones se cumplieron, el borrador se convirtió en una prueba de que María había recibido la gracia divina y ello tuvo el efecto de que Fernández de Santa Cruz la incluyera entre las fundadoras de La Soledad. El hecho de que María incluya la breve historia de sus escritos sirve como prueba a su confesor y lector actual, Fray Plácido de Olmedo, de que las autoridades eclesiásticas ya habían aprobado el primer borrador, a pesar de lo disputable de su contenido, y lo ayuda a establecer la fidelidad de este texto.

La segunda parte del relato de María, la correspondiente a la vida en La Soledad, comienza después de una breve relación del viaje a Oaxaca. En esta parte María centra su narración en dos aspectos de su nueva vida. En primer lugar el relato ofrece la descripción de sus visiones, las cuales alcanzan nuevas dimensiones cuando ella logra la vivencia de su completa unión mística con Cristo. En segundo lugar, esta parte de su narración se dedica a presentarnos sus actividades como maestra de novicias. María alcanza en La Soledad el pináculo de sus experiencias místicas y como mentora de las novicias, obtiene estímulo y material para narrar nuevas historias que nos informan sobre la organización doméstica y espiritual del convento. El lector de nuestros días, al percatarse de ambos aspectos en esta narración de la vida conventual, podrá sin duda apreciar la peculiar mezcla de lenguaje místico con descripciones de la vida cotidiana que se da en los escritos de esta monja de la Nueva España.

MISTICISMO

En las revelaciones narradas al principio de la crónica de María de San José las figuras espirituales más importantes —Dios mismo, su Hijo y María, la madre de Dios— junto con el Papa, la personalidad más cercana a Dios en el dominio terrenal, le anuncian que en el futuro cercano habrá un nuevo convento para ella. Una vez que se halla en el Convento de Nuestra Señora de la Soledad, María parece haber encontrado el lugar en este mundo en donde puede llevar a cabo su deseo de dialogar directamente con Dios. Michel de Certeau mantiene que la experiencia mística requiere tres condiciones necesarias: primero, la condición *de volo*, o la voluntad de tener comunicación con Dios; segundo, la condición de ofrecer el "yo" como el locus de la comunicación; y tercero, la condición de representar el contenido del diálogo con Dios a través del lenguaje.[30] La condición *de volo* hace explícito el esfuerzo espiritual, con el que uno está en posibilidad de "abrirse camino a través de la densidad del mundo para obtener discurso con Dios; donde el *yo* y el *usted* se buscan uno al otro en la densidad del mismo lenguaje" (Certeau 90). Las descripciones que hace María de su experiencia espiritual con Dios en la segunda parte de su crónica nos muestran este encuentro hablado con Dios, mediante el cual Él se revela a través del "yo" de María, que se encuentra despojado de su propia voluntad. Esto crea una tensión: María, al escribir, se representa a sí misma y a Dios. En su experiencia de diálogo con Dios, hay una unión de *lo humano* con *lo divino*, pero al mismo tiempo en sus descripciones se nota la separación entre Dios y la humanidad. En el diálogo místico, María siempre siente la presencia de Él en ella:

> Su Majestad ... y habló de esta suerte —"Mi María, ya has llegado a la desnudez que debe tener una alma para estar unida conMigo. No hay cosa de esta vida que te tiene, ni aparte de estar unida conMigo. Toda eres hermosa para Mí, de pies a cabeza. No hay en ti cosa que Me desagrade. En ti Me gozo y tengo Mis delicias, querida y esposa Mía".

Los escritos de María de San José incluyen metáforas que son comunes en la mística española y como en el caso de otros textos místicos, estos pasajes revelan el acercamiento del autor con Dios, sin la intervención del conocimiento teológico o de la autoridad del poder institucional de la Iglesia.

María caracteriza con detalle el esfuerzo espiritual, o *via purgativa*, que se requiere para alcanzar esta relación privilegiada con Dios. Su narración abunda en las dificultades de seguir la doctrina de la *imitatio Christi*, para la cual, quien busque la vía de salvación ofrecida por Cristo debe primero participar en Su sufrimiento, en el calvario de la cruz, el cual es simbolizado con toda viveza en la visión que María tiene de las cinco fundadoras como "fuentes de sangre." María también incluye como ejemplos de su esfuerzo espiritual sus dos principales tareas en La Soledad. Como maestra de novicias, decide quiénes son capaces de seguir el régimen estricto de la orden y las educa en éste. Nos ofrece varias metáforas que apuntan la naturaleza de su labor:

> Vi un pedazo de lienzo. Estaba comenzada una labor costosíma y muy primorsa. Aquí me habló el Señor desde el altar .... "Este lienzo blanco que ves significa las almas y conciencias de tus novicias. Esta labor tan costosa y primosoa que ves aquí comenzada es la que tú has comenzado hacer en ellas y la has de perfeccionar y acabar de tal manera que lleguen a ser religiosas perfectas".

Como miembro de la comunidad agustina también estaba encargada de salvar las almas de sus novicias, así como de orar por las de otros. Ella tenía, como lo observa ella misma, el deber de ser "como San Agustín, ganador de almas" (los miembros de la orden de las agustinas profesan un voto especial que las obliga a dedicarse a la salvación de las almas). La tarea de salvar almas puede involucrar el tener que sufrir por los pecados de éstas. María alude a este aspecto de la *imitatio Christi* como consistiendo en unión con Dios, participando en su sufrimiento y gloria:

Al oír esto, sentí y vi como Su Majestad se iba juntando y uniendo conmigo de manera que llegué a poner mis labios en los de mi Señor. Aquí yo no sé cómo no levanté el grito, según fue lo que comencé a padecer. La fuerza de esta agonía duró tres o cuatro horas.

En esta crónica espiritual florece una tradición de escritura mística mexicana formulada en un lenguaje común y corriente, y a través de ella, María nos revela el centro espiritual de su vida como esposa de Cristo. Como mujer que nunca recibió una educación formal en leer y escribir, la narrativa de María de San José entreteje imágenes y formas expresivas que se encuentran en la literatura devota de aquel tiempo con un lenguaje coloquial que, sin embargo, llega a desarrollar una cierta sensibilidad por el estilo literario. Esta mezcla de elementos da por resultado una forma de expresión que combina algunos de los mejores rasgos del discurso místico del período colonial con oraciones y párrafos que tienen la estructura de la lengua hablada. El lector se habrá dado cuenta sin duda de que las citas que se han dado de la obra de María de San José contienen en ocasiones oraciones incompletas, así como defectos de puntuación. Sin embargo, esta característica oral de su lenguaje le da vida al texto y contribuye al estilo enérgico de sus frases.

LA VIDA DIARIA DEL CONVENTO

La crónica de María de San José también nos presenta aspectos de la vida diaria de un monasterio. A diferencia de las órdenes que no habían sido reformadas, las agustinas recoletas tenían poco acceso al mundo exterior. Para cada una de ellas, la fuente principal de contacto con este mundo era su confesor. A diferencia de su contemporánea Sor Juana Inés de la Cruz, María, como recoleta, nunca se relacionó con personajes del gobierno local o de la corte, nunca tuvo sus propios sirvientes y mantuvo sólo un contacto limitado con los miembros de su familia.

La vida del convento giraba alrededor de un rígido horario de oración e instrucción devota. Entre las actividades cotidianas, María menciona la asistencia diaria a la misa, al coro, a los maitines, al capítulo y la oración de la comunidad. En medio de estas tareas espirituales estaba el horario de las comidas, el de las "horas de oficina», durante las cuales se asistía a deberes previamente asignados, y por último el tiempo de recreo, al que se le dedicaba sólo tres horas por semana.

A través de los escritos de la madre María también se puede percibir aspectos de la organización doméstica del convento. La jerarquía y la división del trabajo entre las religiosas solía incluir, entre otras, los cargos de madre superiora, maestra, cronista, tornera, ayudante de cocina, enfermera, etc. De acuerdo con el puesto que ocupasen, las monjas usaban el velo negro, el cual era el que connotaba mayor rango, o bien el velo blanco. Aquellas que llevaban el primer tipo de velo dedicaban la mayor parte de su tiempo a la oración, en contraste con las monjas de velo blanco, las cuales se ocupaban de los servicios que requería el convento, como por ejemplo, el trabajo de la cocina. Sin embargo, todas las monjas participaban en alguna medida en la "labor de manos". Ello se revela claramente en la primera escena de la narración de María, la cual tiene lugar en la ropería, en la que la mayoría de las monjas trabajaba en algún momento durante el día. Estas escenas de la vida cotidiana del convento forman parte de la narración, pero ellas ocupan un lugar secundario con relación al principal objetivo de la narración. Inconfundiblemente, el papel de lo cotidiano queda relegado sólo a situar la escena de la experiencia espiritual, o a describir un conflicto dentro de la comunidad.

Las tensiones entre las monjas se originaban frecuentemente a partir de diferencias en la posición que ocupaban dentro de la jerarquía del convento. A lo largo del relato, María presenta ejemplos de estas situaciones, entre ellas, el caso de una monja de velo blanco que deseaba dejar de trabajar en la cocina para pasar a ser una monja de coro. Otro ejemplo de estas tensiones lo constituyen los prejuicios que las religiosas poblanas tenían en contra de las de Oaxaca. Los estudiosos del período han demostrado cómo dentro del sistema de la Colonia, la proximidad al centro político del Virreinato, la Ciudad de México, resultaba frecuentemente en una situación social y económica favorables. Así, quizás se explica la posición favorecida de las poblanas. También se alude a las tensiones entre las monjas y sus padres espirituales cuando María revela el temor de que su confesor se burle de sus revelaciones:

> Había tenido en no decirle a mi confesor lo que me había acaecido acerca de esta fundación, porque era tanta la vergüenza que me daba cuando pensaba decir algo de esto en el confesionario, porque me parecía ... que mi confesor había de hacer burla de estas fantasías, y me había de mortificar como lo hacía siempre que se ofrecía ocasión.

El sistema de jerarquía eclesiástica de la época tenía entre otras consecuencias el que frecuentemente las monjas se preocupaban sobre la manera en la que sus experiencias espirituales eran recibidas e interpretadas por sus superiores.[31]

Conclusión

La narración que lleva a cabo María de San José de la fundación de La Soledad ofrece un raro testimonio personal de los problemas y preocupaciones que las monjas experimentaban en su papel de fundadoras. Esta narración también sirve de complemento a la crónica de fundación oficial, ya que no se ocupa de las acciones llevadas a cabo por los gobiernos locales, el Virrey, y las autoridades eclesiásticas para establecer conventos en la Nueva España. En vez de ello María de San José escoge su propia perspectiva como esposa de Cristo que fue escogida para fundar un jardín espiritual para el Señor. Su relación nos ofrece una ventana que revela las dificultades peculiares a la fundación de estos monasterios, la devoción de las religiosas, y la vida diaria en estas instituciones que constituyeron una parte fundamental de la estructura social de la Nueva España.[32]

NOTAS

[1] José Guy incluye una versión de esta leyenda en su *Historia de Oaxaca*, 152-153. En esta versión, el autor ofrece citas que él atribuye a la historia manuscrita de las Mónicas (tal vez, la crónica de fundación original). Véase también la obra escrita en el siglo XVIII, *Diario del viaje* por el Padre Francisco Alforín, 92.

[2] Josefina Muriel, *Cultura*, 44. El capítulo sobre cronistas femeninas resulta muy útil, ya que presenta una síntesis de las características de la crónica conventual en general, así como una serie de ejemplos concretos de éstas, 44-120. Electa Arenal y Stacy Schlau han publicado una selección de escritos de la Madre Mariana de la Encarnación sobre la fundación del Convento de Santa Teresa, *Untold Sisters*, 343-346. La tesis de Kathleen Ross, *Carlos de Sigüenza*, estudia la relación entre la escritura femenina y la reescritura de la crónica de la fundación del Convento de Jesús María (México) hecha por él en su *Paraíso Occidental*.

[3] Muriel, 61.

[4] En el capítulo que esta biografia dedica a la fundación de La Soledad (Cap. VII) se incluye sólo un párrafo en el que se narra una revelación que la madre Antonia tuvo sobre el convento. Véase J. Sánchez de Castro, *Vida de la V.M. Sor Antonia de la Madre de Dios*, 96.

[5] Códice español #33-36 en la Biblioteca John Carter Brown, de Providence, Rhode Island. He preparado una edición paleográfica del primer volumen, *Word from New Spain*. Actualmente estoy también trabajando en una selección de sus otros escritos, Vols. II-XII.

[6] Probablemente el Volumen I.

[7] Fray Plácido de Olmedo llegó a Oaxaca junto con el obispo Ángel de Maldonado en 1702 y sirvió como confesor de María hasta su muerte en 1709. Él recobró muchos de los escritos de ella hechos en Puebla y, a petición de él, María reescribió algunos relatos y también redactó otros nuevos. La mayoría de los manuscritos en los doce volúmenes está dirigida a él.

[8] La Madre María da esta información en el texto que se presenta aquí. Algunos de los folios del Volumen XII contienen revelaciones sobre La Soledad formuladas en las mismas imágenes que las del Volumen IV. Es posible que éste sea parte del primer borrador escrito para Barros y Santa Cruz.

[9] Véase *Word from New Spain*.

[10] Véase a Santander y Torres, *Vida*, 5, y María de San José, Vol. I, ff. 6-7.

[11] La cantidad de dinero de una dote era, por lo general, entre 2.000 y 4.000 pesos. Véase a A. Lavrin, "Unlike Sor Juana," 75, y P. Gonzalbo, *Las mujeres*, 242.

[12] Véase a María de San José, Volumen I, y *Reglas dadas*, 7.

[13] Leonor entró al Convento de las Carmelitas en Puebla y Francisca ingresó al Convento de las Jerónimas en la misma ciudad.

[14] El Convento de Santa Mónica originalmente se estableció como una institución para alojar a mujeres casadas de la nobleza cuando sus maridos estaban de viaje (1606). Con posterioridad, se convirtió en un refugio para "mujeres malas", después en un colegio para niñas (1680) y, por último, en un convento (1688). Véase María de San José, Volumen I, y Aparicio López, *El Convento de Santa Mónica*.

¹⁵ Veáse Alforín, *Diario del viaje*, 90-96.
¹⁶ Fernández de Santa Cruz continuó apoyando a las monjas, enviándoles cartas y pagando por composturas mayores para reparar daños ocasionados por la humedad en el claustro, *Memorias*, 117. Maldonado personalmente confesaba a las religiosas de La Soledad, *Memorias*, 136.
¹⁷ Documento legal por Don Pedro de Otalora Carvajal (1691), *Transcripción de los archivos de La Soledad*, ca. 1955. Quiero agradecer la ayuda prestada por el Licenciado Luis Castañeda Guzmán, quien preparó estos manuscritos, permitiéndome tener acceso a ellos.
¹⁸ F. F. 453 v., 1692. Testamento de Diego Venayas sobre las disposiciones de Don Pedro de Otalora para el convento. *Transcripción de los archivos de la Soledad*. Este documento contiene una gran cantidad de información sobre la fundación del convento. Entre otras cosas, se menciona que cuatro monjas del Convento de Santa Catarina de Sena, Oaxaca, habían sido designadas para trasladarse a La Soledad: "de ella pudiessen pasar a dho monasterio que se avia de fundar, dos Religosas Professas hermanas lexmas. del dho Arzdiano llamadas Josepha de Jesus, y Nicolaza de la Cruz a fundar dho convento o si no a Vivir en el los dias qe. les quedare y qe. ... pasasen de dho Convto. de Sta. Catharina de zena otras dos Relixiosas Profesas llamadas maria de San Xaviel y Jua. de Sta. Catheriana ... por ser todas qtro. Relixiosas Virtuosas y ansianas ...". No me ha sido posible determinar si estas religiosas se trasladaron a la Soledad cuando finalmente se abrió, cinco años más tarde.
¹⁹ Aparicio López, 50; Echeverría, 52-53.
²⁰ *Memorias*, 74. En *El Convento de Santa Mónica* se cita la crónica original del Convento de Santa Mónica: "En el año del Señor de 1697, para la honra y gloria de Dios Nuestro Señor, salieron de este convento de Agustinas Recoletas de N.M.S. Mónica —hoy, dos del mes de enero de dicho año— para fundar en la ciudad de Oaxaca el convento de Ntra. Sra. de la Soledad, de Nuestra Sagrada Religión ...", 47.
²¹ *Memorias*, Cap. X.
²² *Memorias*, 100. La referencia a este acto de profesión se encuentra entre el material transcrito de los archivos de la Soledad por Luis Castañeda Guzmán. Esta religiosa fue hija legítima de Juan de Arizmendi y de doña Magdalena Godínez Maldonado.
²³ *Memorias*, 109.
²⁴ Santander y Torres, 211-213.
²⁵ *Memorias*, 113-116; Santander y Torres 207.
²⁶ El manuscrito de los archivos del convento menciona que en 1889, se llevaron a cabo las primeras elecciones desde 1865, por dos de las tres Recoletas de la Soledad que quedaban. Ésta fue la última elección de oficiales por parte de las recoletas. Sin embargo, lo que no dicen los archivos es el lugar en el que se hizo esta elección, ya que ésta pudo haberse llevado a cabo en el convento mismo, o bien en una casa privada. Lo más probable es que en esa fecha, el convento ya estuviera cerrado. Véase a Charles Berry, *Reforma in Oaxaca*, 118-119.
²⁷ La madre María, al escribir un siglo después que su hermana española, menciona haber leído el texto de Mariana y hace uso de éste, citando párrafos completos, palabra por palabra, en el Vol. I. Véase mi estudio preliminar a *Word from New Spain*.
²⁸ *Vida* [1645], Bk. II, C. 1-4.
²⁹ *Vida*, 64.
³⁰ Michel de Certeau, 90-91.
³¹ Véase "The Addressee Determines the Discourse".
³² En 1720, cinco monjas del Convento de Santa Mónica se trasladaron a Guadalajara para fundar el tercer Convento de Agustinas recoletas en América.

Bibliografía

Alforín, Fray Francisco de. *Diario del viaje que por orden de la sagrada congregación de propaganda fide hizo a la América Septentrional en el siglo XVIII el P. Fray Grancisco de Ajofrín, capuchino.* Ed. Vicente Castañeda y Alcover. Madrid: Real Academia de la Historia, 1958.

Aparicio López, Teófilo. *El Convento de Santa Mónica: Trescientos años de vida fecunda y generosa.* Puebla, 1988.

Arenal, Electa y Stacy Schlau. *Untold Sisters: Hispanic Nuns in their Own Works.* Alburquerque: University of New Mexico Press, 1989.

Berry, Charles R. *The Reform in Oaxaca, 1856-76.* Lincoln: University of Nebraska Press, 1981.

Certeau, Michel de. *Heterologies: Discourse on the Other.* Trans. B. Massumi. Minneapolis: University of Minnesota Press, 1985.

Echeverría, Agustín. *Memorias religiosas y ejemplares noticias de la fundación del monasterio de Nuestra Señora de la Soledad.* Oaxaca, 1907.

Gay, José Antonio. *Historia de Oaxaca.* Oaxaca: Ediciones del Gobierno Constitucional del Estado de Oaxaca, 1978.

Gonzalbo, Pilar. *Las mujeres en la Nueva España: educación y vida cotidana.* México: El Colegio de México, 1987.

Lavrin, Asunción. "Unlike Sor Juana? The Model Nun in the Religious Literature of Colonial Mexico". *University of Dayton Review* 16(1983): 75-92.

Maldonado, Angel. *Santissimo Patri ... Benedicto XIII ... coronam scribere, mittere ad vos Vernerabilis Virginis Maria a San Joseph.* [1726?].

Muñoz, Luis. *Vida de la V.M. Mariana de S. Joseph, fundadora de la recolección de monjas augustinas.* Madrid, 1645.

Muriel, Josefina. *Cultura femenina novohispana.* México: Universidad Nacional Autónoma de México, 1982.

Myers, Kathleen A. "The Addressee Determines the Discourse: The Autobiography of Madre María de San José". *Bulletin of Hispanic Studies* (1992).

_____ *Word from New Spain: The Spiritual Autobiography of Madre María de San José (1656-1719), Vol. I.* Liverpool University Press, en prensa.

Regla dada por nuestro padre San Agustín a sus monjas. Constituciones, que han de guardar las religiosas agustinas recoletas de Santa Mónica de la Ciudad de la Puebla. Puebla, 1753. 2ª edición.

San José, María de. *Oaxaca Manuscript.* John Carter Brown Library, Codices 39-41.

Sánchez y Castro, Jeoseph Geronymo, *Vida de la V.M.S. Antonia de la Madre de Dios.* México, 1747.

Santander y Torres, Sebastián de. *Oración funebre que predicó el M.R.P.M. Fray Sebastián de Santander las honras de la V.M. Maria de San Joseph.* México, 1719.

_____ *Vida de la V.M. María de San Joseph, fundadora en los Conventos de Santa Mónica ... y después de la Soledad.* México, 1723.

Transcripción de los archivos del Santuario de la Soledad: Lec. Luis Castañeda Guzmán, ca. 1955.

LA CELDA Y EL SIGLO: EPÍSTOLAS CONVENTUALES

POR

Asunción Lavrin
Arizona State University at Tempe

Archivo General de Indias, México, Legajo 829

A doña Ana Francisca Zúñiga y Cordoba

Jesus Ma y Frco

    Asistan en en el alma de mi querida madre con muchos aumentos de espiritu y la salud que yo deseo y pedimos a nuestro señor en las oraciones de esta comunidad, la cual a pasado un susto que nos ha costado arta pesadumbre darele a mi querida madre la noticia de todo en breve abia cosa de tres meses que pretendia una señorita que aun no tiene quince años ser capuchina con las prendas que se requieren de hermosa y bien nacida muy buena boz y letora y criada con mucha birtud fue tantas sus ansias que las cuatro de la mañana se benia a oyrnos cantar prima y se estaba en la calle porque no podia sosegar en su casa Vino el domingo a confesar dia de los martires de nuestra horden a 16 de este mes de enero dijo que no volviese asta las carnestolendas a confesar diole esto tanto desconsuelo que dijo mirasemos como abia de ser porque ymposible pasar la cuaresma en el siglo que habia muchos peligros y que bendria por la respuesta de lo que habia de hacer fue en ocasion que se abrio la puerta para dar fronta les tomo uno y le entro con tal velocidad que parecia un papel y se fue corriendo asta los claustros diciendo te den laudamos, ya esto esta hecho mientras se cerro la puerta la allamos desnuda tirados los vestidos y las joyas diciendo que por la sangre de Dios no la bolbiesen al mundo la madre Vicaria con sus buenas fuerzas despeña tirando de ella que le quedaron los braços con artos dolores no fue posible sacarla asta que la comunidad de conpasion dijo que se quedara y dio licencia el señor arçobispo para que la pudiesemos tener de seglar asta que se icieron los despachos que fueron dos días queda con el abito y muy contenta Dios le de perseverancia mi querida madre nos ayude a pedirselo a Nuestro Señor y le pague a Vmd el socorro que ya llego la petaca con todo lo que dice V md en cuanto las albas ya le escrito a mi querida madre que por aca se aran Dios le pague a Vmd lo que esta quidando de estas sus hijas esta escribo con el señor dean que ba a la puebla la madre Vicaria y sor teresa besan la mano de V md. y yo la del señor Don Diego a quien siempre tenemos muy presente en nuestras oraciones, y a mi qerida madre a quien nos guarde dios muchos años de este convento de san felipe de Jesus de

pobres capuchinas de Mexico y henero a 21 de este año de 1689.
hija de V Md que mas la Ama en dios y S M Besa
Sor Lorenza Bernarda, Abba.

Jesus Ma y Frco: Asistan en el alma de Vmd
con muchos aumentos de espiritu.

Sor Lorenza Bernarda, abadesa del convento de franciscanas capuchinas de San José de Gracia, abre sus cartas a doña Ana Francisca de Zúñiga y Córdoba con esta encomienda espiritual, que sustituye a San José por San Francisco, santo patrono de la Orden Capuchina. Bajo el albergue de los celestes intercesores de su devoción, entre 1688 y 1695 Sor Lorenza Bernarda alimentó con su corresponsal una ilusión mutua por la fundación de un segundo convento de observancia capuchina en Puebla. Imposible hubiera sido esperar que la abadesa, en un inesperado y al parecer inexplicable gesto, rindiera un informe negativo en 1696 sobre el futuro convento llegado el momento de asistir a su fundación. Como la única voz disonante en el coro de recomendaciones a favor de la propuesta comunidad, Sor Lorenza Bernarda se ganó la condena de varios prelados y del cabildo de Puebla. De mayor importancia fue, quizás, la "traición" a su patrona y corresponsal, doña Ana Francisca, quien envió las cartas de la monja al Consejo de Indias para demostrar que el informe de Sor Lorenza Bernarda estaba viciado por algún motivo inexplicable, y que su denuncia del convento no debía ser tomada en cuenta por los ministros reales. Gracias a esa apelación se conservan estas cartas que quizás hubieran perecido con los actores históricos.

Las misivas de Sor Lorenza Bernarda nos servirán para explorar una poco usual fuente de investigación histórica, las cartas de monjas. Resulta casi irónica la falta de atención que han recibido las epístolas conventuales, cuando las cartas que escribió la monja mejor conocida de la historia y la literatura colonial, Sor Juana Inés de la Cruz, han sido los textos sobre los que se han basado cientos de análisis de su carácter y habilidad literaria. Es justo añadir, sin embargo, que las de Sor Juana exceden en todos los sentidos el género epistolar, dentro del cual apenas cupieran si no fuera porque su autora tejió una fina malla epistolar alrededor de su intenso y rico contenido. Las cartas de otras monjas que yacen entremezcladas en cientos de legajos archivados en colecciones documentales, son verdaderamente epístolas en las que se vuelcan emociones y razonamientos muy enfocados sobre realidades presentes y significativas para las escritoras, pero sin vuelos intelectuales o aspiraciones otras que las de comunicar los problemas de la vida cotidiana.

Es precisamente ese carácter de cotidianeidad, ese desmañamiento literario y esa espontaneidad, lo que hacen de estas cartas pasto abierto y ameno para historiadores y críticos literarios. Las formas de expresión y escritura idóneas de una época, especialmente en personas con cierta educación pero no escritoras profesionales, deben ser de mucho interés para los estudiosos de la escritura colonial. Para los historiadores hay nuevas realidades de la vida diaria conventual abriéndose de par en par para el escrutinio de la sociedad y la mentalidad de la época. Como modo de ensayar sus posibilidades someteré las ocho cartas que se conservan de Sor Lorenza Bernarda a un examen que espero sirva para ampliar el escenario histórico dentro del cual vivió Sor Juana Inés de la Cruz los últimos años de su vida. Aunque no es mi propósito aquí hacer relación alguna con la poeta, la cronología de estas cartas las pone dentro del último quinquenio de su vida, y envuelve a varios partícipes claves en la vida de Sor Juana: el arzobispo Francisco Aguiar y Seijas, y los obispos Manuel Fernández de Santa Cruz e Isidro Sariñana, de Puebla y Oaxaca respectivamente. Además, aunque muy estática y lejanamente, el virrey Conde de Galve también aparece en escena.[1]

Antes que nada cabe preguntarse cuán comunes son las epístolas provenientes de los conventos novohispanos. La respuesta no puede ser precisa, ya que este género está aún por explorar, pero sí es posible afirmar que no siendo frecuentes, tampoco son raras. No es de dudar que las cartas corrieron regularmente entre prelados y religiosas, pero que su idónea fragilidad haya contribuido a que muchas desaparecieran, quedando sólo un número reducido de las mismas. Las que se han conservado se encuentran en legajos que contienen asuntos de administración eclesiástica, oficios legales, peticiones al Consejo de Indias, y en el ramo de Inquisición. Menos frecuentes son las cartas que se han conservado como una colección gracias al interés histórico de algún religioso o religiosa. Casi siempre las cartas carecen de respuesta, perdida la del interlocutor.

¿Quiénes eran estas dos mujeres? Sor Lorenza Bernarda del Moral, originaria de Madrid, fue una de las monjas españolas salidas del convento de Capuchinas de Toledo para fundar el primer convento de esa orden en Nueva España, San Felipe de Jesús, en 1665. Fue la segunda abadesa del convento y su prelacía se extendió por más de treinta años, por lo que debió tener gran influencia dentro del convento. El arzobispo de México Don Mateo Zaga de Bugueiro, primado de Toledo, fue confesor de las capuchinas y se empeñó en traerlas a Nueva España. A su arribo en México en 1655 el arzobispo logró obtener diez mil pesos para su fundación de una viuda rica, Doña Isabel Barrera, viuda de un conocido comerciante y filántropo, don Simón de Haro. Doña Isabel estipuló un período de diez años para la fundación del convento, y si no se lograba el dinero pasaría al convento de La Concepción de quien también era patrona. A pesar de innumerables obstáculos debidos a pérdida de documentos y muerte de las fundadoras escogidas por Zaga de Bugueiro, se logró que seis fundadoras llegaran a Nueva España en Septiembre 1665, antes del vencimiento de la oferta de fundación. A su arribo en Veracruz, fueron recibidas por varias personalidades, entre las cuales figuraba la señora Ana Francisca de Zúñiga y Córdoba, quien las acomodó en su casa en esa ciudad. En México fueron recibidas por el Virrey Marqués de Mancera y todo un despliegue de personalidades virreinales.[2] Las Capuchinas, monjas franciscanas que practicaban una observancia rigurosa, eran conocidas como "descalzas". Hacían voto de pobreza y lo practicaban, alimentándose y vistiéndose pobremente, usando sandalias en vez de zapatos y comiendo en el refectorio, de lo que entonces se llamaba "una olla común". Se suponía que vivieran de caridad dependiendo de patronos para asegurar su subsistencia institucional.

La abadesa del nuevo convento murió poco después de llegar a Nueva España, y en su lugar se eligió a Sor Lorenza Bernarda como abadesa y maestra de novicias. Ejerció estos cargos hasta su muerte el 7 de octubre de 1698. Se la tuvo por religiosa muy observante, amiga de la disciplina y la pobreza. La construcción del templo del convento, iniciado poco después de la fundación, demoró hasta junio de 1673 cuando fue inugurado y bendecido por el arzobispo Fr. Payo de Ribera. Para 1680 hubo otra reconstrucción del claustro y la iglesia, bendecidos de nuevo por Fr. Payo. En 1695, a treinta años de su fundación, sólo quedaban dos monjas de las fundadoras de Toledo, y el convento estaba poblado de monjas criollas.

Ana Francisca de Córdoba y Zúñiga era la esposa del capitán don Diego Ortiz de Largacha, Caballero de la Orden de Calatrava, residente en Puebla y un rico miembro de la elite colonial. La pareja no tenía descendientes y era bien conocida por su actividad como patrones de obras de caridad y por su apoyo a las instituciones eclesiásticas. La mentalidad de la época veía el enriquecimiento personal como un favor de Dios. Así, de la riqueza de don Diego decía su apoderado que "Dios Nuestro Señor ha sido servido de dar a mi parte abundantemente de bienes y caudal crecido". Pero Dios obligaba a quienes favorecía a ejercer la caridad en su nombre. Careciendo don Diego de hijos, deseaba emplear ese caudal en una obra que fuera de "agrado y servicio" a Dios. Aunque oficialmente la iniciativa de la obra comenzó con don Diego, doña Ana Francisca participó intensamente en la misma, siguiendo una tradición ya bien establecida de patronazgo femenino.[3]

En su testamento de abril de 1690, don Diego nombró a su mujer como heredera universal y le encargó la fundación de un convento de capuchinas en la ciudad de Puebla, para cuyo fin dejó una escritura de obligación fechada a 15 de mayo de ese mismo año. Otorgó poder a don Lorenzo Garro, vecino de México, para que hiciera gestiones en la corte virreinal ante el Conde de Galve y la Audiencia Real, para lograr la recomendación del convento al Consejo de Indias. Garro subrogó su responsibilidad en Juan de Zearreta en Junio de 1693, procedimiento bastante común para quienes o tenían mucho trabajo legal, o no tenían mucho interés en intermediar por una obra. Era muy usual que las instituciones eclesiásticas nombraran "apoderados" o representantes para promover sus intereses tanto en la capital de los virreinatos, como en Madrid y Roma. Toda fundación requería el apoyo de las autoridades eclesiásticas y civiles. Sin la anuencia del virrey, la Audiencia, el obispo y los otros conventos de Puebla, los patrones de una fundación no podían acceder al Consejo de Indias, cuya disposición se elevaba al rey con una recomendación positiva o negativa.

La fundación de un convento obedecía a intereses materiales y espirituales que se arraigaron en el virreinato desde que se dedicaron las primeras casas a recogimiento conventual a mediados del siglo dieciséis. Un convento era lugar de refugio y protección para mujeres cuyo nacimiento en la elite colonial no había sido acompañado de suficiente riqueza familiar para protegerla de un matrimonio desigual.[4] La mujer, representada en todos los textos pedagógicos y forenses como un ser débil y sujeto a toda clase de peligros, necesitaba "recogerse" si no en un su propio hogar, en una institución dedicada a ese fin. En 1710, un defensor de la idea de fundar un "colegio" con parte de la herencia de Ana Francisca de Zúñiga y Córdoba pintaba la situación de las mujeres pobres criollas como sigue: "En aquellos reinos es muy notorio el riesgo en que se hallan las mujeres de perderse, así por no se aplicar a servir como también porque la labor de manos no rinde lo que se necesita para el vestuario y sustento ..."[5] La pobreza no se remediaba con la costura, única alternativa apropiada para la mujer de descendencia española, quien no se empleaba como sirvienta por la abundancia de indias para esas ocupaciones. El argumento del peligro de la pérdida de la honra fue bien socorrido desde el siglo dieciséis y siguió sirviendo para solicitar recogimientos, colegios y conventos, casi siempre exclusivamente cerrados a mujeres de "castas" o ascendencia mixta. No por tan repetido deja de ofrecer dudas el argumento de la caída en una vida deshonrosa. La prostitución femenina no fue, como en España, autorizada por la municipalidad ni suficientemente común para crear una situación de zozobra social, y se deben albergar dudas en cuanto a la inevitabilidad de la "perdición". Pero, hay que admitir que el argumento fue eficaz en promover tanto la anuencia burocrática como la filantropía de los ricos.[6]

Por otra parte, los amancebamientos fueron comunes y existen indicaciones de que fueron en aumento entre la población blanca novoshispana durante el siglo diecisiete.[7] Para preservar el estatus de elite económica y social, los descendientes de españoles necesitaban fortalecer sus nexos endogámicos y evitar que la necesidad llevara a sus mujeres a casamientos desiguales. La alternativa era la protección institucional. Todos los conventos fundados en los siglos dieciséis y diecisiete lo fueron para doncellas españolas (o sea blancas) preferiblemente hijas de matrimonios legítimos. Estos factores materiales no eliminan en modo alguno la vocación religiosa como agente emotivo de la profesión religiosa. Quienes llegaban a pedir admisión como novicias estaban poseídas, en la mayor parte de los casos, de una convicción de que el servicio de Dios era un privilegio para el cual se sentían llamadas. Que la vida conventual podía ser tempestuosa, dura, y llena de problemas espirituales no les era una realidad ignorada. Los conventos de descalzas eran bien conocidos por su rigurosa disciplina interna, y sin embargo atrajeron a suficientes novicias para fundar ocho conventos en Nueva España y uno en Guatemala, además de gozar de la admiración entre los fieles.

Un convento también inspiraba orgullo cívico entre los vecinos de una ciudad. Tal y como lo expresaba el documento de petición elevado por Ana Francisca de

Zúñiga y Córdoba a la Audiencia en 1693, sólo podía seguirse "lustre, aumento y autoridad" de tal fundación. Puebla y sus vecinos, se enorgullecían de su religiosidad, y como muchas otras ciudades novohispanas e hispanoamericanas, buscaban la fundación de iglesias y conventos como pruebas de virtud cívica y devoción cristiana. Cuando doña Ana Francisca hizo su petición oficial para un convento de capuchinas bajo la advocación de San Joaquín y Santa Ana, hacía patente una idea que ya había echado sus raíces en el hogar que presidió don Diego. Cinco de las ocho cartas de Sor Lorenza Bernarda a doña Ana Francisca están fechadas antes de 1693, año en que se hizo la petición oficial. La pareja había comenzado a limpiar de hipotecas las casas que pensaban destinar a la fundación desde antes de 1690.

¿Cómo nació ese afecto por las capuchinas? Este asunto no se dilucida en la correspondencia, cuya primera muestra está fechada el 21 de enero de 1689, pero sabiendo que doña Ana Francisca recibió a las capuchinas a su llegada, se infiere que una devoción previa se afianzó durante el período inmediato al arribo de la Orden. En esa primera carta que poseemos, ya la abadesa y la patrona demuestran una amistad que tuvo que haber comenzado años antes. Sor Lorenza Bernarda llama a doña Ana Francisca "mi querida madre" o "madre y señora". Curiosamente se invierten los papeles en cuanto a que las monjas mayores recibían el nombre de "madres" como apelativo de respeto y autoridad. Cuando la monja llama a la seglar "madre" y se refiere a sus compañeras profesas como "sus hijas" lo hace para señalar una relación en la cual la seglar juega el papel de protectora de la comunidad, que se convierte en su hija adoptiva. Al cierre de las cartas, se usa otra fórmula para estrechar el lazo afectivo: "Hija de vuestra merced que más la ama en Dios, y su mano besa, Sor Lorenza Bernada, abadesa". Estas frases de despedida son una variación de fórmulas de la etiqueta conventual contemporánea que no pueden pasarse por alto como mero formulismo, ya que son formas abreviadas de desear buena voluntad, y no menos apreciadas por ser comunes. Abstenerse de su uso hubiera sido ofensivo; usar de matices que las hicieran más personales, por el contrario, era signo de respeto.

Desde el comienzo de nuestra correspondencia, se nota que ya doña Ana Francisca estaba familiarizada con la vida del convento. En las dos primeras cartas que tenemos, fechadas el 21 de enero de 1689 y 1 de julio de 1690, la abadesa confía a su corresponsal incidentes relativos al ingreso de varias novicias para ponerla al día de lo que pasaba dentro de sus muros. En ambas oportunidades, la narrativa nos ayuda a comprender la religiosidad de la época y el significado de los monasterios femeninos. En su carta del 21 de enero de 1689 cuenta Sor Lorenza Bernarda que "había cosa de tres meses que pretendía una señorita que aun no tiene quince años" entrar al convento. Tenía todas las cualidades que la hacían deseable "con las prendas que se requieren de hermosa y bien nacida, muy buena voz y lectora, y criada con mucha virtud ..." La belleza física jamás fue necesaria para la profesión. Se pensaba que la mujer bella o "de buena cara" tendría más oportunidades y deseos de lucir sus prendas físicas en el mundo secular, en el cual el matrimonio era mucho más posible que la profesión. Si a pesar de su hermosura deseaba el convento, entonces su determinación aumentaba la confianza de las monjas. Nacer bien era nacer dentro de matrimonio legítimo, sin el problema de "natales" que afectó a algunas candidatas nacidas de padres solteros y eran hijas naturales, según la acepción de la ley. Los casos de hijas naturales se podían resolver con permiso obispal, pero era mucho más deseable una novicia sin ese defecto.

El elogio de la educación y la voz nos indican que las capuchinas requerían aspirantes educadas. La ignorancia no compaginaba con la necesidad de llevar libros de cuentas, de ejercer el oficio de secretaria de la comunidad, de leer libros de espiritualidad y de comprender los problemas legales y administrativos que se le presentaban a un convento, facultades todas que utilizarían las monjas a través de su vida. En sus cartas del primero de julio y del 29 de septiembre de 1690, Sor Bernarda Lorenza se refiere a una novicia quien, al parecer, iba a ser patrocinada por doña Ana Francisca. La abadesa había encargado al padre espiritual de la novicia, un Fray Alonso, "que viniese muy diestra en el leído" por lo que el fraile "no quería traerla hasta que lo consiga". De hecho, le había prometido el religioso que "me escribirá la misma niña de su letra ...." Las prendas de buena voz o conocimiento de música para tocar usualmente el bajón y cantar en las misas que lo requerían, eran los medios de que se valían muchachas sin dote o con menos de los tres mil pesos requeridos en esa época para profesar, para entrar sirviendo al convento en esa capacidad con una dote reducida, o sin dote.

De acuerdo con Sor Lorenza Bernarda, la pretendienta con buena voz estaba tan enamorada de la vida religiosa que iba a oir desde la calle el rezado de la primera hora canónica, "prima", a las cuatro de la mañana. Las monjas capuchinas, siempre astutas en cuanto a no aceptar a las candidatas antes de hacerles una sólida evaluación, la habían mandado a no volver al convento sino "hasta carnestolendas". Obviamente decepcionada, la aspirante, de quien ni el nombre propio se menciona, hizo planes para entrar de otro modo. Entre el 16 y el 21 de enero, cuando se escribió esta carta, logró meterse en el claustro, aprovechando la oportunidad de haberse abierto su puerta principal, corriendo hacia su interior "con tal velocidad que parecía papel". Una vez adentro se desnudó de sus vestidos seculares y pidió "por la sangre de Cristo" no la echaran y le dieran el hábito. No tuvo fuerzas físicas la abadesa para sacarla y "dio licencia el señor arzobispo" para que se mantuviera en el convento.

El arzobispo Francisco Aguiar y Seijas también tuvo la oportunidad de conceder otra exención de las reglas a otra novicia aun más *sui generis* que la anterior. Se trataba de una niña de ocho a nueve años, hija de Dámaso de Zaldívar y doña Beatriz de Paz. Era también sobrina de la esposa del capitán José de Retes, bien conocido a finales de siglo como dueño de haciendas, comerciante aventajado, además de buen cliente de los fondos conventuales, a los que recurrió varias veces para sus negocios.[8] "No es posible que todo el día se quite del torno y portería pidiendo el hábito". "...tan preciosa criatura ... se ha puesto en la reja de la iglesia muchas veces pidiendo a la comunidad y por

Cristo crucificado le den el santo hábito, y muchas veces se ha querido entrar cuando hemos abierto la puerta si no la hubieran detenido". ¿Cómo podría saber una niña de esa edad que tenía vocación religiosa? Las biografías de monjas nos hablan de una casi predestinación que llevaba a las futuras monjas a manifestar su vocación en una tierna edad.[9] Nuestro posible escepticismo debe tratar de comprender un mundo en el cual la devoción se inculcaba en tierna edad como aspecto esencial de la educación cristiana, y fue posible que estas llamadas espirituales fueran la continuación de un práctica familiar que se arraigaba profundamente en las imaginaciones de niñas de tierna edad.

La devoción familiar no era óbice para que algunos padres negaran a sus hijas la entrada al convento cuando no era esa la expectativa familiar, o como en el caso de la sobrina de Retes, la manifestación del deseo de profesar se realizaba muy tempranamente. "Sus padres como son tan poderosos le han hecho mucha resistencia". Sin embargo, viendo la insistencia, al fin cedieron. Los Retes eran patrones del convento de San Bernardo y hubieran podido colocar a su sobrina en el mismo, pues "esta niña y otra hermanita suya eran las patronas".[10] Pero, la niña quería ser capuchina. Su admisión se hizo con la anuencia del "santo prelado", el arzobispo Aguiar y Seijas, quien la llamó para darle su bendición personalmente. Todo México, "quedó admirado", según la abadesa, pues lo que pasaba en los conventos de monjas, se hacía noticia callejera rápidamente. Adquirían las capuchinas "una hermosa y linda lectora de romance y latín, y un talento como de muchos años". María Zaldívar profesó en 1700 con el nombre de Sor Gabriela María.[11] Después del concilio de Trento (1543-60) no se podía profesar de novicia antes de los 15 y tomar el velo negro de la profesión irrevocable antes de los 16 años. Llama la atención lo que dice Sor Bernarda respecto a su conocimiento de latín y romance y su "talento", porque confirma lo que ya sabemos en cuanto a la existencia de numerosos intelectos femeninos ejerciéndose dentro de los claustros.[12]

Sor Lorenza Bernarda estaba llena de ilusiones respecto a sus novicias en los años 1689 y 1690. En su carta del primero de julio de 1690 dice:

> que no se querer Dios de mi con tantas hijas como me envía; que esta semana hemos recibido dos de 15 años, como unas perlas ricas y muy nobles, y están contentísimas, y otra hay de la misma edad, y Sor María Francisca, que es la mayor, con grande gobierno de verse con tanta gente moza. Dios las tenga en su mano, que es para alabar a su Majestad ver la máquina de pretendientas que estaban guardadas junta, y al parecer ninguna que desechar ...[13]

De hecho, la solicitud de las novicias parece haber dado un significado especial a Sor Lorenza Bernarda sobre la misión de su vida, que le llevaron a dejar salir de su pecho la pequeña porción de orgullo que se permitía al reconocer el papel que le tocaba como madre abadesa y fundadora del convento. Así, le pide a su benefactora la encomiende a Dios:

que me dé fuerzas para que yo las emplee todas en servir a su Majestad, pues me trajo para que en las Indias hubiese éstas que son las verdaderas de esta sagrada religión, a donde tan de veras se entregan las almas a servir a su Majestad, que es cierto me confundo considerando que tengo alguna partecita en esta obra.[14]

Criar capuchinas era para Sor Bernarda Lorenza, asunto de cuidado, dedicación y esperanza de lograr una misión evangelizadora en lo que era la conversión de un alma y una vida al servicio de Dios. Esa tarea requería fe, "porque cuestan muchos cuidados, tantos años de no saber que será hasta verlas profesas, pero cuando Dios quiere todo se facilita". En su carta del 25 de agosto de 1691, la abadesa aconseja sobre novicias a doña Ana Francisca, quien al parecer, para 1691 ya estaba recibiendo peticiones de algunas aspirantes a profesar en el planeado convento. Obviamente la voz corría rápidamente en la ciudad. Para juzgar quienes serían idóneas para ser capuchinas, prefería la abadesa delegar su responsibilidad a un canónigo de la iglesia catedral de Puebla nombrado Romero, a su patrona doña Ana Francisca, y al maestrescuela José Vidal, otro prelado poblano. La abadesa se pintaba dudosa de su capacidad de juzgarlas, a pesar de que ella "como madre ... a todas las he criado las tengo bien conocidas". Aún así, advertía a doña Ana Francisca:

> Lo que le suplico a mi querida Madre no haga muchos empeños con todas las que andaran solicitando ser capuchinas, porque el conocer las que serán a propósito es la cosa más difícil que hay, y como las primeras han menester tan cabales prendas como de fuerzas y salud, y sobre todo, la sangre, porque esa lo mantiene todo.

Sor Lorenza Bernarda expresa estas opiniones cuando parece estarse ya coordinando la fundación con las autoridades religiosas. Los comentarios que hace respecto al carácter de las novicias, de sus habilidades como madre espiritual y de la dificultad de la vida capuchina, son positivos y cruciales. No hay aquí indicación alguna de que el proceso de escoger a las verdaderamente aptas para la observancia de su orden no prometiera rendir frutos. De hecho, esperaba que la nueva fundación probara la promesa de sus novicias "y mirando que ramas se han de arrancar de este troncó que ya como están con tan buenas raíces, pero trasplantadas espero en Dios han de dar muy buen fruto, y mi querida Madre tendrá muchos premios delante de su Majestad".

La capuchina sentía estar ella y su orden bien arraigada. En varias ocasiones se refiere al progreso de varias novicias a quienes doña Ana Francisca parecía conocer. Sor Bernarda Lorenza trasmite saludos de Sor María Francisca, la mayor de las novicias "y la chiquita, que me parece se va criando una muy grande religiosa".[15] En cartas del 29 de septiembre y 26 de noviembre de 1694 se refiere a una Sor Oliva, que puede ser la novicia auspiciada por doña Ana Francisca. Así en noviembre dice que se le encomienda Sor Oliva "que estima mucho el cuidado que mi querida madre tiene de saber como le va". En septiembre

Sor Oliva es descrita como tener "lindo natural y muy humilde, que es el fundamento de toda la virtud, y ha ido una semana a la cocina y lo ha hecho con grande alegría". En noviembre llevaba su adviento ejerciéndose en abstinencias, "sin comer un huevo, sólo con verduras y pescado, y sin haber faltado desde que entró un día a maitines (hora canónica de medianoche) ni a su ayuno, y con tan grande contento que a todas nos tiene edificadas". El afecto que se derrama sobre las novicias no es sentimental, sino más bien basado en el orgullo de verlas encaminarse sin desmayo por el camino recto, hacia la eventual profesión.

La novicia se entrenaba en humildad y obediencia, virtudes sin las cuales no ha de poder convivir con el resto de la comunidad. Si demostraba aptitud religiosa podía servir de ejemplo, a pesar de su juventud, a toda la comunidad. Que una monja "edificase" a las demás era, precisamente, un objetivo muy loable, y que se entiende mejor si se recuerda que la comunidad se nutría espiritualmente de sí misma, vigilándose estrechamente las unas a las otras. La novicia quedaba bajo el escrutinio de todas las monjas profesas, pues éstas eran quienes aprobaban en votación secreta su admisión como monja profesa "de velo negro" al fin de su período de noviciado. Los comentarios de Sor Lorenza Bernarda encierran una aprobación implícita que auguraba bien para la candidata. De acuerdo con una fuente, el entrenamiento de la novicia en los convento capuchinos era en extremo duro, con abundacia de ejercicios, ayunos y órdenes de sus superioras encaminados a probar su obediencia y estámina.[16] Sor Oliva se entrenaba en todas las labores del convento, entre las cuales la de la cocina debe haber sido pesada, ya que implicaba ayudar a la cocinera a preparar comidas para más de treinta monjas y las sirvientas. Aunque las capuchinas vivían pobremente y no se les permitía tener sirvientas particulares, tenían "mozas" para las labores más pesadas del convento. Esto no era óbice para que las novicias compartieran esas labores como parte de su aprendizaje de lo que era "sacrificio" y servicio a la comunidad.

Igualmente, la mención del ayuno de Sor Oliva nos recuerda que abstenerse de comer algo era un aspecto muy importante de la vida conventual. La espiritualidad requería sacrificio de los gustos corporales, especialmente durante adviento y cuaresma, las dos épocas más solemnes del almanaque canónico. Muchas vidas de monjas hacen hincapié en la capacidad de comer poco o nada, siendo los ayunos o el acto de comer de sobras, o poner sustancias de mal gusto en las comidas, formas rituales de negar el cuerpo y reafirmar la espiritualidad. También se veían estos actos como ofrecimientos personales por el sufrimiento de la pasión de Jesucristo.[17]

La carta del 25 de agosto de 1691 sugiere que todos esperaban la aprobación real de la fundación de un momento a otro. Sor Lorenza Bernarda se refiere detenidamente a varios detalles de la misma en respuesta de lo que su interlocutora y benefactora le había escrito. Habían recibido alguna noticia favorable Doña Ana y "el señor obispo", Manuel Fernández de Santa Cruz, quien había tomado gran interés en el proyecto. De acuerdo con la monja el obispo había ofrecido "el fomento de esta obra, y yo me prometo mucho más, reconociendo su grande espíritu y amor a las capuchinas". "Nuestro querido padre, el señor obispo" estaba en la creencia de que "los despachos de fundación" vendrían en la flota, el convoy de buques que corría de España a la Habana y de allí a San Juan de Ulúa, Nueva España. Ya se habían intercambiado entre la monja y el obispo órdenes tocantes a la clausura y a la iglesia. Sor Lorenza Bernarda pidió que se enviara un mensajero a México para comunicarle lo que era necesario para ambos, aunque en una posdata al margen pide no se envíe a nadie, ya que cree que las monjas que habían de poblar el monasterio serían las que deberían decidir sobre el mismo.

La obediencia a los prelados se manifiesta fuertemente en esta misiva. Creyéndose muy cercana a la fundación, la abadesa sugiere a doña Ana Francisca que escriba a un canónigo amigo suyo, bajo cuya voluntad de señalar las fundadoras se ponen incondicionalmente, "porque las capuchinas no nos meneamos sin su orden" ya que "las capuchinas les tenemos este miedo a nuestra voluntad; nos parece que todo va más acertado por voluntad ajena". La voluntad ajena no era otra que la de sus prelados y confesores, y la monja hace gala aquí de su respeto por el voto de obediencia. Claro que su comportamiento tres años después, negando su apoyo a la fundación, pone cierta duda sobre ese sometimiento de la voluntad, pero recordemos que la obediencia tenía límites canónicos, y que una religiosa podía desobedecer a su prelado cuando creyera que las órdenes de éste último la llevarían a pecado capital. No sabremos nunca los móviles detrás del cambio de opinión de Sor Bernarda, pero no cabe duda de que la abadesa no se olvidó de que tenía una voluntad propia, que decidió usar. En 1691, sin embargo, era un ejemplo de humildad y obediencia.[18]

Todos se equivocaban respecto a la fundación. La flota no trajo la aprobación real, pero sí el pedido de una investigación formal sobre la utilidad y necesidad del mismo. Don Diego murió posiblemente en 1692, ya que la siguiente carta de la religiosa, fechada el 12 de agosto de 1692 se refiere a la salud de doña Ana Francisca y "sus cuidados, que ya veo son hartos y bastante soledad, pero Dios es padre y no puede faltar en su socorro". Igualmente, la monja confiesa que por su parte todo "está harto penoso, que esta vida toda es desdichas". El tono de satisfacción de otras cartas es sustituido por esta visión pesimista de la vida, muy común en la percepción religiosa del siglo diecisiete, para sugerir conformidad con la inevitabilidad de la muerte y estoicidad en aceptar los infortunios.

La viuda del Caballero de Santiago habrá sufrido en su viudez, pero ello no le impidió asumir rápidamente su obligación de ejecutar su testamento y procurar la fundación como heredera universal de su marido. El fiscal de la Audiencia de México, en cuyas manos paraban todos los procesos de fundación, emitió una opinión cautelosa sobre la misma: "Aunque la obra es tan piadosa no puede el fiscal [dejar] de representar a Va Alteza la cédula que se despachó en órden a que se diese cuenta de los conventos que había en este reino, número de religiosas, y rentas que gozan ..." recomendando que, en vista de dos recientes fundaciones, los conventos de recoletas agustinas y "el de Santa Rosa" debía el virrey pedir la opinión del obispo, los cabildos seculares y religiosos antes de dar su aprobación.[19]

El proceso de fundación estaba en plena marcha en mayo de 1693, produciendo a través de ese y años siguientes un voluminoso legajo con deposiciones judiciales y correspondencia respecto al mismo. Posiblemente pensó alguna vez Doña Ana Francisca viajar a México en persecución de su proyecto, aunque nunca lo realizó.[20] Sor Bernarda Lorenza se refiere a ese viaje en carta del 26 de enero de 1694, ya iniciado el proceso legal: "Y cada día estamos aguardando este consuelo que Vmd nos tiene prometido de venir por acá". Esa reunión nunca se llevó a cabo. La correspondencia de 1694 está llena de noticias del convento y vibra con la esperanza de la fundación. Ese 26 de enero se refiere la religiosa a una niña de cuatro años que le han "sacado" al definidor, prometiéndole a la poblana enviarle un ejemplo de "sus puntaditas ... para que Vmd se le de halagueños y con caridad de asistirnos en lo que mi madre fuere servida".

Sor Lorenza Bernarda estaba hablando de otra infanta alojada en el convento a una edad tiernísima. Esas "niñas" estaban oficialmente prohibidas en todos los conventos de observancia, y fueron objeto de ácidas órdenes de expulsión de los prelados franciscanos, desde mediados de siglo.[21] Sin embargo, las monjas no cejaban en romper las reglas y desobedecer las órdenes pastorales, o coaccionar a sus prelados para que dieran permisos excepcionales para que tal o cual seglar quedara en el convento. Claramente este fue el caso de la pequeña que le fue "extraída" al prelado. La expresión indica una aprobación denegada, suplicada y finalmente concedida.

El envío de pequeños regalos a la patrona, como las puntaditas de la pequeña enclaustrada, o nueces del nogueral del convento, o fruta del jardín conventual, fue parte de esta relación, como de muchas otras entre monjas y seglares. Eran gestos de agradecimiento que salían incesantemente de los claustros a quienes les favorecían con dinero para pagar por el aceite de la lámpara, las misas del convento, o sacarlas de apuros económicos, sin mencionar dinero en efectivo para la construcción o remodelado de los conventos, o la donación de propiedades rurales o urbanas para mantener la viabilidad económica de esas instituciones.[22] También podían ser esos regalos artículos de necesidad en el convento. En su carta del 21 de enero de 1689, Sor Bernarda agradece la llegada de "una petaca con todo lo que dice Vmd". En septiembre de 1690 reciben los avíos para una novicia. Además de la fe de bautismo, necesitan tela para el velo, "unas servilletas gordas, y los géneros que tuviere mi querida madre, que acá todo se aprovecha. Para la labor su almohadilla y estuche y agujas y alfileres". La labor de manos era parte imprescindible de la educación de toda mujer, fuera monja o no, y aquí se comprueba que las novicias se ejercitaban en el arte de la aguja.[23] El 29 de septiembre de 1694 Sor Lorenza Bernarda agradece, en nombre de las cocineras, el envío de cuchillos, mientras que prometen encomendarla a Dios por el regalo de incienso. Se supone que mucho más recibió el convento en remesas que llegaban desde Puebla. El pago con oraciones por el bienestar y después el alma del benefactor, era muy apreciado y deseado. En todas sus cartas la abadesa asegura a doña Ana Francisca que tanto ella como la comunidad la tenían "siempre a Vmd presente en nuestras oraciones, y muy adentro de nuestros corazones", o que piden a Dios "nos guarde a mi querida madre muchos años en su divino amor y gracia".

No hay duda que las respuestas de doña Ana Francisca llegaban con cierta puntualidad a la religiosa. Hay continuas referencias a una activa correspondencia entre ambas y alusiones a otros miembros de la iglesia envueltos en el proyecto de fundación. La escritura cobra una importancia enorme en el armazón de las vidas y proyectos de estas mujeres. De hecho, era imprescindible que ambas se mantuvieran en comunicación, una vez que el proyecto pareció ir viento en popa. En agosto de 1691 decía la abadesa "no podemos dejar de escribir largo hasta que salgamos de este cuidado, que es el mayor que hemos tenido". A pesar de que Sor Lorenza Bernarda se quejaba de que "las capuchinas tenemos poco lugar de escribir" se las arreglaba para mantener informada a su bienhechora, y aun usar de los difíciles medios de comunicación de la época para recordar a una hermana que parecía tener de religiosa en otro convento poblano. La misma se quejaba "que ha muchos días que no tiene carta mía y Vmd me dice lo mismo en una que he recibido suya". El correo dejaba mucho que desear porque dependía de personas de confianza que viajaban entre una y otra ciudad. Menciona la abadesa al doctor Pedro de Ávalos como portador de una carta de Sor Lorenza Bernarda, y a un religioso de nombre Páez, enviado especialmente por Ana Francisca para llevar consigo carta de la abadesa a Puebla. Un "mensajero cierto" como el "buen caballero" Don Antonio Aliranos (?) era muy de desear en esos tiempos en que toda comunicación dependía de recuas de mulas o jinetes de buena voluntad.

En la última carta conservada de esta correspondencia, fechada el 26 de noviembre de 1694 hay un interesante sesgo en la relación entre la monja y la seglar. Al parecer Ana Francisca pidió una copia de la Reglas de la orden a la abadesa, quizás interesada en aprender más sobre la vida capuchina. La respuesta fue una firme aunque cortés negativa, que demuestra que la monja sabía eludir las peticiones que no quería conceder. De paso también nos dice algo sobre el método que usaba para inculcar las reglas de la vida religiosa en las novicias.

> En cuanto lo que Vmd me dice de la regla, que se la envíe, digo madre mía de mi corazón, que en nuestra religión no se acostumbra a darle a las señoras pretendientas la regla. Ni en Toledo ni acá lo he visto, porque primero procuramos que la aprendan con las obras que con leerla, si no y cuando se lee en el refectorio, porque hasta que llega el tiempo de la profesión no se les dá a las novicias.

¿Habría pretendido Ana Francisca hacerse capuchina? Si quizás hubo este intento, muy pronto después se rompieron las relaciones entre ambas. El mismo proceso de fundación que había alimentado lo que parecía una amistad entrañable entre la abadesa y la bienhechora las separó no sólo a ellas sino a todos los actores de este pequeño drama provinciano.

La fundación del convento se inició formalmente ante el cabildo de la ciudad de Puebla cuando don Juan Dávila Galindo y Vargas, caballero de Santiago y familiar del Santo Oficio pidió venia para ser recibido y transmitir a ese cuerpo la petición del "ilustrísimo y reverendísimo señor Dr don Manuel Fernández de Santa Cruz la determinación de doña Ana Francisca de Zúñiga y Córdoba de impetrar a Su Santidad y la del Rey Nuestro Señor (que Dios guarde) el fiat para fundar un monasterio de Señoras religiosas Capuchinas ..." De la "cristiana nobleza" e "infatigable piedad" demostrada por doña Ana Francisca se esperaba el fruto "de virtudes heroicas que experimenta la cristiandad de esta venerables matronas ..." Esperábase que las monjas y sus oraciones ofrecerían "un escudo que la defienda" de estragos tales como "epidemias tan pestilentes que tienen atribulada a su vecindad" además de los ya citados beneficios a las mujeres que profesarían en el mismo. El que la oración de las monjas y la fundación de un convento pudiera ejercer resultados tan notables sobre la naturaleza y el bienestar humano era parte de la mentalidad de la época, abierta aún a la posibilidad de milagros sobrenaturales. De hecho, aun un siglo después, un fraile agustino esperaba la reducción y eventual desaparición de terremotos en Oaxaca con la fundación de un convento para monjas indias de la observante Primera Regla de Santa Clara.[24]

La ciudad de Puebla aceptó la oferta de doña Ana Francisca con expresiones de agradecimiento y dio "rendidas gracias" al obispo por "sus piadosos como ejemplares beneficios" y sus "liberales limosnas." No le faltaba protección de la más alta alcurnia al convento, ya que la delegación que envió Puebla a la corte virreinal fue formada por dos caballeros de la orden de Santiago y el procurador mayor de la misma. A mediados de mayo de 1693 todo parecía auspiciosamente favorable al proyecto, pero entre noviembre de 1694 y abril de 1695 la abadesa escribió un informe negativo cuyas repercusiones sólo se apreciarían varios años después.

¿Qué dijo la abadesa? Proponía que estando Puebla a tan corta distancia de México, la nueva fundación carecería de suficientes donaciones caritativas para poder dejar profesar a sus monjas sin dote alguna, como era el deseo de la fundadora. Pero la objeción no era puramente económica, sino que involucraba el carácter de las novicias novohispanas. Se alegaba que no había sujetos que pudieran llevar el rigor y la estrechez de la observancia capuchina por ser "muy delicadas las complexiones de aquellos naturales". Extraña esta opinión cuando en 1666 las capuchinas decidieron aceptar la profesión de Sor María Leocadia (González Arizmendi en el siglo) cuyo cuerpo estaba enteramente llagado por las penitencias a que se sometía y las "mortificaciones" a que se la sometía para probarla.[25] Se sabe que el documento fue firmado por varias otras monjas pero que no expresaba el sentimiento de la mayoría de las Capuchinas.

Las palabras de la abadesa no lograron desviar el curso del proyecto en México, donde el apoyo de tantos miembros de la elite social aseguró su aprobación por el virrey conde de Galve y la Audiencia, a 29 de abril de 1695. Pero el malestar causado por la negativa de la abadesa a apoyar la fundación siguió su curso independientemente de la petición al Consejo de Indias. El 21 de octubre de 1695 el Arzobispo de México, Francisco Aguiar y Seijas escribió a su súbdito, el obispo Fernández de Santa Cruz sobre la "contradicción puesta por las madres Capuchinas de esta ciudad a la fundación que en esa solicitaba". Aguiar y Seijas expresó su sentimiento al obispo, especialmente porque no veía obstáculo alguno a la fundación y porque no juzgaba que pudieran estorbarlo las madres "sin licencia mía, cuando en caso de pedirla señaladamente para este intento la denegare". O sea, que las monjas actuaron sin licencia arzobispal, saltando un peldaño en la escala de autoridad eclesiástica, asunto que podría traerles hasta la excomunión. La desobediencia a su padre espiritual y temporal no entraba dentro de las reglas de la vida religiosa.[26]

La carta de Aguiar y Seijas es correcta y contiene referencias personales a la salud de ambos, así como el apoyo moral del arzobispo. Si hubo alguna enemistad entre ambos religiosos, no se deja ver aquí. Más expresiva fue la carta del obispo de Oaxaca, Isidro Sariñana, a su colega poblano, y fechada el 10 de octubre de 1695. Demostró Sariñana asombro ante la libertad de opinión y acción de la abadesa, cuyos argumentos carecían de base alguna y demostraban falta de respeto a la autoridad episcopal. Aparentemente, las mismas religiosas se habían opuesto a la fundación de un convento en Oaxaca, y el obispo cavila sobre el incidente, recordándole a Fernández de Santa Cruz una carta que entonces le había dirigido a Sariñana en la cual

> me escribió V SS Rma Illma que si fuera su Prelado se lo hubiera mandado, y me parece que si entonces la benignidad del Sr. Arzobispo no las hubiera dejado tan a su arbitrio, estuvieran hoy más desnudas de propia voluntad que tengo muy ajena de la verdadera perfección, aunque entiendo que no obran en ésto con la refleja necesaria, sino que neciamente juzgan, *se obsequium prestare Deo*. Quédame el consuelo de que las que vinieren a la fundación encontrarán en V SSría Illma quien al encinar los panes no los deje tuertos, y apura de modo la harina que no les quede el salvado de la propia voluntad y nimia confianza de su propio dictamen, cuando por último, como mujeres necesitan de la dirección de los Prelados, razón porque las subordina a ellos la providencia del derecho.

La carta de Sariñana es rica en alusiones. Como desconocemos la fecha del intento de fundación capuchina en Oaxaca no sabemos a qué arzobispo de México se le critica la falta de carácter para imponer su voluntad a sus súbditas. Puede haber sido Payo de Ribera. Por otra parte, salta a la vista la opinión que de la obediencia tanto de la mujer como de las religiosas tenía el buen obispo. Su consejo a Fernández de Santa Cruz de dejar "desnudas de voluntad propia" a las monjas de su diócesis se va sin rodeos al meollo del concepto de subordinación de género dentro de la religión. Éste era un asunto que, simplemente, no debía ser objeto de discusión alguna, y sobre el que ambos habían coincidido en su opinión años atrás.

Pero si una palmadita al hombro y una concesión de simpatía con respecto a la falta de sumisión femenina no eran fuera de lo común en la época, si lo fueron los argumentos que tanto el obispo Fernández de Santa Cruz como la ciudad de Puebla esgrimieron en defensa de la fundación. El fiscal del Consejo de Indias no quedó convencido con la recomendación masiva de las autoridades novohispanas. Quizás el informe de Sor Lorenza Bernarda no pesó tanto como la desconfianza hacia otra fundación religiosa en una ciudad que tenía más que suficientes iglesias y conventos. Cuando el proyecto regresó a Nueva España para su estudio, doña Ana Francisca, viéndolo irse a pique, presentó las cartas al Consejo en respuestas de

> los informes siniestros a la verdad, pues en las mismas cartas que a mi me ha escrito en diferentes ocasiones, verá V.M lo contrario que para que se vea remito los originales y demas desto la traición con que me han traído, pues hasta los tamaños de la iglesia, coro y rejas me habían enviado y de otras menudencias, que ésto ha sido lo mas sensible para mí, que en una virtud tan sólida y perfección tan grande solo atención del demonio lo atribuyo por contristare a mi, pero fío en la misericordia de Dios que ha de insinuar el corazón de V.M. a favor y ser causa tan pia ...

Doña Francisca tenía razones para dolerse, pero con la piedad de su tiempo atribuía al demonio, ese constante enemigo, el viraje increíble de su amiga monja, a quien aún concede virtud y perfección religiosas. Sin embargo, inmediatamente sugirió al obispo que la fundación podría ser de la Primera Regla de Santa Clara en vez de Capuchina. Con este cambio se pasaba por encima de Sor Lorenza Bernarda.

Por su parte, el obispo Fernández de Santa Cruz resintió la sugerencia de que las poblanas pudieran relajar el rigor de la Regla Capuchina. Acertadamente, creía ver en la afición de Sor Lorenza Bernarda hacia sus monjas, un aprecio "nacido de amor de carne, [...], y sentimiento de apartarse o apartar de sí a las religiosas que ha criado". La confesión de afecto por sus hijas espirituales fue fácil de captar por el obispo. También indicó que la prelacía de Sor Lorenza Bernarda, que había durado tanto tiempo, ejercía una formidable inhibición entre sus súbditas, "que no tienen libertad para explicar su dictamen" aunque deseaban la fundación. Pero lo que es más notable tanto en el obispo como en el cabildo es la defensa de "las mujeres naturales de este Reino". ¿Cómo podía la abadesa hablar de falta de observancia y debilidad cuando de las treinta y seis monjas del convento de México sólo dos eran peninsulares? Ofendía la religiosa también a "las Carmelitas descalzas y las Agustinas recoletas que florecen en este Reino con grandes créditos de santidad, cuyo rigor y austeridad no es inferior al de las Capuchinas y estos conventos no se componen de mujeres nacidas en España sino naturales de este Reino, cuyo número es tan crecido, que para cada lugar que vaca son muchas las que le pretenden".

El cabildo había anticipado las ideas del obispo en su informe del 7 de diciembre de 1695, en el cual consideraba que la abadesa denigraba "la nación Yndiana con representarla por débiles". La mayoría de las religiosas capuchinas eran de la ciudad de México "de que se comprueba que sí se mantienen penitentes y sin relajación las criollas de estos dominios, son las observantes que guardan la austeridad ..." El cabildo también era de opinión que la abadesa y sus seguidoras disfrazaban los motivos para no separarse de las que habían de venir a Puebla. Estas manifestaciones de incipiente nacionalismo corroboran las observaciones que se han hecho respecto al creciente criollismo novohispano a fines del siglo XVII.[27] El obispo de Puebla no era criollo, pero no pudo dejar de reconocer la ilogicidad del argumento de la abadesa, teniendo a mano la devoción de docenas de mujeres que buscaban la profesión y la habilidad intelectual de otras como la de Sor Juana Inés de la Cruz. De cualquier modo, su interés en la fundación estaba basado en muchos ejemplos de devoción comprobada por su actividad pastoral. La nación indiana era tan capaz como la europea y el obispo lo reconoce. Pueden las criollas seguir el camino de la perfección por sus propios pasos, en opinión de estos representantes de la identidad cívica novohispana. Esto no quiso decir que las diferencias entre europeos o peninsulares y criollos se borraran. Al contrario parecieron reforzarse una vez que los "indianos" comienzan a medir sus fuerzas con sus progenitores y encontrarse igualmente competentes. Aunque no es recomendable exagerar la fuerza de esta identidad, hay que reconocer que ya estaba creciendo.

Doña Ana Francisca murió en 1701. El convento de Capuchinas de San Joaquín y Santa Ana se inauguró en 1704, habiendo recibido aprobación real en 1699. Las fundadoras fueron todas nacidas en Nueva España y nombradas por el entonces arzobispo de México Juan de Ortega y Montañés.[28] La biografía de Sor María Leocadia, fundadora de Puebla, reclama que la religiosa tuvo una visión de Don Diego durante el período en que Sor Lorenza Bernarda se negaba a apoyar la fundación de Puebla. En esta visión veía un caballero puesto de rodillas frente a la abadesa, identificado por la autora como don Diego, el esposo de doña Ana Francisca. Este elemento del folklore religioso no podía faltar en una narrativa aún empapada de religiosidad barroca.[29]

La correspondencia de Sor Lorenza Bernarda nos ilustra en cuanto a lo que corresponde a la participación de un grupo social en la política de fundaciones y el patronazgo piadoso en el siglo diecisiete. Una amplia red de miembros de la elite mantiene sus intereses a través de la protección de sus elementos débiles —las mujeres— bajo ciertas reglas ya establecidas desde un siglo atrás. El cabildo poblano apoya un plan nacido de su membresía y fortalece los lazos con el estamento eclesiástico. Después se echan los tentáculos necesarios para lograr el apoyo de otros miembros del grupo dominante como los prelados de otras ciudades y la inevitable cúspide virreinal. Sor Lorenza Bernarda fue un escollo que no por insospechado dejó de molestar, pero que no impidió el curso de los hechos. Sin su negativa, sin embargo, hubiéramos carecido de esas jugosas cartas de los prelados novohispanos, en las cuales describieron muy bien su concepto de la subordinación necesaria de la mujer dentro de la Iglesia, aún cuando en el caso de los obispos Fernández de Santa Cruz e Isidro de Sariñana, su solicitud y visión de protección para con el elemento femenino de la población no son de dudar.

Con respecto a la vivencia de la mujer como religiosa, estas cartas y otras provenientes de los archivos eclesiásticos nos entregan facetas de la vida que ni la biografía ni la autobiografía pueden ofrecer. No hay en ellas ni la voluntad de construir un paradigma de fe y observancia religiosa, ni el deseo pedagógico de mostrar una vida ejemplar. Lo que sí sugieren es una situación muy especial de amistad entre dos mujeres, poco usual en el sentido de que parece no se vieron después de la partida de las capuchinas hacia México, y que a pesar de ello supieron compartir una intimidad centrada en un proyecto del cual ambas eran co-arquitectas. Las relaciones entre monjas y seglares no podían ser muy diferentes a la que mantuvieron Sor Lorenza Bernarda y doña Ana Francisca. Tenían que ser mediadas por los muros del convento y construídas a despecho de las prohibiciones de las reglas conventuales, que no auspiciaban ninguna forma de intimidad. Sabemos, sin embargo, que esas prohibiciones se transgredían a diario en los conventos novohispanos, donde monjas "chocolateras" y parlanchinas dieron continuos dolores de cabezas a sus superiores en cuanto a guardar el rigor de la abstención de comunicación con "el siglo".[30]

Las capuchinas eran monjas de observancia rigurosa y no hay por qué asumir que fueran tan dadas a frecuentar las rejas y locutorios como las concepcionistas, por ejemplo. Sin embargo, es palpable en las cartas de la abadesa, cómo el contacto entre las seglares y el claustro se llevaba a cabo voluntaria e involuntariamente, influyendo en la vida diaria de las profesas. La celda y el siglo están unidas por una serie de finísimos hilos de los cuales hemos calibrado sólo unos pocos. En estas cartas hay cierta conexión emotiva entre la monja y la seglar, cierto hermanamiento de género y comodidad en el trato personal, matizado por una constante dosis de obsequiosa etiqueta pagada a la mecenas que abría la bolsa pródigamente. La abadesa deja atisbar a la mujer del siglo una serie de eventualidades mundanas que ocurren dentro del convento, pero nada de su vida espiritual. Los recintos más íntimos de su personalidad quedaron cuidadosamente cerrados en el huerto de la religión.

Notas

[1] Archivo General de Indias, Sevilla, Audiencia de México, Leg. 829. De aquí en adelante, citado como AGI. Las cartas de Sor Bernarda a doña Ana Francisca se encuentran en un legajo sobre la fundación del convento de Capuchinas Franciscanas de San Joaquín y Santa Ana.

[2] José María Marroqui, *La ciudad de México*, 3 Volúmenes (México, 1900) 2: 77-85; Fr. Ignacio de la Pena, *Trono Mexicano* (Madrid 1728); Josefina Muriel, *Conventos de monjas en la Nueva España* (México: Editorial Santiago, 1946). Zaga de Bugueiro tuvo muchas desavenencias con las monjas carmelitas, parcialmente narradas en Archivo General de Indias, México, Leg. 306. Isabel Arenas Frutos, "Mecenazgo femenino y desarrollo conventual en Puebla de los Ángeles (1690-1711)", en Clara García Ayluardo y Manuel Ramos Medina, coordinadores, *Manifestaciones religiosas en el mundo colonial americano*, Vol. 2 (México: UIA, INAH, Condumex, 1994), 29-39.

³ Asunción Lavrin, "Female Religious" en Louise Hoberman y Susan Socolow, eds. *Cities and Society in Colonial Latin America* (Albuquerque: University of Texas Press, 1986), 165-196; Edith Couturier, "For the Greater Service of God: Opulent Foundations and Women's Philantrhopy in Colonial Mexico", Kathleen D. McCarthy, ed., *Lady Bountiful Revisited: Women, Philanthropy and Power* (New Brunswick: Rutgers University Press, 1990), 119-141. Rosalva Loreto López, "Familias y conventos en Puebla de los Ángeles durante las reformas borbónicas: los cambios del siglo XVIII", *Anuario*, Instituto de Estudios Histórico-Sociales, Argentina, 5 (1990): 31-50. Como ejemplo de otra fundación patrocinada por una mujer, véase, la de Santa Clara de Puebla, fundada en 1608 por doña Isabel de Villanueva y Guzmán, viuda de Don Antonio Arellano. Biblioteca Nacional, México, Fondo Franciscano, Caja 75, exp. 1256. De aquí en adelante citado como BNFF.

⁴ Josefina Muriel, *Los recogimientos de mujeres* (México: Universidad Nacional Autónoma, 1974).

⁵ AGI, México, Leg. 829.

⁶ Ana María Atondo, *El amor venal y la condición femenina en el México colonial* (México: INAH, 1992); Ann Twinam, "Honor, Sexuality, and Illegitimacy in Colonial Spanish America", Asunción Lavrin, ed. *Sexuality and Marriage in Colonial Latin America* (Lincoln: University of Nebraska Press, 1989), 118-155.

⁷ Thomas Calvo, "Concubinato y mestizaje en el medio urbano: El caso de Guadalajara en el siglo XVII", *Revista de Indias* 44: 173 (January-June, 1984): 204-12, y "Matrimonio, Iglesia y sociedad en el occidente de México: Zamora (siglos XVII a XIX)", Pilar Gonzalbo Aizpuru, coordinadora, *Familias Novohispanas: Siglos XVI al XIX*, (México: El Colegio de México, 1991), 101-08; Asunción Lavrin, "Sexuality in Colonial México: A Church Dilemma", Asunción Lavrin, ed. *Sexuality and Marriage in Colonial Latin America*, 47-95.

⁸ Recordemos que los conventos actuaban como fuentes crediticias, prestando dinero en efectivo (*depósitos*) a hombres y mujeres con crédito reconocido.

⁹ Para ejemplos de precocidad pía, véanse, Cristina Ruiz Martínez, "La moderación como prototipo de santidad: una imagen de la niñez", Sergio Ortega, ed. *De la santidad a la perversión: O de por qúe no se cumplía la ley de Dios en la sociedad novohispana* (México: Enlace-Grijalbo, 1985), 49-66; Fray Agustín de la Madre de Dios OCD, *Tesoro escondido en el santo Carmelo mexicano* (México: PROBURSA y Universidad Iberoamericana, 1984); Francisco Pardo, *Vida y virtudes heroycas de la madre María de Jesús* (México, 1676); Kathleen Myers, *Word From New Spain: The Spiritual Autobiography of Madre María de San José (1656-1719)* (Liverpool: Liverpool University Press, 1993); Donald Weinstein and Rudolph Bell, *Saints and Society: The Two Worlds of Christendom, 1000-1700* (Chicago: University of Chicago Press, 1982).

¹⁰ Carta de 29 de septiembre de 1690. En 1676 el arzobispo Fr. Payo de Rivera autorizó la estancia y después profesión de una joven después llamada Sor Josefa, quien se metió al claustro del convento de San Lorenzo distrayendo la atención de la portera y se negó a salir. Como monja escribió versos y una autobiografía por orden de su confesor. Ver, Julián Gutiérrez Dávila, *Memorias Históricas del Oratorio de San Felipe de Neri* (México, 1736), Segunda Parte, página 93. Otro caso de dedicación temprana a la Iglesia fue el de María Luisa Saénz Moreno, quien nació el 3 de agosto de 1673. En Octubre de 1678 Payo de Ribera le permitió vivir en el convento de capuchinas de San Felipe de Jesús con hábito de religiosa, y profesó a los 18 años de edad en 1691. Su hermana también fue capuchina en el convento de México, bajo el nombre de Sor Dorotea Francisca. El padre de Leocadia, como otros, se opuso sin éxito a su profesión. Ver J.M. Marroqui, *La ciudad de México*, 2:82.

¹¹ José María Marroqui, *La ciudad de México*, 2:82.

[12] Electa Arenal and Stacey Schlau, eds. *Untold Sister: Hispanic Nuns in Their Own Works* (Albuquerque: University of New México Press, 1989); Asunción Lavrin, "La vida femenina como experiencia religiosa: biografía y hagiografía en Hispanoamérica colonial", *Colonial Latin American Review* 2:(1993): 3-26.

[13] En la transcripción de estas cartas he añadido la puntuación necesaria para hacerlas inteligibles, ya que ni Sor Lorenza Bernarda ni doña Ana Francisca usaron puntuación alguna. También he modernizado la ortografía y añadido acentos. No he hecho cambio alguno en la sintaxis.

[14] Carta de julio 1, 1690.

[15] Carta de agosto 12 de 1692. Sor María Francisca era la niña a quien se le admitió en el convento a los 5 años de edad.

[16] *Compendio de las ejemplares vidas del P. José de Guevara de la Compañía de Jesús y de su tía la Sra. Doña Leocadia González Arizmendi, naturales de la Imperial Ciudad de México* (Madrid, 1754). José María Marroqui dice haber existido una instrucción para las novicias con veinticinco advertencias sobre las que debía reflexionar y probar su vocación. Véase, *La ciudad de México*, 2:85.

[17] Véanse al respecto de la dieta conventual y el significado simbólico de la comida, Carolyn Bynum, *Holy Feast and Holy Fast: The Religious Significance of Food to Medieval Women* (Berkely: University of California Press, 1987).

[18] Sobre la obediencia dijo la biógrafa de la fundadora de convento de capuchinas de Puebla, Sor María Leocadia, que era ejecución pronta, negación de la voluntad personal y sujeción de juicio. "Esta sujeción de la voluntad, que es ciega, no puede ser sin la luz del entendimiento. Y si por ciega ni aún la luz puede ver, es tal la virtud de la obediencia que hace ver a los ciegos ..." Véase, *Compendio de las ejemplares vidas*, 106, 108. La vida de Sor Leocadia fue escrita por Sor María Teresa, abadesa de las capuchinas de Puebla para el obispado de Juan de Lardizabal y Elorza, quien cumplió su episcopado entre 1733 y 1734.

[19] El fiscal puede haberse estado refiriendo al recogimiento de Santa Rosa, pues el convento de Santa Rosa no se fundó sino hasta mediados del siglo dieciocho. Queda en suspenso la verificación de a qué institución se estaba refiriendo.

[20] Doña Ana Francisca se ausentaba temporalmente a sus propiedades rurales, como indica la carta de 1 de julio de 1690.

[21] BNFF, Leg 1257, fol 1-4, 14-22.

[22] Entre otros patrones de las capuchinas de México en la década de 1670 se encontraron don Francisco Romero de Quevedo, que dio dinero para mejorar la iglesia y el claustro, y don Alonso Bueno, quien donó 25,000 pesos para el mismo propósito.

[23] El benefactor Francisco Romero de Quevedo daba a las capuchinas cereales y géneros que utilizaban para coser sus ropas. Dice Marroqui que en 9 meses, les dio 1,500 varas de lienzo blanco y 1,000 de paño y bayeta para ese efecto. Véase Marroqui, *La ciudad de México*, 2:81. También véase lo que al respecto de "labores de manos" elabora Margo Glantz en *Borrones y borradores* (México: UNAM, Ediciones del Equilibrista, 1992), 127.

[24] Archivo Histórico del Instituto Nacional de Antropología e Historia, Fondo Franciscano, Vol. 95.

[25] *Compendio de las ejemplares vidas*, 39-40.

[26] Para las relaciones entre Aguiar y Seijas y Fernández de Santa Cruz, ver Marie-Cecile Bennasy-Berling, "Sobre dos textos del arzobispo Francisco Aguiar y Seijas", Sara Poot Herrera, ed. *Y diversa de mí misma entre vuestas plumas ando: Homenaje internacional a Sor Juana Inés de la Cruz* (México: El Colegio de México, 1993), 85-90.

[27] A modo de ejemplo, véanse, Georgina Sabat Rivers, "Apología de América y del mundo azteca en tres loas de Sor Juana", *Revista de Estudios Hispánicos* (199): 267-91 and "Sor

Juana: Feminismo y americanismo en su romance a la duquesa de Aveiro", *Foro Hispánico* 5: 101-09; Kathleen Ross, *The Baroque Narrative of Carlos de Sigüenza y Góngora: A New World Paradise* (New York: Cambridge University Press, 1993); David Brading, *The First America: The Spanish Monarchy, Creole Patriots and the Liberal State, 1492-1867,* (Cambridge: University of Cambridge Press, 1991), 362-390 y *The Origins of Mexican Nationalism* (Cambridge: Cambridge University Press, 1985); Jacques Lafaye, *Quetzalcóatl and Guadalupe: The Formation of Mexican National Consciousness, 1531-1813*(Chicago: Chicago University Press, 1976).

[28] Mariano Echeverría y Veytia, *Historia de Puebla*, 2 Volúmenes (Puebla, 1931), 2:533-41; *Compendio de las ejemplares vidas del P. José de Guevara de la Compañía de Jesús y de su tía la Sra. Doña Leocadia González Arizmendi, passim*.

[29] *Compendio de las ejemplares vidas,* 60.

[30] La documentación sobre los conventos franciscanos en el siglo XVII ofrece amplia evidencia de la constante tensión entre prelados y comunidades de monjas en cuanto a la observancia de la Regla. Todos los conventos de monjas sufrieron de mala situación económica en la primera mitad del siglo, y el frecuente trato con los seglares sugiere una de las muchas razones de esa costumbre: la necesidad que tenían de encontrar ayuda económica en sus familias, mantenerse informadas sobre el estado de sus propiedades, o suplicar ayuda de patronazgo.

EL "COSTUMBRERO" DEL CONVENTO DE JESÚS MARÍA DE MÉXICO O DEL LENGUAJE RITUAL

POR

MARÍA DOLORES BRAVO ARRIAGA
Universidad Nacional Autónoma de México

La palabra de autoridad dirigida a las monjas se plasma en una rica variedad de textos que recorren una vasta gama: desde las *Reglas y Constituciones* de cada orden religiosa femenina, hasta la cotidiana distribución de las horas que rigen la monótona santidad de la existencia conventual. De esta rica textualidad, sobresalen los llamados *Costumbreros*, de los cuales se conservan muy pocos, debido quizá al carácter eminentemente interior que de la vida monacal contienen.

De la importancia medular que tenían en el siglo XVII, son testimonio las palabras del jesuita que fue confesor de las dos más célebres mujeres de su contexto: Sor Juana Inés de la Cruz y la enrarecida, extraña y fascinante Catharina de San Joan, la China poblana. El padre Antonio Núñez, paradigma temido y respetado como autoridad conciencial, dice lo siguiente cuando se le pregunta por cuáles medios se logra la total entrega y cumplimiento del estado religioso:

> Por medio de la Profession solemne de los quatro votos de pobreza, castidad, obediencia y clausura: con las Reglas y Constituciones del Orden y santas costumbres de su convento.[1]

Las palabras anteriores están tomadas de un escrito revelador para comprender más cabalmente la relación entre una monja y su confesor, y en general de todo personaje masculino al que se somete el albedrío de una profesa. Al igual que en la sociedad seglar, la mujer debe estar, en última instancia, sometida a la jurisdicción masculina, la única posible en ejercer una auténtica autoridad espiritual y real sobre la monja. Es inquietante observar de qué manera la vida conventual se asemeja al modelo de la familia, que se deriva simbólicamente de la Sagrada Familia, paradigma de cada célula singular que forma en una comunidad católica el complejo y significativo cuerpo de Cristo, que conforma a una sociedad como la novohispana.

Al igual que en la vida laica, la figura masculina detenta la autoridad última que rige cada una de las conciencias que le están subordinadas. Esto es la configuración de una sociedad patriarcal. La madre sólo juega un rol subalterno, de mediadora, vicaria auténtica entre el irrebatible verbo patriarcal y los hijos.

En un convento femenino sucede lo mismo, y aunque la Abadesa o Superiora detenta un mando indiscutible dentro del limitado ámbito del claustro, la jurisdicción espiritual última la ejerce el Prelado o Visitador de la orden masculina correspondiente.

Son esclarecedores los juicios que al respecto emite el franciscano Clemente de Ledesma, en un libro, apasionante y prácticamente desconocido, que devela entretelas conductuales de la sociedad novohispana, en la decisiva presencia moral de la Iglesia y la individualidad de sus miembros.

Se trata de *Despertador Republicano Que por Las Letras del ABC... Despierta a los Republicanos de la general Republica de este mundo la obligación que cada uno tiene en su estado y en su Oficio....* (México, 1699. Imprenta de doña María de Benavides).

Cuando Ledesma habla de la Abadesa de un convento femenino señala lo siguiente:

> La Abadessa o Priora no es propiamente Prelada. La razon es porque la dignidad de Prelacia tiene anexa la jurisdicción espiritual que la constituye en verdadera Prelacia que a la Abadessa (o Priora) por ser muger la privó el Derecho Canonico de la jurisdiccion espiritual: Luego no es verdaderamente Prelada. Llamase si la Abadessa o priora Prelada en virtud de la potestad dominativa materna, doméstica y civil que tiene sobre sus monjas (que en este sentido son sus suditas) pero esta potestad materna no tiene anexa jurisdiccion espiritual, porque es como la potestad materna que tiene la madre de familia secular, que no tiene anexa jurisdiccion espiritual.

La cita anterior contextualiza a la perfección el rol limitado de la mujer, tanto en el ámbito religioso como en el laico. Sólo es salvaguarda de sus hijos reales o de las hijas de religión; la verdadera autoridad espiritual la ejerce el varón. Esta escisión tiene una carga ideológico-social, que revela más de la sociedad patriarcal católica, que muchas palabras y juicios críticos de nuestros días.

La sumisión femenina a la jerarquía espiritual masculina, también la deja traslucir muy reveladoramente el obispo Santa Cruz en la *Carta* que Sor Filotea de la Cruz, identidad simulada del propio prelado, envía a Sor Juana y que preside la edición poblana de la *Cartha Athenagorica* de la poetisa:

> A Sara le quito una Letra la Sabiduria Divina, y puso una mas al nombre de Abraham, no porque el varon ha de tener mas letras que la muger, como sienten muchos, sino porque la i, añadida al nombre de Sara, explicava tumor y dominacion. Señora mia se interpreta Sarai y no convenia que fuesse en la casa de Abraham señora, la que tenia empleo de subdita (s/f).

En todos los sermones y demás escritos dirigidos a religiosas se percibe, como constante, la supremacía del conductor pastoral sobre las monjas. En la antes mencionada *Cartilla de la doctrina religiosa* escrita por el P. Núñez de

Miranda, se percibe la superioridad manifiesta del guía espiritual, quien en un diálogo hábil y bien conducido, instruye a dos postulantes a religiosas. Como es característico de esta forma literaria, uno de los interlocutores (en este caso el mismo sacerdote, guía de las jóvenes) es portavoz del autor y conduce hábilmente la dialéctica para expresar una secuencia de inteligentes deducciones que, con amenidad, explican la perfección del estado religioso femenino. Núñez induce a las jóvenes a confrontar la santidad del claustro con la riesgosa mundaneidad de la vida seglar. Retoma la antítesis irreconciliable entre lo sagrado y lo profano.

En la cita inicial de nuestro trabajo vimos cómo el jesuita destaca la importancia con la que las santas costumbres deben privilegiarse para guiar la buena conducción, disciplina interior y armonía del claustro femenino.

La fusión de *Reglas y Constituciones* y del código que regula las costumbres, asegura y fortalece la vida conventual y, sobre todo, preserva la armonía de la psicología colectiva; es decir, hace unánimes las voluntades por medio del convencimiento profundo de que la individualidad no tiene sentido si no se entrega en "holocausto", palabra impactante y frecuentemente usada en los textos dirigidos a religiosas, sobre todo aquéllos predicados en el solemne y simbólico día en el que la novicia se convierte en Esposa de Cristo.

Ahora bien, los libros canónicos de costumbres y ritos que privan en un convento novohispano son en realidad escasos en nuestros días; esto se debe al carácter eminentemente interior, endógeno, que éstos guardan. Uno de los pocos que se conservan es el *Costumbrero del Real Convento de Jesús María de México*, 1685.

Al término del texto se lee lo siguiente, más a manera de introducción que de final:

> E visto las reglas contenidas en este quaderno y me parecen dignas de toda veneracion y obcervancia y doi las gracias a la Ra. M. Abadesa y religiosas por el cuidado que han tenido en punto tan importante. FRANCISCO ARZOBISPO DE MEXICO

Este "Francisco" es el célebre Aguiar y Seijas, reconocido como maniático y misógino. De él dice Francisco de la Maza que "es más digno de manicomio que de palacio arzobispal" (30). La posteridad lo identifica como el prelado que obliga a Sor Juana a vender la mayor parte de su nutrida biblioteca, así como los aparatos músicales y científicos que la monja poseía. Recordemos que las jerónimas, como la mayoría de las religiosas novohispanas, estaban directamente bajo la jurisdicción episcopal.

Es interesante que Aguiar sea el obispo cuando se redacta este *Costumbrero*, ya que es proverbial el celo que el arzobispo tiene en que se guarde estrictamente la disciplina que controla a estos seres tan extraños para él, como son las mujeres.

El *Costumbrero* de este rico convento concepcionista, muy conocido por el *Parayso Occidental*... de don Carlos de Sigüenza y Góngora, es un texto revelador de un sinfín de registros, códigos y mandatos de lo que era la vida ritual y ceremonial de un convento de religiosas en la Nueva España. Refiere a la perfección el impresionante protocolo que se debe guardar en el claustro y codifica puntualmente el tiempo y el espacio de la vida monástica femenina. Su contenido se puede observar desde muy variados niveles de significación. En primer término, —y como pocos documentos— nos refleja la rígida jerarquización de los distintos cargos de autoridad que se detentan en el claustro, y la estructura vertical de un principio de orden inflexible. En segundo lugar, nos ofrece el ritmo de la temporalidad cotidiana en cada una de las ceremonias íntimas del claustro, así como el interesante ritmo monótono de cada uno de los actos realizados. Al igual que el tiempo, de gran interés, es la observación del espacio y la significación que posee cada uno de los lugares. Cada ámbito tiene su simbolismo y se transforma en escenario ritual.

Es aquí cuando además del modelo familiar se trasluce también el castrense o militar, sin estar del todo ausente el esquema carcelario.

No menos importante es la trascendencia espiritual y su interioridad en cada uno de los espacios, de los tiempos y de las ceremonias. El acto conventual se fusiona con la espiritualidad que de él se desprende.

Por último, el gran impacto que se conserva indeleble como conclusión final y reconsideración ideológica, es la gran psicología de la persuasión y de la obediencia. El *Costumbrero* es un eficaz tratado del mando y de la sumisión.

El texto se compone de veintisiete capítulos que recorren todos los resquicios de la identidad, del ser y del quehacer de una religiosa. La autora —y esto reviste un interés indudable— es la Superiora, quien dicta esta especie de código conductual a sus subordinadas. La salutación es convencional, en las ocasiones en que un superior eclesiástico se dirige a su(s) subordinadas y las llama "Hijas muy amadas en N. Señor". También se declara la retórica fórmula de la *captatio benevolentiae* para convocar la anuente atención de las religiosas, sus hijas: "necesario me es captar la benevolencia a vuessas Reverencias".

El propósito ideológico-doctrinal del escrito se manifiesta en la preservación de las tradiciones que tienen como gran enemigo el cambio de los tiempos. La priora insiste además en lo imprescindible que es, para el ritual de la obediencia, que se preserven las ceremonias, actos y expresiones gestuales que conforman el sublime protocolo del espacio claustral. Lo que en muchos aspectos podría parecer como accesorio, guarda un código disciplinario cotidiano, cargado de símbolos, necesario para preservar la vida monacal. Declara la superiora:

> ... el arbol plantado en este jardin es nuestra regla; este para dar fruto de las virtudes, sino está abrigado con la corteza de las ceremonias y Ritos qualquier mano lo puede marchitar y secar, y perderse lo principal, por no averse guardado lo que no es obligatorio (*Costumbrero*, f. 1 v).

Se insiste en la antigüedad de los ritos iniciados por Cristo mismo. El culto a lo gestual es lo que en realidad hace solemne e indeleble la participación de las ceremonias. En realidad, la liturgia se acerca mucho a la teatralidad, etiqueta y culto al superior guardados en una corte, en la que se debe un vasallaje total al superior. Así, las genuflexiones, medias genuflexiones, reverencias, etc., son parte de un código disciplinario, cotidiano, pero por lo mismo, cargado de simbolismo. Dice la Abadesa que el mismo Hijo del Hombre:

> Nos da norma de las seremonias, la modestia que conversaba el silencio que guardaba, el modo de tratar con sus discipulos y Apostoles, para orar Yncado de Rodillas, baxando la Cabeza al hablar con su Divino Padre, otras veces se postraba en tierra, otra lebantaba los ojos, otras cruzaba las manos, las palabras suias siempre pocas al reirse pocas vezes, el llorar muchas, beamosle obrar como Prelado, conque mansedumbre, al enseñar, conque vigilancia al Celo bien de sus obexas (f. 2 r).

Como podemos observar en las palabras anteriores, las reverencias y los signos tanto gestuales como verbales, adquieren una importancia medular y simbólica. Cada gesto acompaña a una acción plenamente significativa.

Ahora bien, al trasladar la presencia de Cristo a la vida cotidiana, es la Superiora la que se inviste de la autoridad de Jesús, la que preside toda la significación de los ritos. Es ella quien ordena los diversos toques de campana y cuál de ellas se debe tocar, o lo prolongado de sus tañidos. En el Coro, que es el *Sancta Sanctorum* del convento no se inicia ningún rito o ceremonia sin su presencia. Es el lugar sagrado entre los espacios sagrados. El Diccionario de Autoridades señala:

> Se toma comunmente por la parte del templo y lugar separado y destinado, donde los Clérigos o los Religiosos para cantar las Horas Canonicas y celebrar los Divinos Oficios (I, 331).

En los conventos de monjas una celosa reja separa el coro del templo. Tan importante es este ámbito que el *Costumbrero* lo denomina "Cielo". Ante la Prelada o Superiora deben hacerse las debidas genuflexiones y es ella la que inicia el rito cotidiano de los rezos y meditaciones. En el Coro se reza el Oficio Divino, que es definido así:

> El servicio de oraciones y alabanza que todos los sacerdotes, monjes y religioso católicos tiene la obligación de recitar diariamente durante las siete horas canónicas. Completo, el oficio comprende aproximadamente hora y media cuando se dice privadamente; es mucho más largo cuando se canta en coro (*Diccionario de las Religiones*, 348).

En el Coro, junto a la Superiora, son las de más antigüedad las que toman protocolariamente sus puestos. Es solemne el momento en el que la Prelada hace gesto para iniciar el Oficio Divino, en el que cada monja:

> ... hara una profunda inclinación ... se persinará besará la tierra y se preparará de rodillas hasta que la Prelada haga señal para comensar el Oficio Divino (f. 7 r).

Es de notar que, a pesar de las palabras de Clemente de Ledesma de que a la Abadesa o Superiora no se le debe llamar Prelada, en este texto es el apelativo con el que más frecuentemente se le designa.

Durante los Oficios en el Coro las religiosas deben guardar fielmente diversas actitudes y posturas: bajar la cabeza, "signarse la boca" y en los momentos más solemnes: "se inclinarán con postracion entera doblando el cuerpo hasta la cintura"(8 v.) o bien "incarán las rodillas y besaran el suelo" (8 v).

La constante mención de doblegar el cuerpo frecuentemente, significa en realidad la sumisión de lo corporal a lo espiritual. Los movimientos gestuales están cargados de acciones morales y de sumisión a la jerarquía y de la negación del propio yo. La cortesía claustral es en realidad todo un código de obediencia ritualizada. La Prelada siempre "representa" a alguien, a Dios mismo, en última instancia. También la ritualización de cada acto es una forma de magnificar la monotonía de la existencia claustral.

Se señala, asimismo, la importancia y la puntualidad con las que deben rezarse las distintas horas canónicas (Laudes, Prima, Tercia, Sexta, Nonas, Vísperas y Completas) así como el horario en que debe realizarse cada uno de los rezos respectivos. Es interesante cómo se deja traslucir la importancia de las lecturas piadosas y la función de la oralidad, en el sentido de cómo las monjas escuchan colectivamente la lectura de algunos textos primordiales. Es el caso de los *Libros de Horas* y de algunos *Espejos* de la vida religiosa. No faltan tampoco los devocionarios y las hagiografías.

El comportamiento en el Coro es tan importante que en él se demanda una total concentración. Se advierte, sobre todo, a las novicias y a las monjas más jóvenes de la profunda devoción que en él se debe guardar. El texto —como todo escrito de teología pastoral— es abiertamente didáctico e integra una serie de ejemplos amenos para que se asimile bien la sustancia de la doctrina. Así en uno de los pocos pasajes amables se cuenta lo siguiente:

> El Choro es solo el lugar de orar para si algunas lo hizieren lugar de dormitar, acuerdense de lo que le sucedió a un monje que aviendose quedado dormido en el Choro, le cojio un Angel por el brazo y llevolo a su cama y le dixo, este es lugar de dormir, aquel es lugar de orar (f. 28 r).

Este pasaje anecdótico, casi cómico, se desvanece con la severidad que el *Costumbrero* revela cuando se relata la confesión y penitencia pública que las infractoras deben manifestar en los capítulos celebrados semanalmente. Como sabemos, éstos son las reuniones periódicas de los claustros religiosos en los que se tratan asuntos variados concernientes al régimen interior del convento. Las religiosas:

> ... postradas ante la Prelada con genufleccion entera diran las culpas generales, y acabadas, la Prelada las mandara que se alzen y quedaran de rodillas a oir su reprehension, la que hara de todas las faltas publicas contra Regla y

Constituziones, y ceremonias religiossas, darles la penitencia y mandarlas salir, llegando antes cada una por si a besar los pies o Escapulario (ff. 29 b 30 r).

Tan importante es la recriminación recibida de las demás, en especial de la Superiora, como la autocensura y la humillación sentidas profundamente por la infractora. Más impresionante es el cumplimiento del castigo; exhibida la transgresora frente a todas las demás:

> ... si huviere culpa grave y publica, que entonzes se llamara a la que huviera cometido, reprehender (la Prelada) y si fuera tal la culpa que sea necessario darle disciplina a la culpada, en aviendole dado, algunos asotes como cinco, o seis, saldra la Vicaria, y hechandole su Escapulario ensima, pedira a la Prelada por ella (ff 29 r 29 v).

Se advierte y reitera asimismo que todo lo ocurrido en el capítulo debe ser secretamente guardado por las religiosas.

Dentro de este universo jerarquizado, la autoridad ejercida por la Vicaria le sigue en importancia a la de la Superiora. Ella es la encargada de que se guarde silencio en el Coro, de que los rezos y meditaciones se realicen con la devoción debida, así como del orden y realización de las ceremonias. Ella es también la que amonesta a las religiosas en ausencia de la Prelada. Sin poseer la autoridad emblemática de ésta, su control es más práctico ya que informa de todo a la Superiora. La lectura de este manual cotidiano y ritual del comportamiento conventual nos remite no sólo al modelo familiar, ya aludido, sino a un severo esquema castrense, de una jerarquía inalterable, de la obediencia ciega que se debe tener a la autoridad. Este paradigma se observa también en la uniformidad estricta de la ropa y en la falta total de individualidad:

> ... en lo exterior sigan vida comun todas que no es la menos importante baza para todas, pues en habiendo singularidades (vamos perdidas) en el traje, en la modestia, en el estilo, y en todas las acciones ha de haver igualdad, desde la Prelada hasta la ultima novicia (f. 58 v).

Esta declaración introduce en la conciencia la homogeneidad en la observancia de la disciplina aunque, al igual que en el ámbito militar, la jerarquización es estrictamente guardada por el simbolismo inherente y la devoción al orden que de ella se desperende. La fidelidad al Instituto y la obediencia a una corporación, al igual que en la vida castrense, es lo que convierte a las acciones cotidianas en actos simbólicos trascendentes. En ambos modelos, aunque naturalmente más en el religioso, la fidelidad y obediencia a un absoluto son incuestionables.

En este contexto las palabras de Margo Glantz se vuelven certeras:

> La bibliografia colonial mexicana está llena de textos reguladores —manuales, catecismos, sermones, cartillas— donde hasta las actividades más nimias de la

vida diaria y todos los comportamientos se establecen y se definen con base en exclusiones, duraciones temporales, órdenes imperativas (Glantz, 140).

La fidelidad a la orden es la redención final de las religiosas, salva incluso de la flaqueza humana y concentra al espíritu en la contemplación final de la eternidad. De nuevo, un cierto asomo literario se apunta en este texto canónico, cuando en una analogía ejemplarizante se inserta esta narración:

> ... y assi las subditas deben cooperar en las acciones que miran a mayor augmento con su común y acuerdense de aquel Monje mozo y divertido que haviendo estado pocos años en la Religion murio el mismo dia que otro anciano muy virtuoso, y estando el Abad en oracion vio que el Mosso subia al cielo luego y el otro se detenia en el Purgatorio, y preguntandole esta admirable delantera siendo al que conozia dixo fue grande el amor que tuve a mi comunidad y el desseo de emplearme mucho en servirla y assi Dios quiso que me alcanzassen las Absoluciones de la Orden a la hora de mi muerte, y con esto me voy a gozarla (ff 58 r y v).

Un aspecto de primordial importancia es el concerniente al confesor, que tiene que debe tener una compatibilidad y conjunción especial con su hija, para hacer fructificar el Sacramento. Si la imitación de Cristo es finalmente la perfección a la que se aspira con el comportamiento exterior y la reflexión interior, es el guía espiritual el que ayuda esencialmente a la consecución de este propósito. Así, uno de los temas que se tratan de forma un tanto peculiar para nosotros, lectores modernos, es el de la elección de confesor:

> ... para que segun su capacidad le ayuden a caminar por donde el Señor las lleva dando a cada una segun su natural el exercicio al tamaño el espiritu que en ella conoziera que escojan los confessores y Padres Espirituales que mas les convenga, y con quien ayan de aprovechar mas pues si a una melancólica la guia un Confessor de la misma complexion, se rematara y más se peca en escrupulos impertinentes (ff. 43 r y v).

Es curioso el predominio de la teoría de los humores que priva en la época y que tanto contribuye a la compaginación de las personalidades y al logro de la armonía interior y exterior.

Este apasionante texto concluye con una reconsideración de todos los principios conductuales que se han dictado y se concentra en: "estos tres puntos para el buen govierno de la vida monástica, que son como se han de haver con las Preladas, como con su Comunidad y como con su perfeccion" (f 53 v).

Es importante cómo de nuevo se sublima la personalidad de la Prelada y de los confesores y demás superiores masculinos para:

> ... obedezer a Dios en los hombres y hallaren en este exercicio mucha luz, mucha Paz, mucho consuelo y todo se les hara fazil, sino miramos al instrumento sino al que lo mueve que es Dios en ellos.

De nuevo aparecen los modelos familiar y castrense. Se incide en que a las

> Preladas y religiozas de nuestro convento trate siempre con ygualdad, mirando a las unas como Madres, y a las otras como hermanas charissimas, ayuden quanto pudieren a las Preladas que es con ser mui obediente, y no dar ocazión con sus faltas aunque las riñan o castiguen que este es gran trabajo para las Superioras, tener subditas inobedientes o rebeldes (ff. 54 v y 55 r).

El *Costumbrero* concluye como se inició, con una exhortación al estado de gracia y al anhelo de la vida eterna en la imitación edificante de la Virgen, Patrona esencial de las monjas concepcionistas, Madre trascendente y último receptáculo de toda perfección. Es la superiora nuevamente —autora por designio divino de este manual de perfección— la que dirige estas últimas palabras:

> Mi desseo Amadas hijas y Señoras, es que todas vamos a una, e imitemos a nuestra madre la Ynmaculada Concebida, que buena Maestra y Protectora tenemos y debemos seguir sus exemplos para merexerla propicia en la vida y la experimentaremos Madre a la hora de nuestra muerte, y la gozaremos en la gloria que por sus ruegos e yntercesion esperamos (f. 60 v).

En la cita anterior se cifra la unión de la tierra con el cielo, en el mensaje subliminal y sublimado de la obediencia y la disciplina ciegas, como paraíso prometido y como último afán de la vida trascendente.

NOTA

[1] En las citas incluidas en este trabajo se ha respetado la grafía utilizada en los documentos consultados.

BIBLIOGRAFÍA

Costumbrero del Real Convento de Jesús de María de México. s/i, 1685.
De la Maza, Francisco. *La ciudad de México en el siglo XVII*. México: Fondo de Cultura Económica, (Col. Lecturas Mexicanas, 95) 1985.
Diccionario de Autoridades. 3 vols, 9 (Ed. facsimilar). Madrid: Gredos, 1984.
Diccionario de las religiones. México: Fondo de Cultura Económica, 1978.
Fernández de Santa Cruz, Manuel. *Carta de Sor Filotea de la Cruz*. Imprenta de Diego Fernández de León, Puebla, 1690. (Incluida en la *Carta Athenagorica* de Sor Juana).
Glantz, Margo. "La destrucción del cuerpo y la edificación del sermón. La razón de la fábrica: un ensayo de aproximación al mundo de Sor Juana". *Borrones y Borradores*. México: UNAM 6 Ediciones del Equilibrista, 1992.
Ledesma, Clemente de. *Despertador Republicano Que Por Las Letras Del ABC ... Despierta a los Republicanos de la general República de este mundo la obligación que cada uno tiene en su estado y en su Oficio...*. México: Imprenta de la Viuda doña María de Benavides, 1699.
Núñez de Miranda, Antonio. *Cartilla de la Doctrina Religiosa. Dispuesta por uno de la Compañía de Jesús ...* México: Viuda de Bernardo Calderón, 1680.

EL CUERPO MONACAL Y SUS VESTIDURAS

POR

MARGO GLANTZ
Universidad Nacional Autónoma de México

Entre las obras publicadas en vida de Don Carlos de Sigüenza y Góngora se encuentra su *Parayso occidental*. Al escribir el libro, dice su autor, "no ha sido otro mi intento sino escribir historia", y agrega, al disculparse de su estilo poco florido, ya que "siendo mi asunto el escribir historia de mujeres para mujeres, claro está que hiciera muy mal en hacerlo así".[1] Nótese el matiz un tanto peyorativo de Sigüenza, al hablar de lo femenino, cosa habitual en la época, sobre todo si se trata de un libro que está destinado a ser leído sobre todo por un público del sexo débil. Este texto, nunca reeditado hasta ahora, sería, según su autor, un libro de historia, la historia de un convento femenino de la orden concepcionista de Jesús María, inaugurado en la ciudad de México en 1580, y escrito a petición de las propias monjas, a finales del siglo XVII. Pero por el tema que trata, un escrito de ese tipo no puede ser un mero libro de historia, es además y antes que nada un libro hagiográfico; narra la vida de las monjas más destacadas de ese convento y sus esfuerzos por alcanzar la santidad, estado que pretendía lograrse poniendo en marcha un método, un manual de táctica espiritual, mejor definido como una técnica ascética para ascender por el camino de la perfección. Y es justamente de esa práctica, tal y como la manejaron dos de las monjas que vivieron en ese convento, Marina e Inés de la Cruz, de la que hablaré ahora.

El texto está dividido en tres partes: la primera relata la historia de la fundación del convento de Jesús María y sus peripecias, y dedica un fragmento importante de su exposición a narrar también los trabajos individuales e institucionales para fundar otro convento, el de San José, de carmelitas descalzas, cuyas fundadoras son justamente Inés de la Cruz y Mariana de la Encarnación, con el apoyo espiritual de Marina de la Cruz, a quienes el autor dedica el mayor número de páginas de la segunda y tercera parte de su obra, junto con la vida de otras religiosas.

Las dos hermanas que he escogido tienen puntos en común y algunas diferencias. Ambas son españolas pero han vivido casi toda su vida en la Nueva España; ambas aspiran a la santidad, el principal objetivo de una religiosa al entrar a un convento, como ya lo señalaba antes, y ambas manifiestan, como es lógico, una gran perseverancia en la consecución de su fin. Hasta allí la semejanza; en otros aspectos sus vidas son totalmente opuestas: Marina fue casada y viuda dos veces y cuando entra al convento, al principio de la quinta década de su vida, lo hace con su única hija, una joven de trece años, de gran belleza, muerta súbitamente de una enfermedad misteriosa. Inés escoge desde niña un modelo de santidad, el de la eremita y el de la mártir para convertirse más tarde en fundadora de convento —en franca imitación de Santa Teresa de Jesús— y entra en el claustro cuando tiene dieciocho años. La vida de Marina es narrada por el autor del libro y la de Inés fue escrita por la propia monja y ha sido intercalada por Sigüenza como parte de su material narrativo, aunque suela hacer sobre la marcha observaciones y hasta correcciones.

Sin embargo, a pesar de las diferencias que las separan, y del distinto punto de vista de los dos textos —diferencias que por otra parte son dignas de estudiarse en otro momento con atención— cuando se define el modelo de santidad, los dos discursos comparten un mismo repertorio de imágenes, la misma concepción retórica y formas semejantes de puestas en escena. No es extraño, los márgenes de originalidad son muy estrechos, se procede siempre de acuerdo a una rigurosa organización predeterminada por escrito, y definida como un modelo a imitar, el de los ejercicios espirituales de San Ignacio y el camino de perfección de Santa Teresa, y las compilaciones tradicionales de hagiografía, los *Flos Sanctorum*.

Los modelos se constituyen como una preceptiva tanto en lo que se refiere al comportamiento corporal como al diálogo con Dios, esa comunión anímica que al final de su camino de perfección logran alcanzar los místicos y que los aspirantes a la santidad deben ineludiblemente recorrer si pretenden llegar a su meta. En suma, la santidad es un entrenamiento; exactamente lo dice así San Ignacio de Loyola, el creador del método, en sus Anotaciones para tomar alguna inteligencia en los ejercicios espirituales:

> Por este nombre ... se entiende todo método de examinar la conciencia, de meditar, de contemplar, de orar vocal y mental y de otras espirituales operaciones ... Porque así como el pasear, caminar y correr son ejercicios corporales, por la mesma manera todo modo de preparar y disponer el ánima, para quitar de sí todas las afecciones desordenadas, y después de quitadas para buscar y hallar la voluntad divina en la disposición de su vida para la salud de su alma, se llaman ejercicios espirituales (Ignacio de Loyola 221).

El ejercicio metódico de la santidad

Aunque se nace con predisposición a la santidad, para conseguirla ello no basta, es necesario practicar incesantemente un método a la vez obligatorio y abierto: un producto del libre albedrío que al reconocer los signos, las marcas divinas, definidas por acontecimientos vitales surgidos desde la infancia, y que integrado a un método conforma una técnica, organiza una práctica, y pone en marcha al aspirante deseoso de cubrir las etapas del camino de perfección.

Esa técnica encarnizada se inicia, como ya se dijo, con un trabajo corporal y un despliegue de signos teatralizados, mantenidos primero en secreto, y luego, publicitados. Desde niñas las dos monjas van montando un aparato escénico y definiendo el lugar de la representación. Marina, nacida en 1536, enseñada por su madre a practicar una religiosidad, se retira, "al lugar más oculto de su pequeña casa (donde) gastaba grandes ratos en rezar el Rosario de María Santísima" (Sigüenza 55a). A su vez, Inés nacida en 1570, practica con fervor la soledad, se corta los cabellos y se descalza en la iglesia "y alargaba el vestido que nadie me viese, que en esto tuve gran recato" (Sigüenza 131b). Es decir, se produce un doble movimiento, uno de marginación (apartarse de los otros en lugares específicos y cuidadosamente escogidos, y luego enclaustrarse), y otro de socialización, publicitar la conducta del aspirante a la santidad, convertirlo en un modelo social, casi en reliquia pública.

Los signos se van acumulando para conformar un destino determinado por una conducta sistemática y ejercida desde la infancia para lograr la perfección y crear un catálogo de virtudes, propiciado por el esfuerzo constante y reiterado. Ese catálogo de virtudes perfecciona el espíritu, pero, como ya lo he reiterado, su consecución exige una práctica corporal. El modelo del trabajo de oración, dice Barthes, es aquí "mucho menos místico que retórico" (51). Y la retórica va siempre asociada a un ejercicio físico, reglamentado por escrito, es decir, una retórica corporal, en donde se delinean posturas claves, propiciatorias, por ejemplo, ponerse en pie, de rodillas, postrarse en el suelo, alzar los ojos al cielo, abrir los brazos en cruz, caminar con los pies y los brazos atados, pasear, producir la oscuridad en el lugar donde se está o inundarlo de luz, etc., (Ignacio de Loyola 243-4), preceptos que cada aspirante a la santidad adecúa a su propia personalidad para salirse de la norma, y siempre constreñido por ella tocar una nota original y acrisolar el modelo.

La espiritualidad es entonces también concreción. La meditación propuesta por Ignacio de Loyola contiene "una oración preparatoria, dos preámbulos, tres puntos principales y un coloquio" (Ignacio de Loyola 236). Y este ejercicio espiritual que aspira al diálogo ("al coloquio") se apoya, como ya dije, en una serie de posiciones corporales —ejercicios espirituales— y en una composición de lugar ("La composición será ver con la vista de la imaginación el lugar corpóreo donde se halla la cosa que quiero contemplar" (236)). En el estado místico se produce la comunicación con Dios, "el coloquio", como lo llama Ignacio, y aunque ese estado sea justamente "la suspensión del discurso", según la expresión empleada por Santa Teresa (203), es decir la mudez, la pérdida del habla —y casi por inferencia la del cuerpo— esa comunicación se logra sólo mediante una práctica ascética, cuyo escenario es de nuevo el cuerpo.

Los usos del cuerpo

Antes de establecer cualquier comunicación hay que preparar el espíritu para lograrla, y a ello tienden todos los manuales que se han escrito con ese objeto. Luego, para preparar el espíritu hay que domar el cuerpo, territorio del demonio; existen para lograrlo varios métodos, puestos en práctica con constancia ejemplar. Los flagelos, los cilicios, los ayunos, forman parte de las llamadas "adiciones" útiles para perfeccionarse en los ejercicios propuestos por San Ignacio:

> ... castigar la carne, es a saber, dándole dolor sensible, el cual se da trayendo cilicios o sogas o barras de hierro sobre las carnes, flagelándose o llagándose, y otras maneras de asperezas (Ignacio de Loyola 244).

Este procedimiento produce a veces un deleite inusitado, como lo confiesa Inés de la Cruz:

> (Cuando niña) hacía todo lo que podía de penitencias, aunque no era inclinada a mucho rigor, porque me quitaba la salud, y pasaba gran trabajo en andarme guardando donde no me viesen, para tener disciplina, me bajaba a las cuatro de la mañana a una caballeriza, y por no hacer ruido la tenía con sólo rocetas de abrojos, y experimentaba lo que decían los mártires que no sentían los tormentos, pues con ser tales las disciplinas, y sobre llagas, no sólo no sentía dolor, sino antes *una suavidad del cielo* (Sigüenza 133a, subrayado mío).

Durante su última enfermedad que hace morir a la madre Marina de la Cruz a los sesenta años, sus compañeras la despojan en el hospital de los instrumentos de tortura, sus eternos compañeros, con los cuales se había "mortificado fieramente" el cuerpo:

> Halláronla entonces no sólo ceñida desde la cintura al pecho con una cadena en extremo gruesa, sino lastimadas las piernas, los muslos y los brazos con coracinas de hierro y punzantes rayos, cuyas correas fue necesario se cortasen con tijeras y con cuchillos por estar ya cubierta de carne las ligaduras. *Creo que el que más sentía su espíritu* le quitasen del cuerpo aquellos instrumentos de merecer, *que ni aún el mismo cuerpo*, siendo así que se le arrancaban pedazos suyos entre los rayos y cadenas con vehemente dolor (Sigüenza 103a).

Es significativo que al describir Sigüenza esta escena, haga hincapié en el aspecto espiritual del dolor, a pesar de que la crudeza de la transcripción remita sobre todo al cuerpo, como en una de las citas de Ignacio antes mencionadas. La "fiera mortificación del cuerpo", según la expresión usada por Sigüenza para definir esta intensa y sangrienta práctica espiritual, produce no sólo la interlocución divina, ese coloquio con Dios preconizado por San Ignacio o la conversación que San Juan de la Cruz anhela tener con Él; esa práctica provoca también una serie de visiones, signos reveladores de una comunicación establecida con lo divino; comunicación mantenida con la condición de que la mortificación sea continua y su ejercicio adecuado permita la reiteración de las visitas y del consiguiente diálogo entre divinidad y ejercitante.

El repertorio de imágenes: las visiones

Como ya lo reiteraba más arriba, al definirse el modelo de santidad, se comparte un mismo repertorio de imágenes con la misma articulación retórica y formas semejantes de puestas en escena y escenografías. Las visiones constituyen el ámbito más definitivo para verificar esta aseveración, delimitan un campo de metáforas y una iconografía imaginaria que también se fundamenta en los ejercicios de Ignacio de Loyola y se refuerza con la iconografía real, la que se encuentra en las iglesias, sacristías, conventos, domicilios particulares, etc., y se repite sistemáticamente en los sermones y en el confesionario. Recuérdese que Ignacio siempre aconseja poner en marcha la imaginación como apoyo de la meditación, por ello, cuando se refiere a la meditación del infierno, con el fin de combatir las asechanzas del demonio y evitar la condenación eterna, exige:

> El primer punto será ver con la vista de la imaginación los grandes fuegos, y las ánimas como en cuerpos ígneos.
> El segundo punto oír con las orejas llantos, alaridos, voces, blasfemias contra nuestro Señor y contra todos sus santos.
> El tercero oler con el olfato humo, piedra, azufre, sentina y cosas pútridas.
> El cuarto gustar con el gusto cosas amargas, así como lágrimas, tristeza y el verme de la conciencia.
> El quinto tocar con el tacto, es a saber, como los fuegos tocan y abrasan las ánimas (Ignacio de Loyola 241).

La continua mortificación, el ejercicio inclemente del tormento corporal, favorece e intensifica las visiones o condiciona el tipo de sueños. Ellas constituyen un teatro portátil de la mente cuyas acciones y personajes provienen de un repertorio preestablecido, dominado por la poderosa figura del fundador de la Compañía de Jesús y de sus seguidores, los sacerdotes y padres espirituales de estas monjas. Es evidente que el inventario de imágenes que puede trazarse se modifica al influjo de la biografía personal de cada una de las monjas hagiografiadas y además por el tipo de sus inclinaciones y su peculiar manera de asociación. En el caso de Marina de la Cruz los sueños y las visiones son casi siempre pasivos; su modo de trabajo para cumplir el camino de perfección o logro de la santidad se apoya en la humildad y en el sacrificio, en el modelo de la abnegación, el que ofrece la otra mejilla a quien ataca, aunque como sucede en estos casos, esta pasividad recubra una agresividad advertida por las monjas que la atacan furiosamente cuando ella trata de ordenar y dirigir la conducta y los modos de oración de las otras habitantes del convento: como represalia la condenan a los trabajos más humillantes, inmundos y pesados; la calumnian al acusarla de incontinencia por haber sido dos veces casada, atribuyen la muerte de su hija a un justo castigo divino y gozan con ello, y es, en fin, el centro de todos los chismes del convento. Así se fortalece: su triunfo es mayor porque realza una de sus virtudes primordiales, la humildad.

Marina ve procesiones y asambleas divinas, conversa con la Virgen María, Santa Teresa, María Magdalena; esas sagradas figuras la visitan, le dan consejos, intervienen en los asuntos del convento, la corrigen, la aclaman, le ayudan a delinear su figura de vidente, de productora de profecías que pueden referirse a su propia muerte o a la de otras monjas o dignatarios de la vida colonial, o a catástrofes públicas como terremotos, inundaciones, fuegos, plagas y pestes. Privilegio del que también goza en ocasiones la madre Inés de la Cruz, y sólo concedido a quienes dedican su vida a las privaciones, regulada por la fiera mortificación. Un rasgo particular y específico de las visiones personales de Marina de la Cruz es su relación concreta en vida y luego en espíritu con quien en México era conocido como el admirable anacoreta Gregorio López, o Siervo de Dios, candidato a la santidad en España y en el Vaticano, una de las grandes figuras de la devoción popular, y a quien ella había conocido personalmente durante su estancia en Zacatecas. Esta relación confirma el estereotipo visionario pero también dibuja un dato histórico que como siempre en este contexto se contamina de hagiografía.

Marina de la Cruz no sólo ve a la Madre de Dios, a sus santos y los candidatos a la beatificación, en muchas ocasiones dialoga con (y contempla a) Cristo, y recibe un alto premio, es acariciada y consolada por Él, y confirma su deseo al ver a su hija muerta colocada entre los serafines que animan la corte celestial. Este conjunto de sueños y visiones aquilata a las monjas así favorecidas durante su camino hacia la perfección: tiene carácter de presea, es la afirmación, la corroboración que muestra la predilección de Dios, su Esposo, por ellas. Esa marca, esa predilección las señala, las aparta del resto del rebaño, muestra públicamente los designios del Señor, revela su presencia cuando manifiesta con señales la elección y la corrobora con el premio recibido, designado con el característico nombre de finezas. Al convertir la visión en un emblema, asegura el futuro de este ejercicio de la santidad, que en cierta medida acerca a las monjas —otorgándoles un remedo de la gloria que creen merecer— con la que es Virgen por antonomasia, la Madre de Dios, cuya inmaculada concepción y sagrada fertilidad le concede la inmensa merced de ser intercesora entre los pecadores y Cristo.

Así Inés y Marina tienen el poder de enderezar entuertos dentro de su convento, o de provocar castigos aun contra aquéllos que aparecen como vicarios de Dios en la tierra, como lo demuestra la anécdota que vincula una acción de Inés de la Cruz con el mandatario Fray García Guerra:

> Cuando aquellos grandes temblores de tierra, dióme el Señor a entender era por los toros que el Arzobispo-Virrey corría en Viernes (para colmo, Viernes santo). Era entonces prelada una religiosa de grande entendimiento y virtud llamada Ana de san Miguel y de quien hacía muchos aprecios aquel Príncipe; acerté a estar con ella la segunda vez que tembló y díjele: "Madre, pues lo tomará bien de V. Reverencia, escríbale que él es ocasión de esos temblores". Respondióme: "¿Quién me mete a mí en eso?" Viendo que no quería, sentí una eficaz inspiración de escribirle, como lo hice, y dentro de un cuarto de hora le

había enviado la carta por medio de nuestro Vicario, pero luego, al instante, cayó sobre mí tan gran desconsuelo y congoja que no me conocía pues no dándoseme antes nada de todo el infierno, ahora (no sé lo que fue, ni lo entendí), no podía tener resignación, ni entrar en razón y pasé la más terrible noche que puede ser. Persuadíame a que había hecho una grande locura y que había de venir el Arzobispo para ponerme en la cárcel y lo que más sentía era que lo supiese la abadesa y monjas mi libertad, figurábaseme cada rato llamaban en la portería. Por la mañana dí gracias a Dios que había amanecido con vida y el sólo alivio que aquella noche tuve fue pensar me llevaría Dios antes de amanecer, vino la luz de Dios y desaparecieron las tinieblas, supe no se levantó más el Arzobispo y quedé advertida en conocer las astucias de nuestro enemigo (Sigüenza 143b y 144a).

Muy significativo es este texto que he citado largamente por el interés que tiene. La inspiración —semejante en todo a una visión, pero sin representación— que tiene la madre Inés le viene de Cristo, podemos suponer, aunque ella lo disfrace hábilmente para no pecar de soberbia y ser castigada o para difrazar ese orgullo. Orgullo que, por otra parte, se manifiesta claramente, al establecerse la relación que existe entre la muerte del arzobispo-virrey y la escritura de la carta, con lo que se demuestran el favor que Dios le ha hecho, al convertirla en depositaria de Su venganza, en intermediaria del castigo a la transgresión, y como instrumento para castigar un pecado mortal. Es más, esta conexión entre dos acciones que producen una tercera, es decir, un sacrilegio —ir a los toros los viernes— produce temblores de tierra y la carta de reproche de la monja ocasiona la muerte del virrey: ambos actos, uno natural, fenómeno metereológico y otro, volitivo, signos inequívocos de la voluntad de Dios y muestras terribles de su ira y del castigo que merecen los pecadores. Un espectáculo celebrado en día sagrado provoca la muerte del transgresor, gracias a la mano —en este caso literal, porque es ella quien escribe la carta— de Inés de la Cruz. De esta forma se prueban varias cosas, primero, la ya muy reiterada comprobación de que Dios premia, señala, predestina; la segunda, que el poder eclesiástico y civil de la Nueva España puede ser puesto en entredicho por una simple monja, siempre y cuando ésta haya sido elegida y recompensada por Dios.

Reflejo de virtudes: las reliquias

Me parecen comprensibles estos mecanismos. Las monjas ocupan un lugar singular en la sociedad, son víctimas propiciatorias, "anhelan, asevera Sigüenza, consagrarse a la Divina Majestad en virginal holocausto" (Sigüenza 6a). Concentran en su cuerpo macerado los pecados del mundo, los asumen y los limpian, y a su debido tiempo, si persisten en su vida mortificada y son vistas públicamente como santas aunque no se logre la canonización eclesiástica, es decir, institucional y burocrática, son a su vez convertidas en reliquias. Y las reliquias son necesarias, insiste Sigüenza, para consuelo de las monjas y para lograr acrecentar el número de fieles en la Iglesia (Sigüenza 16a y b). Basta leer el relato que el autor del *Parayso occidental* hace de la muerte de Marina de la Cruz para comprobarlo:

> Como la fama de las excelentes virtudes de la V.M. Marina de la Cruz, no cabiendo en la clausura del convento real de Jesús María, se había extendido por toda la ciudad de México con aprecios grandes, no es ponderable el sentimiento y conmoción que causó en toda ella al saber su muerte. Acudieron al redoble de las campanas desde las más ínfimas, hasta las más primeras y más preeminentes personas de la república, así para venerar el difunto cuerpo, como para solicitar por reliquia alguna pequeña prenda de su pobre ropa, teniéndose por dichoso el que lo conseguía, porque siendo sus alhajas en extremo pocas, ya se habían apoderado de ellas las religiosas con tanta diligencia que ni aún la piedra en que solía recostarse cuando dormía perdonó el cuidado. Combináronse espontáneamente para su entierro ... los cabildos eclesiásticos y secular y las comunidades todas de religiosos, con el resto de los sujetos de primera clase, en cuyas voces no se le daba otro epíteto a la V.M. de santa. Concepto que comprobaban con la devoción con que le besaban los pies, y con que todos los solicitaban, aunque fueran hilachas de la mortajas, o por lo menos el tocar los rosarios a su cadáver yerto (Sigüenza 105a).

Numerosos casos hay en la historia colonial de personajes a quienes la mentalidad popular transformó en santos aunque no hubiesen sido canonizados por la institución eclesiástica. Uno de ellos es el ya mencionado Siervo de Dios, Gregorio López; de cuyos huesos, considerados como reliquias, y codiciados por los fundadores oficiales del convento de San José (Sigüenza 46b), entre los que se cuenta el arzobispo Pérez de la Serna, se hizo una donación al arzobispado con el producto de las limosnas aportadas por las reliquias al convento recién fundado. Otra figura fue, como ya lo vimos en la extensa cita arriba incluida, Marina de la Cruz.[2] Es evidente que la sociedad novohispana estaba hambrienta de santidad, es decir, de víctimas propiciatorias capaces de sobrepasar la ruptura entre el lenguaje burocrático, el dogma y la encarnación de una fe. Los personajes señalados por una marca especial focalizan la expresión religiosa a través de gestos específicos absorbidos por el pueblo y, como puede comprobarse por la cita, dentro de éste pueden entrar sin distinción todas las clases sociales, incluyendo a las monjas.

El convento opera como un mecanismo de sustitución: las religiosas, seres débiles, inocentes, practicantes de las virtudes teologales —son caritativas y humildes, obedientes, castas, abnegadas— ejercen en su contra un suplicio corporal para ayudar a borrar los pecados del mundo. Cumplen el papel que en el contexto tradicional cumple la víctima ofrecida en un altar para apaciguar la violencia del Dios, o para hacerle peticiones propiciatorias. Son vírgenes ofrecidas en holocausto, como en la Antigüedad, semejantes a las víctimas sacrificiales inmoladas por un sacerdote durante una ceremonia ritual. Es más, su cuerpo mismo se transforma en un espacio sagrado, cuando al supliciarse se constituyen de manera simultánea en altar, víctimas y sacerdotes, es decir, concentran en su corporeidad todos los elementos del sacrificio y de la víctima propiciatoria.³ Imitan la vida de Cristo, en un momento específico, el de la Pasión, reviven en su cuerpo el cuerpo atormentado del Salvador, marcan en su carne las heridas de las que mana la sangre. El suplicio es entonces un acto de adoración: se flagelan para imitar el sacrificio de Cristo flagelado por sus verdugos. En este sentido, la monja es a la vez la víctima y el verdugo, el medio visible del sacrificio. Y el sacrificio es la oferta a Dios de una víctima propiciatoria, signo o símbolo del ofrecimiento que la criatura hace de sí misma para reconocer la total dependencia en que se halla respecto de su Creador (De Certeau 173).⁴

La vida de las religiosas es el reflejo de las virtudes cristianas. Insisto, el convento que las alberga se convierte por extensión en un lugar sagrado, en donde viven mujeres castas cuyo oficio medular es liberar a los pecadores de sus pecados, y concentrar en sus cuerpos el castigo que debiera caer sobre los otros: ése es el sentido de su sacrificio.

El sacrificio lava la culpa de los que no han sido sacrificados. Para que este sacrificio sea reconocido y válido es necesario que se vuelva público. La actividad de las monjas cuando de niñas se apartan para actuar su predestinación y definir su destino —al principio solitario, marginal— se vuelve social y objeto de culto compartido, cuando avanzan en el camino de perfección y construyen paso a paso su destino, el de santas.

> Su ordinario modo de orar [prosigue diciendo Sigüenza, respecto a Marina de la Cruz] era estando en cruz y siendo en su oración tan perseverante bien se puede echar de ver lo que padecería su cuerpo con tan violenta postura. Bajaba muchas veces al refectorio cargando en algunas ocasiones una cruz en extremo pesada sobre sus flacos hombros; otras entraba disciplinándose las espaldas con rigor notable; otras andando con pies y manos como si fuese bestia, y arrastrando unas pesadas piedras que le lastimaban el cuerpo cuanto no es decible, y, como si todo ello fuese muy poco, con palabras muy ponderativas y con ardientes lágrimas se acusaba aún de sus más levísimos pensamientos. Cosas todas que compungiendo en lo más vivo del corazón aún a sus mayores émulas, las obligaban a que interrumpiendo la refección la acompañasen en las lágrimas, sollozos, pasando desde allí al coro y originándole de uno y otro el que muchas mejorasen de vida y se olvidasen del mundo (Sigüenza 108a y b).

Teatralidad dentro del convento, ceremonia necesaria, representación viva del acto de contrición, condición *sine qua non* de la vida comunitaria. Inés de la Cruz advierte que "sentía mucho mortificarse en público, y por eso hacía grandes mortificaciones en el refectorio" (Sigüenza 145a). La colectivización de la penitencia permite trascender la clausura y aumentar la fama de santidad de una monja; con ello crecen las expectativas en toda la ciudad, como ya lo vimos en el caso de la muerte de Marina de la Cruz.

La fama así adquirida convierte el acto mismo del suplicio en una operación de compraventa. Las monjas, chivos expiatorios de la comunidad, redimen con sus cuerpos y sus oraciones el libertinaje y los placeres a que se libran los demás, los pecados que cometen, sus actos de soberbia. Los ricos pagan y ellas responden con sus oraciones intercediendo ante la Virgen y, cuando han llegado a ser famosas, ante Dios.[5] De este modo, lo terrenal es redimido a cuenta de lo celestial mediante las oraciones y los suplicios. El sacrificio de las monjas es reconocido universalmente; su impacto —primero en el convento, y luego en el siglo— provoca una reacción y organiza una didáctica del padecer, una estética del sufrimiento y una retórica textual.

Notas

[1] Salvo indicación de lo contrario, cito por la edición del *Parayso occidental* de Juan de Rivera. México, 1684. Véanse también Muriel, Sánchez Lora, Bynum y Scarry.
[2] Véase Rubial. Reitero la necesidad de revisar con atención la conexión que hay entre estos dos aspirantes a santos, Gregorio López y Mariana de la Encarnación.
[3] Véase Girard, 13-62, y Parker, 47-48.
[4] Véase también Poletto.
[5] Véase al respecto Ramos Medina.

Bibliografía

Barthes, Roland. *Sade, Fourier, Loyola*. Caracas: Monte Ávila, 1977.
Bynum, Carolyn Walker. "The Female Body and Religious Practice in the Later Middle Ages". *Fragmentation and Redemption. Essays on Gender and the Human Body in Medieval Religion*. New York: Zone Books, 1991.
Certeau, Michel de. *L'écriture de l'histoire*. Paris: Gallimard, 1975.
Girard, René. *La violence et le sacré*. Paris: Bernard Grasset, 1972.
Ignacio de Loyola. *Obras*. Madrid: Biblioteca de Autores Cristianos, 1991.
Muriel, Josefina. *Cultura femenina novohispana*. México: UNAM, 1982.
Parker, Alexander. *Los autos sacramentales de Calderón de la Barca*. Barcelona: Ariel, 1983.
Poletto, Christine. *Art et pouvoirs à l'age baroque. Crise mystique et crise esthétique aux XVIè et XVIIè siècles*. Paris: L'Harmattan, 1990.
Ramos Medina, Manuel. *Imagen de santidad en un mundo profano*. México: Universidad Iberoamericana, 1990.
Rubial, Antonio. "Los santos milagreros y malogrados de la Nueva España". Clara García Ayluardo y Manuel Ramos Medina, coordinadores. *Manifestaciones religiosas en el mundo colonial americano*, volumen 1. Espiritualidad barroca colonial. Santos y demonios en América. México: Universidad Iberoamericana, 1993. 71-105.
Sánchez Lora, José. *Mujeres, conventos y formas de las religiosidad barroca*. Madrid: Fundación Universitaria Española, 1988.
Scarry, Elaine. *The Body in Pain*. New York-Oxford: Oxford University Press, 1985.
Sigüenza y Góngora, Carlos de. *Parayso occidental*. México: Juan de Rivera, 1684.
Teresa de Jesús. *Libro de la vida*. México: Rei, 1988.

"YO NO TENGO NECESIDAD QUE ME LLEVEN A LA INQUISICIÓN":
LAS ILUSAS MARÍA RITA VARGAS Y MARÍA LUCÍA CELIS

POR

Stacey Schlau
West Chester University

En la sociedad del México colonial, nuevamente formada, "salpicad[a] por minorías de varias tonalidades [y] altamente contrastada" (Tostado Gutiérrez 16), los mecanismos y los oficiales del Santo Tribunal intentaron definir el orden social tal como lo veían ellos mismos. Los inquisidores mantenían las reglas cristianas de comportamiento, pretendiendo con ellas legislar los aspectos más íntimos de la vida personal (Tostado Gutiérrez 24). Esas reglas variaban según clase, raza y género.[1]

Aunque la condición de la mujer variaba según raza y clase, estaban todas unidas por la represión patriarcal. En la Iglesia y en la sociedad, por ser mujeres, se les veía como Evas: más cerca del diablo y más asociada a la carnalidad que el hombre. Por lo tanto, era difícil que los que tenían poder pudieran reconocer las contribuciones de la mujer a su sociedad. Se destaca esta inadvertencia en los procesos jurídicos religiosos.

Las transcripciones que nos quedan de los interrogatorios inquisicionales por y de las mujeres de la Nueva España, a quienes se les acusaba de ser ilusas, revelan tanto de las normas sociales y las esperanzas para cada sexo, como de los papeles y el dogma religiosos. Las palabras transcritas de las criollas urbanas pobres, acusadas de ser ilusas, tales como las de María Rita Vargas y María Lucía Celis, nos muestran que ellas fueron no solamente víctimas del régimen socio-religioso, sino también intérpretes activas del texto social: "... debajo del discurso eclésiastico, de los edictos virreinales y de los fallos de los tribunales inquisitoriales ... florecían mujeres rebeldes e ingeniosas poco dispuestas a someterse a la tiranía eclesiástica ..." (Tostado Gutiérrez 26).

Se ha analizado más la estructura del Santo Oficio que las voces de los que quedaron atrapados en sus manos. El estudio cuidadoso del registro de los procesos inquisitoriales contra las ilusas revela los mecanismos de la política sexual y de la lucha por el poder en la sociedad colonial. Por un lado, los oficiales eclesiásticos dirigían el interrogatorio con la autoridad que les había sido dada por título, género, estado judicial y clase. Por otro, las que contestaban quedaban marginadas por la falta de esos mismos atributos. Los interrogadores mantenían su hegemonía discursiva no sólo haciendo las preguntas, sino también siendo los dueños únicos del proceso de transcribir y del producto escrito.

Mientras avanza el interrogatorio, por ejemplo, los testigos concretizan más los detalles y al mismo tiempo parecen utilizar más bárbaras descripciones del comportamiento heterodoxo. Pero son las preguntas mismas las que invitan a declaraciones cada vez más explícitas y adornadas. Y el miedo —de ser juzgado/a heterodoxa/o, de quedarse sin director espiritual, de ser encarcelado/a, o de seguir encarcelada/o si ya lo está— es palpable, sobre todo en las palabras de las testigas.

A fines del siglo dieciocho, en la Ciudad de México, la Inquisición comenzó una investigación y después llevó a cabo un proceso contra tres personas: el cura Antonio Rodríguez Colodrero y dos de sus confesadas, María Rita Vargas y María Lucía Celis. Los documentos afirman que esta causa duró diez años. En un reciente libro que lleva como título *Beatas embaucadoras de la Colonia*, Edelmira Ramírez Levya ha reunido, transcrito al español moderno, editado e introducido el archivo de la denuncia, selecciones de los diarios que supuestamente describen la vida cotidiana de las dos mujeres y un resumen inquisitorial del juicio.[2]

El proceso empezó cuando una antigua confesada del padre Rodríguez, monja del convento de la Encarnación, se quejó con un inquisidor sobre la conducta de su ex-confesor. Así se comienza el retrato colectivo de un hombre que solamente quería servir de guía espiritual a las mujeres (nunca a los hombres) que decían tener relaciones visionarias con figuras divinas, sobre todo con Jesucristo. Para alcanzar esta meta, el padre Rodríguez exigía de sus confesadas continua oración, ayuno, privación de sueño, penitencias y disciplinas severas y poca interacción con otros. Parece que el cura no deseaba una condición social muy alta. De hecho, hay fuertes indicios de que prefería confesadas pobres y de clase obrera.[3] Según los testigos, su criterio principal para penitentes era el deseo de que siguieran sus reglas y describieran con mucho detalle los discursos con los santos y el diablo.

Parece que el padre Antonio participó más en la vida de sus confesadas de lo que las reglas eclesiásticas permitían. Su lema, citado por la madre María Dolores, bien podría ser: "No sabes el padre que tienes, yo sé exprimir una naranja hasta que no le queda jugo" (64). La misma madre afirmó que, según el padre Rodríguez, cuando María Rita Vargas tuvo amenorrea (provocada por el hecho, de acuerdo a lo dicho por el padre, de que ella se había mojado las manos durante la menstruación), comenzó a menstruar de nuevo solamente después de usar una purga que le dio el confesor (55). Para los inquisidores, era demasiado este tipo de intervención desde el confesionario.

La simplicidad con la cual los jueces finalmente juzgaron culpable a Antonio Rodríguez Colodrero me parece que deriva de la falta de comprensión de éste de lo poderosa, y por lo tanto amenazadora, que les parecería, a los que mantenían el *status quo*, una mujer pobre que decía tener comunicación directa con seres sobrenaturales. Luce Irigaray afirma, "this is the only place in the history of the West in which woman speaks and acts so publicly" (191). Para la Iglesia católica, era necesario vigilar a los que tenían aceso a esas voces visionarias y a quienes se les consideraba santos, para mantener su monopolio sobre la espiritualidad ortodoxa.

Desgraciadamente, Rodríguez hizo resaltar sus errores, poniendo en papel los eventos que él creía trascendentales. Le había mandado a María Dolores de San Miguel (la que hizo la primera queja), por ejemplo, que le escribiera diariamente (68). Sin embargo una vez, el exigir que sus confesadas escribieran resultó contraproducente: una monja, aunque quiso, no pudo hacer lo que él le mandaba, "por arrobos" (76). La primera testiga, María Dolores de San Miguel, afirmó que él le había dicho que desde las siete hasta las nueve de cada noche escribiera la Vida de María Rita Vargas, "para instrucción de [los confesores]" (76).

Varias veces durante el proceso las acusadas y otros testigos hablan de la peligrosa conexión entre la escritura y la herejía, sobre todo cuando se manifestaba en la tendencia hacia falsas visiones ocasionadas por las penitencias. En su testimonio, María Rita Vargas llega al extremo de decir que ella quería quemar el diario (223). Una monja del convento de San Lorenzo, María Ignacia de la Santísima Trinidad, afirmó que "el padre es afecto a que sus hijas escriban sus vidas," razón por la cual otra monja le prohibió a su sobrina confesarse con él, "por temor de que la volviese ilusa; pues ya había comenzado de su orden a escribir su vida, y la hacía que hiciese extraordinarias penitencias" (209). También dijo esta monja que el padre Rodríguez había cultivado una relación especial con una criada del convento, María Faustina. Como señal de su interés, le hizo "profesar" y llevar un anillo nupcial como si fuera monja. También le enseñó a escribir y le dio un cuaderno en el que podía archivar su vida interior (209-10). La madre María Ignacia mostró su desdén criticando la letra de María Faustina. Mencionó que "siendo este padre un sencillo, corría mucho riesgo esta pobre de que la volviese ilusa" (209). El escribir y el anhelo de ser monja de coro (sin la dote ni la posición social necesarias) crearon la sospecha de "ilusión" en el caso de María Faustina.

Los diarios de María Rita Vargas y María Lucía Celis, originalmente en la letra de Antonio Rodríguez Colodrero, forman parte de los documentos presentados por el fiscal inquisitorial. Sugieren por lo menos dos preguntas principales relacionadas con la autoridad: transcritos por el padre Antonio y no por las dos mujeres, ¿son ellas las verdaderas autoras?; y como los folios encontrados en el Archivo General de la Nación van escritos y firmados por los secretarios de la Inquisición, ¿cómo determinamos la exactitud de la transcripción de las palabras dichas por Vargas y Celis a las páginas con letra del confesor, y de allí a la trancripción inquisitorial (tres pasos, sin contar la editora moderna, cuya exactitud sería más fácil verificar)?

Con esas preguntas sin contestar, pero como trasfondo, quisiera examinar primero el diario de María Rita Vargas. El cuaderno, según el padre Antonio una transcripción fiel y directa de lo que la confesada había dicho en raptos, fue confiscado, pero los secretarios de la Inquisición sólo reprodujeron las partes que se consideraban pertinentes a los cargos.

La influencia mutua de las voces narrativas en este texto le da la calidad de un caleidoscopio. El yo llamado Antonio Rodríguez Colodrero describe acciones y visiones, sobre todo las que confirman su propia condición espiritual extraordinaria. Dice: "Entre ellos me vio a mí vestido de hábitos y cerca del Señor" (88) y "Oyó mi misa y dice que cuando consagré vido bajar el Niño" (120). Aunque durante el proceso, reclama que nunca creyó a Vargas (ni a Celis tampoco), en el diario afirma: "yo confieso y declaro, por lo que he ido observando, que lo hinchado de la cara y de la calentura son efectos del fuego divino, que en su cara vive y arde" (125).

Los comentarios de los secretarios, aunque se pretenda como cosa debida la objetividad ("en todo seguimos la letra y método de la narración" [88]), reflejan su falta de creencia y hastío frente a los pensamientos y el comportamiento inscritos. Dispersos por la narración se encuentran comentarios como: "Aquí como siempre aparenta una grandísima inocencia" (89), "Y sigue con la acostumbrada ficción" (95), "Aquí inventa muchos embustes que pasaron con el Niño" (114), y "Aquí... consta... una chismería con la religiosa o religiosas que el padre confesaba" (129).

Aunque de tercera mano (es decir, de las palabras dichas de Vargas a la transcripción de Rodríguez al resumen de los inquisitores), las descripciones en tercera persona de las acciones, los pensamientos, las palabras y los diálogos en primera persona entre la extática y el Niño Jesús, son la única documentación que nos queda de la vida de María Rita Vargas. El lenguaje es hiperbólico, repleto de dichos populares de la época. Es de una persona sin educación formal, como la beata acusada.

El diario revela la lucha por sobrevivir de una criolla urbana y pobre, el intento de trascender sus circunstancias y la lealtad extraviada a su "padre". Saber que es escogida, aun si la única otra persona que lo sabe es su confesor, compensa la pobreza y la ignorancia en que ha pasado la vida. A través de los raptos, Vargas crea un mundo en que puede vivir mejor. La sexualidad, la crianza, el anhelo por lo divino, y la subjetividad en la historia, todos son elementos claves en el diario, como también lo son los mecanismos de poder, los cuales se conectan directamente con el cuerpo (Foucault 152).

Había dos hombres importantes en la vida extática de María Rita Vargas: su confesor, a quien ella llamaba "tata",[4] y el Niño Jesús, a quien ella llamaba "el Niño". A veces, jugaba uno contra el otro, consiguiendo así lo que deseaba. Aunque de vez en cuando desafiaba al confesor, haciendo que el Niño le mandara lo opuesto a lo que decía Rodríguez, otras veces afirmaba con las palabras del Niño el lugar especial en el panteón divino de los perfectos espirituales que le correspondía al padre Antonio.

En la relación de Vargas con Rodríguez, hay una oscilación continua entre su papel de hija y el de madre, quizás para así ejercer más poder e influencia. Debe haber necesitado tal munición, porque aunque Rodríguez parece haber preferido a las mujeres como penitentes, como hemos notado arriba, ella le cita diciendo, con violenta misoginia, "que las quemara a todas con zacate verde por habladoras" (97). Como hija y madre, Vargas podía tener más espacio emotivo. Resume los papeles familiares que hace cuando le dice al Niño, "tú me dijiste que lo tomara por padre, para obedecerlo, y por hijo, para pedir por su justicia" (98). El Niño, sin embargo, prefiere confirmar sólo su papel de madre. Dice, por ejemplo, que ella cuida a su padre espiritual "como una madre celosa cuida de su hijo" (87) y "mucho cuidas a tu hijo" (98). Así, con las visiones, Vargas puede alcanzar más poder social, cambiando de hija a madre, y cambiando a Rodríguez de padre a hijo.

Repetidas veces, el Niño confirma a Vargas como una persona con perfecta espiritualidad. De hecho, él se hace portavoz de su santidad, mientras ella, como María Rita Vargas, se injuria. Cuando él quiere que ella le ayude a cargar la cruz, por ejemplo, Vargas dice: "a buen árbol te acoges. Yo no sé hacer nada bueno" (117). Pero él la confirma: "cada monja, si quisiera, podía ser anacoreta en sus claustros" (112). El Niño le habla en latín, lo cual protesta. Hasta la llama "capellana" (126), aludiendo al confesor con la versión femenina de su trabajo.

El Niño Jesús ofrece la posibilidad de dos géneros de relación, en este caso maternal-filial y sexual. Aparece a edades variadas, distinguido por frases descriptivas como "el Niño de la voz dulce" (86) o notando un cambio en su desarrollo físico. Vargas tenía ante sí continuamente las estatuas del Niño Jesús colocadas en los altares de las iglesias y en nichos en su propia casa, las cuales la ayudaban a imaginar cómo era físicamente el Niño. También intuía mucho sobre su personalidad, basándose en las imágenes iconográficas que veía. La edad tan joven del Niño permitía dos tipos de comportamiento casi incestuoso.

Como si significara el matrimonio, el Niño la llama como a sí mismo: María Rita del Niño Jesús (89). Jugando, ella lo llama su negrito, chinito y guapo, a lo que él responde que es su chulo (89), su guapo (100). Le toca los pechos y la cara repetidas veces y, diciendo que tiene frío, quiere dormir abrigado con ella. Pero ella le regaña maternalmente tantas veces —por ser tonto, por querer jugar demasiado, por pegarle, por no preguntar por su salud— que el Niño comienza a llamarla "vieja regañona" (123). A la vez niño y compañero sexual, el Niño llena las necesidades combinadas de familia y aventura.

Usando las palabras del Niño, Vargas quiere protegerse de los problemas que anticipa va a tener con las autoridades eclesiásticas. Una estrategia de que se vale es llamarse a sí misma como los inquisidores la llamarían después: "ilusa", "espirituada" (99) e "impertinente y malísima" (87). O deja lucir su conocimiento de dogma. De una visión Rodríguez escribe que dice, "Quedaba tan unida con el Niño, que dice que si no fuera herejía diría que era igual en todo al mismo Dios" (109). Tiene tanto miedo que hasta los inquisidores dicen, "Aquí aparenta mucho miedo por no caer en la inquisición" (104). Es astuta, y tiene tanto terror que le ruega al padre Antonio que queme lo que ha escrito: "porque yo no tengo necesidad que me lleven a la inquisición" (94). Irónicamente, ha predicho su propio destino.

El diario de María Lucía Celis, el cual recobra solamente un mes de su vida visionaria (del 29 de junio al 29 de julio de 1798), refleja otro tipo de experiencia pero también los mismos intereses y preocupaciones que el de María Rita Vargas. Encontrado accidentalmente en una investigación rutinaria en la casa de Rodríguez después de que se sospechó su relación con Vargas, el diario llevó al encarcelamiento de Celis después de la primera fase del proceso inquisitorial contra Rodríguez y Vargas.

Como muchas otras acusadas de ilusas, María Lucía Celis era una criolla urbana de un barrio pobre, hija de un zapatero (135). A diferencia de muchas otras, había sido prostituta. Mientras vivía con Rodríguez, él transcribía sus visiones. Como María Rita Vargas, y con la animación del confesor, Celis creó una vida activa del cuerpo y de la mente, en una relación íntima que ella definía con Dios y una lucha cada noche con el diablo. Con su cuerpo, María Lucía Celis al mismo tiempo expiaba culpabilidad por su antigua vida y transformaba su sexualidad en un blanco de deseo para el diablo y un instrumento de sacrificio para Dios. Encontró afirmación en su importancia espiritual para los dos. En su vida y sus palabras transcritas, la violencia y la tranquilidad coexistieron.

Para su confesor, y para los oficiales que examinaron a los dos, el cuerpo de María Lucía Celis ya está inscrito, prescrito con las señales de su oficio, las cuales se vinculan con su diario, el que tiene la marca del narrador-*amanuesis*, Antonio Rodríguez Colodrero. Dice Lois McNay, en otro contexto, "as the center of the struggle for domination, the body is both shaped and reshaped by the warring forces acting upon it" (127). A diferencia de Rodríguez, condicionada como está por las relaciones de poder, Celis se hace hereje aun antes de "admitir" durante su proceso que las visiones son un producto de su imaginación, no de la intervención divina. Como nota Kaja Silverman, "discourse functions first to territorialize and then to map meaning onto bodies ... the female body cannot be seen as existing outside discourse ... since it is precisely with that body that subjectivity begins" (324).

Como María Magdalena, cuya presencia se alude implícitamente, aunque nunca se menciona, María Lucía Celis es —trata de ser— una prostituta reformada.[5] También como la Magdalena, Jesús la favorece y por lo tanto transforma los usos del cuerpo. Pero Celis sigue a Rodríguez, guía no tan ejemplar como el de la Magdalena. Sin embargo, lo hace para olvidar y transformar su pasado y para situarse en la historia.

En su vida visionaria, alternan escenas de felicidad doméstica en familia (padre, Antonio Rodríguez, a quien ella llama taita, y el diablo, a quien ella llama Tonchillo; madre, la Virgen María, a quien ella llama nana; esposo, Jesús, a quien ella llama esposito; esposa, María Lucía Celis, a quien él llama esposita o paloma mía; el Niño Jesús, a quien ella llama el niño) con lo que hoy día llamaríamos violencia sadomasoquista y en el siglo dieciocho representaba la imitación de la Pasión de Jesucristo, ya que el diablo y sus demonios torturan, golpean e intentan violar a Celis. El masoquismo, dice Jessica Benjamin, es "a search for recognition of the self ... that is alienated or distorted because the element of freedom is replaced by the element of force" (286).

La transcripción hecha por los oficiales secretarios de la recreación de Rodríguez del sistema erótico de Celis, estructurada por la dinámica del dominio, definió su sexualidad herética, aunque fuera dirigida hacia lo divino. Hay que vincular la obsesión con su pecado con la mirada masculina —sean fiscales, jueces o voz narrativa que se inserta para moralizar o enfatizar algo teológico.

Celis se rebela y lucha: mete las acusaciones de herejía en la boca del diablo, invirtiendo así ortodoxia y heterodoxia. El 3 de julio, por ejemplo, Lucifer, enfadado porque no puede mamar del pecho de Celis, la llama "maldita ilusa, alcahueta" y a Rodríguez, "iluso y alborotador de repúblicas" (143). Esta estrategia discursiva intenta fortalecer su santidad retratada, pero resulta peligrosa. Las mismas palabras de incontados procesos jurídicos eclesiásticos, usadas como un talismán contra su uso en la vida material, parecen desafiar la sumisión y obediencia religiosas. Tal vez parezcan demasiado paródicas en la boca de una prostituta acusada de ilusa.

El diario describe una batalla por sumisión. ¿Va el diablo, usando el sexo como arma, a hacer que Celis se rinda a su deseo? O, ¿va Jesucristo, sirviendo de instrumento de pacificación por Antonio Rodríguez, a seducirla con su dulzura, cariño y atención? La repetida re-creación interior del dominio erótico de parte de Celis incorpora lo que Jessica Benjamin llama "the desire for independence and recognition" (281). También se podría decir que el propósito de Celis incluye: "the [erotic] violation of the body ... [which] breaks the taboo between life and death and breaks through our discontinuity from the other" (Benjamin 285).

El diablo, el Otro de Dios, intenta establecer una relación con Celis en la que alterna amenazas y actos de violencia física con promesas de satisfacción sexual. Dice ser mejor esposo que Jesús porque la va a satisfacer sexualmente (190). Pero anhela lo mismo que Jesús y la Virgen María: sustento del pecho de María Lucía Celis. Por supuesto, Celis resiste al diablo y le niega sus deseos. Para vengarse, y para competir con Jesús y Rodríguez, el diablo intenta tanto la intimidación sicológica como la física. Durante unas noches en que Jesús ya no viene a verla, por ejemplo, Lucifer se dirige a Celis, diciendo en voz alta lo que ella teme: "ya tú ves que te han dejado" (190).

Las gráficas descripciones visuales, escritas con el discurso de la pornografía que hace que la que recibe la violencia sea objeto, pretenden recalcar dos hechos: la habilidad del diablo de violar y la fuerza moral y espiritual de María Lucía Celis. Son retratos dinámicos, activos, llenos de detalles. En solamente una noche, el 3 de julio, Lucifer y sus seguidores la atan a una columna, la azotan, la coronan con espinas, la crucifican, la golpean, le aplican barras de hierro caliente por todo el cuerpo, saltan encima de ella, le tiran el pelo, le dan patadas y la amenazan con quitarle el pecho izquierdo con un machete (141-45). Claro que algunos de estos actos hacen resaltar el paralelo entre Celis y Jesucristo. Pero hay más. Se intercala la violencia con tentaciones sexuales. Específicamente, el diablo quiere tener cópula con ella. La penetración física, aunque sea en un nivel paradójicamente fuera del cuerpo, sustituye o simboliza la sumisión espiritual a la voluntad del diablo.

El lenguaje del diablo es más vulgar que el de Dios, pero su deseo de intimidad con María Lucía Celis es similar. Forzada a escoger entre ellos diariamente, Celis lo logra por la resistencia pasiva. Cada noche, confrontada con la violencia física y la tentación sexual, Celis se limita a seguir los mandatos del confesor. Cierra los ojos (a menos que Dios le diga que los abra) y repite una palabra en latín, "Sitio", la que significa "tener sed" y que se dice Jesucristo pronunció en la cruz (Ramírez Leyva 270, n. 100). La coronación de espinas y la crucifixión cada noche imitan, como hemos dicho, la Pasión de Cristo, una imitación que todos los que aspiraban a la perfección espiritual buscaban. Prueban su santidad y su fuerza contra el diablo —cosa verdaderamente audaz e inesperada para una prostituta. El extremo dolor, la actividad febril, la tentación sexual: los sufre y los sobrevive en nombre de la unión con Dios.[6]

La sumisión sexual a Dios trae paz, no guerra; curación, no dolor; familia, no una muchedumbre de enemigos; conexión, no penetración. Jesús duerme con ella, la acaricia, la tranquiliza. Las descripciones sensuales muestran su intimidad: "se acuesta abrazadita con su esposo en amores y besándose pasan toda la noche" (154). Él es el premio por arriesgar su cuerpo y su vida, por resistir el halago del diablo.

Las relaciones familiares con otras divinidades, la Virgen María y el niño Jesús, acompañan al matrimonio. Jesús adulto la protege de la violación como caballero andante y la acompaña en la cama como esposo. El niño Jesús le da fuerza durante la larga noche cuando su esposo no viene; también la ayuda a devolver al diablo al infierno. Y la Virgen María le hace saber lo contenta que está con el matrimonio de Celis y su hijo. Son amigos que la apoyan y la cuidan en tiempos de necesidad.

Tal como el esposo visionario y la suegra beben del pecho de Celis, ella toma del costado de María y de Jesús. En una pasmosa escena de triángulo, María, Jesús, y Celis se maman al mismo tiempo, haciéndose los tres madre e hija/o a la vez. Todos los personajes de las visiones están preocupados por mamar y, sobre todo, del pecho izquierdo de Celis, el que parece representar tranquilidad y seguridad. En la iconografía católica, Jesús, no María, nos da leche —la leche de la misericordia— a los seres humanos (véase Warner). María Lucía Celis, entonces, se hace Jesucristo en este sentido.[7] Celis también le pide a Jesús que deje mamar a Rodríguez y a "sus dos hermanitas", lo cual le concede. Entonces le pide otra cosa: "yo quisiera que me concedieras que todo el mundo mamara". Contesta que sería posible "si todos a mí sólo me amaran" (162), confirmando así el singular lugar que tienen Rodríguez y su círculo.

La mayoría de las visiones comienzan con una oración sobre los azotes que le dieron a Jesús durante la Pasión. A veces, la visión dura lo mismo que la misa del padre Antonio. El 19 de julio, por ejemplo, Celis y la Virgen María juntas bajan a Jesús de la cruz. María Lucía le saca los clavos y sus lágrimas le curan las heridas. Después de mamar del pecho de Celis, Jesús dice, "nos vamos, porque ya va a acabar tu padrecito"; más tarde, en "la segunda comunión", Celis vuelve a la misma escena pastoral que aparece en todas sus visiones, un campo con ovejas (178). El estrecho vínculo entre el rito religioso dictado por el confesor (la oración y la misa) y la experiencia extática sugieren dos deseos: de agradar y de ser considerada santa.

El crucifijo, más que cualquier otro acto de piedad, justifica la condición de trascendencia de Celis. La imitación de la Pasión muestra su fuerza espiritual y la ayuda que le da a Jesús antes y durante su crucifixión recalcan que está cerca de la divinidad: "In his crucifixion he opens up a path of redemption to her" (Irigaray 200). Ella puede ayudarlo, habiendo sufrido lo mismo. Sus lágrimas curan las heridas de los azotes en la espalda de Jesús (162) y satisfacen su sed (170), tal como su leche le da consuelo.

Para resumir, la crucifixión y el mamar forman el armazón de las visiones. Juntan dos líquidos corporales, la sangre y la leche. En su mundo espiritual, Celis confunde la sangre de Cristo con la suya, transformando así su condición de mujer. Derrama sangre en las penitencias y en la imitación de la Pasión, pero es probable que hubiera dejado de menstruar, un resultado común del régimen ascético que siguió. Ya que la sangre de Cristo les da sustento a otros, es aliento como la leche maternal. Obviamente, este simbolismo existe todavía hoy en el tomar un sorbito de vino al comulgar, parte íntegra del dogma y rito católicos. Pero en este caso, la igualdad de la sangre y la leche llevan a una inversión de la jerarquía social. Coloca a María Lucía Celis al lado de Jesucristo, algo que la Iglesia no habría querido para una prostituta pobre.

La sentencia: de Antonio Rodríguez, los inquisidores dicen que se sorprenden del "candor de éste y ... la suma ignorancia que advierten en él, así en no conocer la malicia de las gentes, sino en la ciencia teológica ... [con] intención limpia" (133). Pero están de acuerdo en que "no es hereje ni sospechoso de serlo, sino inepto absolutamente para el ministerio" (242). Después de que Rodríguez expresa su sorpresa por lo que le acusan, y dice que siempre había dudado de las dos beatas, lo destierran de Madrid y la Ciudad de México por diez años y lo deportan a España.

No se les ofreció tal clemencia a María Rita Vargas ni a María Lucía Celis. Los inquisidores vuelven a afirmar su desdén por Vargas y terminan con palabras ásperas: "Tal es el compendio del abultada [sic] fárrago de la vida de María Rita Vargas ... no exhala otro espíritu que el de ilusión a que satanás ha precipitado a esta mujer (133) ... todo lo fingía ... en el estado miserable de ilusa, hipócrita, blasfema y hereje". También la llaman "ilusa, visionaria y falsaria" (134).

La decisión de los jueces en el caso de María Lucía Celis sirve para enseñar la misma lección con el mismo castigo. Como en el caso de Vargas, se basan en una investigación de un diario escrito con letra de Rodríguez, no de la acusada. Y, en el caso de Celis, el diario se extiende a un mes, nada más.

Ambas mujeres fueron castigadas de la siguiente manera: una lectura pública de sus crímenes dos veces —en la iglesia y mientras iban medio desnudas en una bestia de carga por las calles. Entonces, tuvieron que servir cuatro años sin sueldo en el hospital de San Andrés. Finalmente, fueron desterradas de Madrid y de la Ciudad de México por diez años (244).[8]

Marginadas en su sociedad, María Rita Vargas y María Lucía Celis buscaron subjetividad en la historia a través de la trascendencia espiritual. La relación con el confesor y la vida visionaria que crearon bajo su tutela les ofreció un espacio en el que podían ejercer esa subjetividad, negada en la interacción social. Los documentos que nos quedan, aun si son transcripciones inexactas y alteradas de sus palabras, nos hablan dos siglos más tarde de la política de género y clase, de conceptos de sexualidad, y de múltiples versiones de religiosidad durante los últimos años del México colonial.

NOTAS

[1] Este ensayo debe mucho al trabajo que Electa Arenal y yo hemos hecho juntas. Véase la bibliografía.
[2] Todas las páginas citadas son de esta edición.
[3] Se pueden proponer varias teorías sobre el por qué prefería a las pobres. Yo sugeriría que quedaba más definida la jerarquía y la relación desigual de poder con las más marginadas, pero blancas.
[4] En sus visiones, el diablo le llama "Tonches".
[5] Admitió durante el proceso que había "caído" varias veces, pero que se lo había ocultado al confesor (225). También confesó "poluciones consigo misma": pero culpó al padre Antonio porque se lo había dicho y él le dijo que era el diablo (227).
[6] A veces hace algo más activo, normalmente golpeando al diablo con el zapato del confesor.
[7] Isabel de Jesús (1586-1648), una monja campesina del campo castellano, juzgada una auténtica visionaria por la Iglesia, habla de cómo comprende y se identifica con el dolor de Jesús como madre que da de mamar a los hijos ingratos (Arenal y Schlau 203; Arenal 155).
[8] No se sabe nada más de ellas.

BIBLIOGRAFÍA

Arenal, Electa. "The Convent as Catalyst for Autonomy: Two Hispanic Nuns of the Seventeenth Century". *Women in Hispanic Literature: Icons and Fallen Idols*. Ed. Beth Miller. Berkeley: Universidad de California, 1983. 147-83.
____ y Stacey Schlau. "'Para corregir a una mujer': Heterodoxas y ortodoxas en el México colonial". *Crítica y descolonización: El sujeto colonial en la cultura latinoamericana*. Eds. Lúcia Helena Costigan y Beatriz González Stephan. Caracas: Academia Nacional de la Historia de Venezuela, 1992. 431-47.
____ y Staceu Schlau. "Thin Lines, Bedeviled Words: Monastic and Inquisitional Texts by Colonial Mexican Women". *Homenaje a Georgina Sabat-Rivers*. Ed. Lou Charnon-Deutsch. Madrid: Castalia, 1993. 31-44.
____ y Stacey Schlau. *Untold Sisters: Hispanic Nuns in Their Own Works*. Trad. Amanda Powell. Albuquerque: University of New Mexico, 1989.
Benjamin, Jessica. "Master and Slave: The Fantasy of Erotic Domination". *Powers of Desire: The Politics of Sexuality*. Eds. Ann Snitow, Christine Stansell, y Sharon Thompson. Nueva York: Monthly Review, 1983. 280-299.
Foucault, Michel. *The History of Sexuality: An Introduction*. Trad. R. Hurley. Nueva York: Pantheon, 1978.
Irigaray, Luce. "La Mystérique". *Speculum of the Other Woman*. Trad. Gillian C. Gill. Ithaca NY: Universidad de Cornell, 1985.
McNay, Lois. "The Foucauldian Body and the Exclusion of Experience". *Feminism and the Body*. Edición especial de *Hypatia* 6.3 (1991). Ed. Elizabeth Grosz. 125-139.
Ramírez Leyva, Edelmira, ed. *María Rita Vargas, María Lucía Celis. Beatas embaucadoras de la Colonia*. México: UNAM, 1988.
Silverman, Kaja. "*Histoire d'O*: The Construction of a Female Subject". Carol S. Vance, ed. *Pleasure and Danger: Exploring Female Sexuality*. Boston: Routledge & Kegan Paul, 1984. 320-349.
Tostado Gutiérrez, Marcela. *El álbum de la mujer. Antología ilustrada de las mexicanas*. Vol. II/Época colonial. México: Instituto Nacional de Antropología e Historia, 1991.
Warner, Marina. *Alone of All Her Sex: The Myth and the Cult of the Virgin Mary*. 1976. Nueva York: Vintage, 1983.

SANTA ROSA DE LIMA Y EL CUERPO SACRIFICIAL

POR

Frank Graziano
The American University

Cualquiera que viva en los suburbios sabe que la mala hierba se apodera de su jardín a menos que se tomen la medidas necesarias para detener su desarrollo. Hay que definir y defender el perímetro del jardín, y entre los retoños uno debe ser capaz de discernir entre la maleza y las flores que han sido sembradas. La escarda debe ser completa y despiadada; la maleza debe ser extirpada en el estricto sentido etimológico de la palabra, lo que denota un arrancar desde la raíz. La mala hierba, sin embargo, es persistente, y el trabajo inicial de demarcación de un terreno en forma de jardín debe ser seguido por una campaña en dos frentes: por un lado un esfuerzo sostenido para extirpar la maleza, y por el otro una cuidadosa nutrición de las frágiles flores para que éstas florezcan y alcancen su máximo potencial de belleza. La gran ironía de la empresa se presenta cuando los capullos sí florecen, pues estas creaciones cuidadosamente mimadas —mitad lo que intrínsicamente son y mitad lo que la percepción y la proyección las ha hecho ser— están destinadas a un desenlace semejante al que le tocó a la mala hierba anteriormente. Se destaca, sin embargo, una importante distinción entre cortar flores y arrancar maleza: una flor es cortada pero no cercenada; una flor es cortada para ser reverenciada, para ser venerada, para adornar y para ser admirada. Una flor es cortada y expuesta como un espejo que refleja la perfección que el propio jardinero desea para sí mismo. La belleza con que la flor cortada dramatiza su agonía es conmovedora; neutraliza el horror de la muerte; los contornos de su fragilidad posan y reposan hasta que la flor cae en pedazos, pétalo a pétalo, en una fragrante, insolente muerte que se insiste como un triunfo sobre la mortalidad y putrefacción.

Cuando Rosa de Lima, primera santa del Nuevo Mundo, murió en 1617, algo de esta poética sembró raíces. Luego la gloria acumulativa de la Rosa proliferó al ser expedito el proceso de beatificación y canonización y, subsecuentemente, al editar la serie de hagiografías que textualizaron su iconografía y confirieron una base canónica a la leyendas asociadas con la santa. Mi interés aquí es el de resumir brevemente uno de los aspectos sacrificiales de la muerte y santificación de Rosa de Lima, y además de relacionar el sacrificio con los tropos de la rosa y del jardín que frecuentemente se utilizan para contextualizar la inmolación figurativa. A lo mejor un ejemplo tomado del final nos proporcione el mejor comienzo, pues en la mañana de 27 de mayo de 1632 un equipo de clérigos, doctores en medicina y autoridades civiles abrió la tumba de Rosa de Lima y halló "todos los huesos del cuerpo divididos y apartados los unos de los otros. Y en algunos la carne seca consumida, de los cuales y de la caja en que estaban salía una suave olor semejante al de las rosas secas, muy diferente del que suelen tener los cuerpos muertos en semejante estado".[1] El cuerpo sagrado desafía la putrefacción, hace a la muerte oler como una rosa. Este triunfo sobre la muerte —ya sea una muerte individual en la tierra o una muerte colectiva de un pueblo pecador condenado eternamente al infierno— proporciona a la vez el motivo y el tropo de la veneración de Rosa. Como Jacinto de Parra lo expresa, la "fragrancia [de Rosa] se ha esparcido por todo el mundo, llenando de su suavidad el Orbe".[2]

La vida corta y torturada de Rosa de Lima puede ser eficazmente caracterizada como una de auto-sacrificio, llevado a cabo por un deliberado y concertado ataque a su cuerpo con el propósito explícito de purgar los pecados y de mutilar la carne en un ambivalente gesto simbólico que sugiere por un lado una desaparición o negación del cuerpo y por el otro una agonía erótica, una aberrante exaltación del cuerpo siempre y cuando sea lastimado. La mortificación sirvió para acelerar la entrega a Cristo el Esposo del cuerpo mutilado de Rosa, y este mismo Cristo sancionó la auto-tortura mientras esperaba (con poca paciencia) la asunción de su prometida Rosa para "gozarla por Esposa eternamente" (Parra 2). Si la tendencia general hacia el marianismo en la cultura latinoamericana demuestra la renuncia a la sexualidad, una cierta, vaga superioridad espiritual, el servilismo hacia el padre, esposo, e hijo, y una abnegación llevada al extremo, entonces Rosa de Lima representa una intensificación y concentración corporal del marianismo, no renunciando a la sexualidad, sino atacándola, hiriéndola; no sirviendo a los hombres, sino esclavizándose al padre, esposo, e hijo deificados en Cristo; no sucumbiendo a una abnegación general, sino aumentando la negación de sí misma a grado tal que se expresa resueltamente como auto-destrucción. Las flagelaciones con una cadena hasta que se formase un charco de sangre a su alrededor; el régimen diario de diez horas de trabajo, doce horas de oración y dos horas de sueño; la corona de espinas que rotaba periódicamente, de tal manera que la circunferencia entera del cráneo permaneciera lastimada; la dieta de cenizas; la compulsión realizada de beber sangre putrefacta; el aislamiento en una ermita o un armario; el caminar descalza sobre un brasero caliente; y otras innumerables penitencias atestan este programa religioso de auto-destrucción. El santo cuerpo femenino debe ser destruido porque es intrínsicamente pecador, porque pertenece a Dios, porque pertenece a un Dios que quiere amarlo como lo amaría un hombre. Cristo como hombre-dios goza a su Esposa solamente cuando ésta sea descarnada, su subjetividad subordinada sin reparación y su cuerpo negado hasta convertirse en un recipiente agujerado para el alma —casi un alma lujuriosa— que se rezuma a través de las heridas.

Si bien Rosa de Lima corporaliza los atributos del marianismo, en cambio el sacrificio físico de su cuerpo toma como su modelo no a la Virgen María sino a

Cristo mismo, al Cristo de la Pasión, Cristo sacrificado en la cruz. En el contexto presente el hecho de que "Rosa en vida fue[ra] una copia de Cristo" (Parra 646) es sumamente importante, puesto que la muerte de Cristo es una expiación vicaria, el sacrificio de un hombre inocente para salvar las almas de muchos que son culpables. La transformación de Cristo el hombre a Cristo el dios es alcanzada precisamente por el acto del sacrificio, que etimológicamente significa hacer sagrado. Como chivo expiatorio, Cristo carga los pecados del mundo y acepta esta carga para morir en nuestro lugar, expiando las atrocidades que la humanidad logra a través de la pompa y la armadura de sus instituciones. Limpia el mundo con sus sufrimientos, neutraliza los pecados ajenos por medio de la mortificación de su propia carne —Cristo el *pharmakós* lleva con él la contaminación del mundo y las almas negras se desinfectan. El Salvador, por lo tanto, le ofrece al mundo un nuevo comienzo; Cristo es el nuevo Adán, el que restaura el jardín profanado.

Este prototipo de Cristo Salvador fue asimilado por Rosa de Lima y dominó su identidad y todo su programa de mortificaciones. En las hagiografías, las aflicciones de Rosa se representan como excesivas para balancear la cuenta de su expiación de dos enormes conjuntos de pecados colectivos: por un lado los cometidos por la población indígena, y por el otro los cometidos por los conquistadores españoles. En el primer caso los hagiógrafos estilizan las Indias precolombinas como un ultraje al Dios cristiano debido a su paganismo, sus actos bárbaros de sacrificio, canibalismo y sodomía, su subyugación a lo que Parra llamó "el tirano yugo de los Ídolos" (Parra 55). Esta lamentable situación fue rectificada no por la Conquista y la Colonización —porque la evangelización de la población indígena fue superficial y la idolatría, en todo caso, continuó— sino gracias, precisamente, a Rosa de Lima, quien según los hagiógrafos triunfó donde los evangelizadores fracasaron. Más de un hagiógrafo presenta a Rosa de Lima como "Primera Fragrante flor, Fruto Opimo desta Plaga Meridional";[3] o "el primer fruto de las Indias" (Parra 50); o de nuevo, "era Rosa la primer [sic] flor de santidad del Nuevo Mundo" (Parra 128). El Perú como un "teatro de horrorosas espinas" "se transformó en divino plantel" gracias a la "vertiendo sangre" de Rosa.[4] Donde la extirpación de la idolatría —de los indios como maleza— fue ineficaz, Rosa de Lima siembra un jardín de flores, un Edén, "un jardín ameno de virtudes, un Parayso de perfecciones" (Parra 633) de tanto poder espiritual que tiene la capacidad de eliminar las malas hierbas o, más milagrosamente, de convertir la maleza misma en flores. Las metáforas desplegadas en nombre de esta santa que también es una flor se extienden aun más hacia los temas utópicos cuando Parra desmetaforiza su propio tropo; citando a Plinio, advierte que "la Rosa mejora transplantada" (Parra 561). Lo que el cristianismo europeo dejó por desear, lo que la tierra exhausta de Europa no pudo cultivar, ahora florecerá en las Indias edénicas, donde los nobles salvajes sin sectas, la materia prima del cristianismo perfeccionado, humildemente se someterán a su cultivo en "El delicioso Jardín de la Iglesia" (Meléndez 1). Con su sangre derramada Rosa "convirtió en Paraíso aquellos eriales espinosos y estériles" (Parra 641), y "con la Beatificación de Rosa florecerá en virtudes el desierto de la América" (Parra 134).

Entre una tradición general de tropos agrícolas que representan la evangelización, Rosa de Lima es así ofrecida y ofrendada como símbolo de la perfección del jardín que es la dichosa colonia americana. "Si es Jardín el Perú, esta flor es su mayor adorno" (Parra 53). El problema, sin embargo, es más espinudo de lo que el romance de este reino milenario americano admite, ya que al sembrar el jardín edénico-americano los españoles fueron culpables de atrocidades cometidas a gran escala, no sólo por la efusión de sangre de la Conquista sino también por los excesos de la encomienda y la mita y por el abuso general que en nombre de Dios los españoles colmaron a los indígenas por beneficio y diversión. Estas atrocidades, al igual que la idolatría, necesitarían ser reparadas en la carne de Rosa de Lima, y la cuenta de latigazos, rezos, y aflicciones tendrían que ser aumentada para expiar el cristianismo imperfecto e hipócrita de los nuevos limeños. Si el pueblo muestra un frenesí por la riqueza material, esto solamente puede ser balanceado con el contrapeso de la destrucción de una materia pura y preciosa, la materia del cuerpo de Rosa de Lima, que paulatinamente se desaparece y deja en su lugar una insistente espiritualidad mística.

El jardín del Nuevo Mundo resulta ser un jardín imperfecto, pero esta Rosa perfecta, esta Rosa con las espinas hacia adentro, crece con pureza como el agente mesiánico de la salvación, como la víctima sacrificial ofrecida en expiación al mismo Cristo que provee el modelo para su penitencia vicaria. Cuando la mano de Cristo se extiende para coger esta Rosa, para desflorar su recién adquirida Esposa en el acto de despojar el jardín de su primera fruta, la Rosa muere pero la fragrancia se queda, el jardín es definido y defendido, la extirpación de la maleza está bajo control. La flor es cosechada, pero el olor que se levanta de la tumba envuelve la maleza con su santidad.

Una vez que las leyendas locales divulgan tal lectura de las mortificaciones de Rosa, y una vez que estas leyendas asumen un poder canónico durante el proceso de beatificación, la oficialmente reconocida santidad de Rosa de Lima sobresale como un gesto no sólo de expiación de los pecados y de inducción formal del jardín del Nuevo Mundo a la esfera del catolicismo romano, sino también como el anuncio de un nuevo comienzo. En esta perspectiva la simbólicamente cargada muerte de Rosa de Lima, como la de Cristo, funciona como un sacrificio de fundación, con la presencia espiritual de Rosa de Lima edificando las instituciones que habían sufrido una crisis de proporciones y luego pretendieron consolidar tanto su poder interno como su control del Nuevo Mundo que habían conquistado. Como sugieren los numerosos tropos de construcción y edificación que se encuentran en las hagiografías, la nueva vida del Nuevo Mundo será construida sobre los cimientos de este cuerpo ensangrentado de la virgen Rosa, con la sangre de su destrucción no en las manos de nadie sino en las suyas propias.

NOTAS

[1] Proceso de beatificación y canonización, Archivo Arzobispal de Lima, folio 922.
[2] Jacinto de Parra, *Rosa laureada entre los santos* (Madrid: Impresor del Estado Eclesiástico de la Real Corona Castilla, 1670) 90.
[3] Juan Meléndez, *Festiva pompa, culto religioso, veneración reverente, fiesta, aclamación, y aplauso* ... (Lima, 1671) 1; Parra 50; y Parra, 128; respectivamente.
[4] Gonzálo Andrés de Meneses y Arce, *Ilustración de la Rosa* ...(Lima: Imprenta de Juan de Quevedo, 1670) 2.

IV. Sor Juana Inés de la Cruz: voz y máscara

LA GUERRA DE LAS FINEZAS
LA OTRA RESPUESTA A SOR FILOTEA EN UN MANUSCRITO INÉDITO DE
1691

POR

ELÍAS TRABULSE
El Colegio de México

I

De todas las obras de Sor Juana Inés de la Cruz ninguna tuvo en su época tantas repercusiones ni levantó tantas polémicas como la *Carta Atenagórica*.[1] Sor Juana escribió esta obra a petición de un ilustre aunque desconocido personaje que se la solicitó después de una conversación que tuvo con ella en el locutorio de San Jerónimo, muy probablemente en el transcurso del primer semestre de 1690.[2] En esa ocasión Sor Juana comentó algunos de los célebres sermones del jesuita portugués Antonio Vieyra y entre todos seleccionó, en forma premeditada y perfectamente calculada, uno de ellos sobre el que realizó una aguda crítica. Incluso ella tituló su escrito precisamente así, *Crisis de un Sermón*, siendo su primer editor el obispo de Puebla don Manuel Fernández de Santa Cruz quien le dio el nuevo nombre de *Carta Atenagórica*, es decir digna de la sabiduría de Palas Atenea.[3]

El sermón criticado por Sor Juana se denominaba del Mandato ya que fue pronunciado por Vieyra un Jueves Santo entre 1642 y 1652 en la Capilla Real de Lisboa.[4] En él se hacía una rememoración del célebre Mandato de Cristo a sus discípulos que aparece en el Evangelio de San Juan (XIII, 34) y que se inicia con las palabras: "Un nuevo mandamiento os doy ...". En torno a este tema Vieyra había tomado un antiguo asunto, largamente debatido, acerca de cuál había sido la fineza mayor de Cristo hacia los hombres,[5] es decir cuál había sido su más elevada prueba de amor por el género humano. Antes de exponer lo que él consideraba era la mayor fineza, Vieyra rebate las tesis acerca de este punto sostenidas por tres de los más grandes padres de la Iglesia: San Agustín, Santo Tomás de Aquino y San Juan Crisóstomo. A la tesis del primero de que la fineza mayor de Cristo había sido morir por los hombres, Vieyra repuso que abandonar a los hombres había sido un sacrificio mayor que morir por ellos. A la tesis de Santo Tomás de que la mayor prueba de amor fue permanecer en la Eucaristía, Vieyra respondió que mayor fineza de Cristo fue permanecer en el Santísimo Sacramento privado de sus sentidos. Y al Crisóstomo que sostenía que la mayor muestra del amor divino había sido lavar los pies de los apóstoles el Jueves Santo, el jesuita portugués opuso la tesis de que aun más grande prueba de amor fue lavar los pies de Judas sabiendo que lo traicionaría. Establecido esto Vieyra expuso su propia teoría: la fineza mayor de Jesús fue no desear para él nuestro amor a cambio del suyo, sino que nos amásemos los unos a los otros como una prueba única del amor que nos tenía.[6]

Sor Juana criticó la tesis de Vieyra con una lógica de granito. Defendió las tesis de los tres padres de la Iglesia, mostrando sus conocimientos teológicos, y rebatió la teoría de la fineza mayor de Vieyra mostrando que no sólo era inferior en valor a la de San Agustín, Santo Tomás y San Juan Crisóstomo, sino que incluso resultaba evidentemente menor como prueba del amor divino a la idea que ella tenía acerca de cuál había sido la máxima prueba del amor de Cristo por los hombres.[7] Esta tesis de Sor Juana es de una gran sutileza teológica: la mayor fineza de Dios —Sor Juana abandona aquí de momento el nombre de Cristo— es no hacer ningún favor a los hombres: la mayor fineza es no hacer ninguna. Si lo que distingue a la divinidad es el amor por sus criaturas, derramar sus gracias y beneficios sobre ellas es la prueba de ese amor de tal forma que contenerse y no hacerlo representa para Dios, un sacrificio mayor que realizarlo. Así escribe Sor Juana, "cuando Dios no le hace beneficios al hombre, porque los ha de convertir el hombre en su daño, reprime Dios los raudales de su inmensa liberalidad, detiene el mar de su infinito amor y estanca el curso de su absoluto poder". Y añade: "más le cuesta a Dios el no hacernos beneficios que no el hacérnoslos y, por consiguiente, mayor fineza es el suspenderlos que el ejecutarlos".[8] La mayor fineza de Dios, es pues negativa, pues al no hacernos beneficios nos hace el mayor beneficio.[9]

El texto manuscrito de Sor Juana corrió con suerte singular, ya que llegó a manos del obispo de Puebla Manuel Fernández de Santa Cruz quien después de leerlo comprendió su importancia y valor por la "viveza de los conceptos, la discreción de sus pruebas y la enérgica claridad con que convence el asunto".[10] Por todo esto creyó conveniente darlo a la imprenta. La obra se publicó a fines de 1690 sin el conocimiento ni la aprobación de su autora. Además de cambiarle el título Fernández de Santa Cruz hizo preceder el texto de Sor Juana de una carta suya dirigida a la autora y en la que se ocultó a medias bajo el pseudónimo demasiado obvio de Sor Filotea de la Cruz.[11] En esa célebre Carta, que está datada en Puebla el 25 de noviembre de 1690, el obispo reconvenía a Sor Juana por dedicarse a las letras profanas en olvido de las divinas, y la conminaba, con la rígida severidad de un príncipe de la Iglesia, a rectificar su vida y a retornar al redil propio de una sierva de Cristo.[12]

Es indudable que Sor Juana recibió la edición impresa de su crítica a Vieyra con sorpresa, y después de leer la amonestación del obispo creyó oportuno contestarle. Este fue el origen de la justamente célebre *Respuesta* a Sor Filotea de la Cruz, que Sor Juana escribió en aproximadamente dos meses, pues la fechó y firmó el 1° de marzo de 1691.[13]

Esta sucinta relación del origen, desarrollo y secuela de la *Carta Atenagórica* ha sido punto de partida de diversas hipótesis acerca del significado de esa obra. Se ha analizado el papel del obispo Fernández de Santa Cruz y su enemistad y rivalidad real o supuesta con el arzobispo de México Francisco de Aguiar y Seijas,[14] se ha estudiado la posible intervención del antiguo confesor de Sor Juana el jesuita Antonio Núñez de Miranda, se ha visto en la redacción de la *Carta Atenagórica* una "imprudencia consciente" de la monja, y en su publicación por el obispo una "celada" de la que ella no pudo preveer las consecuencias y de la que resultó víctima,[15] lo que explicaría su abandono de las letras y su silencio final. Desafortunadamente todas estas hipótesis carecen de datos históricos confiables en los cuales sustentarse, lo que explica sin duda su proliferación y los evidentes excesos interpretativos en que a menudo han incurrido.

Lo que sí resulta incontrovertible es que la *Carta Atenagórica* levantó una polémica cuyas repercusiones se percibían todavía en textos publicados varios decenios después de la muerte de Sor Juana.[16] Cuando apareció la obra surgieron en la Nueva España detractores y defensores cuyos escritos al parecer versaban sobre una gran variedad de aspectos, desde los estrictamente teológicos hasta aquéllos que discutían los derechos de una mujer, que además era monja, a impugnar las tesis de una de los glorias literarias de la Compañía de Jesús. Los nombres de estos personajes que intervinieron en la querella de las finezas de Cristo nos son en gran medida desconocidos ya que ni los biógrafos de Sor Juana ni los de los otros actores como el obispo de Puebla se preocuparon por registrarlos.[17] Sin embargo, conocemos a algunos, todos ellos clérigos:[18] José Ignacio de Castorena, Manuel Serrano de Pineda, Francisco Ildefonso de Segura, Francisco Xavier Palavicino, Francisco Ribera, Sebastián Sánchez y Cristóbal Tello. Casi todos ellos dejaron manuscritos sus comentarios, a favor o en contra, y están actualmente perdidos. Solamente los textos de Palavicino y de Tello lograron llegar hasta nuestros días. El de Palavicino fue impreso en 1691, con el título de *La fineza mayor*. Se trata del sermón que este presbítero pronunció en el Convento de San Jerónimo el 10 de marzo de 1691 (nueve días después de la fecha de la *Respuesta* a Sor Filotea) y en el cual disiente tanto de Vieyra como de Sor Juana y se adhiere a la teoría de Santo Tomás acerca de que la mayor fineza de Cristo fue la institución de la Eucaristía.[19] En cuanto al texto de fray Cristóbal Tello se conserva manuscrito como un comentario a la tesis de Vieyra y a la polémica que suscitó. Se encuentra inscrito en una edición impresa en León de Francia en 1544 de la *Vida de Cristo* de Ludolfo Cartujano, obra que tuvo gran difusión en España y sus colonias.[20]

Sin embargo, quien mejor nos describe la magnitud de la polémica y las agresiones que sufrió por su crítica a Vieyra, es la misma Sor Juana. En su *Respuesta* a Sor Filotea habla de sus impugnadores, calumniadores y perseguidores, así como de un "censor" que la acusó de "herética" y que escribió un libelo en su contra, del cual —"rara demencia" dice Sor Juana— hacía copias que distribuía.[21] Calleja dice de él que era un loco que con "ímpetu cerril" la atacaba por haber osado tratar temas teológicos. A éste y a sus otros detractores Sor Juana no les respondió; sólo nos dice que fueron otros los que se preocuparon en escribir "papeles" en defensa suya, de los cuales ella logró leer algunos.[22] Sin embargo, la discreción engañosa y sutil de Sor Juana le impidió escribir los nombres tanto de sus aliados como de sus enemigos.²³ Sólo nos dejó un conjunto de posibles inferencias, de disfraces, de insinuaciones, de máscaras y de enigmas, que en cierta forma quitan el tono sombrío a esa disputa teológica sobre la fineza mayor, la cual por extraño e irreverente que pueda parecer tuvo también una dimensión satírica.

En efecto, es a través de un documento hasta ahora desconocido, de carácter a la vez lúdico y teológico; donde quizá podamos encontrar las respuestas a algunas de las interrogantes que envuelven a la *Carta Atenagórica*.

II

El día primero de febrero de 1691 una monja del convento de San Jerónimo de la ciudad de México firmaba y databa un documento que llevaba por título *Carta que aviendo visto la Athenagórica que con tanto acierto dio a la estampa Sor Philotea de la Cruz del Convento de la Santíssima Trinidad de la Ciudad de los Angeles, escribía Seraphina de Christo en el Convento de N.P.S. Jerónimo de México*. El manuscrito consta de la portada con el título y tres hojas, en folio (31.2 x 22.00 cm). Fue escrito con letra clara y está apostillado.²⁴ Se trata de una misiva que presumiblemente Sor Serafina de Cristo le envió al obispo de Puebla, Manuel Fernández de Santa Cruz. Ignoramos si alguna vez llegó a su destino, aunque por su contenido es factible dudar que haya sido alguna vez enviada. Está escrita en prosa y en verso y el tono jocoserio aparece a lo largo de toda ella. A pesar de ir dirigida a Sor Filotea de la Cruz, Sor Serafina no duda en decirle "Mi señor" como si conociera perfectamente el disfraz del obispo.²⁵ Además tiene el atrevimiento de decirle, en el primer párrafo, que fue él quien le ajustó las "Atenagóricas cuentas" a Vieyra, y no Sor Juana, ya que al publicar la *Carta Atenagórica* había sido él y no ella quien había salido a "ajustar las honras" del jesuita portugués.²⁶ Establecido este hecho Sor Serafina le plantea al obispo un enigma: que adivine quién es el personaje contra el que iba dirigida en realidad la *Atenagórica*. Para ello le va a dar ciertas claves. Finge entonces que un amigo le ha comunicado información velada que ella va a transmitir en forma fidedigna al obispo y que en esa información están las claves. Así, a lo largo de las siete partes en que divide su poco respetuosa carta al obispo de Puebla le dará todos los datos para que sea él quien descubra el verdadero destinatario de la carta de Sor Juana que él mismo mandó imprimir. De esta manera se inicia el divertimento epistolar de Sor Serafina a costa de Sor Filotea.

Comienza diciéndole que su amigo le comunicó que había salido un "soldado castellano" en defensa del "valentísimo portugués", es decir de Vieyra,²⁷ pero que su defensa había sido subterránea y que se notaba que no quería exponerse demasiado o, como dice Sor Serafina:

> Él no ha dado en que entender
> dando mucho que decir
> sólo ha dado su sentir
> pero no su parecer.

Y añade que si sobre el tema de la *Atenagórica* no daba su parecer con claridad y valentía no tenía derecho a "salir a censurar" al obispo por su *Carta*, "que para mí no es Epístola —dice Sor Serafina— sino Evangelio". Y añade que ese juicio del "soldado castellano" no merece entonces tomarse en cuenta:

> Su revisión: no hay que ver
> Su dicho: no hay que decir
> Su razón: sólo es sentir
> Su juicio: no parecer.[28]

Más aún, si ese soldado no acallara sus censuras soterradas había que decirle que leyera a fray Manuel Guerra quien en su sermón del Primer Lunes de Cuaresma había impugnado el Sermón que Vieyra había pronunciado con motivo del Segundo Domingo de Adviento. Ahí el padre Guerra, dice Sor Serafina, refutó un sermón de Vieyra en el que éste "ingeniosísimo como siempre persuade que el juicio de los hombres es más temeroso que el Juicio de Dios". Si después de que el soldado lea a Guerra no se convence de su error entonces que deje la "guerra galana" que se le ofrece y que salga a la "guerra viva", sin ocultarse más.

A todo lo cual respondió el amigo de Sor Serafina con una propuesta: la de revelarle quién era "el dicho soldado". "¿No se acuerda Vuestra Merced —le dice— de un soldado que sin acabar de sacar la cara hizo su papel contra la invencible Camila y quiso con sus fueros espantarla? Pues ése, ése es. Véalo ahora Vuestra Merced desde aquí a su gusto que le apunto; y vaya viendo en el soldado lo Castellano con su buen latín". Vienen entonces cuatro líneas de versos en latín y dos cuartetas de su traducción libre al castellano:

> Orphito, soldado que
> no le pueden dar alcance
> es aquél que huyendo el lance
> no se quiso echar a pie.
>
> El joven soldado viejo
> quiso parecer; y no.
> Serálo. No dudo yo
> Sí, pero no en su pellejo.[29]

Así empieza la identificación del soldado enemigo de Camila, la virgen guerrera cuyas hazañas cantó Virgilio en *La Eneida*. Pero ¿quién es esta Camila?, se pregunta Sor Serafina:

> No la *Carta*, la Cabeza
> Sacó de lobo a Camila
> Y aunque los dientes afila
> Queda *in albis* su fiereza.

> Lobo se ha mostrado, y es
> que imagina ser cordera
> su adalid, como si fuera
> aquella Camila YNES.

Y concluye:

> No tan fiera, que este día
> en la mujeril victoria
> (dijo Camila) la gloria
> de los PADRES es la mía.
>
> Para gloria de las MADRES
> sepa en el mundo todo hombre
> que hoy, en Camila, más nombre
> han conseguido los PADRES.[30]

La identidad de Camila con Juana Inés, por su defensa de los tres Padres de la Iglesia, es evidente; lo que no sucede con la identidad del soldado castellano. Sin embargo, el amigo de Sor Serafina le da una pista más: que en realidad el sermón que refutó Sor Juana no es de Vieyra, sino de un gran orador que imprimió en él "su valiente espíritu, generoso aliento y buen estilo". Y que dicho sermón "es hijo de Padre y que, aunque anda sólo y descarriado, no se le puede negar que es hijo de sus obras".[31] A todo lo cual nos preguntamos: ¿Qué soldado novohispano pronunciaba sermones, célebres por su elocuencia todos los Jueves Santos en honor del Santísimo Sacramento? ¿Qué soldado consideraba a la Eucaristía como la fineza mayor y sus sermones del Mandato fueron elogiados por su biógrafo? ¿A quién se refería fray Luis Tineo de Morales cuando parafraseando a Virgilio en el prólogo de la *Inundación Castálida*, comparaba a Juana Inés con Camila y al soldado castellano con aquél que la quería arrancar del estudio y del cultivo de las letras profanas? ¿A quién se refiere Sor Juana en la *Respuesta a Sor Filotea* cuando dice que no "faltó soldado de fuera que no le afligiese"? ¿Quién es entonces ese soldado de la milicia de Cristo, es decir de la Compañía de Jesús, a quién se refiere Sor Serafina? ¿Quién, sino el antiguo confesor de Sor Juana, el Padre Antonio Núñez de Miranda?

Ésta —creemos— es la solución del enigma que le plantea Sor Serafina al obispo de Puebla. Hay un soldado —un miembro de las milicias de San Ignacio— que ha hostilizado en secreto a Sor Juana porque su *Carta Atenagórica* rebate su idea de cuál era la mayor fineza de Cristo al sostener que no fue el habernos legado la Eucaristía, como afirmaba Núñez de Miranda, sino que la mayor fineza era no hacer ninguna fineza. El destinatario final de la *Atenagórica* —le dice Sor Serafina a Sor Filotea— no fue Vieyra —cuyo sermón tenía cuarenta años de haber sido pronunciado— sino Núñez de Miranda cuya teoría sobre la fineza mayor sostendría Palavicino en el sermón que pronunció en San Jerónimo el 10 de marzo de 1691, como para recordarle a Sor Juana lo que debía de respeto a su antiguo confesor.

Así, con evidente fruición concluye Sor Serafina la exposición de su enigma y de su clave. Y por si el obispo no ha dado con ella le destina, para terminar, unas "negras quintillas", que "sirvan siquiera de pista en la flaqueza que con el dicho soldado se ha descubierto". En esas doce quintillas Sor Serafina hace lo que ella denomina un "caracol"; es decir, una serie de "vueltas a una parte y a otra torciendo el camino". En ese "caracol" hace un resumen en verso de toda su carta al obispo para que si no ha encontrado la solución pueda ahora llegar a buen fin. Y para despedirse le dedica las dos últimas quintillas:

> Si confuso caracol
> es lo dicho Madre Cruz
> apliquele su arrebol
> que yo no lo saco a luz
> sino que lo saco al sol
> Al fuego así que ilumina
> acrisolando finezas
> de Cristo en la Cruz se afina
> Alma a pesar de tibiezas
> que de Cristo Serafina.[32]

III

La lectura de la *Carta* de Serafina de Cristo plantea algunas interrogantes obvias. ¿Quién es esta misteriosa monja compañera y aliada de Sor Juana de la que no encontramos rastro alguno? El *Libro de Profesiones de San Jerónimo* que abarca de 1586 a 1713 no registra, para la época que aquí tratamos, a ninguna Serafina de Cristo.[33] Y el padre Palavicino no la menciona en la portada de su sermón sobre *La fineza mayor*, donde enumera a la priora, vicaria, definidoras y contadora de San Jerónimo en 1691, año en que Sor Juana fungía precisamente como contadora.[34] Además el nombre de esta aguerrida defensora de Sor Juana no es mencionada por Calleja, Castorena, Oviedo o Torres. Ni tampoco por Sor Juana quien nunca dijo que una correligionaria suya hubiese tomado la pluma para defenderla de sus detractores. Tampoco es fácilmente explicable que Sor Juana ignorara la existencia de una *Carta* semejante, escrita sobre ella y en su mismo convento. Además hemos de reconocer que Serafina de Cristo poseía amplios conocimientos teológicos, una excelente erudición clásica y gran capacidad versificadora. Que una monja con estas virtudes haya compartido el claustro de Sor Juana y no tengamos noticia de ella hasta ahora, es cosa digna de admiración. Ningún bibliógrafo la cita, ni siquiera el prolijo Beristáin o el erudito Eguiara. Su sabiduría y su obra —si es que la tuvo— perecieron con ella.

Sin embargo, es posible que la crítica interna de la *Carta* de Serafina de Cristo arroje un poco de luz sobre quién pudo ser esta sabia monja jerónima. El tono burlesco y familiar de la *Carta*, revelan que quien la escribió sentía cierta confianza hacia su presunto destinatario, el obispo Fernández de Santa Cruz.

Además la alusión reiterada al "soldado" hace pensar en alguien que sabía que dicho personaje nada podía contra Sor Juana. Por otra parte la *Carta* posee un profundo sentimiento feminista: Camila, la heroína virgiliana, vence al soldado. Recuérdese que Sor Juana en diversas ocasiones aludió a este personaje que tan atractivo le parecía y con el cual indudablemente se identificaba.[35] Camila —Sor Juana— puede criticar a Vieyra o a Núñez de Miranda a pesar de ser mujer o como ella dice "una mujer ignorante".[36] Además Sor Serafina conoce bien la *Inundación Castálida* y puede recordar y citar las paráfrasis de Tineo de Morales así como sus salidas burlonas e irónicas contra el censor de Sor Juana.[37]

Pero esto no es todo. Existen frases de Sor Serafina que vemos que aparecen en obras de Sor Juana: la alusión a los "negros versos" o "negras quintillas", la "mujeril victoria", el "soldado de afuera", el "desliz de la pluma", el "*canis festinans*".[38] Es claro que visto lo anterior, una duda nos puede razonablemente asaltar: la posibilidad de que Serafina de Cristo sea la misma Sor Juana. Después de todo si el obispo había utilizado el pseudónimo de Filotea de la Cruz para dirigirse a ella, ¿porqué Sor Juana no podría también usar otro nombre para dirigirse a él? Y además el pseudónimo que eligió era de una lógica apabullante: Serafina de Cristo, que bien leído por Fernández de Santa Cruz le hubiera resultado transparente: Serafina de Cristo, la de las finezas de Cristo, es decir, Sor Juana, la autora de la *Carta Atenagórica*. Después de todo ¿quién sino Sor Juana podía escribirle al obispo de Puebla para reclamarle con sorna haber sacado a la luz su *Crisis de un Sermón* sin su autorización? Recuérdense los dos versos de las quintillas finales:

> Que yo no lo saco a luz
> sino que lo saco al sol[39]

Y ¿quién sino Sor Juana podría plantear un enigma semi-autobiográfico como el que aparece en la última quintilla?

> Al fuego así que ilumina
> acrisolando finezas
> de Cristo en la Cruz se afina
> Alma a pesar de tibiezas
> que de Cristo Serafina

Más aún, al plantearle al obispo el enigma del "soldado" ¿no le está diciendo que no se percató, al publicarla que su crítica no era contra Vieyra sino contra Núñez de Miranda? Y el sentido de los versos finales:

> Si confuso caracol
> es lo dicho Madre Cruz
> aplíquele su arrebol

¿No acaso resultan impertinentes y aun irreverentes? ¿Y quién sino Sor Juana podía hacer escarnio del ostentoso título que el obispo había puesto a su *Crisis de un Sermón*, al decirle que con ese nombre "Athenagoricó" a sus enemigos? Por si esto no fuera suficiente hay una prueba adicional que refuerza nuestra hipótesis: Serafina de Cristo rubricó su *Carta* con la misma rúbrica utilizada por Sor Juana en 1691.[40] Fue acaso una forma de decirnos que ella era la autora. En fin, aquí detendremos nuestra hipótesis.

Pero sea quien fuere Serafina de Cristo, es claro que detrás de esa lóbrega pugna teológica, de esa guerra de las finezas, que dio origen a su *Carta* al obispo de Puebla nos encontramos de repente, oculta en un documento desconocido, con la sonrisa de Sor Juana Inés de la Cruz.[41]

NOTAS

[1] Dario Puccini, *Sor Juana Inés de la Cruz, la sua vita e il suo tempo. Studio d' una personalitá del barocco messicano* 44 (Roma: Edizioni dell' Ateneo di Roma, 1967) 35.
[2] Sor Juana Inés de la Cruz, *Carta Atenagórica* en: *Obras completas* IV. Edición de Alfonso Méndez Plancarte y Alberto G. Salceda (México: Fondo de Cultura Económica, 1957) 412. La primera edición de la *Carta Atenagórica* es de Puebla (1690). Véase: José Toribio Medina, *La Imprenta en la Puebla de los Ángeles (1640-1821)* 131. (Santiago de Chile: Imprenta Cervantes, 1908) 85-86. En torno a la obra de Sor Juana véase: Georgina Sabat de Rivers, *Estudios de literatura hispanoamericana. Sor Juana Inés de la Cruz y otros poetas barrocos de la Colonia* (Barcelona: P.P.U., 1992).
[3] Jean Franco, *Las conspiradoras. La representación de la mujer en México* (Versión actualizada) (México: El Colegio de México, Fondo de Cultura Económica, 1994) 73-76. Hace un agudo análisis del significado de la aparición de la *Carta Atenagórica* dentro de un mundo esencialmente masculino: el de la teología y el de la oratoria sagrada, y el sentido de su publicación por el obispo de Puebla en 1690.
[4] Robert Ricard, "Antonio Vieyra et Sor Juana Inés de la Cruz", *Bulletin des Etudes Portugaises et de l' Institut Francais au Portugal* (Nueva Serie, XII, 1948) 1-34. Acerca de la vida y los sermones de Vieyra puede verse: Puccini, *op. cit.*, p. 37, nn. 48 y 49. Sobre la génesis y desarrollo de la *Carta Atenagórica*, véase: Octavio Paz, *Sor Juana Inés de la Cruz o las trampas de la fe.* Tercera edición (México: Fondo de Cultura Económica, 1983) 511-533.
[5] George H. Tavard, *Juana Inés de la Cruz and the Theology of Beauty. The First Mexican Theology* (Notre Dame, London: University of Notre Dame Press, 1991) 144-156. El autor estudia las connotaciones teológicas de las "finezas" de Cristo y el significado que adquieren en la *Carta Atenagórica*. Sin embargo, su análisis es limitado y parece desconocer la tradición teológica novohispana anterior a Sor Juana.
[6] Marie-Cécile Bénassy-Berling, *Humanismo y religión en Sor Juana Inés de la Cruz* (México: Universidad Nacional Autónoma de México, 1983) 225.
[7] Marie-Cécile Bénassy-Berling, 229.
[8] Sor Juana Inés de la Cruz, *op. cit.*, 436-439.
[9] José Pascual Buxó, "Sor Juana: monstruo de su laberinto" en: Sara Poot Herrera (editora), *Y diversa de mí misma entre ... vuestras plumas ando* (México: El Colegio de México, 1993) 47. Dice este autor: "la criatura humana no puede sino recibir beneficios de su Criador, y que aun en el caso de no ser objeto de ninguna fineza o prueba de amor, se trata entonces de beneficios de carácter negativo que, en opinión: de Sor Juana son

los dignos de mayor aprecio en lo tocante al Amor Divino —decía ella— "'el premiar es beneficio, y el suspender los beneficios es el mayor beneficio, y el no hacer finezas es la mayor fineza". La tesis de Sor Juana —en efecto— ponderaba sobre todo el valor del libre albedrío que Dios puso en el hombre para que éste decida voluntariamente sus acciones, y esta "carta de libertad auténtica" que ella tenía por el más alto don divino no le fue otorgado al cristiano para que pueda vivir fuera de la ley de gracia por cuanto que esa libertad —argumentaba nuestra autora— es el mismo reflejo de la gracia divina". Por su parte Florbela Rebelo escribe: "La monja jerónima no se limitó, con todo, a criticar el sermón de Vieyra explícitamente mencionado. En la *Carta Atenagórica* fue mucho más lejos, no sólo cuando, en la última parte definió lo que constituía, en su opinión, la mayor fineza del amor de Dios (los "beneficios negativos"), sino también en el cuerpo que en apariencia formaba la *Respuesta* al sermón del jesuita portugués" ("Una nueva lectura de la *Carta Atenagórica*", en: Sara Poot, (ed.), *Y diversa de mí misma*, 288). Acerca de la referencia a la "mayor fineza" que aparece en el auto sacramental de "El Divino Narciso" de Sor Juana, véase, *Obras completas*, III, p. 82, v. 1784 y la nota de Méndez Plancarte (547), donde explica sus connotaciones y establece valiosas referencias cruzadas. Un interesante análisis del concepto de "fineza" en Sor Juana aparece en: Alfonso Sánchez Arteche, *La segunda Celestina. Una comedia que no escribió Sor Juana* (México: Presencia, 1991).

[10] Manuel Fernández de Santa Cruz, "Carta de Sor Filotea de la Cruz", en Sor Juana Inés de la Cruz, *Obras completas*, IV, Apéndice II, p. 694.

[11] Paz, 536. Señala que el obispo Juan de Palafox y Mendoza, uno de los antecesores de Fernández de Santa Cruz en la Silla Episcopal de Puebla había publicado en 1659 una obra de título *Peregrinación de Filotea al Santo Templo y Monte de la Cruz*, escrita en imitación de la "Filotea" francesa, de San Francisco de Sales.

[12] Fernández de Santa Cruz, *op. cit.*, 694-697.

[13] Sobre la génesis y consecuencias de la *Carta Atenagórica* véase: Bénassy-Berling, *op. cit.*, 165 ss; y Puccini, 34-45. Un interesante análisis es el de Margo Glantz, *Sor Juana Inés de la Cruz: ¿hagiografía o autobiografía?* (México: Grijalbo/UNAM, 1995) 119-132.

[14] Puccini, 45-69; Paz, 525-533. Tavard (138) rechaza la tesis sostenida por estos dos autores en el sentido de que la crítica de Sor Juana haya sido sugerida y utilizada por el obispo de Puebla como una forma de ataque político contra el arzobispo de México, Francisco de Aguias y Seixas. Sobre un punto de vista similar y mejor documentado, véase, Bénassy-Berling, 167-170.

[15] Antonio Alatorre, "La *Carta* de Sor Juana al P. Núñez (1682)", *Nueva Revista de Filología Hispánica*, 35 (1987) 636.

[16] La secuela es amplia y no ha sido muy estudiada. En 1727 Sor Margarida Ignacia publicó en Lisboa, en portugués, una *Apología a favor do R. P. Antonio Vieyra* donde rebate las tesis de Sor Juana. Al parecer el autor verdadero fue el sacerdote Luis Gonçalvez Pinheiro, quien posiblemente era hermano de Sor Margarida Ignacia. La edición portuguesa es muy rara, ya que fue suprimida, y destruidos los ejemplares que se localizaron y recogieron, por orden del Marqués de Pombal en 1769. Dorothy Schons, acuciosa investigadora de la vida y obra de Sor Juana, dice que no localizó ningún ejemplar, ni su título, fecha y lugar de edición (*Bibliografía de Sor Juana Inés de la Cruz* (México: Secretaría de Relaciones Exteriores. Monografías Bibliográficas Mexicanas, núm. 7, 1927, p. 6, n. 3)). Schons, así como la mayoría de los autores posteriores, ha consultado esa obra a través de la traducción castellana de Iñigo de Rosende de 1731 impresa en Madrid con el título *Vieyra impugnado por la Madre Sor Juana Inés de la Cruz*. Esta versión de Rosende tiene algunas importantes diferencias respecto de la edición portuguesa. Rosende fue un

aguerrido defensor de Vieyra y un crítico muy severo de Sor Juana. Sus escritos contra la *Carta Atenagórica* todavía eran publicados en 1763 (Véase, Schons, pp. 47-51). En ese año se publicó en Quito la obra siguiente, cuya primera edición madrileña es de 1737: *Finezas de Jesús Sacramentado para con los hombres, e ingratitudes de los hombres para con Jesús Sacramentado*. Escrito en lengua toscana, y portuguesa por el P. Fr. Juan Joseph de Santa Teresa, Carmelita Descalzo. Traducido en castellano por D. Iñigo Rosende, Presbytero. Reimpreso en Quito. Año de 1763.

[17] El jesuita Diego Calleja, español peninsular, primer biógrafo de Sor Juana, dice en la "Aprobación" al tomo tercero de las obras de la monja *Fama y Obras Posthumas* (Madrid: Imprenta de Manuel Ruíz de Murga, 1700) menciona a los P. Francisco Morejón, Francisco Ribera y Sebastian Sánchez quienes en España aprobaron y elogiaron la Atenagórica. (Véase: *Sor Juana Inés de la cruz ante la Historia*. Recopilación de Francisco de la Maza. Revisión de Elías Trabulse (México: Universidad Nacional Autónoma de México, 1980) 147.

[18] Dorothy Schons, "Some Obscure Points in the Life of Sor Juana Inés de la Cruz", *Modern Philology* (nov. 1926, XXIV, 141-162). El debate en torno a la magnitud de la polémica ha sido muy intenso. Alfonso Méndez Plancarte en la "Introducción" a las *Obras completas* de Sor Juana, (I, pp. XXX y LXII, nn. 57 y 58) rechaza los "fantaseos antijesuíticos y antiinquisitoriales" en torno a las persecuciones sufridas por Sor Juana por causa de la Atenagórica y afirma que no hubo tales. Apoyado en Alfonso Junco afirma que ningún jesuita impugnó esa obra cuenta aparte de que prelados y eclesiásticos eminentes "la alabaron en extremo". Junco menciona nueve notables eclesiásticos, en su mayoría jesuitas, que expresaron su admiración por la Atenagórica ("La *Carta Atenagórica* y los contemporáneos" en: *Al amor de Sor Juana* [México: Jus, 1932] 63-99). Por su parte Juan Carlos Merlo ("Estudio Preliminar" a: Sor Juana Inés de la Cruz, *Obras escogidas*, [Barcelona: Bruguera, 1972] 42-43), menciona a los impugnadores y defensores de la Atenagórica pero descarta que esta obra haya sido el motivo de las persecuciones que sufrió ya que estas venían de muy atrás, pues, dice: "los únicos motivos que las desencadenaron fueron las envidias y emulaciones que su fama provocaba en algunos de sus contemporáneos". Por otro lado, Octavio Paz (534-536) afirma que en la polémica intervinieron varios clérigos que la atacaron por ser religiosa y por ser mujer, y explica que se intentaron borrar las pruebas de que hubo una agria disputa y que por ello los testimonios de la misma —que debieron quedar manuscritos, desaparecieron— incluso los que defendían a Sor Juana, como el que se cree escribió Castorena. Por su parte Marie Cécile Bénassy-Berling (170 y n. 37) no cree en una "verdadera crisis desatada por la *Carta Atenagórica*". Además (166 y n. 26) afirma que Sor Juana recibió cumplidos y críticas "cuyos autores y contenido exacto se ignoran", y concluye: "Aparte de lo que se menciona en la *Respuesta* y en la obra de Calleja, carecemos de cualquier información acerca de los libelos escritos en contra de Sor Juana, y más aún de nombres". El P. Aureliano Tapia Méndez (*Carta de Sor Juana Inés de la Cruz a su confesor* [Monterrey, 1986] 37) afirma que Sor Juana debió tener muchos perseguidores. Desde un punto de vista contrario la misma Bénassy-Berling muestra que en el grupo de eclesiásticos cultos de la Nueva España, Sor Juana tuvo muchos admiradores, ("Más sobre la conversión de Sor Juana", *Nueva Revista de Filología Hispánica*, 32 [1983] 462-471).

[19] Paz, 84 y 535; Bénassy-Berling, *Humanismo y religión*..., 170 y n. 38.

[20] El ejemplar de esta obra donde se insertó el comentario de Tello perteneció a este fraile y a fray José de Arlegui. El escrito de Tello fue hecho alrededor de 1701 por la fecha que se lee en el f. 134v. La obra del cartujano influyó fuertemente la "mística" de misioneros, teólogos y autores de obras de espiritualidad de los siglos XVI y XVII. Ya la vemos registrada

en el inventario de la Biblioteca del Colegio de Tlaltelolco en el siglo XVI (Miguel Mathes, *Santa Cruz de Tlatelolco: la primera biblioteca académica de las Américas* [México: Secretaría de Relaciones Exteriores, 1982] 59), así como en diversas bibliotecas del siglo XVII. No es exagerado afirmar que fue esta obra la que dio el mayor arsenal de argumentos para conocer la "verdadera mayor fineza de Cristo".

[21] Sor Juana Inés de la Cruz, *Respuesta de la poetisa a la muy ilustre Sor Filotea de la Cruz*, en: *Obras completas*, IV, 468-474. Véase: Rosa Perelmuter, "La estructura retórica de la *Respuesta a Sor Filotea*" *Hispanic Review*, 51, 2 (1983) 147-158.

[22] Antonio Alatorre, "Para leer la *Fama y Obras póstumas* de Sor Juana Inés de la Cruz", *Nueva Revista de Filología Hispánica*, 29 (1980) 448, n. 48 y 502-503 y n. 162. Y también: Antonio Alatorre, "La *Carta* de Sor Juana ...", 628, n. 56 y 662-663.

[23] José Pascual Buxó (51) piensa que los problemas que plantea la *Atenagórica* son debidos a que no es sino hasta el siglo XX que hemos podido despojar a ciertas obras de las máscaras que las cubrían; y cita a Octavio Paz (602) quien afirma que esas máscaras encubren los "conflictos de las sociedades regidas por una ortodoxia y una burocracia". Por su parte Irving A. Leonard afirma que en la Nueva España un debate teológico podía despertar el interés y hacer que participaran un buen número de personas pues la teología era un tema siempre vivo. Irving A. Leonard, *La época barroca en el México colonial* (México: Fondo de Cultura Económica, 1974) 236.

[24] La *Carta* se localiza en: Biblioteca Francisco Xavier Clavigero, Universidad Iberoamericana. Colección de Autógrafos. La carta tiene un tipo peculiar de "composición". A veces está escrita a dos columnas cuando está en verso. Algunas palabras están subrayadas y otras están en mayúsculas. En conjunto da la impresión de orden y simetría.

[25] Sor Serafina de Cristo da muestras de haber leído con cuidado la *Carta* de Sor Filotea a Sor Juana; y de conocer bien el contenido de la *Atenagórica*.

[26] Sor Serafina de Cristo. *Carta*, f. 1r.

[27] En el libro de Sor Margarida Ignacia en defensa de Vieyra se dice que ningún "soldado" de esta "ilustre Compañía" había vindicado con la pluma al jesuita portugués. Se refiere a la Compañía de Jesús (Véase *supra*, nota 16).

[28] Sor Serafina de Cristo, *Carta*, f. 1r-v.

[29] Sor Serafina de Cristo, *Carta*, 1v

[30] Sor Serafina de Cristo, *Carta*, 2r

[31] Sor Serafina de Cristo, *Carta*, 2v.

[32] Sor Serafina de Cristo, *Carta*, 2v-3r.

[33] *Prophessiones que hazen las Religiosas. De el Monasterio de Sancta Paula De la Horden del glorioso padre. Nuestro S. geronimo. De esta ciudad de mexico*. (MS) (Austin TX: Nettie Lee Benson Library). Como se sabe el primer voto que se registra tiene fecha 30 de octubre de 1586 y el último el 2 de julio de 1713. La profesión de Sor Juana aparece en la página 174.

[34] Francisco Xavier Palavicino Villarasa, *La fineza mayor. Sermón panegyrico. Predicado a los gloriosos natalicios de la Ilustríssima, y SS. Matrona Romana, Paula Fundadora de dos Illmas. Religiones, que debajo de la nomenclatura de el Maximo Geronimo militan. En concurrencia de Christo Sacramentado. Hízolo y díxolo el Ldo D. Francisco Xavier Palavicino Villa Rasa, Clerigo Presbytero Valenciano. Y lo dedica Al Illmo. Y Religio[si]ssimo Convento de el Doctor Maximo S. Geronimo, de esta Imperial Ciudad de Mexico, expressado en el Religio[si]ssimo Definitorio la Reverenda Madre Priora actual Andrea de la Encarnacion; Vicaria Ana de San Geronimo; Definidoras, Madre Juana de Santa Ynes, Madre Maria Bernardina de la Santissima Trinidad; Madre Agustina de la Madre de Dios; Madre Maria de San Diego; Contadora Madre Juana Ynes de la Cruz; y Secretaria la Madre Josepha de*

la Concepcion. Con licencia de los Superiores: En Mexico: por Doña María de Benavides, Viuda de Juan de Ribera. En el Empedradillo. Año de 1691. (José Toribio Medina, *La Imprenta en México*, Santiago de Chile, Impreso en Casa del Autor, 1908, III, p. 77, Núm. 1499). (Véase *supra*, nota 19). Marie Cécile Bénassy-Berling (170, n. 38) da la noticia acerca de la localización de este raro sermón.

[35] Sor Juana Inés de la Cruz, *Obras Completas* I, 39 y 170-171. En el tomo segundo de las obras de Sor Juana publicado en 1692 se imprimió la *Carta Atenagórica*. Inmediatamente después de ella viene este último anagrama latino donde se menciona expresamente a Camila. Recuérdese que Sor Juana misma preparó el tomo segundo, y el orden del mismo se debe presumiblemente a ella. Dicho anagrama colocado precisamente después de la *Atenagórica* es más que una simple coincidencia. La alusión a Camila aparece en el libro XI de *La Eneida* de Virgilio. Recuérdese que Tineo de Morales comparó en su prólogo de la *Inundación castálida* a Sor Juana con Camila. Véase: Antonio Alatorre, "Sor Juana y los hombres", *Estudios*, 7 (invierno 1986) 18-19.

[36] Sor Juana Inés de la Cruz, *Obras completas*, IV, 434-435.

[37] El tema de la "guerra", reiterado en la *Carta* de Sor Serafina, ya había sido mencionado por Tineo de Morales en el prólogo a la *Inundación* donde dice que existen personas (probablemente se refiere al padre Núñez) que: "bautizan el idiotismo con nombre de santidad, que piensan que han de canonizarle con publicar guerra a los consonantes de *intra claustra* como si fuera a la secta de Lutero".

[38] Sor Juana Inés de la Cruz, *Obras completas*, IV, 457 (el "soldado de afuera" que se menciona en la *Carta* de Sor Serafina, ff. 1r, 1v y 3r.); IV, 434 (el "canis festinans", que se menciona en la *Carta* de Sor Serafina, f. 2r); IV, 469 (la frase "insensiblemente se deslizó la pluma", que se menciona como: "comenzaron a deslizarse por el pico de la pluma", en la *Carta* de Sor Serafina, f. 2v). En cuanto a los "negros versos" y "negras quintillas" que se mencionan en la *Carta* de Sor Serafina f. 3r, véase la *Carta* de Sor Juana al padre Núñez, v.v. 33-36, en: Alatorre, "La *Carta* de Sor Juana...", 618-619. Es muy ilustrativo el análisis que hace Alatorre de este pasaje de la *Carta* (647, 648, 650 y notas 92 a 98).

[39] Sor Serafina de Cristo, *Carta*, f. 3r

[40] Enrique A. Cervantes, *Testamento de Sor Juana Inés de la Cruz y otros documentos* (México, 1949) 53. La superposición de ambas rúbricas revela que son idénticas.

[41] Sobre la afición de Sor Juana a los *enigmas* y acertijos en verso, véase el estudio de Antonio Alatorre que precede a una obra de Sor Juana datada en 1693 y que versa precisamente sobre ese tema: Sor Juana Inés de la Cruz, *Enigmas ofrecidos a la Casa del Placer*. Edición y Estudio de Antonio Alatorre (México: El Colegio de México, 1994) 9-69 y en particular las páginas 39-53. Acerca de los aspectos satíricos y burlescos de la *Respuesta a Sor Filotea* así como de otras obras de Sor Juana, véase: Julie Greer Johnson, "La obra satírica de Sor Juana", en: Mabel Moraña (editor), *Relecturas del Barroco de Indias* (Hanover NH: Ediciones del Norte, 1994) 97-116; Frederick Luciani, "The Burlesque Sonnets of Sor juana Inés de la Cruz", *Hispanic Journal*, 8/1 (1986) 85-95.

SOR JUANA INÉS DE LA CRUZ:
LOS DESATINOS DE LA PITONISA

POR

José Pascual Buxó
Universidad Nacional Autónoma de México

Soterrado en algún oscuro repliegue de la memoria ¿qué lector de Sor Juana no conserva el rumor majestuoso de aquellos versos del *Epinicio gratulatorio al Conde de Galve* en los cuales —imitando el desconcierto y confusión de la Pitonisa— pondera la "rara circunstancia" en que el virrey novohispano ordenó a la Armada de Barlovento dirigirse a las costas de Santo Domingo, precisamente aquel 4 de julio de 1690, día en que —sin él saberlo— los piratas franceses saqueaban e incendiaban Santiago de los Caballeros, amenazando con apoderarse de toda la isla?:

> No cabal relación, indicio breve
> sí, de tus glorias, Silva esclarecido
> será el débil sonido
> de rauca voz, que a tus acciones debe
> cuantos sonoros bebe
> de Hipocrene en la fuente numerosa
> alientos soberanos
> que el influjo reciben de tus manos (Versos 1-8).[1]

Al reeditar en 1926[2] esa oda incluida por Carlos de Sigüenza y Góngora en su *Trofeo de la justicia española en el castigo de la alevosía francesa* (México, 1691),[3] Manuel Toussaint juzgó —con gracejo irreverente— que había en ella "demasiada obstetricia", sin duda a causa de las reiteradas imágenes alusivas al "aborto" de los "informes embriones" conceptuales que la Pitonisa no es capaz de expresar coherentemente; sin embargo —decía Toussaint— su admiración por Sor Juana le obligó "a recoger aun las migajas que desperdigó a los vientos su incomparable estro poético".

Veinte años más tarde, a Ludwig Pfandl le pareció "insignificante" el mérito artístico de la silva, aunque no por ello dejó de aprovechar para su propia exégesis psicoanalítica las imágenes poéticas relativas a la "preñez" y el "aborto" de los conceptos engendrados en el "escaso" o exiguo "pecho" de la poetisa por la "dulce ardiente llama" de la inspiración profética; y así, puesta a cantar las glorias del de Galve, Sor Juana se situó en el trance de la Pitonisa al ser poseída por el "divino ardimiento" de Apolo, la cual —con voces atropelladas y "estilo inconsecuente"— procura dar testimonio de los designios del dios. Esas "imágenes obsesivas de la maternidad y alumbramiento" —como las calificó Pfandl— le parecieron secretamente reveladoras de las tendencias del inconsciente sorjuaniano; esto es, de su condición psiconeurótica y, consecuentemente, de su reprimida sexualidad narcisista.[4]

Es muy posible que en 1951, el Padre Alfonso Méndez Plancarte aún no conociera —o quizá rechazara en un acto de secreta censura— los juicos expresados por Pfandl en 1946, de suerte que en el tomo primero de su edición de las *Obras completas* de Sor Juana sólo se dignó enmendar al picante juicio de Toussaint: el *Epinicio gratulatorio* o "Canto triunfal de felicitación" al gobernante novohispano —dijo— es una "Oda soberbia, tan genuinamente *pindárica* y tan fastuosamente *gongorina* ", que hoy resulta "demasiado ardua" para el lector común y, por lo tanto, la prosifico íntegramente, tal como había hecho poco antes con el *Primero sueño*, el más denso y ambicioso poema de Sor Juana.

Ya en nuestros días, Octavio Paz quiso atenuar el fervoroso entusiasmo del moderno editor de Sor Juana y, así, dictaminó que la silva "es un poema frío, fabricado con el vocabulario, las alusiones mitológicas, las inversiones, giros latinizantes y los otros *poncifs* de un gongorismo estereotipado" del que sólo "se salvan dos estrofas violentamente sexuales: una en la que compara la inspiración a la 'preñada nube'; otra ... en que se ve como la virgen pitonisa de Delfos".[5] Al igual que para Pfandl —a quien, por otra parte, reprochó su obsesiva y reductora crítica psicoanalítica— esas imágenes también constituyen para Paz "un retrato de la misma Sor Juana que, a su vez, se presenta como una sublimación de la figura maternal" por cuyo medio "trasciende la 'masculinidad' inherente a la cultura y la 'neutralidad' que le imponen los hábitos en una suerte de feminidad ideal y en una maternidad universal simbólica" (232). Se explicaría de ese modo el talante cogitativo de Sor Juana y, consecuentemente, su intelectualización viril, que la hizo capaz de enfrentarse a la severidad e intransigencia de la sociedad patriarcal y de transgredir simbólicamente sus normas, esto es, transformando la maternidad natural en la generación de "criaturas mentales".

No siempre me hallo yo mismo al amparo de las tentaciones psicoanalíticas; quiero decir que —en ciertos casos y para el determinado propósito de esclarecer algún misterioso aspecto de la personalidad de un autor— no me parece reprochable fincar en sus propios textos la responsabilidad de un juicio sobre los más escondidos resortes de su espíritu. Con todo, una de las primeras tareas del crítico literario —una vez garantizada, claro está, la ubicación del texto en su correcta perspectiva— es la de discernir las fuentes y fundamentos culturales (esto es, artísticos e ideológicos) de la ficción poética que se proponga examinar. Porque de las imágenes del mundo que un autor selecciona de manera más o menos consciente para la construcción de su propio espejo textual, muy pocas serán nativas de su fantasía y muchas las que resulten de la adaptación y reconfiguración de temas y formas preexistentes.

Puesta en el brete de participar en el homenaje que la aristrocracia intelectual de la Nueva España dedicaría al virrey conde de Galve a resultas de la victoria de la Armada de Barlovento, ¿a qué mejor y más prestigiado modelo hubiera podido acudir Sor Juana, sino al de Simónides o Píndaro, insuperables cantores de los héroes de las Termópilas o los triunfadores de los juegos Píticos? ¿Y qué mejor manera de exaltar la prosapia y méritos personales de don Gaspar de Sandoval que aceptando ver en un acto de ordinaria previsión administrativa un pretendido influjo sobrenatural. Seguramente fue Carlos de Sigüenza y Góngora, a quien el propio virrey encargó la erección de su *Trofeo* histórico-literario, el primero en propalar la especie de que no fue obra de la casualidad, sino "disposición del Altísimo", la decisión del mandatario de enviar la Armada a Santo Domingo, pues ignorándose en la Nueva España el peligro que corría la isla, sería la justicia divina "la que movió el corazón de este religiosísimo Príncipe y le dictó el orden y ella misma la que, al suscribirlo, le gobernó la mano". Versión que registró puntualmente Sor Juana en su *Epinicio*:

> El mismo que por fausto tuvo día
> la Gálica arrogancia [...]
> entonces, aunque ignara acá del daño,
> atenta providencia
> tuya, ¡oh Silva famoso [...]
> en orden bien dispuesto, el conveniente
> no esperado socorro, remitiendo
> la que al Mar de Occidente
> defensa es auxiliar, valiente Armada [...] (Versos 97-117).

Los otros poetas novohispanos convocados para componerle panegíricos al virrey en celebración de la magna hazaña (entre los que destacaron Francisco de Ayerra Santamaría, Alonso Ramírez de Vargas y Juan de Guevara) prestaron poca o muy pasajera atención al presunto carácter sobrenatural del decreto de la "pluma presagiante" del conde de Galve y destacaron más bien el "celo" y "cordura" de esas "prevenciones" y sus afortunadas consecuencias militares. Así lo formuló Alonso Ramírez de Vargas con no pocas muestras de escarnio para los franceses, habituales triunfadores en sus guerras europeas, pero escarmentados esta vez por las armas de la América española:

> Por tierra y mar la ardiente bizarría
> tus órdenes guardo, dando a la historia
> materia en que celebre tu memoria
> de donde nace a donde muere el día [...]
>
> En una y otra desigual palestra,
> Cada español fue un rayo despedido:
> ¿Más quién los fulminó sino tu diestra?
>
> De tu ardor al relámpago encendido
> el trueno se siguió: si horrores muestra,
> ya habrá llegado a Francia el estallido.

Sor Juana, en cambio, prefirió aprovechar la "misteriosa" intervención de la Providencia divina sobre las decisiones administrativas del virrey como punto de partida para reflexionar sobre uno de los temas más conspicuos de su pensamiento: el impulso sobrenatural que guía los actos humanos de conocimiento. La instauración de ese influjo sagrado en motivo central de su canto, constituía también el presagio de un drástico cambio de actitud respecto de la que hasta entonces había sido la más permanente obsesión de su espíritu: la de saber "todo lo que en esta vida se puede alcanzar, por medios naturales, de los divinos misterios".[6] Ninguna ficción más apropiada a la proyección de ese personal afán de Sor Juana que el de la Sibila o Pitonisa délfica, figura arquetípica de aquellas doncellas consagradas al servicio de Apolo y cuya función principal era la de profetizar "con boca delirante", para decirlo con la exacta metonimia de Heráclito.[7]

Es ciertamente muy significativo el hecho de que Sor Juana, a quien sus admiradores no cesaban de proclamar "Décima Musa" y "Minerva americana", esto es, dechado de poesía y de sabiduría, haya escogido en esta ocasión identificarse con la contrafigura de la Pitonisa, virgen ignorante, esposa y sacerdotisa del Apolo délfico, en cuyas voces incongruentes esperaban hallar los antiguos algún vislumbre del incierto destino.

Recordemos de pasada —y sólo con el fin de atenuar las persistentes censuras al influjo ejercido por Góngora sobre la poesía novohispana— que fue una constante de la labor humanística el exponer y desentrañar con erudita minucia las alusiones históricas y mitológicas en que abundan los textos clásicos; como se sabe, esa práctica no sólo contribuyó a la divulgación de los tópicos y fábulas de la literatura griega y latina, sino que determinó —además— la aparición de la llamada doctrina de la erudición poética, según la cual —para decirlo en los términos de uno de los grandes filólogos españoles del siglo XVI, Francisco Sánchez, el Brocense— no podría tenerse por buen poeta, sino aquél que "imitara" a los "excelentes antiguos"; es cierto que esta doctrina, aun cuando no propugnase abiertamente el plagio, sino la "imitación creadora", pudo alentar el sistemático apego a una "inspiración artificial" que, a la postre, habría de originar, cuando no "la falsedad", sí al menos "el amaneramiento de nuestros poetas del barroco, la aterradora repetición de tópicos y fórmulas estereotipadas", como nos advirtió Antonio Vilanova en un estudio notable.[8]

El hecho es que Sor Juana no podía menos que confirmar sus obras de gran aliento simbólico y filosófico, como el *Neptuno alegórico* y el *Primero sueño*, de conformidad con los modelos de la alta cultura literaria de su tiempo: la erudición clásica y la elocución latinizante, tan avenidas ambas con el vasto de los festejos oficiales y los artificios de un tipo de creación poética destinada exclusivamente al sabio disfrute de un público elitista. Allí, en ese contexto ultracodificado de la poesía culta y de la ceremonia cortesana, es donde nace y cobra pleno sentido el *Epinicio gratulatorio*. Cuando se haga aprecio en él de su sabia imitación de modelos literarios, podrá decirse —con Méndez Plancarte— que se trata de una oda "genuinamente pindárica" y "fastuosamente gongorina" en la cual —podríamos añadir— la perturbadora tradición de los oráculos sibilinos se explaya en el más sorprendente y hermético estilo gongorino; no en balde la misma Antigüedad dió el nombre de *Loxias* ("el oblicuo" o "el ambiguo") al Apolo délfico.

Cuando se miren con su pizca de ironía las turbulentas manifestaciones de la Pitia, poseída por el *pneuma* divino y desbordada de "conceptos" que su boca incompetente sólo alcanza a formular como si se tratara de "informes embriones" del pensamiento, puede entonces decirse que, para un lector actual, el exceso de erudición clásica se expresa en metáforas de obsesiva obstinación genital, como apuntó Toussaint. Y fue precisamente la insistencia del texto de Sor Juana en los desquiciantes esfuerzos de la Pitonisa para dar a luz, no ya los hijos de la carne, sino los conceptos engendrados en ella por el resplandeciente dios de la sabiduría, la circunstancia en que se basan otros críticos como Ludwig Pfandl o, a su manera libre y sugestiva, Octavio Paz, para seguir el camino inverso del que condujo a la creación de las metáforas de Sor Juana, pues si en el texto de la silva todo se orienta a concretar la visión de aquella mujer profética que pugna por dar salida y expresión a los conceptos que la "luz" de la inteligencia divina "engendró" en su corto entendimiento, en el análisis jungiano las metáforas que manifiestan por semejanza o analogía con el aborto natural una experiencia intelectual igualmente imperfecta y frustrada conducen a la pronosticación cientificista de una oculta realidad psicológica o, por mejor decir, al desvelamiento de la condición psicótica de un singular individuo: el ser psico-biológico de Sor Juana.

Tratando de la metáfora, decía Emanuele Tesauro que ésta "comprime todos los objetos en una sóla palabra y hace que se vean uno dentro de otro de forma casi milagrosa".[9] Y así como el anteojo de larga vista que, por medio de la artificiosa disposición de dos o tres lentes en un canuto, permite acercar los objetos más remotos, conservando la percepción de las distancias en que se halla cada uno, así también la palabra que sustituye a otra por causa de su parcial semejanza semántica con la sustituida, no pretende borrar el significado propio de ésta, sino favorecer una visión —digamos telescópica— de los objetos a que una y otra aluden, no con el propósito de confundirlos, sino para que puedan apreciarse los matices semánticos que se descubren en aquella conjunción o correlación de los sentidos propios con los figurados.

Nuestro *Diccionario de autoridades* define la voz /aborto/ como el "mal parto y cosa nacida fuera de tiempo", en general referido a la mujer o hembra preñadas, pero también en ocasiones con relación metafórica al mar, a los montes u otras entidades naturalmente incapaces de concebir, genética o conceptualmente hablando. Así también de las ideas que se forman o "conciben" en el entendimiento puede decirse que "abortan" cuando son expresadas de forma incompleta, confusa y precipitada. Sor Juana, que se atenía a un uso común y permanente que, sin embargo, resultó desconcertante para algunos críticos modernos, calificó alguna vez sus "discursos" o reflexiones como "partos del entendimiento" y, muchas más veces, aludió a sus versos como al "rústico aborto/

de unos estériles campos,/ que el nacer en ellos yo,/ los hace más agostados"; también en el romance inconcluso "En reconocimiento a las inimitables plumas de la Europa, que hicieron mayores sus obras con sus elogios", la poetisa hizo alarde de gentil modestia motejándose a sí misma de "ignorante mujer" cuyos "borrones" poéticos son indignos de los aplausos que se les tributa, y está no sólo por urbanidad y cortesanía, sino por comprobación de los límites insuperables del entendimiento humano:

> ¿De qué le sirve al ingenio
> el producir muchos partos,
> si a la multitud se sigue
> el malogro de abortarlos?
>
> Y a esta desdicha por fuerza
> ha de seguirse el fracaso
> de quedar el que produce
> si no muerto, lastimado.

Y en el *Sueño*, el alma racional, que espantada y enceguecida por las lumbres del sol, no alcanza a discernir "la inmensa muchedumbre de todo lo creado", ha de conformarse con un precario discurso que sólo le permite bosquejar:

> de un concepto confuso
> el informe embrión que, mal formado,
> ionordinado caos retrataba
> de confusas especies, que abrazaba
> sin orden avenidas,
> sin orden separadas ... (Versos 548-553).

No censuro al crítico perspicaz que, lo mismo que el poeta, saca ventaja de la natural disponibilidad de las palabras, pero en lo general pienso que es preferible atenerse a sus dimensiones semánticas que más se justifiquen en el contexto cultural pertinente o, si se prefiere decirlo con mayor energía, que mejor se ajusten a esa visión telescópica postulada por el autor del *Cannocchiale aristotélico*, que permite establecer —sin confundirlas— la semejanza y relación en que se hallan las múltiples imágenes de las cosas vistas a través del lente perspicaz de la metáfora.

En lo que sigue intentaré deslindar los dos asuntos de desigual alcance que —a mi modo de ver— entretejió Sor Juana en su poema. No hay por qué insistir en el carácter reverencial y ocasional de la silva, pero tampoco debe dejarse de lado la consideración de las circunstancias en que la monja escribió esa felicitación poética al conde de Galve. Convendrá, además, indagar detenidamente en la profunda intención semántica del poema sorjuaniano: las cogitaciones acerca de aquella "frenética cordura" causada por el empeño humano, nunca satisfecho, de penetrar los misterios de la mente divina y, por ende, acceder al conocimiento del mundo y de sí mismo.

¿Cuál era la situación personal de Sor Juana a mediados de aquel mes de marzo de 1691 en que empezaron a difundirse en México las nuevas de la victoria española en Santo Domingo? 1698 había sido el *annus mirabilis* de la poetisa: se imprimió en Madrid la primera colección de sus poemas bajo el consagratorio título de *Inundación castálida de la única poetisa, Musa décima*, donde la autora era saludada por las "cítaras europeas" como "nuevo asombro" de la poesía americana.[10] Y, sin embargo, en ese mismo volumen —como preanuncio de lo que serían las más graves tribulaciones de sus últimos años— ya aparecían aquellos dos sonetos ("¿En perseguirme, Mundo, qué interesas?" y "¿Tan grande, ¡ay, hado! mi delito ha sido ...?") en que la autora se quejaba de "su suerte" y no ocultaba su pesar por el hecho de "que la baldonen por los aplausos de su habilidad" poética. La *Respuesta a Sor Filotea* (firmada el primero de marzo de aquel 1691) nos hace ver cómo se acrecentó ese antiguo "tormento", paradójicamente estimulado por el éxito obtenido en la metrópoli, puesto que si aquí pudo acrecentar la admiración de los inteligentes y desapasionados, también dio pábulo a la cruel repulsa de los adultos y envidiosos, cuya "máxima" —digna del "impío Maquiavelo", como aseguraba la poetisa en su *Respuesta*— es la de "aborrecer al que se señala porque desluce a otros".

Todavía en 1690, una optimista pero siempre cautelosa Sor Juana satisfacía el deseo del obispo de Puebla, Manuel Fernández de Santa Cruz, de remitirle por escrito la crítica —que antes le había escuchado en una plática en el locutorio de San Jerónimo— a uno de los sermones del Mandato de Antonio de Vieyra, y en la que contravenía las opiniones del famoso jesuita portugués sobre cuál había de considerarse la mayor demostración de amor hecha por Cristo a la humanidad. No fue sólo el inequívoco tonillo de sonriente superioridad intelectual empleado por Sor Juana en su disputa teológica con Vieyra lo que más inquietaría al obispo, sino la paladina afirmación de que "la mayor fineza del Amor Divino, en mi sentir, son los beneficios que nos deja de hacer por nuestra ingratitud", toda vez que el obrar bien o mal es elección del libre albedrío que Dios otorgó al hombre como "carta de libertad auténtica".

A pesar de que Sor Juana insistió en el carácter de comunicación privada de su manuscrito, Fernández de Santa Cruz lo dio a la imprenta sin consultarlo con la autora, bautizándolo con el encomiático título de *Carta atenagórica*, es decir, digna de la sabiduría de Palas Atenea. Lo sorprendente del caso es que el obispo poblano hizo preceder el texto de Sor Juana de una carta propia, firmada con el seudónimo de "Sor Filotea de la Cruz", en la que —a vuelta de los elogios a sus extraordinarios talentos naturales— le impugnaba a Sor Juana su demasiada afición a las letras profanas, las cuales —según el apóstol— sólo engendran soberbia en la mujer y, así, la instaba a cambiar los profanos "libros de su ruina" por el libro de Jesucristo:

> Lástima es que un tan gran entendimiento de tal manera se abata a las rateras noticias de la tierra, que no desee penetrar lo que pasa en el Cielo; y ya que se humille al suelo, que no baje más abajo, considerando lo que pasa en el infierno.[11]

Y buscando otros argumentos aún más radicales y próximos a la condición religiosa de Sor Juana, Fernández de Santa Cruz la acusaba de "ciceronismo" y, al propio tiempo, le indicaba en el ejemplo de su Padre San Jerónimo el camino que debía seguir:

> A San Jerónimo lo azotaron los ángeles porque leía en Cicerón, arrastrado y no libre, prefiriendo el deleite de su elocuencia a la solidez de la Sagrada Escritura, pero loablemente se aprovechó este Santo Doctor de sus noticias y de la erudición profana que adquirió en semejantes autores.

Tamaña admonición pastoral, aun disimulada por la caridad dulzona de una monja disfrazada, le hizo derramar "lágrimas de confusión"; enferma de angustia y paralizada su voluntad por causa de la sorpresa y dolor que le ocasionaron las reconvenciones de aquel prelado que tanto parecía admirar los vuelos de su inteligencia, tardó tres meses en responder la traidora misiva con la humildad y el interior desgarro que le provocara la acusación de haberle sido ingrata a Dios, que de tantos beneficios "positivos" la había hecho objeto.

No hace falta repasar aquí las razones ofrecidas por Sor Juana en descargo de su "amor a la sabiduría"; todos las tenemos presentes y, así, bastará aludir a la mayor prueba poética de ese amor: el "papelillo que llaman *El sueño*", obra no de encargo, como muchas de las que escribió, sino hecha por "gusto" y a su propia "contemplación", es decir, dedicada al examen de los contenidos de su inteligencia.[12] En ese magno poema son patentes las ideas sobre el viaje que las almas pueden emprender durante el sueño, difundidas por Cicerón, especialmente en el último libro *De la república*.[13] También en su tratado *adivinación* —y por boca de su hermano Quinto, portavoz de la filosofía de los estoicos— afirma Cicerón que "la parte del alma que es partícipe de la razón y de la inteligencia, está más vigorosa cuando más se aleja del cuerpo";[14] quiere decirse que, cuando el hombre está despierto, su alma se encuentra empeñada en el servicio de las necesidades de la vida física, pero durante el sueño puede cumplir las más altas obras del entendimiento. Prescindiendo de las implicaciones mánticas o adivinatorias que también acoge la teoría estoica del alma, Sor Juana centró su fábula poética en ese puro esfuerzo de la mente para que "brille y se manifieste vigorosa y aguda para soñar".

Fundado en tales antecedentes filosóficos, el *Primero sueño* se constituye como el relato alegórico de la tenaz indagación de la razón humana para alcanzar el conocimiento del mundo y de sí misma; en él desfilan los saberes enciclopédicos de Sor Juana: astronomía, fisiología, psicología, mitología, historia, filosofía moral y natural, filología, jurisprudencia, etcétera, en un despliegue fastuoso que no sólo denuncia su formación autodidáctica sino también su ilimitada curiosidad científica. Pero contrariamente a ciertos filósofos de antiguos, que no dudaron del gran poder cognoscitivo del alma separada de los sentidos corporales, al punto de serle posible contemplar durante el sueño "esas cosas que las almas mezcladas con el cuerpo no pueden ver", el *Sueño* de Sor Juana confirma, no sólo la temeraria ambición del intelecto humano —del suyo propio— sino su fracaso inevitable: sin haber podido concluir felizmente ninguno de sus reiterados intentos por penetrar las causas de la creación, las luces aurorales van ahuyentando las sombras de la noche que propiciaron tanto el reposo físico como las fantásticas especulaciones de la imaginativa. Así, la "luz judiciosa" del Sol provoca el retorno a la actividad de los órganos y sentidos corporales y el pleno despertar de la conciencia, restituida de ese modo a sus realidades ordinarias. El Padre Diego Calleja, corresponsal y protobiógrafo de Sor Juana, caló el profundo sentido de este *Sueño* que, aspirando a comprender "todas las que el universo se compone", sólo puede concluir con el despertar al desengaño, que es la voz con que los españoles católicos designaban otra clase de conocimiento: aquella "luz de la verdad" que se obtiene por medio de la comprobación de la propia ignorancia.

Acusada formalmente de haber escrito demasiado sobre "asuntos humanos" y muy poco sobre "libros sagrados" —la carta de "Sor Filotea" es, ciertamente, una pesada amonestación insoslayable— Sor Juana se defendió afirmando que, en efecto, de conformidad con su condición de religiosa, el último y verdadero fin de sus estudios era la Sagrada Teología, pero que para llegar a esa "cumbre" le era preciso "subir por los escalones de las ciencias y artes humanas". El *Sueño* es el testimonio de la veracidad de ese afán pero también, indirectamente, de su —hasta entonces— irrenunciable afición por aquellas "ciencias curiosas" que tanto alarmaba a "Sor Filotea", al arzobispo Aguiar y Seijas y a todos los que sostenían que debe reprobarse el estudio de las letras profanas "cuando roban la posesión del entendimiento humano a la Sabiduría Divina".

Pocas semanas después de haber enviado su *Respuesta* y aún sin conocer las consecuencias de su valiente humillación, pero ya pudiendo prever que se le avecinaban días de mayor pesadumbre, que invitada a participar en el homenaje que se le preparaba al virrey. Los amigos de Sor Juana no dejarían de preocuparse por aquella "crisis" epistolar en torno a la monja y, queriendo ofrecerle la oportunidad de encontrar un nuevo apoyo en el poder civil y —como diríamos hoy— en la opinión pública, Carlos de Sigüenza y Góngora, no sólo la invitó a escribir uno de los cantos "gratulatorios" al conde de Galve, sino que al publicarlo lo distinguió con uno de los mayores elogios que hasta entonces se le habían dedicado a la poetisa tanto en México como en España:

> De la Madre Juana Inés de la Cruz, religiosa en el Convento de San Gerónimo de México; Fénix de la erudición en la línea de todas ciencias, emulación de los más delicados ingenios, gloria inmortal de la Nueva España.

En su lapidaria brevedad el texto de Sigüenza no ocultaba su carácter de contrapartida de la carta de "Sor Filotea", toda vez que pondera en Sor Juana la posesión de aquellos conocimientos "científicos" que precisamente reprobaba su prelado, porque amenazan con sacar a la mujer del "estado de obediente".

Si, como anotó lúcidamente José Gaos, la conclusión filosófica del *Primero sueño* no es otra que el fracaso de la razón, es decir, de "todos los métodos del conocimiento humano y de la tradición intelectual entera", entonces no le quedaría a Sor Juana otra salida que la del "desengaño" cristiano, que —desacreditando los sentidos corporales no menos que las operaciones de la estimativa— deja libre a la fe el campo de lo sobrenatural.[15] Por mi parte, creo que las imágenes del amanecer con que concluye el poema de Sor Juana (las primeras luces de la aurora que anuncian la llegada de las lumbres "judiciosas" o justicieras del sol y la consecuente derrota del "ejército de sombras" nocturnas, con lo cual el mundo hasta entonces sumido en la oscuridad de la materia, así como el alma humana engañosamente soñadora, quedarán iluminados por una "luz más cierta") son susceptibles de interpretarse en clave cristológica como aquélla de que se sirvió la propia Sor Juana en la alegoría de los *Villancicos que se cantaron en la S. I. Metropolitana de México, en honor de María Santísima en su Acción triunfante este año de 1690*, donde la Virgen María, la Aurora engendada por el Sol es, a un tiempo, Esposa suya y Madre inmaculada del Cristo-Sol, es decir, precursora —como la Aurora— de la futura obra de redención que corresponde a su Hijo:

> —¿Por qué dices que a la Aurora
> se parece su carrera?
> —Porque ella es la luz primera
> que de luz los campos dora;
> es del Sol la precursora,
> cuyo divino arrebol
> es engendrado del Sol,
> y es Madre del Sol también [...]
>
> —Cristo es Sol, que en luz propicia
> conserva su Majestad,
> entre luces de piedad,
> los rayos de la Justicia.

Anonadó a Sor Juana el hecho de que "su estudiosa aficionada" no quisiera reconocer la intención ortodoxa y reverente de todos sus escritos, incluido no sólo el *Sueño* y tantos juegos de villancicos dedicados a temas sacros, sino del auto sacramental del *Divino Narciso* del que se había hecho una edición suelta en México un año antes y fue incluido ese mismo año de 1691 en la segunda de la *Inundación castálida de la única poetisa, Musa décima*, publicada en Madrid ya con el más recatado título de *Poemas*, quizá a instancias de la propia autora. ¿Cómo debía, pues, emplear mejor en lo venidero los talentos con que Dios la había dotado, si hasta aquí —según parecía sospechar "Sor Filotea"— no lo había hecho del modo más ajustado por parte de quien, como ella, "profesa tal religión"? ¿Le habría parecido en exceso soberbia la aventura intelectual vivida y narrada en el *Sueño*? ¿Era síntoma de peligrosa y condenable independencia intelectual su afán escrutador de los misterios divinos? La invitación de Sigüenza y Góngora le ofrecía, pues, una oportunidad de obtener la protección del virrey —como la había tenido de sus antecesores— y de recibir un público homenaje de admiración por parte de la inteligencia novohispana.

Con todo, Sor Juana utiliza la idea de los presagios de victoria de la Armada de Barlovento sobre los franceses invasores de La Española, no sólo para halagar al mandatario novohispano, sino para reafirmar —por la paradójica vía de la erudición elegante— su condición de mujer humilde e ignara, devota esposa de Cristo, sujeta a los preceptos de su Iglesia y ajena a toda vanidosa tentación de averiguar por cuenta propia lo que está reservado a la Providencia divina. De modo que si en el *Sueño* podía censurarse su activa voluntad indagadora, finalmente aquietada o reconfortada por el "Sol de justicia", en este canto de felicitación al virrey no sólo halagaría formalmente al poderoso mandatario, sino que imbricaría en la trama de su canto un renovado y sutil mensaje de obediencia al obispo y a todos aquéllos a quienes irritaba su libertad intelectual, presentándose ante ellos —por intermedio de la figura de la ruda Pitonisa— ya no más como una independiente escrutadora de los secretos del cosmos y el microcosmos, sino como instrumento pasivo de la voluntad divina.

Desde su inicio, el ciceroniano tratado *De la adivinación* asegura que aun las almas carentes de raciocionio y ciencia pueden ser excitadas al conocimiento por dos medios diferentes: uno, el delirio profético; otro, el sueño revelador. En ambos casos se trata del mismo género de adivinación "natural", porque, en efecto, no se procede en ellos al conocimiento de los hechos futuros o desconocidos por medio del razonamiento o la conjetura a partir de la observación de ciertos signos, sino que es el resultado de un "impulso e inspiración divina" como el que ocurre en el delirio profético de las Sibilas. Los oráculos sibilinos, precisamente por causa de la ambigüedad de sus respuestas, habían de ser interpretados por sacerdotes expertos en desentrañar el verdadero sentido de lo que la mente divina inspiraba en esas mujeres ignorantes, vehículo forzado e inconsciente de los mensajes del numen. Pero otra cosa ocurre en el sueño, puesto que en él es el alma racional la que se ve impulsada a elevarse a lo más alto de su capacidad visionaria y, por lo tanto, a indagar el sentido de las imágenes desplegadas en el teatro de la propia fantasía. No dejaría de pensar Sor Juana que, en el supuesto de que su *Sueño* alegórico hubiera sido interpretado como un acto de temeridad intelectual capaz de poner en peligro su condición de hija de la Iglesia y obediente esposa de Cristo, mostraría ahora a sus prelados que ella aceptaba sin protesta su condición de sierva en la Casa del Señor y que, tal como ya se lo había propuesto en otra crítica situación, renunciaría ahora efectivamente a la "luz de su entendimiento" dejando sólo lo que bastase para guardar la ley de Dios, "pues lo demás sobra, según algunos, en una mujer".

Indicio del interés por parte de Sor Juana de que su mensaje fuera recibido y correctamente interperetado por sus destinatarios eclesiásticos, es la desproporción que existe entre *exordio* y *narratio* en el *Epinicio*, esto es, entre los pasajes relativos a la victoria de la Armada de Barlovento sobre los franceses obtenida gracias a las "providentes órdenes" del virrey —que debía ser, no lo olvidemos, el asunto principal del canto— y la muy extensa sección preliminar, formalmente destinada a obtener la benevolencia del homenajeado, y en la cual se describen con pormenor las "desmandadas acciones" de la virgen profética, que busca sin éxito los adecuados modos de "explicarse". De los 142 versos de que se compone la Silva, los primeros 62, es decir, poco menos de la mitad, se ocupan del tema de la pronosticación inspirada y, más concretamente, de la incapacidad de la Pitonisa —nuevo paradigma moral de la autora— para formular con su voz enronquecida y débil los brillantes mensajes que el numen le trasmite, incluso en este caso en que la inspiración proviene directamente de las acciones del conde "esclarecido":

> ¡Oh, síncopa gloriosa
> De tan regia ascendencia esclarecida
> Si siempre verde rama,
> La dulce ardiente llama
> Del pecho anima escaso,
> Que a copia tanta limitado es vaso,
> Y pólvora oprimida
> Los conceptos aborta mal formados,
> Informes embriones,
> No partos sazonados,
> Si bien de lumbres claras concebidos,
> Cuando hijos no lucidos
> O partos no perfectos,
> Lucientes serán fetos
> Del divino ardimiento
> Que tu luz engendró en mi entendimiento (Versos 9-24).

Es, pues, tan abundante el caudal de inspiración y excede tanto a la capacidad de la Pitonisa-poetisa para expresarlo de manera apropiada y congruente que —al igual que la pólvora oprimida en la cápsula, dice Sor Juana en metáfora ajustada al acontecimiento militar que celebraba— acabará haciendo estallar los conceptos que no caben en su "pecho ... escaso", y así saldrán violentamente a la luz con precipitación semejante a la de los fetos abortados, y no con la perfección propia de quien los inspiró.

Para la mejor comprensión de ciertos aspectos de este poema sorjuaniano, conviene tener presente que, antes de tomar posesión del antiguo santuario de Delfos consagrado a la Tierra, Apolo tuvo que dar muerte a Pitón. De ese dragón o serpiente ancestralmente asociado con los misterios telúricos proceden el nombre de Apolo Pitio y de la Pitia o Pitonisa, y de ahí también el hecho de que, en sus delirios proféticos, ésta no pudiera librarse del dominio que sobre ella continúan ejerciendo las oscuras y poderosas señales de la Tierra que, mezcladas con los lúcidos mensajes de Apolo, la hacen prorrumpir en ambiguos —y, sin embargo, "cuerdos"— desatinos. Al inicio de las *Euménides* de Esquilo, la Pitonisa dirige sus primeras preces y actos de adoración a la Tierra, puesto que

—según explicaba a su público contemporáneo— "ella fue, antes que ningún otro dios, quien pronunció aquí [en Delfos] sus oráculos"; la siguió Temis y finalmente Febo-Apolo; de suerte que la sustitución de la primitiva mántica tenebrosa por la del numen "resplandeciente", no implicó la total desaparición de la primera. Así se explica que en el Libro VI de la *Eneida* describa Virgilio los esfuerzos de la pavorosa Sibila Cumana —habitante de una cueva que se comunica directamente con el mundo infernal— por sustraerse a la posesión de Apolo; esto es, por rechazo del instinto irreflexivo a las luces del entendimiento. Sin embargo,

> [...] El [Apolo] la domeña
> con mayor fuerza: la espumante boca
> le moldea, y la impronta de su numen
> impone firme al corazón rebelde.
>
> Con tales voces rebramando vierte
> sus horrendos enigmas en el antro
> la cumana Sibila, entre tinieblas
> velando la verdad, y con tal freno
> gobierna Apolo su furor, o blande
> el aguijón con que su pecho exalta.[16]

A la presencia de fuerzas naturales e instintivas en la emisión de los oráculos, alude Sor Juana en el pasaje que se extiende del verso 25 al 37 de su *Epinicio*; allí, en efecto, compara la violencia del rayo luminoso —"víbora de vapores espantosa" que desgarra la nube de tormenta "preñada" por las densas exhalaciones terrestres— con los conceptos expresados con atropellada precipitación. Y de inmediato —del verso 38 al 52— pasa Sor Juana a comparar su retórica incompetencia discursiva con el angustioso furor de la doncella de Delfos, la cual, "inflamada la mente" por el "alto numen", no puede revelar por medio de su "estilo inconsecuente" y sus "cláusulas [...] desatadas", los "misterios" que el dios le comunica y, así, éstos continuarán ocultos o sellados en su pecho por causa del desorden que traba su espíritu y aherroja sus palabras. Éstas, sin embargo, no deben ser tenidas por meros desatinos, como los juzga el vulgo, puesto que el frenesí y convulsión de la virgen son causados por el choque terrible de su elemental naturaleza femenina con las iluminaciones del espíritu.

Y de modo semejante a esas sobrecogedoras manifestaciones naturales de los dioses de la tierra y de los vientos, también la voz del "humano pecho" de Sor Juana —quien no sólo se asume como sujeto explícito de la elocución poética, sino como objeto de una metamorfosis simbólica— tendrá que celebrar las glorias del conde de Galve con ayuda de las "acciones desmandadas" de todos sus miembros, que —como le ocurre a la Sibila— intentarán inútilmente venir en ayuda de sus "mal pronunciadas cláusulas":

> Que así el humano pecho
> —aunque gustoso sea, aunque suave—
> a ardor divino estrecho
> viene; y el que no cabe,
> no sólo en voces sale atropelladas
> del angosto arcaduz de la garganta,
> pero buscando de explicarse modos,
> lenguas los miembros todos
> quiere hacer, con acciones desmandadas,
> que a copia sirven tanta (Versos 53-63).

Cantar la magnitud de la victoria conseguida sobre los franceses y difundir la gloria del virrey novohispano por toda la extensión de la orbe, continúa diciéndosenos del verso 63 al 96, no es tarea que pueda ser cumplida satisfactoriamente por la nueva Pitonisa; otras "bien cortadas plumas", las de los poetas mexicanos invitados por Sigüenza y Góngora —"Cisnes" de la Laguna Mexicana, imitadores genuinos de la dulce armonía de Apolo— la tomarán a su cargo; ella, en cambio, como émula de la rústica virgen de Delfos, deberá limitarse a ponderar la extraña o "rara circunstancia" que rodeó la providente disposición del virrey; esto es, el misterioso dictado que le hizo firmar la orden para que la Armada de Barlovento enfilara hacia Santo Domingo el mismo día en que —sin saberlo— los piratas franceses intimaban la rendición a los atemorizados españoles.

La revelación de ese "fausto día" —o sea el 4 de julio de 1690— la hará Sor Juana, entre los versos 97 y 107, con un sorpresivo guiño irónico, puesto que sustituyendo las toscas dicciones propias de la Pitonisa por cultas perífrasis astronómicas e hipérbatones aún más radicalmente gongorinos que los empleados precedentemente en su texto, de suerte que —por coincidencia de los opuestos— habrán de hacerlo tan impenetrable al vulgo de los no iniciados como lo eran para los profanos los tortuosos oráculos sibilinos:

> El mismo que por fausto tuvo día
> la Gálica arrongacia
> —que cuarto fue del mes en que la llama
> ardiente de la Esfera
> antes de tornos veinte
> en el León rugiente
> de ardor nuevo encendida, reverbera ...[17] (Versos 97-103).

Desde aquí hasta el verso 142 y final transcurre la breve peroración o envío: a las Musas corresponde cantar perpetuamente el "valor togado y la militar prudencia" del conde de Galve, a no ser que también ellas —por causa del excesivo entusiasmo— revienten las cuerdas de su lira y enronquezca, asimismo, "la trompa vocinglera" de la Fama.

No es posible saber cuántos contemporáneos de Sor Juana advertirían entonces que ese *Epinicio gratulatorio* al virrey novohispano era también un fastuoso y sibilino canto por cuyo medio empezaba a despedirse Sor Juana de su afición estudiosa: toda aquella monumental elocución pindárica y gongorina estaba destinada a coronar su propio silencio. Otros seguirían hablando; de otros serían las voces lúcidas e inspiradas de la poesía; a ella le correspondía el completo sacrificio de su entendimiento "en las aras de la Religión", tal como le exigía "Sor Filotea", ya que de no hacerlo obligaría a Dios "a concederle beneficios solamente negativos en lo sobrenatural" o, dicho con otras palabras también suyas, a "ser condenada a muerte eterna".

Pero queda, al menos, un testimonio de que el *Epinicio*, no sólo fue comprendido en su intención más secreta, sino que dio lugar a que la comparación con la Pitonisa fuera tomada como punto de partida para hacer un elaboradísimo parangón de Sor Juana con las siete Sibilas, en el que éstas habrían de resultar superadas en toda la línea de sus prodigios por la Madre Juana Inés. A finales de 1691 salieron de la imprenta poblana de Diego Fernández de León, y con licencia otorgada por el doctor Jerónimo de Luna, vicario general del Obispado de Puebla, el 3 de septiembre de ese año, los *Villancicos con que se solemnizaron en la S. I. Catedral... de Antequera... los Maitines de Santa Catarina de Alejandría*. La "Dedicatoria" del folleto a Fray Francisco de Reyna, Provincial de la Orden de Predicadores de Oaxaca, escrita por el capellán Jacinto de Laedesa Verástegui, resulta ser un texto pleno de intencionadas y sinuosas alusiones que ni siquiera su prosa revesada logra ocultar completamente a los lectores de hoy. Por principio de cuentas, el doctor Laedesa se refiere a las obras de Sor Juana como a los "aplaudidos [...] partos de su entendimiento" y a ella misma como "Prototipo de las Ciencias" y "Maestra de las erudiciones". Pero, contra lo que estas expresiones harían suponer, este elogio no iba en la misma dirección que el de Sigüenza y Góngora, porque Laedesa declara enseguida que la excelencia de los "frutos de su entendimiento" no los debe la Madre Juana precisamente a la "inclinación de su ejercicio" —esto es, a su constancia en el estudio de las letras humanas— sino "a lo singular de su virtud", y es esta "ciencia que excede a las demás" la que va guiándola al "colmo de la perfección".

En apoyo de su dicho, el capellán Laedesa citaba un texto de Hugo de San Víctor relativo a la instrucción de los novicios, con el evidente propósito de confirmar que la Madre Juana iba ya siguiendo puntualmente los pasos canónicos de la ruta monacal, a saber, que "el estudio es camino al magisterio, el magisterio camino a la virtud y la virtud camino a la beatitud".[18] Y enseguida —como si se hallara en trance de predicar ante un auditorio monjil— conminaba a las religiosas a que "aprehendan, pues, de esta luz que no se acaba, antes se enciende cuanto más se agota".

Ahí, en el punto crucial de su retorcida apología, le viene a Laedesa como pintada la comparación con las siete Sibilas, pero no ya con la pagana Pitonisa délfica que acababa de ser tomada por Sor Juana como máscara reveladora de su nueva actitud espiritual, tácitamente opuesta a las Musas y a Minerva, sus anteriores paradigmas clásicos, sino con las siete Sibilas en cuyos oráculos los Padres de la Iglesia primitiva, y aun el mismo San Jerónimo, habían reconocido como un hecho indudable la pronosticación de la venida del Salvador. Le servía, además, como modelo de comparaciones *in crescendo* todo el villancico VIII de Santa Catarina, cuya doble hazaña (convencer a los sabios paganos de la verdad de Cristo y sufrir el martirio por no renunciar a ella) resulta ser superior "maravilla" que las siete Maravillas del mundo: los jardines colgantes de Babilonia, la tumba de Mausolo, el Faro de Alejandría, el Coloso de Rodas, etcétera. Frente a todos ellas, Catarina,

> ¡Esta sí que es Maravilla
> que tal nombre mereció!
> ¡Esta sí, que las otras no!

Por modo semejante, es la prosa de Laedesa, Sor Juana va superando también a todas esas vírgenes proféticas, puesto que si la Cumea repartía desde una cueva sus oráculos, la Madre Juana Inés produce "maravillas" desde una celda; si la Libia dio noticias de Cristo en sus oráculos, Sor Juana es "oráculo de toda la América [que] no sólo ha dado en admirar las grandezas de Cristo, sino que enamorada de ellas, se consagró por su esposa". En fin, se la declara superior a todas las otras Sibilas —la délfica, la pérsica, la eritrea, la frigia, etcétera— por varias ingeniosas razones, pero siempre será su condición de religiosa o, por menor decir, de esposa de Cristo, el motivo principal de su triunfo y alabanza. Así pues, de esa manera sutil pero no menos evidente, Laedesa cambió la intención del paradigma escogido por Sor Juana en su *Epinicio*: sibila sí, pero no profana, sino cristiana.

De *motu proprio* o, lo que parece más seguro, instruido por el doctor Jerónimo de Luna —que es como decir por el mismo obispo de Puebla— al ponderar la ilimitada capacidad "en todas ciencias" de la Madre Juana Inés, el doctor Laedesa iba llevando el hilo de su argumentación a los preceptos de Hugo anteriormente citados en su texto. Y en ése propósito de ponderar que el "manantial de su ciencia" de Sor Juana brota de la virtud, y no de las ciencias curiosas, lo acerca también a lo que era —al menos en su aspecto menos hermético— al argumento en que sostenía Sor Juana el triunfo de Santa Catarina sobre la la tentación de renunciar a la ley de Cristo:

> Porque tiene el Diablo/ esto es de saber,
> que hay mujer que sepa/ más que supo él.
> Esperen, aguarden,/ que yo lo diré.
> [...]
> Tentóla de recio;/ más ella, pardiez,
> se dejó morir/ antes que vencer.

Leído sin prejuicios, el texto de Laedesa no hace sino ratificar el camino impuesto a Sor Juana por su prelado: habiendo llegado al conocimiento de todas las ciencias "curiosas", ya sólo le restaba alcanzar la santidad; para ello, tal como le previno poco tiempo antes el obispo Fernández de Santa Cruz, le será preciso despojarse de todo interés mundano para concentrarse en la exacta observancia y el piadoso estudio de la Ley sagrada. También los villancicos de Santa Catarina, en cuyas "agresivas" y "estridentes" alabanzas de la docta doncella se ha querido ver una proclama de "desafiante feminismo",[19] ensalza precisamente la sabiduría bíblica y cristiana con que Catarina desautoriza las opiniones idolátricas del tirano Maximino y los ignorantes filósofos de su corte; y luego, negándose a renunciar a su fe cristiana, se entrega al martirio, que es lo que cabía esperar de su virtud, esa "ciencia divina" que la condujo a la santidad. Catarina muere por amor a su "tierno Amadís" y une, en su sacrificio, "la palma de la Virgen y el laurel de la Mártir".[20]

Poco importa que Sor Juana conservara aún la riente lucidez de su entendimiento y —burla burlando— pusiera en berlina a quienes piensan que una mujer sólo ha de ocuparse de "hilar y coser", y aun que proclamara muy en serio su oposición a que la Iglesia quisiera seguir manteniendo en la ignorancia a quien Dios dio el ser racional. Por su parte, los prelados de Sor Juana —paradójicos Maximinos de la fe— estaban persuadidos de que había sonado la hora en que la propia Madre Juana Inés diera el esperado paso que la llevara de su admirable sabiduría a su inexcusable santidad.

NOTAS

[1] Sor Juana Inés de la Cruz, *Obras completas*. I. Lírica personal. Edición, prólogo y notas de Alfonso Méndez Plancarte (México/Buenos Aires: Fondo de Cultura Económica, 1951). (Texto, prosificación y notas del *Epinicio gratulatorio*).
[2] *Poemas inéditos, desconocidos y muy raros de Sor Juana Inés de la Cruz, la Décima Musa*, descubiertos y recopilados por Manuel Toussaint (México: Manural León Sánchez, 1926).
[3] *Trofeo de la justicia española en el castigo de la alevosía francesa que al abrigo de la Armada de Barlovento, executaron los Lanzeros de la isla de Santo Domingo, en los que de aquella nación ocupan sus costas*[...]. Escríbelo D. Carlos de Sigüenza y Góngora [...] (México: Herederos de la Viuda de Bernardo Calderón, año de M. DC. XCI).
[4] Ludwig Pfandl, *Sor Juana Inés de la Cruz. La Décima Musa de México*. Edición y prólogo de Francisco de la Maza; traducción de Juan Antonio Ortega y Medina (México: UNAM, 1963) (Primera edición alemana: Munich, 1946). No deja de sorprender que Pfandl, tan puntual conocedor de la literatura española de los siglos de oro, no haya recordado el frecuentísimo uso de la voz /abortar/ en el sentido genérico de "cosa nacida fuera de tiempo" y sazón; así, por ejemplo, aquellas "víboras más abortadas que producidas por los montes incultos", como decía el mismísimo rey David en alguno de sus Salmos.
[5] Octavio Paz, *Sor Juana Inés de la Cruz o las trampas de la fe* (México: Fondo de Cultura Económica, 1982) 353.
[6] Véase *Respuesta de la poetisa a la muy ilustre Sor Filotea de la Cruz*, en Sor Juana Inés de la Cruz, *Obras completas*. IV. Edición, introducción y notas de Alberto G. Salceda (México: Fondo de Cultura Económica, 1957).
[7] Así resumía el pseudo Longino la platónica semejanza entre la emulación de los grandes escritores del pasado con el entusiasmo profético: los poetas "reciben su inspiración de un soplo ajeno, a la manera de la Pitia que, según es fama, se sienta en el trípode en aquel lugar donde, cuentan, hay una hendidura en el suelo de donde brota un vapor divino que

la fecunda con un poder sobrenatural y, acto seguido, comienza a emitir sus oráculos por vía de inspiración. De igual manera, del genio de los antiguos fluyen hacia el espíritu de quienes los imitan, unos efluvios como emanados de boquetes sagrados, bajo cuyo hechizo incluso los menos dotados de inspiración participan del fervor poético que les insufla el genio ajeno". Véase Anónimo, *Sobre lo sublime*. Texto, introducción, traducción y notas de José Alcina Clota (Barcelona: Bosch, 1977).

[8] Antonio Vilanova, "Preceptistas españoles de los siglos XVI y XVII", en el tomo III (567 y ss.) de la *Historia general de las literaturas hispánicas*, publicada bajo la dirección de Guillermo Díaz-Plaja (Barcelona: Editorial Barna, 1953).

[9] Emanuele Tesauro, *Il cannocchiale aristotélico*. Scelta a cura di Ezio Raimondi (Torino: Einaudi Editore, 1960).

[10] Véase el "Romance" de don Joseph Pérez de Montoro que encabeza los elogios y "aprobaciones" de la *Inundación castálida*. Tanto ése como los demás textos preliminares faltan en la edición de la *Inundación castálida* preparada por Georgina Sabat de Rivers en Clásicos Castalia (Madrid, 1982).

[11] Puede leerse la "Carta de Sor Filotea de la Cruz" en el tomo IV (Comedias, sainetes y prosa) de las *Obras completas de Sor Juana Inés de la Cruz* (México: Fondo de Cultura Económica, 1957).

[12] El *Primero sueño* se publicó originalmente en el segundo volumen de las obras de Sor Juana (Sevilla, 1692). Ignoramos su fecha de composición; hay quien supone que fue escrito hacia 1685, pero puede ser posterior.

[13] Robert Ricard, *Une poetesse mexicaine du XVIIe siècle; Sor Juana Inés de la Cruz* (Paris: Institut des Hautes Etudes de l'Amerique Latine; Université de Paris. s.f.) "Sor Juana conoció ciertamentee [...] el *Sueño de Escipión* de Cicerón [...] en que se narra un sueño durante el cual [Escipión] es transportado a las estrellas [...] Su abuelo Escipión el Africano lo guía y le revela los misterios del universo y el destino de las almas después de la muerte" (25).

[14] Marco Tulio Cicerón, *De la adivinación*. Introducción, traducción y notas de Julio Pimentel Alvarez (México: Bibliotheca Scriptorum Graecorum el Romanorum Mexicana, UNAM, 1988).

[15] José Gaos, "Sueño de un sueño", en *Historia Mexicana*, 37 (México: El Colegio de México, julio-septiembre, 1960).

[16] Aurelio Espinosa Polit, *Virgilio en verso castellano. Bucólicas. Geórgicas. Eneida* (México: Editorial Jus, 1961).

[17] O, para decirlo con la prosificación de Méndez Plancarte: "aquel día que fue el cuarto del mes en que el Sol entra, después de otras 19 vueltas, en el Signo zodiacal el León, y reverbera en él con nuevo fuego".

[18] Marie Cécile Bénassy-Berling ha reproducido el texto de esa "Dedicatoria" en su artículo "Algunos documentos relacionados con el fin de la vida de Sor Juana Inés de la Cruz", en *Suplemento del Anuario de Estudios Americanos*, XLIV (Sevilla, 1987).

[19] Octavio Paz, 552 y ss.

[20] Véase las anotaciones pertinentes de Alfonso Méndez Plancarte a los *Villancicos de Santa Catarina* en: Sor Juana Inés de la Cruz, *Obras completas*, II (México: Fondo de Cultura Económica, 1952).

"LOA DEL AUTO A SAN HERMENEGILDO": SOR JUANA FRENTE A LA AUTORIDAD DE LA SABIDURÍA ANTIGUA[1]

POR

GEORGINA SABAT-RIVERS
State University of New York at Stony Brook

Para Elías Trabulse, agradeciéndole el apoyo
moral que le debo desde hace muchos años

Sor Juana Inés de la Cruz escribió sus tres autos sacramentales: *El mártir del Sacramento, San Hemenegildo*; *Divino Narciso* y *El cetro de José*, probablemente entre los años 1680 y 1691 según Méndez Plancarte; volveremos luego a esta cuestión. Y pienso que debió escribirlos en ese orden ya que en las loas que los preceden, se advierte un interés creciente por cuestiones americanas relacionadas, en la primera, con el llamado Descubrimiento, y en las otras dos por el impacto de la presencia de los conquistadores en el mundo azteca. Apuntemos que la monja escribió esas loas, por lo menos la de *Divino Narciso*,[2] a instancias de la marquesa de la Laguna para que se representaran en la corte de Madrid, lo cual, al parecer, nunca se llevó a la práctica, según hemos señalado en otro lugar (vid mi "Apología ...", nota 1). Lo mismo *Divino Narciso* que *El mártir del Sacramento* ...mencionan, al final de la loa, a los monarcas españoles lo cual refuerza la idea de que, efectivamente, cuando Sor Juana las escribió, contaba con que allí se representarían y, por tanto, lo que decía en ellas se dirigía casi en exclusividad a un público letrado peninsular.[3]

Recordemos, con respecto a las fechas que hemos dado, que en noviembre del año 1680 hicieron su entrada en la ciudad de México los marqueses de la Laguna, a los cuales el Cabildo y la Catedral levantaron arcos triunfales cuyo diseño y explicación encargaron a Carlos de Sigüenza y Góngora y a Sor Juana, respectivamente. La relación del arco del primero, *Teatro de virtudes políticas*..., se basaba en famosos emperadores aztecas, los cuales ponía de ejemplo al nuevo virrey. Sor Juana, en su propia relación, el *Neptuno alegórico*..., se mostró más prudente al seguir la costumbre tradicional de presentar al virrey modelos mitológicos, de Neptuno en este caso: el título de la Laguna le hizo pensar en el rey mitológico de las aguas. El famoso erudito y científico contemporáneo de Sor Juana, por medio de su *Teatro* ..., nos da pruebas, ya en esa época, de su enorme interés por el mundo pre-cortesiano de su tierra, entusiasmo que, no me cabe duda, compartiría con Sor Juana al mostrarle los mapas y códices que iba coleccionando y al comentarlos con ella. Lo mismo el uno que la otra eran reconocidos intelectuales del mundo virreinal de la Nueva España, y, aunque quizá en algún momento su amistad sufriera roces, no hay duda del respeto que el sabio novohispano sentía por la monja; en este caso particular de la relación de su arco, se las arregló para involucrar a Sor Juana con la explicación que hacía de sus emperadores (vid "El Neptuno ... en mi edición de *Inundación castálida*, 63-71).

Sigüenza y Góngora y Sor Juana pertenecían ambos a la alta clase clerical de la sociedad en que vivían, sociedad que se ubicaba en "la ciudad letrada", como la ha llamado Ángel Rama. A los dos los unían fuertes lazos con la Compañía de Jesús, la cual, desde la llegada de ésta a México en 1572, había creado los llamados colegios donde se impartía a los alumnos una exigente preparación escolástica y humanística que le dio a la orden, muy pronto, el control del saber y de los estudios avanzados en la ciudad de México. La actitud de los jesuitas hacia creencias y personas en tierras novohispanas mantuvo la misma apertura y adaptabilidad que la orden había mostrado en otras partes del globo — probablemente porque no solían ser reclutados para los cargos seculares de la Iglesia (Morner, 29). Por otra parte, es sabido que a la orden se la ha identificado con el Barroco, es decir, con los conceptos y lenguaje que constituían los modos de expresión de esa corriente y que los jesuitas importaron de la península a la Nueva España. La cultura barroca le daba una gran importancia a la búsqueda y expresión íntima de la personalidad, así que puede sacarse en consecuencia que estos factores fueron muy pronto formando la conciencia de identidad criolla de los jóvenes pupilos dándoles derrotero y sentido a sus inquietudes políticas y sociales, aunque todo esto se expresara de modo vago y ambiguo. En resumen: me parece imposible que el éxito de la orden por formar y captarse a la elite novohispana y, en particular, el carácter más universal que españolizante que había exhibido por todas partes —permitiéndole cobijar e incluso impulsar, en la Nueva España, las inquie-tudes propias de los jóvenes criollos— no llegara a los dos eruditos más importantes de esa sociedad virreinal.

Digamos, pues, que el interés que ellos sentían por las cosas americanas no era sólo la curiosidad por lo exótico propia del Barroco; era cuestión personal en su cualidad de entes criollos. En relación con Sor Juana, otro aspecto significativo que nos interesa señalar, y que se halla por todas partes en su obra, es su lucha por establecerse como mujer intelectual. Ahora bien, el estudio y el saber de la época, como sabemos, no sólo era prerrogativa de los hombres sino que los jesuitas eran los primeros titulares. Sor Juana se desenvolvía en el mundo ilustrado que ellos habían creado, incluso se ha dicho que ella quería ser jesuita.[4] Lo que sí quería la monja es que se le reconociera el mismo prestigio pedagógico, cultural y literario que la sociedad de su tiempo les daba a los jesuitas más destacados. La escritora resintió, como nos lo dice en su *Respuesta* principalmente, el no haber tenido maestros y haber tenido que ser, forzosamente, autodidacta. También protestó, en la misma obra, al analizar las palabras de San Pablo "Mulieres in Ecclesia taceant", el que se creyera que las mujeres eran incapaces de impartir lecciones.

Estas preocupaciones de la monja aparecen en la loa de su auto: *El mártir del Sacramento, San Hermenegildo*. El auto, siempre según Méndez Plancarte, se escribió entre los años 1680 a 1688 "más probablemente, hacia esta última fecha, en que la Marquesa de la Laguna tornó a España".[5] Si Méndez Plancarte tiene razón, y según mi hipótesis de que éste era el primero de ellos, los tres autos, con sus loas, se escribirían en los años poco anteriores a 1688. Éste, particularmente, hubo de escribirse antes de febrero de 1689 en vida de María Luisa de Orleans (o de Borbón), la primera esposa de Carlos II; Sor Juana menciona en la escena VIII (la última) al rey, deseándole heredero, y a la reina mencionada así como a la reina-madre.[6]

La monja nos muestra, por medio de estas loas de sus autos, su afición y aprovechamiento de las lecturas y de las discusiones humanísticas que desde el siglo XV ponían en entredicho la lectura del canon de la sabiduría antigua. Estas discusiones se apoyaban en una crítica de las lecturas que se consideraban modelos. En las conocidas discusiones entre antiguos y modernos, era notoria la preferencia por los modernos, el valor de la experiencia por encima del conocimiento que predicaban los libros y era marca del Barroco y, unido a todo ello —rezagos del Renacimiento— el respeto por "la unidad del género humano y su intrínseca dignidad" (Lerner, 20). Lo que vamos a ver en Sor Juana —a diferencia de otros eruditos que se ocupaban de estas cuestiones— es una síntesis de lo que constituían sus preocupaciones y deseos personales como mujer intelectual y americana: la monja habla por boca de un "maestro" —lo que nunca se le permitió ser—[7] para sentar cátedra refutando creencias de los sabios de la Antigüedad clásica, creencias que se habían conservado, a través de la Edad Media, en la vieja Europa. La escritora no se limita a tratar cuestiones relacionadas con la ciencia antigua, sino que extiende estas reflexiones al mundo filosófico de los Padres de la Iglesia: así nos demuestra, no solamente que las mujeres podían ser intelectuales, sino que también podían dar lecciones a los grandes varones de todos los tiempos, fuera en el campo del saber humano o en el de la teología, por mucho que en la *Respuesta* hubiera dicho que no quería tratar de estas cosas por miedo a equivocarse y tener ruidos con el Santo Oficio. Por otro lado, en el ambiente religioso-intelectual de la España contrarreformista, parece haber habido más lugar para disenciones del que generalmente se admite.[8] Pero eso no es todo: las implicaciones de sus juegos teatrales nos descubren el intelecto agudo y avanzado de la monja bien asentado en la duda, que marca a los grandes intelectuales de esa época y de todas. Aunque su pensamiento nos llegue por vías sinuosas, nos dice que nadie tiene en su mano la verdad definitiva porque pueden surgir otros modos de enfoque o puede haber otros descubrimientos que la nieguen, afirmando nuevas verdades que el tiempo futuro puede rechazar una vez más.

Se puede medir el avance del pensamiento de Sor Juana cuando uno piensa en la crítica radical del concepto actual de historia que se halla en Ricoeur y en Benjamin, por ejemplo. La historia no es una identidad con decurso unitario que registre sólo los hechos notables de los grupos dominantes y que pretenda una información regulatoria con verdades absolutas; por eso todas las "verdades" se hacen sospechosas.[9] Esta noción de historia de que hablamos se ha definido a través de la narrativa; aquí la monja nos expresa estos pensamientos en poesía aunque tengan ciertos rasgos de narración. Sor Juana, miembro de un grupo minoritario al que no se le daba importancia intelectual alguna, se coloca frente a las "verdades" que proceden de la autoridad masculina establecida.

Antes de pasar al examen de la loa, pequeña obra dramática por sí misma, y para entender mejor la base de aquello que la monja va a refutar, detengámonos para hacer comentarios, sin extendernos demasiado, sobre el saber de la época, lo que significaban las columnas de Hércules en el mundo clásico y las opiniones de San Agustín y de Santo Tomás. De todo ello se habla en esta loa de Sor Juana.

En el mundo inseparable de la ciencia y la filosofía del conocimiento antiguo (Smith and Moorhead, 292-296), el único universo existente y conocido lo constituían las tierras que, más cerca o más lejos rodeaban al Mediterráneo. El arte y la literatura, el comercio y la artesanía, las exploraciones e investigaciones que se realizaban, los viajes por mar o por tierra, las luchas políticas y las guerras, los imperios que nacían y morían ... todo ello se desarrollaba en el mundo que el *mare internum* (o *mare clausum, mare nostrum* o *mare africum*) limitaba, por el oeste, con las llamadas columnas de Hércules y por el este, con los Estrechos del Helesponto y de Mesina. No importa qué explicación se le diera al Estrecho de Gibraltar, todas las aguas que no estaban encerradas dentro de sus columnas, constituían el gran océano que era desconocido y temido, hostil.[10] "In Ancient times when the Mediterranean and its encircling lands embraced most of the known world, the whole outlook of ancient life was directed towards its blue waters. This was the view of Plato and Strabo" (Semple, 59).

La visión de Herodoto del mundo antiguo no registra, entre otras, la creencia de los pitagóricos de que el mundo era una esfera, quizás porque algunos creían que el concepto sólo había sido un "happy guess, based on the idea that it was the most perfect figure" (How, 435). Aunque su facultad crítica con frecuencia lo salva de equivocaciones que fueron comunes mucho después de su tiempo, (ib., 437) no lo fue para salvarlo de creer que el mundo era una superficie plana sobre la cual el sol se movía de este a oeste. Pero ningún autor es más conocido que Plinio. No sólo fue modelo durante toda la Edad Media sino que, con la institución de la imprenta y subsecuentes traducciones a lenguas vernáculas, su obra se conoció extensamente; de los treinta y siete libros que forman su *Naturalis Historia*, los capítulos III al VI se ocupan de la geografía y etnografía de ese mundo cerrado de la época y aunque presentan cierto deseo de rigor, los resultados son poco científicos según se entiende hoy.

En cuanto a los dos Padres de la Iglesia que aparecen en la loa, sobre todo en las discusiones de los estudiantes 1 y 2, se trata de los dos más famosos de la historia de la Iglesia. San Agustín de Hipona (354-430) fue obispo de esa ciudad en el África romana y la figura dominante del pensamiento occidental religioso de su tiempo; se le ha considerado el más grande filósofo del cristianismo antiguo. Su pensamiento es producto de la fusión de los conceptos religiosos del Nuevo Testamento con la tradición platónica de la filosofía griega. La autoridad de San Agustín, por encima de otros teólogos de la Iglesia cristiana, no fue discutida hasta la llegada del "doctor angélico", Santo Tomás de Aquino (1225-1274), de formación más bien aristotélica que platónica, casi ocho siglos más tarde. Tomás tenía una mente científica y trató de relacionar todas las ciencias así como muchos opuestos que parecían irreconciliables; poseía la virtud de discernir lo que era fundamental.

Sor Juana conocía por supuesto muy bien las doctrinas de estos dos Padres de la Iglesia, las cuales trató en varias ocasiones casi siempre en relación con la mayor "fineza" de Cristo, es decir, la mayor prueba de amor de Jesucristo para el género humano, preocupación que inquietó a la monja y que aparece especialmente en su *Carta atenagórica* (o *Crisis de un sermón* según título que aparece en sus ediciones antiguas) y en las "Letras bernardas". Lo que llama la atención en esta loa, es la habilidad de la monja en relacionar estas doctrinas teológicas con aspectos científicos y de aplicar a esos dos mundos conceptuales la idea progresista de que siempre se puede encontrar una mente que halle nuevas teorías que cambien para siempre las verdades que se habían aceptado como incontrovertibles.

Vayamos ahora al análisis de la loa misma. Se desarrolla en dos planos que dan exitosamente la impresión de simultaneidad, en un manejo de lo que posteriormente se ha llamado metateatro. En el primer plano tenemos a dos estudiantes enfrascados en una discusión teológica a la que un tercer estudiante añade el tema de la ciencia; en el segundo plano, hallamos a personajes relacionados con la mitología, la historia, la geografía y el saber antiguos. A los estudiantes no se les da nombre sino un número: 1, 2 y 3. Esto es significativo: con ello la monja apunta quizá al hecho de que cualquier estudiante avanzado tenía la preparación adecuada para enfrascarse en altas discusiones teológicas y, aunque no hay una referencia explícita al lugar en el que se desarrolla la *disputatio*, tenemos que concluir que se trata de estudiantes novohispanos y que ésta se produce en algún claustro situado en el mundo americano más cercano a Sor Juana, es decir la capital del virreinato de la Nueva España donde la monja vivía[11] ya que, recordémoslo para lo que sigue, Sor Juana se identifica con el estudiante 3 quien, además, es el que actúa como maestro, según abundaremos más adelante.

La escena I comienza *in medias res* con la discusión de los estudiantes 1 y 2 sobre la mencionada mayor fineza de Cristo, tema relacionado al del libre albedrío que apasionó a la Europa de los siglos XVI y XVII con las discusiones sobre la gracia santificante y la gracia eficaz que los teólogos católicos Báñez y Molina llevaron adelante. Con un lenguaje que utiliza los modos escolásticos de razonamiento, el estudiante 1 defiende a San Agustín, quien creía que la mayor prueba del amor de Dios, de Cristo, es decir, la mayor fineza, la constituía el haber muerto en la cruz por los hombres. El estudiante 2 defiende a Santo

Tomás, quien decía que lo era el haberse quedado Jesús en el sacramento de la Eucaristía para unirse y fortalecer al género humano a través de los siglos. El estudiante 3, que se presenta de más autoridad por su puesto y por su edad (vv. 69-70), que es quien se señala como maestro de los otros, además de amigo (vv.72-73), y les inspira respeto (v.78), sale en la escena II regañándolos porque se han acalorado y ponen "en las voces/la fuerza del argumento", advirtiendo que en las "Escuelas":

> Esta no es cuestión de voces
> sino lid de los conceptos;
> y siendo juez la razón,
> que será vencedor, pienso,
> el que más sutil arguya,
> no el que gritare más recio.[12]

Después de pedirle a los estudiantes 1 y 2 que le expongan la base de sus "dos opiniones", la de San Agustín y la de Santo Tomás, ya señaladas, el maestro menciona su "mayor intento", intención que, por el momento, no descubre. Enseguida, bajo esa capa de "maestro", se nos presenta la Sor Juana estudiosa y filosófico-científica que conoce de la "magia natural" en la que creían los sabios del Renacimiento (recordemos su conocimiento de la obra de Kircher) ya que, dice, "... con mis ciencias puedo/fingir ...". Y este fingimiento puede realizarlo utilizando la ciencia a través de varios procedimientos: (1) "en las perspectivas/ de la luna de un espejo"; (2) "condensando el aire/ con los vapores más térreos" o (3) "turbando los ojos,/mostrar aparentes cuerpos". Pero si ellos, los otros estudiantes, no admiten esos procedimientos "científicos", puede apelar a la habilidad de la mente haciendo que "el entendimiento /con alegóricos entes" haga visibles los objetos,[13] lo cual, les anuncia, ellos van a "ver" enseguida.

Con la escena III, comienza el segundo plano que mencionamos antes. Aparecen soldados con las famosas columnas de Hércules para fijar "el término extremo/del Mundo", que es "el que ha Hércules descubierto" y que establecieron el *non plus ultra*, los confines del universo antiguo.[14] Esta entrada constituye una irrupción aparentemente total, en el terreno de lo visual, lo intelectual y lo histórico, de lo que se venía desarrollando en escena. A la escena III, sigue la IV en la que aparecen de nuevo los estudiantes 1 y 2, muy desconcertados, preguntándole al "maestro" lo que ha querido significarse con la escena anterior. Enseguida después nos presentan la escena V en la que aparecen, ahora, otros soldados, pero esta vez acompañados de Colón, quien exclama: "¡Albricias, Europa, albricias!/Más Mundos hay, más Imperios,/ ... /Sál de aquel pasado error,/que tus Antiguos tuvieron, de que el término del Mundo/no pasaba del Estrecho!" poniendo énfasis en el "plus ultra" que aseguraba la existencia de otros mundos más allá del Estrecho de Gibraltar, lo cual hacía posible "borrar" (vid Cevallos) esas columnas de Hércules y dibujar nuevos mapas, es decir, dar constancia de los mundos descubiertos y de la equivocación de los antiguos que habían negado su existencia.

En la escena VI, los estudiantes 1 y 2 siguen intrigados por la presencia de Hércules y Colón en la loa; reflexiona el primero, preguntando "/¿.../supuesto que nada de ello/tiene conexión alguna/que hacer pueda a nuestro intento?" A lo que el maestro contesta "que vuestros argumentos/para otro fin me servían./ Y es el caso, que yo tengo/a mi cargo hacer un Auto/del Divino Sacramento,/ .../Y.../...quise hacer/de vuestros discursos mesmos/la fábrica de mi Loa" añadiendo que el haber hecho salir en escena a Hércules y Colón no es realmente cuestión de "mágica" sino de "ingenio", es decir, del ingenio de quien escribe la loa, según los procedimientos "científicos" que se comentaron antes, o quizá también con referencia a las tramoyas utilizadas (si es lo primero, la ambigüedad con que se dice, que implica el orgullo propio de la escritora, encanta por su candidez). Ante tal respuesta, insiste el estudiante 2 sobre que, si quería dar ejemplos, debía de haberlos tomado de la Escritura antes que utilizar personajes profanos que "son muy distantes del caso", conminando al maestro a que diga "¿... a qué efecto/a Hércules y Colón traes?" El maestro contesta enigmáticamente: "A eso no he de responderos/yo ..." añadiendo que también está suspenso "el juicio de a cuál me inclino/de vuestros dos argumentos". Al mismo tiempo, anuncia su respuesta en lo que dirán los dos coros de la música[15] que, en la escena VII, alternarán con las discusiones sobre las finezas de Cristo que continúan, a la par, los estudiantes. La escena VIII es la acostumbrada escena final en la que los protagonistas, los estudiantes, saludan, despidiéndose, a las personalidades asistentes. En esta loa, prueba de que realmente Sor Juana esperaba se presentaría ante los reyes, se dirigen al monarca español (Carlos II), a la reina (María Luisa de Borbón o de Orleans) y a la reina-madre, Mariana de Austria según antes se adelantó (ver nota 6).

Es en la escena VII donde se resuelven, a mi parecer, los enigmas propuestos en la loa por el "maestro". El estudiante 1 vuelve a recriminar a éste por la utilización de los ejemplos de Hércules y Colón a lo que contesta el maestro: "Pues mirad si son superfluos./No haber más mundo creía/Hércules en su blasón,/mas se echó al agua Colón/y vio que más mundo había./Así cuando se entendía/que el llegar a padecer/era del Sumo Poder/la empresa mayor que vieron,/Se echó al agua y conocieron/que quedaba más que hacer". El coro 2 también juega con la frase "echarse al agua": jugarse el todo por el todo, ir más allá de lo que se cree posible. De este modo, Sor Juana, sin por fin determinarse claramente por ninguna de las dos opiniones teológicas mencionadas[16] —porque ése no era su propósito— relaciona las discusiones en las que estaban enfrascados los estudiantes con las empresas de Hércules y Colón y saca sus propias conclusiones. Sor Juana nos dice que no hay que aceptar una "verdad" determinada, sea en teología, en geografía o en cualquier otra ciencia, porque siempre puede haber una mente valiente que, como en el caso de Colón, esté dispuesta a arriesgarse a conquistar mundos nuevos y destruya verdades que se creían invulnerables. Colón destruyó la "verdad" impuesta por el mundo antiguo, ya que más allá de las columnas de Hércules sí existían otros mundos. Santo Tomás, con su opinión de que la mayor prueba del amor de Cristo era la

Eucaristía, puso a prueba la "verdad" de que lo fuera el padecer en la cruz, según había determinado San Agustín siglos antes.

Es así como la monja mexicana, en la segunda mitad del siglo XVII, nos muestra su creencia en el avance de la ciencia y del conocimiento humanos. La lección de Sor Juana es ésta: no hay que creer que haya ninguna verdad total y permanente ya que alguien dispuesto a "echarse al mar", a enfrentarse a ella, puede destruirla con nuevos descubrimientos y abrir nuevas perspectivas. Esta loa es una demostración irrevocable de la mente inquisitiva de la monja de México, de su admirable espíritu crítico y analítico, razonador, de un intelecto que no se conformaba con "verdades" establecidas por muy seculares que fueran. Y esta falta de conformismo expresada por su pluma, es también un tremendo mentís a la posición secundaria y doméstica en que se mantenía a la mujer de su siglo. Es, en fin, la valiente réplica a la autoridad masculina y europea de una voz de mujer que habla desde América.

NOTAS

[1] Este trabajo se leyó por primera vez en el Ayuntamiento de Ciudad Juárez en abril de 1993; agradezco a María Socorro Tabuenca su invitación. Revisado, se leyó por segunda vez en el "IV Simposium Internacional de Crítica Literaria y Escritura de Mujeres de América Latina" celebrado, durante la Feria del Libro, en Guadalajara, México, del 1 al 4 de diciembre de 1993. Agradezco a Martha Cerda y su equipo, especialmente a Diana Valencia, su invitación.

[2] Escribo *Divino Narciso* sin el artículo que acostumbra a anteponérsele porque en la misma loa, la autora lo menciona así en boca de Religión (casi al comienzo de la escena V) y así aparece en las ediciones antiguas.

[3] Véase mi "Apología ...", nota 1 para más información de lo que antecede.

[4] Creo que lo que se quiere decir con ello es que la monja quería conseguir el nivel de sabiduría y erudición de que disfrutaban los jesuitas, no que quisiera ser hombre. No hay en la obra de Sor Juana ninguna sugerencia en ese sentido; en su obra y siempre como mujer, luchó para que se le reconociera a su sexo la misma capacidad intelectual e ilustración de que disfrutaba el sexo contrario.

[5] Utilizo la edición de Méndez Plancarte para este auto. Véase en III, la nota al v. 470, página 563. Véase el artículo de Francisco Javier Cevallos: "La alegoría del deseo: La loa para el auto: *El mártir del Sacramento, San Hermenegildo* de Sor Juana Inés de la Cruz" que he leído en manuscrito cuando redactaba este trabajo. Se ha publicado en *Romance Languages Annual* 3 (West Lafayette IN), 1991, 380-383.

[6] Carlos II se casó en primeras nupcias, en agosto de 1679, con esa princesa francesa mencionada quien murió muy joven (antes de cumplir los 27 años) en febrero de 1689, sin dejar heredero. En mayo de 1690, Carlos II contrajo un segundo matrimonio con Mariana de Neoburg con quien estaba casado al morir el 1 de noviembre de 1700. La reina-madre, Mariana de Austria, murió unos años más tarde (mayo de 1696); véase lo que proponemos en el texto, sobre la fecha de redacción de esta loa y su auto a San Hermenegildo. Hubo de escribirse antes de febrero de 1689, es decir, probablemente durante el año de 1688 o incluso en 1687. Llama la atención el que, en la escena final (la V) de la loa de *Divino Narciso*, la autora no mencione a la reina-madre pero que sí se dirija a "los reales pies" y a "su reina esclarecida" sin que mencione claramente qué reina era. Siguiendo a Méndez Plancarte (III, p. LXXI; p. 503 y 513), *Divino Narciso* se publicó en

España, por primera vez, en el primer volumen (Madrid, 1691; no se había publicado en *Inundación castálida*). Pero existe una edición mexicana suelta de 1690 (en la imprenta de la viuda de Bernardo Calderón). Todo esto parece señalar que la composición y publicación de este auto y su loa se halla entre la defunción de una reina y la siguiente. En cuanto a la loa de *El cetro de José* no hay ningún dato histórico que pueda aclarar nada sobre la fecha de su composición.

[7] Sor Juana, bajo el disfraz de "Estudiante 3" se descubre como autora del auto. Véanse los versos 480-488: "de haber con tan tosca pluma/tomado tan alto vuelo/.../me hizo elegir el asunto ...".

[8] Véase a Alison Weber: "Between Ecstasy and Exorcism: Religious Negotiating in Sixteenth-Century Spain", 234 y la nota 39 al pie de la misma página, con bibliografía al respecto.

[9] Véanse de Paul Ricoeur: "El tiempo contado", *Revista de Occidente*, 76, (sept. 1987), 41-64; y de Walter Benjamin: "Theses on the Philosophy of History", *Illuminations*, Hannah Arendt, ed. (New York: Schoken Books, 1969), 253-264.

[10] Además de los libros de los que aparecen citas en el texto, he consultado para este pasaje y otra información que se encuentra aquí y allá, a los siguientes autores: Fletchar-Allen and Hyamson, "Introduction", 1-5; Ehrenberg, 238-241; Ludwig, 15-17, 31 y ss.; Herodoto (traducido al inglés por Godley), "General Introduction", vii-xxviii; Myres, "Preface" y "Chapter III"; Slocombe, 20-21; Rose, viii-ix, 6-11, 174-176; Waters, 16-17; Webster, "Commerce and Industry", 447 y ss.; Polibio (traducido al inglés por Chambers), "Book II", 64 y ss.

[11] Véase la nota al v. 67 de Méndez Plancarte, III, p.556, donde habla de "el General" lugar en el que, más adelante, se continúa la discusión; en la Escuela Nacional Preparatoria, que fue el antiguo Colegio de San Ildefonso, de los jesuitas, el aula magna o salón general conserva el nombre de "el Generalito".

[12] Estos versos señalan la juventud de los estudiantes que frecuentaban los colegios de los jesuitas. Sor Juana, "el maestro", con toda su autoridad, no podía tener sino unos treinta y pico de años, según el año en que esta loa se escribiera. Al presentársenos de esta manera, vemos una prueba de la conciencia de valía que la monja tenía de sí misma en cuanto a su saber y a su entendimiento.

[13] Estos resultados que pueden obtenerse con lo científico y que Sor Juana propone aquí aparecen en otras partes de su obra. Véanse el soneto que comienza "Detente, sombra de mi bien esquivo", para lo que la mente es capaz de lograr; en la *Respuesta*, cuando habla de las vigas del gran salón, el refectorio, con referencia a que, a los ojos, parecen acercarse una a otra en la parte más alejada; y en el *Sueño*, el pasaje donde se refiere a las imágenes que se reflejan en la pared como si tuvieran tres dimensiones ...

[14] La versión mitológica de las columnas del estrecho de Gibraltar está relacionada con Hércules. Constituye su décimo "trabajo": ir a buscar el ganado de Gerión quien, según la tradición, era rey de España. Para realizarlo, Hércules viajó mucho hasta llegar a los límites de Libia y Europa, a las tierras de lo que hoy llamamos Gibraltar. Según la fuente de que se trate, se dice que allí levantó dos montes: Calpe (Gibraltar), del lado de Europa, y Abila, en Ceuta, del lado de África. Otras fuentes dicen que se trataba de una sola montaña que el gigante abrió en dos. También, según la fuente consultada, se dice que trató, o bien de comunicar el Mediterráneo con el gran océano (Atlántico) o bien de cerrar más aún la estrecha comunicación para prohibirle el paso a las ballenas. Véase a Bulfinch, 145, y a Garibay, 134-135. El nombre de Gibraltar se cree que es una corrupción de Jebel-el-Tarek (Monte de Tarek) que le dio Tarek-el-Zaid, el conquistador árabe que lo cruzó en el año 711 dando principio a la dominación árabe en España.

[15] Méndez Plancarte en sus anotaciones a los vv.349-368 (561) dice, en relación con la mayor fineza de Cristo, que el coro 2 apoya la opinión de San Agustín y el coro 1 la de Santo Tomás. Sin embargo, el estudiante 1 es quien apoya la opinión de San Agustín y el 2 la de Santo Tomás. Hay, me parece, equivocación en el orden de los coros cuando aparecen por primera vez. Al comienzo de la escena VII, la Música canta: "No pudo el Sumo Poder/otra fineza mayor/obrar con Su inmenso Amor,/que llegar a padecer". El coro 1, que debe tener correspondencia con lo que dice el estudiante 1 —quien defiende la opinión de San Agustín— debe corroborar lo que ha dicho la Música contestando: "¡No pudo hacer!"; y el coro 2, que sigue la opinión del estudiante 2 —el que defiende a Santo Tomás— debe negarla: "¡Sí pudo hacer!"; en el texto de Méndez Plancarte están cambiados. Hay otros errores que seguramente ya aparecían en éste. En las loas, por regla general, los parlamentos de los personajes, así como de los coros, se suceden unos a los otros alternadamente. Cuando aparece la Música, se debe marcar la entrada de cada uno de los coros, primero el 1 y luego el 2; en la p.111 en las dos entradas de la Música, no se menciona al coro 1, sólo al 2. En esa misma página, el estudiante 1 aparece dos veces seguidas; la primera vez creo que el parlamento corresponde al estudiante 2 y la segunda, al estudiante 3 quien, como sabemos, se presenta como el que más sabe y en ese parlamento instruye a los otros dos sobre la secuencia de la cena del cordero pascual, el lavatorio de pies y la institución de la Eucaristía. Todo esto, desde luego, está pendiente de cotejo.

[16] Sor Juana vaciló entre estas dos opiniones de San Agustín y de Santo Tomás, según la obra de que se tratara; aquí, sin expresarlo claramente, según ya se señaló, parece inclinarse hacia la de Santo Tomás. Véase a Méndez Plancarte, III, nota a los vv.101-159, 557.

Bibliografía

Benjamin, Walter. "Theses on the Philosophy of History". *Illuminations*, editado por Hannah Arendt. New York: Schoken Books, 1969. 253-264.

Bulfinch, Thomas. *Bulfinch's Mythology*. New York: Avenel Books, 1979.

Ehrenberg, Victor. *Aspects of the Ancient World*. New York: William Salloch, 1946.

Fletcher-Allen, Edgar y A. M. Hyamson. *The Mediterranean*. New York: Dodd, Mead and Co, 1932.

Garibay, Ángel María. *Mitología griega. Dioses y héroes*. México: Porrúa, 1936.

Herodoto. *Herodotus*, traducido al inglés por A. D. Godley, tomo I. New York: Putnam's Sons, 1926.

How, W. W. y J. Wells. *A Commentary on Herodotus*, I y II. New York: Oxford, 1989.

Juana Inés de la Cruz, Sor. Loa para *El mártir del Sacramento, San Hermenegildo*, edición de Alfonso Méndez Plancarte, tomo III. México: Fondo de Cultura Económica, 1955. 97-115.

Lerner, Isaías. "La visión humanística de América: Gonzalo Fernández de Oviedo"; aparecerá en *Las Indias (América) en la literatura del Siglo de Oro*. Actas del Congreso Internacional celebrado en Navarra, Pamplona, 15-18 de enero, 1992.

Ludwig, Emil. *The Mediterranean. Saga of a Sea*. New York: McGraw-Hill, 1942.

Méndez Plancarte, Alfonso. *Sor Juana Inés de la Cruz. Obras completas*, III. México: Fondo de Cultura Económica, 1955.

Morner, Magnus. *The Expulsion of the Jesuits from Latin America*, "Introduction". New York: Alfred A. Knopf, 1965. 3-30.

Myres, John L. *Herodotus. Father of History*. Oxford: Clarendon Press, 1968.

Polibio. *Polybius. "The Histories"*. Edición de Mortimer Chambers, Book II. New York: Twayne Publishers, 1966. 64 y ss.

Rama, Ángel. *La ciudad letrada*. Hanover, N.H.: Ediciones del Norte, 1984.

Ricoeur, Paul. "El tiempo contado". *Revista de Occidente*, 76 (septiembre de 1987), 41-64.

Robinson, Charles Alexander, Jr. *Selections from Greek and Roman Historians*, "Introduction". New York: Holt, Rinehart and Winston, 1957. vii-xxxvi.

Rose, John Holland. *The Mediterranean in the Ancient World*. "Preface", Chapters I, V, and VI. New York: Greenwood Press, 1969.

Sabat de Rivers (o Sabat-Rivers), Georgina. "Apología de América y del mundo azteca en tres loas de Sor Juana". *Revista de Estudios Hispánicos*. Universidad de Puerto Rico: Seminario de estudios hispánicos, 1992. 267-291.

_____. "El Neptuno". *Sor Juana Inés de la Cruz. Inundación castálida*. Edición de Georgina Sabat de Rivers. Madrid: Castalia, 1982. 63-71.

Semple, Ellen Churchill. *The Geography of the Mediterranean Region. Its Relation to Ancient History*. New York: Holt, 1931.

Slocombe, George. *The Mediterranean and its Future*. London: Hutchinson, 1936.

Smith, Charles Edward y Paul Grady Moorhead. *A Short History of the Ancient World*, Chapter XVIII. New York: Appleton-Century, 1939.

Waters, K. H. *Herodotos the Historian. His Problems, Methods and Originality*. Norman, Oklahoma: University of Oklahoma Press, 1985.

Weber, Alison. "Between Ecstasy and Exorcism: Religious Negotiation in Sixteenth-Century Spain". *The Journal of Medieval and Renaissance Studies*, 23 (Spring 1993), 221-234.

Webster, Hutton. *Ancient Civilization*. New York: Heath, 1931.

SOR JUANA FRENTE AL MUNDO INFERNAL

POR

Marie-Cécile Bénassy-Berling
Université de Paris III - Sorbonne Nouvelle

La tarea que nos proponemos aquí es contraponer el imaginario de Sor Juana con el imaginario que privaba entre los más de sus conciudadanos, escogiendo un aspecto importante: la visión del mundo infernal. La hipótesis es que la diferencia es muy significativa.

Varios estudios recientes han recalcado el hecho de que la gran época del diabolismo en el mundo cristiano no era el Medioevo, sino los siglos XIV a XVII. La Nueva España de Sor Juana se encuentra en el periodo final de esta era.[1]

Ahora bien, parece que el estudio antropológico de este tema es menos avanzado que el estudio histórico. En 1978, el gran historiador español Julio Caro Baroja se quejaba de que no existiera una "satanalogía" científicamente firme (57). Todos constatamos una extraña convivencia entre la imagen terrorífica y la imagen cómica o grotesca del demonio. Caro Baroja dice que esta dualidad existía ya en el Dyonisos griego (59). Y nuestra época mientras que pone a Dios en entredicho sin mayor problema consigue a duras penas prescindir de la figura diabólica. Echarla del otro mundo viene a ser acogerla en el nuestro. En cuanto a desahuciarlo del lenguaje, ni pensarlo ...

El imaginario diabólico que dominaba en la Nueva España no era privativo de ella. Era el de la cristiandad, pero tenía también algo de propiamente español y/o mexicano. Este último tema ya ha dado lugar a una importante literatura[2] y vamos a evocarlo solamente mediante tres libros.

El primero es la conocida obra de Fernando Benítez *Los demonios en el convento. Sexo y religión en la Nueva España* (México, 1985). Es bastante poco científica, pero ofrece casos muy significativos: el de Domingo Pérez de Barcia, el de las monjas vistas con el enfoque de Sigüenza y Góngora en su *Parayso Occidental*. Llama la atención la convivencia que existe entre el autor y su tema: como hombre, es anticatólico virulento; como novelista le gustan estos temas de apariciones y posesiones que trata con mucho talento.

Más científico aparentemente, es *The Devil in the New World. The Impact of Diabolism in New Spain* de Francisco Cervantes (1994). Reproduce (113) una curiosa pintura de la catedral de México que representa a Santa Rosa de Lima en brazos del demonio en situación de combate singular. La tesis del libro es que, en la Nueva España de entonces una intervención diabólica, sentida concretamente como tal, era una etapa casi necesaria en el camino de la santidad.

El tercer libro es una suerte de fotografía de la mentalidad dominante en la ciudad de México entre abril de 1690 y diciembre de 1694, el periodo final de la vida de la Décima Musa. Se llama *Luz de verdades católicas*. Reproduce una serie completa de sermones predicados por un afamado jesuita criollo, Juan Martínez de la Parra. La publicación en México fue inmediata y la siguieron muchas más en la península.[3] Los oyentes no eran los miembros de una cofradía o un convento, sino el gran público. El número de ediciones del libro es la mejor prueba del éxito del predicador. El clero lo compraba para repetirlo en lo posible.

La elocuencia de este mamotreto es mucho menos asequible para nosotros que para la gente de entonces. Pero enseña al lector perseverante bastantes cosas sobre el estado social y moral de la ciudad: la miseria de las mujeres abandonadas, los señoritos que salen de paseo y se sirven de fruta en el vergel de un indio sin pagarlo, el clima de hambre, los ladrones a lo grande, también los concubinatos de clérigos, incluso si los ejemplos citados no son criollos. No hay alusión directa al motín, pero se da como ejemplo de limosna aconsejable: pagar de antemano al panadero el alimento de unos pobres, y exclama el predicador: "Caudal de Indias se forma ... del sudor de miserables Indios ... Si en ninguna parte del Mundo es tan cierto el que se vive de lo que se roba como en las Indias" (78 b) o "Los males públicos de ordinario los envía Dios por los escándalos; ¡ah México!" (43 a).

Las historietas son numerosísimas. La mayoría son unos *exempla* que forman parte de un fondo común y provienen más bien del Viejo Mundo. Ahora bien, la aparición del diablo en ellas es frecuentísima, y bastantes veces en forma casi jocosa. El diablo da las gracias a los curas porque su indulgencia en el confesionario le regala un montón de almas. En sentido inverso, el diablo proclama la victoria de la confesión, o él mismo viene a confesarse. El diablo borra o añade nombres de personas o de pecados en una lista. Hay que añadir apariciones de ánimas del purgatorio que se quejan de la poca atención de los vivos, o de condenados que informan amablemente a sus amigos que es inútil perder tiempo rezando por ellos. En estos sermones, el vaivén con el otro mundo es casi constante.

Esto responde bastante mal a las prudentes definiciones del Concilio de Trento sobre el infierno y el purgatorio, y tal vez al sentir íntimo del mismo predicador. Pero había que infundir miedo a la gente y atraerla al confesionario. Un *exemplum* muy difundido en la cristiandad y presente en *Luz de verdades* ... es el de la superiora de convento, de vida muy perfecta que, sin embargo, está a punto de caer al infierno —o incluso cae en él— porque ha dejado sin confesar un pecado muy vergonzoso de su juventud. El tema de la confesión mal hecha era central en la predicación.

El caso de Martínez de la Parra es interesante porque él no predica durante una misa. Tiene que atraer cada jueves por la tarde a los oyentes voluntarios. Si multiplica las historietas del otro mundo, es probablemente porque a la gente le gusta sentir miedo. En nuestra época, los periódicos cuentan crímenes y catástrofes para ganar más lectores. De allí nuestra tesis de ver este libro como una fotografía de la ciudad de México en materia de diabolismo.

Veamos ahora a Sor Juana a través de sus textos.

Lo primero que hay que notar es una predilección por los habitantes del cielo. Siguiendo a San Bernardo, la Décima Musa celebra a los ángeles, asociándoles con María, su reina, y no olvida a su ángel de la guarda cuando da la lista de sus santos favoritos.[4] En el folleto de devoción *Ejercicios de la Encarnación*, celebra los nueve coros angélicos, fundándose en San Gregorio (días séptimo, octavo y noveno: Sor Juana, IV, 494-502). La primera jerarquía, la de los serafines, le gusta especialmente. A los serafines ella dedica el último poema de las *Letras en la profesión de una religiosa* (Sor Juana, IV, 232). Importa notar que no personaliza nunca a los ángeles: no nombra nunca al guerrero San Miguel, y ni siquiera a San Gabriel en los villancicos de la Concepción. La predilección por los ángeles es un hecho poco original en aquel tiempo. Mucho más interesante para nosotros es constatar que las metáforas de la obra lírica son celestes muy a menudo, y no sólo cuando se trata de su amiga la Condesa de Paredes, "cielo", "ángel", "deidad" etc, mientras que poquísimas veces se encuentra la palabra "infierno".[5]

Tampoco le gustan a Sor Juana las apariciones. Más bien son para ellas algo sospechosas. El caso de San José que orienta su vida en función de una revelación la deja perpleja: "Yo no entiendo tan gran Santo" (Sor Juana, II, 148). Más de su agrado es el famoso apóstol Santo Tomás que cree después de ver y tocar. Fernando Benítez tiene razón cuando dice en el libro citado:

> Sor Juana era ajena a ese mundo. No le hablaban Cristo ni el diablo, ni siquiera un ángel o una muy frecuente ánima del purgatorio. No vaticinaba el futuro, carecía de doble vista, nunca asistió a un milagro (66).

Podemos decir ya que en la obra de Sor Juana no se encuentra ninguna descripción concreta del infierno, ni en serio ni en broma y tampoco del demonio. Nada de colas, cuernos, horca, ni caldera. Al diablo ella suele llamarle el dragón, la serpiente, el áspid, a veces Satanás, Luzbel y una vez Lucero, pero sin descripción particular. No sintió el deseo de tratar el grandioso episodio de la caída de los ángeles tan impresionante bajo la pluma de Calderón. Curiosamente, Sor Juana evocó una vez no el infierno, sino el purgatorio, y no en un villancico, sino en un largo romance: "Ilustrísimo Don Payo ...", (S.J, I, 32-40) texto poco reproducido en las antologías. Esta visita de Sor Juana al otro mundo es tan inesperada que merece que la consideremos con cierta atención.

Ella tiene apenas veinticinco años. Acaba de sanar de una enfermedad grave, un tabardillo sobre el cual no tenemos más datos; no sabemos si la enfermedad mencionada en la *Respuesta a Sor Filotea* es la misma. En esa circunstancia, el arzobispo que es su prelado, es decir el verdadero superior del convento, le ha concedido algunas dispensas en materia de observación de la regla. Sor Juana escribe para darle las gracias y también para pedirle que le administre el sacramento de la confirmacion. El retraso en administrarlo era frecuentísimo en aquel tiempo. El deseo de la monja fue cumplido el 13 de marzo de 1674. Esto permite fechar aproximadamente el romance y nos deja suponer que el arzobispo recibió con agrado el mensaje de Sor Juana.

Como podríamos suponer, abundan las fórmulas de respeto. Pero, tanto al principio como al final, Sor Juana adopta un tono casi campechano de familiaridad amistosa, muy sorprendente por parte de una monjita que se dirige a un personaje importantísimo:

> Mío os llamo, tan sin riesgo,
> que al eco de repetirlo,
> tengo ya de los ratones
> el convento todo limpio (vv. 9-12).

Estos versos no anuncian lo que sigue, que es muy serio. Sor Juana se describe a sí misma a la puerta de la muerte, presa de los tormentos del examen de conciencia, luego visitando el otro mundo y por fin libertada y sanada por el "Dios de piedad". Cada una de las primeras dos etapas se desarrolla en un primer momento según los esquemas de la Antigüedad clásica, con recuerdos de las *Metamorfosis* de Ovidio y del Libro VI de la *Eneida* de Virgilio: primero las Parcas, luego el Cancerbero, el Orco, los suplicios de Tántalo, de las Danaides, etc. Luego, sin explicar el cambio de panorama, Sor Juana nos introduce en el vocabulario cristiano. No nos sorprendamos mucho. Desde la *Divina Comedia* de Dante, desde *As barcas* de Gil Vicente, esta mezcla era algo muy usual:

> La vejez, el sueño, el llanto
> que adornan el atrio impío,
> miré, según elegante
> nos lo describe Virgilio (vv. 77-80).

y luego, sobre las ánimas del purgatorio :

> Miraba la proporción
> de tormentos exquisitos,
> con que se purgan las deudas
> con orden distributivo.
> Miraba como hacer sabe
> de las penas lo intensivo,
> desmentidoras del tiempo,
> juzgar los instantes siglo (v. 11-120).

La gran diferencia entre los dos campos culturales es que cierto número de tormentos del infierno pagano se describen o se evocan, mientras que la descripción del purgatorio cristiano está totalmente ausente. Esto es bastante notable, porque en aquel tiempo, en muchos libros leídos por Sor Juana, los teólogos imaginaban varias hipótesis para completar lo escueto de las definiciones tridentinas. ¿Había verdugos? ¿Quiénes eran? Precisamente, Sor Juana no quiere alejarse del esquema tridentino. Se contenta con unas consideraciones de orden teológico poco originales.

Así es que Sor Juana dirige a un personaje todopoderoso una epístola entre veras y burlas, y se permite también, al despedirse de él, recordarle su deber de buen pastor que es confirmar a los fieles. El editor peninsular de 1689 saluda la "discreta piedad" de esta epístola. La clave de su singularidad parece ser de orden literario. Nunca, durante una entrevista, Sor Juana hubiera hablado a Don Payo en este tono. Ella piensa con razón que su talento de poeta es la mejor tarjeta de visita posible. A pesar de su juventud, se siente segura de su pluma. Como se dirige a un aristócrata culto, puede permitirse adoptar un tono casi de broma sobre un tema serio ... dentro de lo que cabe, claro. Lo fino es saber hasta dónde, y de qué manera, ella puede usar un tono familiar. Ambos personajes conocen no solamente las fábulas y obras mayores de la Antigüedad clásica, sino la Cueva de Montesinos del *Don Quijote*. Sor Juana cuenta su historia como si la creyera verdadera, pero antes ha mencionado cuidadosamente la fiebre que la embargaba durante su enfermedad. ¿Se trata de una pesadilla? ¿De una ficción total? ¿De una mezcla de las dos? No sabemos exactamente. Parece que el destinatario supo valorar lo sorprendente de este homenaje poco común y complacerse en el juego entre realidad y ficción. Realmente, es un caso privilegiado de mezcla de lo profano y lo sagrado.

Pero, al fin, empecemos a hablar del diablo en persona. En sus numerosas series de villancicos, Sor Juana se topa necesariamente con este personaje, especialmente en los que celebran la Concepción de la Virgen, victoria suprema sobre el demonio. Ella no aprovecha nunca, ni siquiera en las jácaras, las ocasiones que se presentan de fascinar a un auditorio más popular que el de su locutorio, discurriendo sobre el diablo. Sobre éste, o más bien, contra éste, hay menciones, alusiones, condenas y, sobre todo, partes de victoria. Uno de ellos, lo escuchamos en 1676 de la boca de un esclavo negro que habla su "media lengua": "Vaya al infierno Cambinga" (S.J., II, 27). También en tono jocoso la serpiente "bramando se da a Patillas" (24), es decir a sí mismo.

La única serie que desarrolla el tema del demonio es la última, la que Sor Juana dedica a Santa Catarina de Alejandría (S.J. II, 163-181), serie que fue cantada en Antequera/Oaxaca en 1691 y editada en Puebla, la ciudad cuyo obispo era "Sor Filotea", algunos meses después de la famosa *Respuesta a Sor Filotea de la Cruz*. Catarina, "mejor egipcia", se ve victoriosa de la serpiente mientras que la egipcia más famosa, Cleopatra, había sido víctima de la misma. Esta Catarina, mujer sabia, muestra ser el enemigo más temible del dueño del infierno a quien se trata con cierta condescendencia:

> Pues como Patillas
> no duerme, al saber
> que era Santa y Docta,
> se hizo un Lucifer (180, vv. 37-40).

La victoria de Catarina es la victoria de la misma Sor Juana, la victoria de la mujer cristiana letrada pasada, presente y futura. En otro terreno, algo paralelo, y casi veinte años antes, ella se había permitido hacer de un esclavo negro, matador de serpientes, el bienhechor de la Virgen María a quien protege de la mordedura de la serpiente demoniaca. Lo que hace notable esta distribución de papeles es la especialización, en el Imperio español, de bastantes esclavos africanos en la cura de las mordeduras de serpientes. Un poema del autor cubano Nicolás Guillén nos muestra lo perdurable de esta tradición. La mujer letrada y el esclavo negro que se proclaman vencedores del demonio, no está mal para la época.

Pasemos ahora a los tres autos sacramentales. Lógicamente, aquí debe de haber cierto protagonismo del demonio, este personaje trágico que cobra tanto relieve en muchos autos anteriores a Sor Juana, este diablo que asiste a la sucesión de los episodios del Antiguo Testamento, y ve llegar su derrota después de intentar en vano impedirla.

En realidad, el demonio no figura siempre entre los personajes. Está ausente de las tres loas que se escribieron para cada uno de los tres autos. Como es sabido, dos de ellas tratan de las dificultades de la evangelización en el Nuevo Mundo. El paganismo se ve representado, no por el demonio, sino por dos alegorías, la América en el primer caso (*Loa para el Divino Narciso*, S.J.,III, 3-21) y la Idolatría en el segundo (*Loa para el Cetro de José*, S.J.,III, 184-200). Ambas son unos personajes de buena fe que aceptan la discusión y escuchan los argumentos expuestos por las alegorías del cristianismo.

Tampoco hay diablo en la distribución del *Mártir del Sacramento San Hermenegildo* (S.J., III, 115-183), sólo una Apostasía que es un obispo arriano. En el *Divino Narciso* (S.J., III, 21-97), el diablo tendría que ser un personaje muy importante, ya que le toca el papel de Eco, pero no es verdaderamente el caso. El centro de la obra es la pareja formada por Jesus/Narciso y Naturaleza Humana. Eco es una ninfa algo llorosa y bastante poco diabólica. Después de dos fracasos rotundos, deja de intervenir activamente. Sus dos consejeros, Amor Propio y Soberbia, son muy ineficaces.[6] No le proporcionan a Eco la menor sugerencia de contraofensiva. Además, Eco se entrega a una suerte de auto-destrucción. No se contenta con imitar a Calderón, develando en unos paréntesis del texto los móviles ocultos de sus actos, sino que, interrumpiendo la acción, se transforma varias veces en profesora de doctrina, en cómplice del adversario. A pesar de recitar unos versos bellísimos, Eco aparece como un demonio sacrificado, peor aún, un demonio recuperado finalmente por Narciso, ya que su enfermedad la obliga a hablar su mismo lenguaje.

Finalmente, de los tres autos sacramentales de Sor Juana, uno solo, el *Cetro de José* (S.J., III, 200-258) adopta al demonio como protagonista de tipo tradicional. El tema del auto es el destino de José, hijo de Jacob y ministro del Faraón. A fin de cuentas, es más a menudo una lección de catecismo que un espectáculo de teatro. El Demonio tiene consigo una tropa de acólitos: la Envidia, la Inteligencia, la Ciencia e, hija de esta última y del mismo Demonio, la Conjetura.

Sus largas pláticas ocupan practicamente más espacio que la acción, una acción a veces muy dramática. El espectador percibe lo que está en juego a través de la mirada del demonio. Hay que confesar que los personajes diabólicos intervienen activamente en la acción por lo menos una vez, disfrazándose de criados para incitar a la mujer de Putifar a la venganza. Más tarde, la trampa que arma el Demonio a Benjamín y a sus hermanos puede llenarle de esperanza durante un corto momento. Por fin, y como conviene en un auto sacramental, en cuanto la Profecía se ha transformado en la Fe, la Conjetura está obligada a renunciar y el Demonio debe proclamar su propia derrota.

¿Qué imagen del Dueño de los Infiernos nos ofrece esta lección de catecismo? Todo lo contrario de la imagen folklórica del feo personaje de cuernos y cola. Como Calderón en *El veneno y la triaca*, Sor Juana escoge el nombre más bello entre los nombres posibles: Lucero, variante de Lucifer que significa portador de luz. Intencionalmente, Sor Juana recuerda por boca del Demonio que éste fue un ángel antes de volverse diablo, y ella menciona como algo muy normal la belleza de la inteligencia, su compañera. Sor Juana no quiere a Lucifer, pero lo respeta, y bien parece que tiene la voluntad allí de hacer la limpieza en el imaginario del público.[7] De paso, también ella hace notar que la inteligencia de Lucero, superior a la del hombre, sirve más bien para aumentar sus tormentos que para proporcionarle ventajas. En un contexto totalmente distinto, le sucede a Sor Juana lo mismo que al Demonio.

Otros aspectos tradicionales se evocan: a veces el Demonio dice la verdad o toma la apariencia del bien para engañar mejor a sus víctimas; su ciencia es grande pero inferior a la de Dios, etc. También está presente el mensaje capital del episodio en su lectura cristiana: el anuncio del Jueves Santo. Estamos en un ambiente muy tomista, muy tridentino, conforme al modelo calderoniano. El problema es que la fuerza dramática del Lucero de Sor Juana dista mucho de la de sus mejores modelos.

¿Es siempre tan conformista la Décima Musa? ¿No consigue nunca escapar de las ideas dominantes en materia de infierno? Claro que ella puede haber conservado en el fondo de su corazón unas opiniones que hubiera sido imprudente publicar, pero, una vez por lo menos, nos ha dicho algo un poco más personal. Es verdad que se trata de un punto particularmente chocante de la doctrina católica tradicional.

El triste destino de los niños o de la gente virtuosa que muere sin bautismo fue una pesadilla de la teología. Como a muchos cristianos de los siglos pasados —a Bartolomé de Las Casas por ejemplo— a Sor Juana la tenía que escandalizar la doctrina oficial. Ella nos deja sospechar su reacción con mucha astucia en un texto que ahora se lee poco, porque no es propiamente literario: los *Ofrecimientos de los dolores* (S.J. IV, 507-516), folleto de meditación sobre los quince misterios del rosario para el día de Nuestra Señora de los Dolores. Según este folleto, la duodécima causa de dolor para la Virgen María, que incluso consigue turbar su felicidad en el cielo, es pensar en los innumerables seres humanos que se ven privados de la felicidad del cielo, aparentemente sin culpa suya, condenados a ser "pasto de la eterna muerte" (514). La conclusión de Sor Juana es que urge llevar a todas partes el mensaje evangélico, pero lo dicho, dicho. La Virgen María es el mejor intérprete posible para sus propios sentimientos.

Sor Juana no era solamente, ni tal vez principalmente, teóloga. Para afirmar su genio, necesitaba acudir a la palestra profana, pero ejerció su mente de modo personal en este terreno como en otros y, aparentemente, con cierta predilección. Agudeza y sentido del humor caracterizan su obra sagrada. Y no se olvida de poner la teología al servicio de las mujeres. Las famosas redondillas: "Hombres necios ..." (S.J., I, 228) acaban con una distribución trocada de los papeles. Sor Juana lanza a los hombres: "juntáis diablo, carne y mundo", aplicándoles a ellos un tópico frecuentísimo en la literatura eclesiástica en contra de las mujeres.

Recordemos también el soneto en que dice a San Juan de Sahagún a quien durante la misa Cristo aparecía en la hostia: "come y no mires" (S.J., I. 312). La teología personal de Sor Juana era más bien alegre. Claro que sentía dolorosamente la insuficencia de la razón humana en estas materias, pero parece que no tenía realmente el "sentimiento trágico de la vida". Confiaba en su propia salvación,[8] y era discípula de Duns Scotus . Pensaba, como él, que Cristo hubiera encarnado incluso si el Pecado Original no hubiera tenido lugar. Claro que el protagonismo del demonio disminuía en este caso. El cielo y la tierra son más habitables que el infierno.

El diablo podía poco contra Sor Juana.

NOTAS

[1] Véanse de los historiadores Georges Minois, *Histoire des enfers* (Paris: Fayard, 1991), o *Histoire de l'Enfer* (Paris: PUF "Que sais-je?" 1994), Jean Delumeau, *Le Péché et la Peur* (Paris: Fayard, 1983) y Jacques Le Goff, *La Naissance du Purgatoire* (Paris: Gallimard, 1991).

[2] Nombremos: Serge Gruzinski, *La Colonisation de l'imaginaire. Sociétés indigènes et occidentalisation dans le Mexique espagnol: XVIe-XVIIe siècle* (Paris: Gallimard, 1988), y demás trabajos de este autor.

[3] Utilizamos una edición peninsular de 1705. El libro pasa revista de todos los temas del catecismo. El ritmo semanal (los jueves por la tarde) de los sermones se interrumpe a veces por unos motivos que no siempre podemos adivinar. Notable es la supresión durante todo el mes de junio de 1692, el del gran motín de México.

[4] Fuera del ángel, de los consabidos María y José, y de los dos santos americanos, Rosa y Felipe de Jesús, esta lista incluye únicamente nombres de santos muy sabios: Agustín, Jerónimo y sus discípulas Paula y Estoquio, Ignacio. La lista está en *Docta explicación del misterio y voto que hizo de defender la Purísima Concepción ..*, 7 de febrero de 1994 (*S.J.*, IV, 516-518 N°408). En la *Petición causídica* ... sin fecha (S.J., IV, 520-521), Sor Juana nombra a María, a José, al "Angel Santo de mi guarda" y a "mis Devotos y Universidad de Bienaventurados". La devoción al ángel de la guarda es muy típica del siglo XVII.

[5] La viuda de las liras "A estos peñascos rudos ..." (Sor Juana, I, 317-319) añora "el infierno de los celos", preferible a su propio dolor, pero claro está que necesita un superlativo. Valdría la pena medir por ordenador en la obra de Sor Juana el número de ocurrencias de la palabra "infierno" y de algunas más.

⁶ La tirada de la tentación es bellísima. Como personaje lírico, Eco merece retener la atención. Véase por ejemplo Stephanie Merrim, *Feminist perspectives on Sor Juana Inés de la Cruz* (Detroit: Wayne State University Press, 1991) 116: "In *El Divino Narciso*, Eco clearly embodies the self-pride traditionally attributed to Narcissus|", etc.

⁷ No se indica qué traje han de llevar Lucero y sus acólitos. Recordemos que la efectividad de la representación del teatro de Sor Juana en su época es muy problemática, salvo una función privada en México donde se dieron *Los empeños de una casa*. Pero cuando Sor Juana escribía su teatro, tal vez obedeciendo los deseos de la Condesa de Paredes, ignoraba el destino exacto de su obra. Resulta que fueron mucho más numerosos los lectores que los espectadores.

⁸ En la tan criticada *Petición causídica* (S.J.,I, 520-521), la monja empieza por afirmar "no bastar infinitos Infiernos para (sus) innumerables crímenes y pecados", pero acaba diciendo "recibiré bien y caridad de vuestra clemencia infinita, que proveerá lo que más convenga".

Bibliografía

Sor Juana Inés de la Cruz. *Obras Completas.* A. Méndez Plancarte, editor. IV vol. México: Fondo de Cultura Económica, 1951-1957.

Benítez, Fernando. *Los demonios en el convento. Sexo y religión en la Nueva España.* México: Era, 1985.

Caro Baroja, Julio. *Las formas complejas de la vida religiosa. Religión, sociedad y carácter en la España de los siglos XVI y XVII.* Akal, 1978.

Cervantes, Fernando. *The Devil in the New World. The Impact of Diabolism in New Spain.* Londres: Yale University Press/Newhaven/London, 1994.

Martínez de la Parra, Juan. *Luz de verdades católicas y explicación de la Doctrina Cristiana, que siguiendo la costumbre de la Casa Professa de la Compañía de Jesús de México,* todos los jueves del año ha explicado en su iglesia el P. J. M. de la P., Professo de la misma Compañía, ofrecida al Ilustrissimo, y Reverendissimo Sr Don Fray Benito de Sala y Caramany, obispo de Barcelona. Barcelona: Rafael Figueró, 1705.

LOS CARACTERES DEL ESTRAGO: BABEL EN *PRIMERO SUEÑO*

POR

JORGE CHECA
University of California at Santa Barbara

Al bautizar su poema más ambicioso con un título saturado de polisemia, Sor Juana Inés de la Cruz sugiere de entrada la naturaleza problemática del lenguaje y de la comunicación. "Sueño" puede tener en ese título varias acepciones, según notó Gaos y luego Paz, quien diferencia cinco sentidos en la palabra: "sueño como dormir; sueño como ensoñación no mentirosa sino como visión; sueño como nombre de esa misma visión; y sueño como ambición, deseo o ilusión no realizada".[1] Tal pluralismo semántico no deja de recordarnos al propuesto en las *Soledades* de Góngora, texto omnipresente en el estilo de *Primero sueño*, dado que el término "soledad", de acuerdo a Molho, tampoco posee aquí un significado único: no sólo nombra un tema o un ambiente, sino que además anuncia en clave el molde formal del poema (la *silva*) y su textualidad confusa e intrincada.[2] En el título de Góngora, por consiguiente, se funde un contenido poético (o, al menos, parte de él) y ciertos rasgos convencionales, ya codificados previamente, que se encargarán de expresarlo. Ello permite apurar la comparación entre el poeta español y Sor Juana: también el *Sueño* de la autora colonial designa, junto a una posible multiplicidad temática, un género literario ya bien establecido (el viaje visionario), cuyas convenciones, por más que se alteren, se tienen en cuenta.[3]

Signo vago y difuso, la palabra "sueño" evoca entonces órdenes diversos de experiencia, así como el texto poético que los representa en este caso. En la perspectiva del poema, la ambigüedad del título no parece gratuita, pues su imprecisión semántica anticipa un motivo recurrente en la obra: la dificultad de conocer, o, muy próxima aquí a ella según especificaremos, de hacer inteligible la realidad por medio del lenguaje. De modo evidente, el texto proclama que el fracaso final de la empresa cognoscitiva se debe a la variedad y riqueza del universo, y, abundando en la idea, Paz ha mostrado con brillantez cómo *Primero sueño*, aunque parte de la imagen tradicional y "familiar" del cosmos ptolemaico, la transforma poéticamente para sugerir nociones de infinitud y descentramiento asociadas a imágenes cósmicas mucho más inquietantes (502-503). Cabe, no obstante, matizar la observación de Paz, afirmando que en *Primero sueño* la intuición poética de un universo abismal y carente de límites se halla también *constituida* (no meramente reflejada) por la abundancia irrefrenable de los discursos humanos. Bajo el punto de vista que acabo de esbozar, y que exploraré en el presente ensayo, resulta que en *Primero sueño* realidad y lenguaje no se reconcilian ni son polos que se acomoden dócilmente. Mantienen por el contrario relaciones tensas y conflictivas, donde los signos verbales tienden a autonomizarse y dejan de ser meros instrumentos pasivos dotados de univocidad y transparencia. Sólo desde una concepción problemática de la palabra, y que asuma sus desajustes con la realidad, puede abordarse una de las facetas más intrigantes del poema: ¿por qué un texto establecido en torno a la cuestión del conocimiento recurre a un lenguaje desusadamente "difícil", escasamente apto, en principio, para llevar a cabo dicha actividad? Mi trabajo tratará de responder la pregunta de una manera indirecta y gradual. Arrancado de consideraciones generales sobre la estructura del poema y sobre las energías centrífugas que minan su rigor, destacaré un par de fragmentos sometidos a las fuerzas dispersivas del lenguaje en cuanto origen y motivo de desorden. La visión babélica del signo lingüístico se vinculará luego (mediante el aprovechamiento de las tesis de Michel Foucault) a la crisis de la *episteme* renacentista, con su divorcio entre palabras y cosas. Desde ahí se verá cómo el texto de *Primero sueño*, incapaz de significar el mundo, deviene en simulacro artístico de la degradación y el caos inherentes a la palabra humana, y hace de su autorreflexividad y de su hermetismo una imagen de los efectos de Babel, a la vez que un acto de rebeldía.

Como fundamento de las consideraciones que siguen, es menester recordar que las ideas de lucha y conflicto surgen en *Primero sueño* repetidamente, y asumen incluso una función enmarcadora por aparecer en la imagen inicial y en la sección última de la obra. Entre los dos momentos (caracterizados por la pugna entre noche y día, oscuridad y luz), se urde un texto poético en el que abundan las imágenes de este tipo, las cuales duplican, en el plano representativo, una tensión que afecta al conjunto del poema y a su pretensión fallida de representar la realidad. La tensión apuntada se aprecia mejor cuando, de un lado, notamos que *Primero sueño* postula intencionalmente un "argumento" o estructura lineal, donde, según muestran algunos críticos, es posible establecer varias secciones (no nos importa ahora mucho que los criterios de división difieran a menudo).[4] Sin embargo, dicho proceso argumental no corresponde, de otro lado, a un avance efectivo e intelectualmente irreversible por parte del alma protagonista del poema, para quien el mundo —en el instante del despertar que pone fin a la visión— continúa siendo, igual que antes, un vastísimo enigma. Hay aquí, en consecuencia, una obvia falta de acuerdo entre la disposición global del discurso poético y la frustraciones y el fracaso postrero que denota. Curiosamente, *Primero sueño* no hace ninguna mención explícita de la leyenda de Sísifo, mas el ejemplo de esta figura mitológica se halla tácitamente presente siempre que el alma sufre una derrota y reemprende de nuevo su aventura cognoscitiva.[5]

Volviendo a nuestra consideración del proceso discursivo impuesto al poema, observaremos que la espesa textualidad de cada sección de *Primero sueño* motiva también evidentes tensiones, ahora de índole que cabría llamar interna porque pertenecen más bien a la dinámica del propio lenguaje. Frente a las *Soledades* de Góngora, su modelo reconocido, la obra de Sor Juana exhibe, según acabo de apuntar, una mayor tendencia a la delimitación de sus partes y contiene así un hilo vertebrador de los contenidos anecdóticos y doctrinales. Este hilo, pone de manifiesto Rosa Perelmuter en un interesante artículo, se realza merced a la presencia de *deícticos*, entendiendo por ellos "todo rasgo lingüístico que permite emparentar un discurso con su punto de origen".[6] De las tres clases de deícticos (*personales, organizadores* y *espaciales*) existentes, según Perelmuter, en nuestro poema, me importa destacar aquí el relieve de los dos primeros, ya que obedecen, más que el otro, al intento de articular y ordenar con alguna coherencia la materia verbal del texto. En tanto que los deícticos *personales* envían (por medio de pronombres, adjetivos, *verbi dicendi*, etc.) al sujeto enunciador del *Sueño* y reiteran la presencia hasta cierto punto unificadora de la persona hablante, los deícticos *organizadores* (como las abundantes expresiones *digo, pues, en efecto, en fin*) enfatizan la línea procesal y metódica destinada a encauzar el discurso y evitar su completa dispersión.[7] De una forma u otra, ambas clases de deixis señalan la operación en el texto de una fuerza centrípeta, cuya inclinación hacia el orden y la claridad lingüística es correlativa al interés del alma por dominar intelectualmente el mundo.

Contrarrestando, no obstante, las energías centrípetas del poema (y disolviendo su autoridad), la textura de *Primero sueño* acoge simultáneamente impulsos disgregadores de signo contrario, los cuales provocan la tensión interna antes aludida. En este punto, la comparación con las *Soledades* es de nuevo reveladora, especialmente en lo relativo a algunos aspectos sintácticos. Aquí percibimos enseguida que Sor Juana asimila varias peculiaridades del estilo de Góngora (como los hipérbatos violentísimos y exagerados) e incluso intensifica otras análogas en la medida de lo posible: aludo a los incisos y oraciones parentéticas en general, que, inseparables de una desusada proclividad a la digresión, configuran una sintaxis aun más sinuosa y compleja que la del autor cordobés. (Pronto tendré ocasión de ocuparme del célebre fragmento de las Pirámides de Egipto, ejemplo espectacular de digresividad desatada). Por alejarse del hilo articulador del poema y aplazar su reanudación durante largos períodos, las ramificaciones lingüísticas hacen en *Primero sueño* las veces de elementos centrífugos y son paralelas al frecuente *zozobrar* del alma y a su desorientación cognoscitiva.

Tema de *Primero sueño*, la representación de la aventura fallida del alma se equipara a la victoria irremediable de las energías centrífugas que nunca dejan de infiltrarse en el texto. Su existencia se acusa de inmediato en el nivel sintáctico, pero también la evidencian varios rasgos retóricos y estilísticos. Podemos contemplar así, por ejemplo, fenómenos como la gran abundancia de perífrasis, figura consistente en postergar la aparición de un significado (o su captación mental si el significado no se nombra) por medio de una cadena de significantes que envuelven el objeto ausente.[8] Igual que los incisos y digresiones suspenden indefinididamente la reanudación del hilo expositivo, la perífrasis (y demás figuras basadas en la sustitución) interrumpen o bloquean la continuidad del discurso, contribuyendo a ensanchar sus márgenes. El efecto dilatorio de estos recursos nos deja entrever ya pronto la irresolución última de la búsqueda propuesta en el poema: atribuyendo al texto la imaginería náutica con que Sor Juana simboliza la aventura intelectual del alma, el lector anticipa cómo el lenguaje (un océano laberíntico, cambiante y repleto de escollos) impedirá en *Primero sueño* tocar el puerto deseado.

Los mecanismos centrífugos de *Primero sueño* convierten, por tanto, el viaje hacia el saber en movimiento curvilíneo y vacilante, cuyos objetivos se aplazan para no realizarse nunca. En la estructura del poema, los pasajes digresivos ("secundarios" desde el punto de vista "argumental") realzan ejemplarmente dicha espera, motivo por el cual la supuesta marginalidad de las digresiones adquiere paradójico interés. Tras analizar dos de ellas con algún detenimiento entenderemos mejor por qué *Primero sueño* no significa adecuadamente el mundo ni lo hace comprensible, y sí, en cambio, tematiza un fracaso epistemológico.

El primer pasaje que me interesa observar se sitúa casi al fin de la sección llamada por Sabat de Rivers "Noche y sueño del cosmos", donde se representa la lenta invasión en la naturaleza de las tinieblas y el sueño. La poetisa alude a varios animales y se concentra, por último, en el águila, a quien no nombra de modo directo, sino a través de dos perífrasis ingeniosamente conectadas entre sí; el águila es, en el lenguaje del poema, "De Júpiter el ave generosa / —como al fin Reina—" (vs. 129-130).[9] Suscitada por la "generosidad" (vale decir, la *nobleza*) del águila, la mención de la bien conocida primacía jerárquica de ese animal como *monarca* de las aves va a desarrollarse gracias a un sutil juego conceptista. El águila, dice el texto, no se entrega completamente al descanso, ya que, vigilante incluso cuando duerme, "a un solo pie librada fía el peso / y en otro guarda el cálculo pequeño / —despertador reloj del leve sueño—" (vss. 134-136).[10] La imagen de este celoso guardián que, por proteger a sus súbditos, permanece siempre alerta sirve para retomar el *concepto* antes planteado y exponer, teniéndolo en cuenta, una breve reflexión político-moral: "¡Oh de la Majestad pensión gravosa, / que aun el menor descuido no perdona!" (vss. 141-142). Inmediatamente después, tal pensamiento genera otro distinto sobre el posible simbolismo del círculo en la corona de los reyes: "Causa, quizá, que ha hecho misteriosa, / circular, denotando, la corona, / en círculo dorado, / que el afán es no menos continuado" (vss. 143-146).

Con sus perífrasis, *conceptos*, imágenes de inspiración emblemática, hipérbatos incisos y digresiones, el corto pasaje ejemplifica las fuerzas dispersivas latentes en el lenguaje de *Primero sueño*. Tan fuerte es aquí el movimiento de las palabras por librarse de la línea discursiva dirigida a encauzarlo y constreñirlo, que uno de los formantes de ese esqueleto (la imagen del águila) deja de ser término convencionalmente "real" del texto poético para convertirse en figura alegórica de los cuidados y deberes de los monarcas humanos. En el conjunto de asociaciones lingüísticas del fragmento, esta suerte de inversión retórica da paso a la imagen de la corona, símbolo ya en apariencia muy alejado del motivo causante de su evocación. Duplicando, según veremos, una característica propia del conjunto del poema, la cadena asociativa favorece el entrecruzamiento fugaz de signos pertenecientes a esferas semánticas diversas: la mitología, el mundo de los objetos mecánicos (con la referencia al "despertador reloj" del vs. 136), la filosofía, la política y la moral.

Estos rasgos textuales concurren ahora en un número de versos relativamente escaso, y ejemplifican, de manera muy condensada y fácil de captar, estrategias retóricas y estilísticas repartidas por toda la obra. Mucho más largo y complejo es el famoso pasaje de las Pirámides de Egipto, donde se magnifican hasta la desmesura varios rasgos del poema sumamente pertinentes para nosotros.

En el hilo articulador de *Primero sueño*, la anécdota que circunscribe la suerte de enorme paréntesis formado por el fragmento de las Pirámides remite a la subida vertiginosa el alma hacia Dios o su Primera Causa, cima desde la cual pretende sin éxito abarcar la realidad de un modo intuitivo, simultáneo e inmediato. Tras un veloz recorrido ascendente, el alma llega a la cúspide del universo, y la elevación abismal allí lograda sobrepasa con creces la altitud de montes tan inmensos como el Atlas y el Olimpo (ejemplos hiperbólicos de magnitudes gigantescas). Las ideas de ascensión y altura se refieren luego a las Pirámides de Egipto, de las que, como se sabe, Sor Juana tuvo noticia a través de la filosofía hermética del jesuita Atanasius Kircher. Teniendo en cuenta las especulaciones de Kircher, la poetisa comenta el simbolismo de las Pirámides en unos versos cargados de ecos neoplatónicos:

> ... las Pirámides fueron materiales
> tipos solos, señales exteriores
> de las que, dimensiones interiores,
> especies son del Alma intencionales:
> que como sube en piramidal punta
> al Cielo la ambiciosa llama ardiente,
> así la humana mente
> su figura trasunta,
> y a la Causa Primera siempre aspira
> —céntrico punto donde recta tira
> la línea, si ya no circunferencia,
> que contiene, infinita, toda esencia—
> (vss. 400-411).

Del mismo modo que las Pirámides parecen surgir de su punta o vértice, Dios es la Fuente de quien emana todo lo creado (pues en Él, como origen, se reconcilia en unidad la multiplicidad del universo). El alma, por su parte, en su deseo de unirse al Creador, efectúa un movimiento inverso, simbolizado ahora por la "piramidal punta" de una llama orgullosamente erguida hacia el Cielo.[11]

Si a la luz de esta cita la elección de la imagen de la pirámide (y de su acompañante la llama) resulta muy efectiva para sugerir el vínculo entre Dios, el universo y el alma, la lectura de la totalidad del fragmento ciertamente oscurece dicha nitidez semántica. En primer lugar, la explicación de Sor Juana (que vuelve a reanudar, por unos instantes, el "argumento" del poema) se efectúa al cabo nada menos que de sesenta versos, y ello sin contar el largo excurso (de unos treinta versos) sobre los montes más altos de la tierra. Las mismas digresiones, en segundo lugar, generan numerosos comentarios, matices y meandros discursivos, lo que, añadido a otras complicaciones sintácticas y léxicas, nos impide aislar unidades de sentido claras, estables y netamente delimitadas. No sólo se va demorando así indefinidamente el proceso de significación, sino que la profusión de imágenes, argumentaciones y referencias librescas (su desorden acumulativo) contradicen en el plano retórico las ideas teosóficas intencionalmente asociadas al símbolo de las Pirámides.

Según apuntamos, dichas figuras arquitectónicas aluden por fin en el poema al deseo de convergencia con Dios del alma protagonista de la visión, quien intenta superar los obstáculos del mundo sublunar (reino de lo heterogéneo y disímil). Las Pirámides representan entonces la diversidad cósmica resuelta en la unidad absoluta de su Creador, pero esta idea de reabsorción de lo múltiple en lo Uno entra en conflicto con la proliferación retórica de un fragmento sometido a las fuerzas diseminadoras del lenguaje y donde se niegan precisamente los significados unívocos. Semejante indeterminación la esboza de entrada la fórmula gongorina *A, si no B* del inicio del pasaje, la cual expresa dos posibilidades de significación distintas: "Las Pirámides dos —ostentaciones / de Menfis vano y de la Arquitectura / último esmero, *si ya no* pendones fijos, no tremolantes— ..." (vss. 340-343, subrayado mío).[12] Se sugiere aquí la ambigüedad inscrita en el largo excurso, todo él dominado por la presencia de alternativas y disyunciones mutuamente excluyentes o poco compatibles entre sí. Aproximando dos palabras de connotaciones casi antitéticas, el poema dice seguidamente que la altura de las Pirámides "*tumba y bandera* fue a los Ptolomeos" (vs. 345, subrayado mío). Más adelante hallamos unos versos decididamente impregnados de elementos disyuntivos:

> ... éstas las Pirámides que glorias ya sean Gitanas,
> o elaciones profanas,
> bárbaros jeroglíficos de ciego
> error, según el Griego
> ciego también, dulcísimo Poeta,
> —si ya, por las que escribe
> Aquileyas proezas
> o marciales de Ulises sutilezas,
> la unión no lo recibe
> de los Historiadores, o le acepta
> (cuando entre su catálogo le cuente)
> que gloria más que número le aumente—
> (vss. 379-389).

De acuerdo a la prosificación de Méndez Plancarte en su edición de *Primero sueño*, la cita propone que las Pirámides quizá han cumplido en su origen una función bien civil, bien religiosa e idolátrica; pero, al margen de cualquiera de los dos hipotéticos papeles, Homero les confiere un simbolismo más universal (que se hace explícito entre los vss. 400-411, transcritos poco antes). Como las Pirámides, no obstante, el propio Homero tiene a su vez algo de enigmático y ambiguo: según se considere su obra, puede pertenecer al grupo de los poetas o de los historiadores (o de los filósofos, cabría añadir a tenor del párrafo). Referida, en consecuencia, a los monumentos egipcios y a su presunto descifrador clásico, tal sucesión de hipótesis mina (desde la confusión de un discurso lleno de dudas, rodeos y correcciones) el sentido teosófico de las Pirámides que luego se privilegia aparentemente en tanto que "tipos" o "señales exteriores" de la multiplicidad superada y trascendida. Y digo que esa primacía es aparente porque muy poco después de los vss. 400-411, vuelve a plantearse una nueva disyunción interpretativa (las Pirámides son tal vez "maravillas" o quizás "milagros" vs. 413), hasta que, incluso, la misma inercia asociativa del lenguaje conjura la presencia de un símbolo arquitectónico de resonancias opuestas a las Pirámides y tradicionalmente asociado al caos: la Torre de Babel.

La sustitución de la imagen de las Pirámides por la de la Torre de Babel funciona en *Primero sueño* como una suerte de índice autorreferencial, ya que el edificio bíblico postula, de modo semejante al poema, una victoria de la disgregación lingüística. Modulando con sutileza el tema barroco de las ruinas, *Primero sueño* manifiesta que las "dolorosas señales" que quedan de la "blasfema, altiva Torre" no son hoy siquiera "piedras", sino "lenguas desiguales" e inmunes a la voracidad del tiempo: "los idiomas diversos que escasean / el sociable trato de las gentes" (vss. 414-419). En su permanencia y alcance, la confusión verbal aquí aludida se infiltra igualmente en el texto de Sor Juana, que se contagia del desorden abierto con el episodio de Babel. Por otra parte, no es mero accidente el que *Primero sueño* (donde se plantea las aspiración humana de conocer) refleje poéticamente la degradación post-babélica de las lenguas en vez de ocultarla o sublimarla. Desde mi punto de vista, el hecho depende estrechamente de la crisis producida por la bancarrota de los presupuestos epistemológicos del Renacimiento, tema que Foucault ha explorado con gran clarividencia.

En su influyente libro *Las palabras y las cosas*, Foucault sostiene que durante el período "pre-clásico" o renacentista el universo se concibe *discursivamente* por medio de relaciones de *resemblance* o semejanza entre sus múltiples componentes. Pese a que el castigo de Babel ha difuminado la original conexión inmediata entre palabras y cosas, el lenguaje no se considera un sistema totalmente arbitrario, en la medida en que los objetos del mundo, lejos de ser opacos, constituyen *signos* prestos a revelar sus secretos o a sugerir, al menos, su carácter de cifras misteriosas. El lenguaje "reside", pues, ya en el mundo y sus objetos se vinculan a través de inmensas redes de analogías (que si bien no denotan de modo directo el orden universal, sí que lo simbolizan a través de sus armónicas correspondencias).[13] Más adelante, sin embargo, Foucault insinúa que la concepción analógica de un lenguaje inscrito en el cosmos empieza a sufrir una crisis definitiva a causa de la proliferación de comentarios (o "lecturas" de los signos de la realidad). La misma opinión sigue Dubois, quien, desarrollando la tesis de Foucault, señala que la abundancia de comentarios produce una cantidad inabarcable de nuevos signos necesitados a su vez de exégesis (en una cadena interpretativa potencialmente infinita).[14] Al acentuarse el proceso exegético, se hace más y más complicada la lectura del universo, y, en consecuencia, palabras y cosas terminan disociándose hasta formar órdenes autónomos. La literatura barroca (con el paradigma artístico del *Quijote*) ejemplifica para Foucault este divorcio (43-57), cuyos síntomas no deja tampoco de acusar *Primero sueño*.

De hecho, *Primero sueño* se sitúa en un espacio discursivo sumamente problemático y contradictorio: parece aceptar las bases de la *episteme* "pre-clásica" o renacentista, mostrando al mismo tiempo huellas evidentes de su agotamiento. Así lo atestiguan los dos pasajes que he analizado, en cuanto nos centramos en facetas comunes a ambos. El rasgo más pertinente es aquí que, en uno y otro ejemplo, los objetos sensibles (el águila y las Pirámides de Egipto) se leen y se interpretan; de acuerdo a la conocida metáfora del *libro del universo*, se perciben como *signos* de un mundo habitado por el lenguaje. Ya apuntamos, siguiendo a Foucault y a Dubois, que en los siglos XVI y XVII la reiteración abusiva de comentarios exegéticos entorpece de manera ostensible el desciframiento de ese libro universal; en nuestro caso, las dos imágenes de *Primero sueño*, al leerse como símbolos sumamente complejos terminan bien favoreciendo, bien denotando algún tipo de confusión. Así, en virtud de su misma riqueza y de su poder para desencadenar correspondencias intelectuales, la imagen del águila motiva en el poema el sutil desplazamiento de un término "real" al plano figurado del lenguaje, y ello determina la ruptura provisional de la lógica expositiva propuesta por el yo poético enunciador del texto. A su vez, las Pirámides son capaces de acoger numerosas interpretaciones, cuya disimilitud impide que cristalicen en un significado unívoco. En los dos ejemplos, la proliferación exegética trae consigo la creciente incorporación de analogías en torno a cada objeto, con la emergencia de campos discursivos difícilmente asimilables. El hecho sugiere que la lectura del mundo no puede ser nunca definitiva y directa por mucho que se desee, pues cada lector del libro universal ha de tener en cuenta la extensa gama de signos diversos acumulados durante una larga historia interpretativa.

La conciencia de que, en su superposición inacabable, los signos generados por el libro del mundo se resisten a cuajar en un Texto omnicomprensivo y coherente resucita, en obras como *Primero sueño*, las notas más sombrías del mito de Babel (paliadas, según apunta Foucault, en el apogeo de la *episteme* "pre-clásica"). Esta visión negativa enfatiza cómo el castigo babélico separa y multiplica el origen de los enunciados humanos, lo que, aparte de traducirse en la existencia de lenguas diferentes, implica la idea de que los signos se insertan en sistemas o perspectivas frecuentemente aislados entre sí.[15] Aunque Sor

Juana aspira en general a conciliar los discursos de varias disciplinas buscando sus correspondencias profundas, el sincretismo optimista de la autora colonial se ve también amenazado por el temor de que los signos se estorben o "embaracen" en su mente y no se integren en un orden superior.[16] *Primero sueño* refleja cumplidamente las inquietudes de Sor Juana al respecto, y la obra externaliza una fisura epistemológica insuperable desde los presupuestos discursivos del poema. Por volver a un ejemplo conocido, la quiebra se vislumbra cuando, a propósito de la figura del águila semidormida, reparamos de nuevo en los variados órdenes semánticos que gravitan sobre una sola imagen. En realidad se trata de un rasgo vigente en todo *Primero sueño*, donde se suceden pasajes, expresiones y términos pertenecientes a la mitología, la filosofía, la física, el derecho u otras esferas y actividades. Cabe argüir que, al hablar aquí de disciplinas separadas, incurro en un cierto anacronismo, puesto que impongo criterios ajenos a los de una *episteme* basada justamente en relaciones de semejanza y analogía, dominante siglos atrás. La objeción es sin duda válida en parte, mas subrayo que *Primero sueño*, sin dejar de aferrarse a los parámetros del pensamiento analógico, pone de relieve su crisis e incluso la *representa* artísticamente.[17] El último aspecto se vincula al papel del estilo gongorino adoptado por Sor Juana en *Primero sueño*, obra rebosante de cultismos, voces no habituales en poesía, metáforas y violentas trasposiciones: en su heterogeneidad léxica y en su condensación de figuras retóricas, la escritura de *Primero sueño* incorpora las huellas confusas de una disonancia totalmente opuesta a cualquier imagen armónica y continua del universo. Es ahora momento de agregar que, cuando impulsa definitivamente en las *Soledades* el tipo de escritura que Sor Juana emula con éxito en *Primero sueño*, Góngora desata las críticas de varios estudiosos, hasta el punto de que el humanista español Cascales ve en el poema de su compatriota un retorno al caos de Babel. La condena se fundamenta en la naturaleza formalmente híbrida y laberíntica de las *Soledades*, motejada por Cascales de poesía "inútil" porque su desorden apenas trasmite saber alguno.[18] En este sentido, Sor Juana tal vez asume en su texto la recepción negativa de las *Soledades*, pero hace de los presuntos "errores" gongorinos un rasgo muy pertinente, dadas las preocupaciones de la autora: representar artísticamente el babelismo que lastra nuestro lenguaje es también un modo oblicuo de insinuarnos que la aspiración al conocimiento es apenas ilusión o "sueño".

El escepticismo epistemológico de *Primero sueño* halla en el poema su propia justificación y se confirma a través de distintas fases que paulatinamente ensanchan el abismo entre el alma soñadora y el universo por ella explorado. Como vía cognoscitiva más rápida y gratificante, se plantea en primer término la posibilidad de una intuición de las cosas directa y carente de mediaciones. Junto a un deseo de captación del mundo en su pura presencia, tal camino pretende eliminar la índole procesal y temporal de otros acercamientos por medio de una visión simultánea que tiene lugar en la plenitud de un sólo instante. A la necesidad de abolir el carácter sucesivo del tiempo, se le añade, para que la intuición universal pueda realizarse, una condición unida a la anterior, y es que el alma se libere totalmente de los impedimentos materiales que obstaculizan su vuelo a los dominios divinos (espacio privilegiado del conocimiento cósmico). Únicamente los espíritus angélicos (habitantes perpetuos de las esferas supralunares) satisfacen ambos requisitos, y de ahí que el alma protagonista de *Primero sueño* deba buscar un acceso al mundo acorde con la naturaleza caída del ser humano.[19]

La nueva vía presupone necesariamente la ayuda de signos, cuyo papel mediador entre el alma y el universo nace de la imposibilidad de vislumbrar el orden cósmico durante el momento de la intuición. En ese instante, dice el poema, los "intelectuales bellos ojos" del alma (vs. 441) captan un "cúmulo incomprehensible" de realidades (vs. 447), una "sobra de objetos" (vs. 451) que, a causa de su misma superabundancia y su número excesivo, no resultan abarcables. Surge entonces un divorcio entre la "vista" y la "comprehensión", hasta que, por fin, el desajuste de las dos instancias llega incluso a cegar la mirada del intelecto (vss. 454-480). El alma renuncia aquí a la *presencia* y a la *simultaneidad* del conocimiento intuitivo: sustituye el *ver* por el *comprender*, la mirada desnuda —"libre de anteojos" (vs. 440)— por la esperanza, más modesta sin duda, de un *discurso* ordenado *acerca del* mundo, el cual produce a lo sumo, según concepciones muy extendidas en la Edad Media, una *imagen* del universo en vez de su realidad inmediata.[20]

El refugio en el dominio humano del lenguaje arrostra, por lo tanto, el empleo de un instrumento aproximativo y convencional. La evidente precariedad de semejante instrumento queda, al parecer, compensada por su índole sistemática, ya que hipotéticamente permite (conforme al "método" cognoscitivo a disposición de Sor Juana) el recorrido gradual y vertical de la Gran Cadena del Ser, desde sus manifestaciones ínfimas hasta las excelsas.[21] Pese a todo, *Primero sueño* no deja de insistir en lo *artificioso* de las categorías adoptadas para dominar mentalmente el mundo, lo que equivale a un reconocimiento de su distancia (o de su no coincidencia) con la realidad. En palabras del poema, el recurso a un penoso ascenso por las escalas del Ser constituye un intento de suplir "con el arte el defecto / de no poder con un intüitivo / conocer acto todo lo criado" (vss. 590-592). Se trata, en síntesis, de adaptar el "sucesivo discurso" (vss. 599-600) del alma a la disposición, también sucesiva, de nuestros enunciados lingüísticos y a su inherente temporalidad.[22]

Si al adoptar un método discursivo el alma desea entender el cosmos en detalle partiendo del modelo de la Gran Cadena del Ser, el artificio de dicha imagen (construcción mental de una realidad cuyo encuentro vuelve a diferirse) lastra de antemano la validez del empeño. En la nueva coyuntura, el alma sólo tiene la posibilidad de explicar un enorme Signo (el universo *imaginado* por la filosofía tradicional) a través de otros signos menores y tan convencionales como el que supuestamente los engloba. La cuestión se problematiza doblemente cuando recordamos cómo el poema de Sor Juana muestra la naturaleza heterogénea y a veces contradictoria de los signos producidos históricamente para leer el mundo, pues esa condición niega precisamente la férrea linealidad discursiva que solicita la imagen de la Gran Cadena. Representando el estado caótico de los lenguajes humanos y simbolizando artísticamente su inestabilidad semántica y sus tendencias centrífugas, el texto de *Primero sueño* acaba por subvertir los principios de orden y jerarquía necesarios para el conocimiento sistemático. Ni siquiera el esquema artificioso y mediador que se elige tras el fracaso de la intuición es compatible con el profuso aluvión de discursos arrastrados por el movimiento ateleológico del lenguaje.

Diluida la esperanza del conocimiento cósmico (ya sea por la vía de la intuición o por la del "discurso artificioso"), *Primero sueño* no puede revelar nada excepto las limitaciones intelectuales del alma, de manera que el poema transmite a lo sumo un tipo de sabiduría puramente negativa: es, en la acertada frase de Paz, una "visión de la no visión" (482). En consecuencia, *Primero sueño* dice mucho menos del mundo que de las dificultades irremontables para captarlo fuera o dentro del lenguaje, y hace de la *derrota* y de nociones similares núcleo articulador de varias imágenes y motivos.[23] En su modulación continua, tales formantes remiten (sin salir del nivel anecdótico) al fracaso del alma y no a su pretensión de imaginar el acceso a un orden de cosas situado en el exterior del discurso poético. El lenguaje de *Primero sueño* resulta así incapaz de trascenderse extrapoéticamente, prisionero de su propia densidad laberíntica; no media hacia otro plano que supere y reconcilie su caos, y sufre la condena de una autorreferencialidad sin escape.[24]

Es, justamente, muy revelador que la autorreferencialidad de *Primero sueño* se acentúe en un pasaje que manifiesta de modo definitivo la impotencia cognoscitiva del alma. Se trata de uno de los últimos episodios de la experiencia visionaria, cuando el yo protagonista del poema ha decidido avanzar penosamente por la escala del Ser y, dentro de la esfera del mundo natural, pondera los secretos de la fuente Aretusa (vs. 712-729). Lo misterioso de la fuente consiste en que, al poco de nacer de Acaya, desaparece bajo al suelo, atraviesa el mar y vuelve a surgir en Sicilia, después de que recorre (efectuando múltiples vueltas) los dominios subterráneos asociados tradicionalmente a diversas figuras mitológicas. El enigma que propone la fuente Aretusa (incluible entre los *mirabili per natura*, según el vocabulario popularizado por Thesauro) sobrepasa para el alma cualquier explicación, razón por la cual ese fenómeno de la naturaleza solamente puede suscitarle perplejidad. Ante las Pirámides de Egipto el sujeto visionario no llega a vencer del todo su confusión debido a las numerosas interpretaciones de que dispone, pero ahora, en cambio, la confusión se produce porque no parece haber explicación alguna. Pese a esta diferencia, el efecto sobre el texto de ambos asedios a un objeto enigmático es hasta cierto punto análogo, en la medida en que su evocación desata un modo de escritura que duplica autorreflexivamente el del conjunto del poema.

En el fragmento de las Pirámides, las abundantes lecturas despertadas por dichas imágenes arquitectónicas daban lugar a una enmarañada acumulación de signos heteróclitos, intensificando el babelismo inscrito en todo *Primero sueño*. El pasaje de la fuente Aretusa es igualmente autorreflexivo, y no sólo porque su misterio sin respuesta module otra vez la idea de fracaso, sino por cualidades vinculadas, como en el caso anterior, a la textura del lenguaje. Los lectores de *Primero sueño* se topan aquí con una serie de versos notablemente difíciles y oscuros. La dificultad radica principalmente en las complejas alusiones mitológicas que, a partir del recuerdo de los Campos Elíseos (por donde transcurre la fuente) se añaden y entrelazan a lo largo de los versos 720-729. Esas referencias a la mitología se imbrican mutuamente en una secuencia sintáctica en extremo tortuosa y carente de pausas absolutas, de forma que el serpenteante discurrir lingüístico sugiere el itinerario no menos retorcido del objeto descrito. La fusión entre el discurso poético y la imagen permite, por último, ver en ella una suerte de metáfora retroactiva, cuyo *tenor* o significado resulta ser paradójicamente el texto de Sor Juana. Ya he notado cómo la fuente Aretusa se hunde en el subsuelo por un extensísimo trecho hasta reaparecer, y en su viaje subterráneo realiza un sin fin de vueltas o "ambages" (vs. 715); análogamente, el hilo discursivo de *Primero sueño* desaparece (o se oculta) con harta frecuencia en las prolongadas digresiones y excursos del poema, cuyos hipérbatos, perífrasis y demás mecanismos dilatorios son, a su vez, los "ambages" que demoran el proceso de significación.

Preludiada en ciertos pasajes de las *Soledades*, la simbolización retroactiva del espacio textual por una imagen geográfica corrobora el *hermetismo* de *Primero sueño*.[25] Cuando uso aquí el término *hermetismo*, acojo una acepción muy específica del vocablo para calificar un texto que, al exhibir la ruina de la mediación lingüística, revierte (o se cierra) sobre sí, transformándose en único horizonte de los signos que genera. Consecuentemente, *Primero sueño* escenifica la derrota del papel cognoscitivo del lenguaje, aunque también cabe agregar que se rebela ante ella en cuanto la hace materia de ostentación. En su rebeldía, una obra incapaz de descifrar el mundo constituye su discurso poético en universo alternativo —necesariamente artificial y contingente— al tiempo que desplaza el proyecto hermenéutico hacia los logros de la propia escritura: no es ya el cosmos "real" sino el poema (con sus enigmas y juegos verbales) el objeto que se pide develar a los lectores.[26] Trastornando una ecuación privilegiada por la teoría literaria renacentista (la belleza como forma al servicio de la verdad y el saber), el esplendor inútil y fugaz de la palabra condenada en Babel se superpone en *Primero sueño* al fracaso del conocimiento.[27] Doble filo de un poema que, al igual que Faetón ("tipo" o "modelo" de su ejemplaridad ambigua), "las glorias deletrea / entre los caracteres del estrago" (vss. 809-810).

NOTAS

[1] Octavio Paz, *Sor Juana Inés de la Cruz o las trampas de la fe* (Barcelona: Seix Barral, 1982) 485. Véase también José Gaos, "El sueño de un sueño", *Historia mexicana* 10 (1960-61): 54-71, especialmente 68.

[2] Mauricio Molho, "Soledades", *Semántica y poética (Góngora y Quevedo)* (Barcelona: Crítica, 1977): 39-81.

³ Sobre esta conexión genérica y la originalidad de Sor Juana, véase Paz (472 et seq.); también Georgina Sabat de Rivers, *El "Sueño" de Sor Juana: Tradiciones literarias y originalidad* (London: Tamesis, 1977) 23 et seq.
⁴ La división más inteligente es, a mi entender, la que propone Sabat de Rivers (130). Antes (129) la autora discute el esquema postulado por Alfonso Méndez Plancarte en su edición del poema.
⁵ Ícaro, por contra, sí que es mencionado, erigiéndose además en una de las figuras mitológicas más importantes del poema. Pero nótese que, como observa Elías Rivers en "El ambiguo *Sueño* de Sor Juana", *Cuadernos Hispanoamericanos*, 189 (1965): 271-282, la imagen de Ícaro experimenta en *Primero sueño* una interesante transformación, pues "se convierte en símbolo del que se atreve repetidas veces a intentar lo mismo, a pesar de nuevos fracasos repetidos" (281).
⁶ "La situación enunciativa de *Primero sueño*", *Revista Canadiense de Estudios Hispánicos* 11 (1986): 185-191; la cita corresponde a 185. Perelmuter asimila el concepto de *deíctico* de autores como Lyons, Barthes y Culler.
⁷ Excluyo de mi consideración los deícticos *espaciales* o "toda palabra que permite ubicar al narrador, o sea, situarlo con respecto a lo narrado" ("La situación enunciativa" 189). La causa de la exclusión es que, como nota Perelmuter, la persona hablante de *Primero sueño* "no narra el poema desde un punto fijo, o lugar de preferencia, sino que se mantiene en constante movimiento, acercándose frecuentemente a los elementos que describe" (189). Tal dinamismo hace que los deícticos *espaciales* no refuercen, frente a los de las otras dos clases, las tendencias centrípetas del texto.
⁸ Sobre los mecanismos barrocos de *sustitución* y *proliferación* lingüística son iluminadoras las reflexiones de Severo Sarduy en "El barroco y el neobarroco", *América Latina en su literatura*, César Fernández Moreno, editor (México: Siglo XXI, 1972): 167-187; especialmente 169-173.
⁹ Las citas del poema corresponden a la edición de Alfonso Méndez Plancarte de las *Obras Completas, I* de Sor Juana Inés de la Cruz (México: Fondo de Cultura Económica, 1951).
¹⁰ Sabat de Rivers repara cómo estos versos atribuyen al águila una cualidad normalmente ligada a la grulla y, de modo ocasional, al gallo; el cambio se explica en razón del concepto que luego se desarrolla. En cuanto al tópico del águila como *reina* de las aves, la autora aduce citas de Bocángel, Malón de Chaide y Trillo y Figueroa (*El "Sueño"* 76-77).
¹¹ Para una buena explicación del simbolismo de la pirámide y la llama en la filosofía hermética (particularmente en Kircher) con especial atención al pasaje de Sor Juana, véase Marie-Cécile Bénassy-Berling, *Humanisme et Religion chez Sor Juana Inés de la Cruz. La femme et la culture au XVIIe siécle* (Paris: Editions Hispaniques, 1982) 157-158.
¹² Sobre este tipo de fórmula gongorina, véase Dámaso Alonso, *La lengua poética de Góngora* (1927; Madrid: Anejo XX de la *Revista de Filología Española*, 1961) 138-149.
¹³ *Las palabras y las cosas*, trad. Elsa Cecilia Frost (México: Siglo XXI, 1974); especialmente capítulo 2.
¹⁴ Foucault: "Quizá sea la primera vez que se descubre en la cultura occidental esta dimensión absolutamente abierta de un lenguaje que no puede detenerse ya que, al no estar encerrado jamás en una palabra definitiva, enunciará su verdad sólo en un discurso futuro, consagrado por entero a decir lo que ha dicho; pero este discurso mismo no tiene el poder de detenerse sobre sí y lo que dice lo encierra como una promesa ligada aún a otro discurso ... Por definición, la tarea del comentario no puede acabarse nunca" (48). En igual sentido, véase Claude Gilbert Dubois, *Mythe et langage au Seizieme Siécle* (Paris: Ducros, 1970) 42.
¹⁵ Conforme a la terminología de Foucault, el lenguaje tiende a concebirse entonces como *discurso* que no forma parte ya de la realidad sino que aspira a representarla (43).

[16] En la *Respuesta a Sor Filotea de la Cruz*, Sor Juana defiende el cultivo de disciplinas intelectuales diversas como medio para entender las hermosas correspondencias del universo o "su admirable trabazón y concierto". Cita al respecto la autoridad del padre Kircher y saca a colación las imágenes geométricas del centro, la circunferencia y la línea que aparecen en los vss. 409-411 de *Primero sueño*: "Es la cadena que fingieron los antiguos que salía de la boca de Júpiter, de donde pendían todas las cosas eslabonadas unas con otras. Así lo demuestra el R. P. Atanasio Quirquerio en su curioso libro *De Magnete*. Todas las cosas salen de Dios, que es el centro a un tiempo y la circunferencia de donde salen y donde paran todas las líneas criadas" (450). Sin embargo, y como prueba de las dudas de Sor Juana sobre la posibilidad humana de vislumbrar esta armonía cósmica, la autora también manifiesta cuán fácilmente los signos se entorpecen o "embarazan", dando lugar a confusión (449). Las citas de la *Respuesta* pertenecen a las *Obras Completas IV* de Sor Juana Inés de la Cruz, Alberto G. Salceda, editor (México: Fondo de Cultura Económica, 1957).

[17] Las peculiares características históricas del mundo intelectual de Sor Juana vedan el paso al tipo de discurso "analítico-referencial" que, conforme a Timothy Reiss, emerge en Europa muchos años antes, sustituyendo progresivamente el modelo analógico. Sobre este proceso véase el libro de Reiss *The Discourse of Modernism* (Ithaca: Cornell University Press, 1982).

[18] En una de sus *Cartas filológicas*, Cascales se lamenta de que Góngora pueble el lenguaje del *Polifemo* y las *Soledades* "con ambagiosos hipérbatos, y con estilo tan fuera de todo estilo, y con una lengua tan llena de confusión que parecen todas las de Babel juntas, dadas para cegar el entendimiento y castigar los pecados de Nembrot" (1, 142). En otra epístola se expresa Cascales en parecidos términos, cuando sostiene que Góngora pretende con el "diabólico poema" las *Soledades* "destruir la poesía ... volviendo a su primero caos las cosas; haciendo que ni los pensamientos se entiendan, ni las palabras se conozcan con la confusión y desorden" (1, 188). Poco antes Cascales proclama la "inutilidad" de la poesía de Góngora: "Y que ésta sea poesía inútil, pruébolo. Ella no es buena para poema heroico, ni lírico, ni trágico, ni cómico; luego es inútil" (186). Las citas de las *Cartas filológicas* corresponden a la edición de Justo García Soriano (Madrid: Espasa-Calpe, 1951).

[19] Sobre los obstáculos que, según difundidas concepciones medievales y renacentistas, impiden en el hombre el conocimiento perfecto en contraste con los ángeles, véase E. M. W. Tillyard, *The Elizabethan World Picture* (New York: Vintage Books House, s.f.) 71-72. En su pretensión de alcanzar el conocimiento por vía de la intuición, el alma de *Primero sueño* se percibe casi separada del cuerpo, atribuyéndose erróneamente un don propio de los espíritus angélicos: "... y juzgándose casi dividida / de aquélla que impedida / siempre la tiene, corporal cadena, / que grosera embaraza y torpe impide / el vuelo intelectual ..." (vss. 297-301).

[20] Desde San Agustín, muchos filósofos medievales conciben que el conocimiento de Dios y del cosmos es por necesidad limitado y aproximativo, ya que nuestros signos, aunque útiles, distan de coincidir plenamente con las realidades supremas; se trata, pues, de un conocimiento simbólico e indirecto (*per speculum in aenigmate* según de San Agustín). Véase en general Marcia L. Colish, *The Mirror of Knowledge: A Study in the Medieval Theory of Knowledge* (Lincoln & London: University of Nebraska Press, 1968).

[21] Emilio Carilla sostiene que el método ascensional de Sor Juana se inspira en la obra de San Buenaventura *Itinerario de la mente hacia Dios*; véase "Sor Juana: ciencia y poesía (sobre el *Primero Sueño*)", *Revista de Filología Española* 36 (1952): 287-307; especialmente 298.

[22] San Agustín, sobre todo, elabora la idea de la temporalidad del lenguaje humano; véase Eugene Vance, "Saint Augustine: Language as Temporality", *Mimesis: From Mirror to Truth, Augustine to Descartes*, John D. Lyons y Stephen G. Nichols Jr., editors (Hanover N.H.: University Press of New England, 1982): 20-35.

[23] Véase Gaos (62-63), y en general el cuidadoso análisis del texto que realiza Sabat de Rivers en su libro.

[24] En un sugestivo epígrafe sobre el *Quijote*, Foucault nota que la autorreferencialidad es también en la segunda parte de esta novela consecuencia de una visión del lenguaje disociada de la realidad (*Las palabras y las cosas* 54).

[25] Acerca de la pertinencia en algunos pasajes de las *Soledades* de las concepciones del *mundo como texto* y el *texto como mundo*, véase Andrés Sánchez Robayna, "Góngora y el texto del mundo", *Tres estudios gongorinos* (Barcelona: Llibres del Mall, 1983): 35-57.

[26] En consonancia con el carácter enigmático de *Primero sueño*, en su censura al *Segundo volumen de las obras de Sor Juana Inés de la Cruz*, el Padre Juan Navarro Vélez proclamó que "es tal este *Sueño*, que ha menester ingenio bien despierto quien huviere de descifrarle, y me parece no desproporcionado argumento de pluma docta, el que con luz de unos Comentarios se vea ilustrado, para que todos gozan de los preciosíssimos tesoros de que está rico". Recoge la cita Perelmuter, *Noche intelectual: la oscuridad idiomática en el "Primero sueño"* (México: UNAM) 38.

[27] Sobre las complejas vicisitudes en la teoría literaria de los siglos XVI y XVII de la dualidad horaciana contenido intelectual / ornato poético (*res* y *verbum* en la terminología de Horacio), véase Antonio García Berrio, *Formación de la teoría literaria moderna (1). La tópica horaciana en Europa* (Madrid: Cupsa, 1977), y, del mismo autor, *Formación de la teoría literaria moderna (2). Teoría poética del Siglo de Oro* (Murcia: Universidad, 1980). Para el desplazamiento que se opera en en el Barroco español hacia el segundo término de la dicotomía (la sofisticación lingüística en menoscabo del "contenido" aprovechable), véase el volumen 2 (423 *et seq*). *Primero sueño* parece situarse en esta línea de ruptura. Ello resulta tanto más interesante y problemático teniendo en cuenta que el poema de Sor Juana, si bien apunta intencionalmente a una dirección especulativa y filosófica, no puede, en definitiva, calificarse de obra didáctica.

SOR JUANA INÉS DE LA CRUZ ANTE LA CRÍTICA

POR

Rosa Perelmuter
University of North Carolina at Chapel Hill

La *Fama y obras póstumas* de Sor Juana, publicada pocos años después de su muerte, demuestra claramente la popularidad de la ilustre poeta mexicana durante su vida. Se la elogió tanto, de hecho, que Ermilo Abreu Gómez llega a concluir que "El siglo XVII fue ... ciego para mirar sus errores" (200). Pero esta situación cambia radicalmente en los dos siglos siguientes, durante los cuales la acogida de Sor Juana ya no es tan calurosa. En el siglo XVIII casi no se le presta atención a sus obras. La que sería la última edición de sus obras completas hasta el siglo XX se publica a principios de siglo, en el 1725. Luego, durante la mayor parte del XIX, sus obras "yacen entre el polvo de las bibliotecas", como señala Juan Nicasio Gallego en 1841 (ix). Los pocos que mencionan las obras de nuestra autora lo hacen básicamente para criticarlas, situación sin duda provocada por la fuerte alergia que ese siglo desarrolló al gongorismo o a toda obra que se considerara contagiada por él.

Los comentarios de escritores de ambos lados del Atlántico corroboran el aparente abandono que sufre Sor Juana. En 1853, Emilio Pardo señala que sus obras son "poco conocidas hoy" (De la Maza 379). Dos años después, cuando prepara su *Parnaso mexicano*, José María Lafragua se ve obligado a incluir una selección de obras de Sor Juana "a fin de que se pueda juzgar a la poetisa mexicana con pleno conocimiento" (De la Maza 381). Un tercer ejemplo se encuentra en el libro de Severo Catalina, titulado *La mujer* y publicado en el 1858, obra que según Francisco de la Maza "fue libro de cabecera de todas las damas burguesas y aun aristocráticas" (385). La presentación de Sor Juana en la obra es tan elemental que no deja dudas que el autor está convencido que no se la conoce en absoluto: "Muchos de nuestros lectores no tendrán quizá noticia de Sor Juana Inés de la Cruz. Es una gran poetisa americana del siglo XVII" (De la Maza 386). Esta insistencia en que a Sor Juana no se la conoce ni de nombre es tal vez un tanto exagerada, pues tenemos dos testimonios un poco posteriores (uno es del 1892 y el otro del 1902) que indican que las redondillas "Hombres necios" eran muy populares, e inclusive en uno de ellos se añade que no hay en México ni en España quien no se sepa de coro más de una estrofa del poema (Sánchez Mármol 24, n. 1; De la Maza 365, n. 3).

En el último cuarto del siglo XIX, por fin nos topamos con un volumen de obras selectas de Sor Juana, el primero en muchos años, publicado no por un mexicano sino por un ecuatoriano, Juan León Mera (1873). La publicación de esta edición, que también incluye un largo estudio biográfico y crítico, es señal clara del creciente interés o curiosidad por la "monja de México". Allí Mera todavía repite lo que ya vimos se venía diciendo, que a Sor Juana "En la actualidad no se le conoce ni de nombre cual merece serlo. Sus obras están olvidadas" (xiii). Y eso es precisamente lo que Mera se dispone a contrarrestar con su volumen, el cual él se anima a preparar tras descubrir a Sor Juana en la *Historia de la literatura española* del hispanista norteamericano G. M. Ticknor. Es entonces que se da a la tarea de leerla y estudiarla.

La *Historia* de Ticknor, publicada originalmente en inglés en 1849, trae muy pocas noticias sobre Sor Juana, relegadas todas a una nota al pie de página (II 549-50, n. 19). En ella se nos dice que Sor Juana causó gran sensación, y que fue "a remarkable woman, but not a remarkable poet". Esta opinión fue al parecer tomada del *Semanario pintoresco* de 1845, de donde también hereda el curioso dato de que Sor Juana nació en Guipúzcoa (su padre, como Uds. recordarán, era vizcaíno, y de ahí habrá venido la confusión). Pero este juicio del conocido hispanista norteamericano, tan poco halagüeño para nuestra poeta, difícilmente pudo haber inspirado al ecuatoriano Mera a que recorriera todo Quito hasta dar con un ejemplar de sus obras. Y de hecho no fueron éstas las palabras que Mera leyó, pues la edición que él consultó —y de la cual cita— fue la traducción al español que de esta historia hicieron Pascual de Gayangos y Enrique de Vedia, y que publicaron entre 1851 y 1854. En la versión al español las palabras de Ticknor se modifican sutil pero significativamente, de manera que se nos dice no que Sor Juana fuera "una mujer notable pero no un poeta notable", sino que fue "más notable como mujer que como poeta" (III 232, n. 18). Al convertir la tajante observación de Ticknor en oración comparativa, los traductores reducen en buen grado la carga negativa de la aseveración. A Mera le sigue resultando antipática la opinión de Ticknor, aun en la versión menos severa, y nos advierte que le parece un "juicio fatal" (iv), si bien reconoce que el parecer del hispanista fue precisamente lo que despertó su interés en la monja mexicana (v). A él, como a Ticknor, y como a sus contemporáneos, les intriga Sor Juana por una cosa más que nada: por ser mujer, por ser como era aun siendo mujer, y así lo expresa: "Con todo", dice Mera, "un nombre de mujer, y de mujer americana, fué motivo bastante poderoso para dispertar (sic) nuestras simpatías por ella, y hacernos desear el conocimiento de sus obras" (iii). Y sobre la opinión de Ticknor añade, "Una mujer, una americana había escrito versos á fines del siglo XVII. Esta rareza llamó acaso la atención de M. Ticknor, más que el mérito real de esos versos" (iv). Todavía Menéndez y Pelayo, a un paso del siglo XX, sigue pensando lo mismo: "lo que más interesa en sus obras es el rarísimo fenómeno psicológico que ofrece la persona de su autora" (64).

La *rareza* de Sor Juana, señalada por Mera y por Menéndez y Pelayo, se convierte en lugar común en los comentarios de sus obras. Comenzando con el

P. Calleja, varios la tachan de "rara mujer" (Calleja, 1700 [542]; Pardo, 1853 [de la Maza 375]), o *rara avis*" (N. Cernadas, c. 1758 [de la Maza 327-28]), y en ella admiran "la rareza de sus talentos" (Altamirano, 1871 [de la Maza 393]). Asimismo la ven como "mujer singular" (Pardo, 1853 [de la Maza 374]; Catalina, 1858 [de la Maza 386]), "prodigiosa mujer" (Calleja 544) y como "algo tan nuevo, tan anormal y peregrino, que a no tener sus propias confesiones escritas con tal candor y sencillez, parecería hipérbole desmedida de sus panegiristas" (65). Esto último lo dice Menéndez y Pelayo.

Asimismo, el "asombro" que produce su rareza se recoge en muchas de las apreciaciones sobre la obra sorjuanina. En un comentario que se publicó a principios del siglo XVIII, pero que probablemente data de los últimos años del XVII, Pedro Alvarez de Lugo dice que Sor Juana (él la llama "esta señora") "es asombro de todos sus lectores" por su inteligencia (ff. 28-29; cito según la transcripción en el estudio de Andrés Sánchez Robayna 59). Otros la llaman "asombro ingenioso de dos mundos" (Lorenzo González de la Sancha, 1700 [De la Maza 157]); o "asombro de general sabiduría y erudición" (Carrillo y Pérez, 1790 [De la Maza 333]), o "milagro de la naturaleza" (Fray Juan de la Cruz y Moya, 1756 [De la Maza 327]).

Si para los comentaristas que acabamos de ver la "rareza" de Sor Juana la señala como "mujer" excepcional, para otros su misma rareza es índice de impostura, de que si es como es, entonces es porque no es lo que parece ser. O sea, que su rareza —esa sabiduría suya, que juzgan poco usual en una mujer— delata al hombre que se esconde, real o figuradamente, tras la fachada de mujer. Uno de los romances publicados en la *Fama y obras posthumas*, de un tal González de la Sancha, contiene unos versos que ilustran bien esta actitud: "Esa", dice describiendo a Sor Juana, "que en femenil sexo / varonil afecto encubre, / y en más allá de lo raro / única deidad se esculpe" (De la Maza 161). Sor Juana, nos dice, es rara (nótese que aquí vuelve a aparecer la palabra), es única, porque bajo su exterior de mujer esconde ("encubre") una esencia varonil, palabra que encierra tanto el significado de "masculino" como el de "valeroso". Hay casos, inclusive, donde aun sin decirlo explícitamente, a la presentación de Sor Juana le atribuyen un carácter masculino. En el ejemplo que veremos a continuación, del mexicano Manuel Sánchez Mármol en 1902, dos imágenes fálicas encuadran y dominan la presentación de la poeta: "Sorprende hasta producir el asombro [ahí tenemos de nuevo esa palabra también] que en medio de tanta inanidad surgiera de súbito, 'Si come torre in solitario campo', la figura portentosa de la divina monja" (22). La figura portentosa de Sor Juana, nos dice Sánchez Mármol describiendo a nuestra escritora, consciente o inconscientemente, como un falo en vías de erección, surge como una torre en el campo solitario (24). Casi al final de esta sección de su estudio, se produce otra imagen semejante. Sor Juana, leemos, es como "el astro rey, que, rasgando las densas brumas, despeja el horizonte y asciende majestuoso á producir el día" (25). Los verbos (rasgando, despeja, asciende, producir) ayudan a crear otra imagen muy sugestiva, que recrea —junto con la primera— la esencia masculina, la presencia viril de Sor Juana aun sin puntualizarla. Es interesante, además, que Sánchez Mármol, quien al principio se refiere a Sor Juana como "poetisa", después de enumerar sus muchos logros pasa a llamarla "Poeta verdadero" (24), corroborando así el proceso de masculinización que hemos venido apuntando.

Si para ambos, González de la Sancha y Sánchez Mármol, una presencia figurada (o sea, el "hombre" que Sor Juana encierra o encubre dentro de sí) es la que da pie a un encubrimiento simbólico, este proceso, en otros críticos, se expresa de manera mucho más literal, pues llegan a cuestionar o negar la autenticidad de Sor Juana como autora de las obras que se le han atribuido. Algunos reaccionan como lo hace en un principio Fray Antonio Gutiérrez, quien se burlaba —todavía en vida de Sor Juana— de su fama de erudición, sospechando que "quizás algún docto varón dictaba o sugería a la poetisa" (cit. por Eguiara y Eguren 13). Un cargo semejante aparece en una edición de sermones del P. Vieira, publicado en el 1748, donde el editor alega que "lo que parece más verosímil es que [la *Carta atenagórica*] no sea fruto de la aplicación de [Sor Juana], sino antes bien del Padre M. Guerra" (De la Maza 301-02).

Pero el caso más interesante, a mi ver, es el de Juan Miguel van der Ketten, oscuro escritor de origen polaco. En 1699, Ketten publica en Amsterdam un tratado en latín titulado *Apelles symbolicus*, donde —hablando del *Neptuno alegórico* de Sor Juana— dice que "algunos de los símbolos tienen tal sutileza, que es más de la que pudiera esperarse de una virgen" (De la Maza 133). Sus palabras, que hoy en día nos parecen risibles, se tomaban muy seriamente en aquel entonces, pues no hacen sino recoger el saber científico de su momento (pensemos, por ejemplo, en el *Examen de ingenios* de Huarte San Juan) y los consabidos prejuicios de la época. Casi 50 años después, en 1746, Cayetano Cabrera y Quintero recoge estas palabras de Ketten (aparentemente es él quien primero da a conocer la cita en su *Escudo de Armas de México* [De la Maza 133]), y al hacerlo da la pauta para toda una serie de comentaristas que desde entonces citan con asombrosa frecuencia a este "oscuro contemporáneo [de Sor Juana]", palabras con que lo describe Octavio Paz en su conocido estudio sobre Sor Juana (240). Lo curioso es que las palabras textuales, generalmente no se citan, ni en latín ni en traducción, sino que se da una exégesis de las mismas (a veces es una exégesis de la exégesis), con lo que resulta que se le atribuye a Ketten una variedad de opiniones que, francamente, no le pertenecen.

Lo que sale a relucir si se lee el pasaje de Ketten en su contexto es que (si me permiten una exégesis a mí) Sor Juana es tan sutil que ha excedido las limitaciones que se le atribuían a las mujeres, y dentro de éstas a las vírgenes, en su época. Pero lo que por lo general entienden los que lo vienen citando desde hace casi doscientos cincuenta años es algo bien diferente. Si regresamos al siglo XVIII (1746) vemos que Cayetano Cabrera y Quintero nos dice que "[Ketten] indicó como ajenos y casi ficticios sus partos para la esterilidad de una virgen" (De la Maza 299), interpretación que lleva a Francisco de la Maza a exclamar que "Parece que Cabrera y Quintero no leyó bien el párrafo [de] Ketten" (300). Carrillo y Pérez (1790) alude a Ketten, aunque sin mencionarlo, cuando reconoce la fama de Sor Juana y advierte que no faltó "quien dudara que una virgen fuese tan fecunda en puntos de literatura, poesía y agudezas" (De la Maza 333). Por su parte José María Beristáin de Souza (1817) recoge en su estudio tres elogios anteriores que se hicieron a Sor Juana, e incluye, junto a los de conocidos escritores como Feijóo (*Teatro crítico universal*, 1726), el parecer de Ketten, de quien dice que admira el mérito de la monja pero "como desconfiando de que [el *Neptuno alegórico*] fuese obra de una mujer" (De la Maza 131). Más adelante, en un discurso pronunciado en México en 1874, José María Vigil resume una cita de Ketten (a quien él equivocadamente llama Kelten), diciendo, como Beristáin de Souza, que el *Neptuno* le parecía obra "de tanto mérito, que desconfiaba fuese obra de una mujer" (De la Maza 473). Inclusive Francisco Pimentel, en su *Historia crítica de la literatura y de las ciencias en México* (1890), recuerda a Ketten, de quien repite casi lo mismo que los dos últimos comentaristas (203).

Las palabras que hasta aquí hemos visto que prevalecen al interpretar a Ketten, palabras como "ficticios", "dudar", "desconfiar", tergiversan el sentido del original, impartiéndole una nota de escepticismo que falta en el *Apelles*, pero que posiblemente articula de manera generalizada los prejuicios de estos comentaristas. En el siglo XX, críticos desde Amado Nervo (1910; 233) y Ermilo Abreu Gómez (1931; 203) hasta Octavio Paz (1982; 240) siguen recordando al ya-no-tan-oscuro escritor polaco.

Como hemos visto, entonces, durante los dos siglos posteriores a la muerte de Sor Juana, sus obras —con excepción de las redondillas— casi no se leen, y es sólo hacia finales del S. XIX que se percibe un renovado interés en la escritora, y en especial un interés por la "rareza" que supone el ser mujer, ser mujer en América, y escribir como ella logra hacerlo en el S. XVII. Los comentarios sobre nuestra autora, breves en su mayoría, la describen como singular, excepcional, única en su época. Comentarios mínimos, superficiales y hasta equivocados como el de Ticknor (ya sea en el original o en la versión libre de los traductores) se leen con atención y se aceptan y citan con frecuencia. ¿Por qué? Porque se expresa en ellos el asombro compartido por estos lectores (casi todos hombres) cuando se enfrentan a a una mujer como Sor Juana. Y es el escepticismo que también comparten lo que posiblemente los lleva a repetir a su manera citas como la de Ketten, a través de la cual, como dijimos anteriormente, expresan sus propios prejuicios. Observamos asimismo que abundan otros comentarios orientados a cuestionar la autenticidad de la escritora (Sor Juana será mujer, pero es mujer varonil; será mujer, pero se impone varonilmente en el paisaje literario; tal vez inclusive no sea mujer; etc.). Poco a poco, con el paso de los años, irá cediendo este asombro inicial y poco productivo (porque en muchos casos los autores no le hacen justicia a sus obras), para culminar con la creciente atención crítica que se manifiesta especialmente en esta segunda mitad del siglo XX. Al fin ahora Sor Juana vuelve a gozar de la popularidad que en vida tuvo, aunque ya no por el hecho de ser mujer, sino por ser la escritora de primera que hemos reconocido que es. Después de todo, no se trata sino de ella misma pide en una de sus composiciones: "Pues luego, no será mucho, / ni cosa para culparme, / Si hay salamandras barbadas, / que haya Fénix que no barbe" (#49, vv. 121-24).

BIBLIOGRAFÍA

Abreu Gómez, Ermilo. "Sor Juana y la crítica". *Revista de la Universidad de México* 9 (1931): 198-212.
Álvarez de Lugo, Pedro. *Ilustración al "Sueño"*. Andrés Sánchez Robayna, *Para leer "Primero sueño" de Sor Juana Inés de la Cruz*. México, D.F.: Fondo de Cultura Económica, 1991. 57-158.
Calleja, P. Diego. "Aprobación". Sor Juana Inés de la Cruz, *Fama y Obras posthumas del Fénix de México*... Madrid: Imprenta de Manuel Ruiz de Murga, 1700.
Eguiara y Eguren, Juan José de. *Sor Juana Inés de la Cruz*. 1755. México: Antigua Librería Robredo, 1936.
Gallego, Juan Nicasio. Prólogo a *Obras literarias de la señora doña Gertrudis Gómez de Avellaneda*. Tomo I. Madrid: Imprenta y esterotipia de M. Rivadeneyra, 1869.
Maza, Francisco de la. *Sor Juana Inés de la Cruz ante la Historia*. México, D.F.: Universidad Nacional Autónoma de México, 1980.
Menéndez y Pelayo, Marcelino. *Historia de la poesía hispano-americana*. Tomo I. Madrid: Librería General de Victoriano Suárez, 1911.
Mera, Juan León. *Obras selectas de la célebre monja de México, Sor Juana Inés de la Cruz, precedidas de su biografía y juicio crítico sobre todas sus producciones*. Quito: Imprenta Nacional, 1873.
Nervo, Amado. *Juana de Asbaje*. Madrid: Imprenta de los hijos de M. G. Hernández, 1910. Reimpreso en sus *Obras completas*, vol. VIII. Madrid: Biblioteca Nueva, 1928.
Paz, Octavio. *Sor Juana Inés de la Cruz o las trampas de la fe*. Barcelona: Seix Barral, 1982.
Pimentel, Francisco. *Historia crítica de la literatura y de las ciencias en México desde la Conquista hasta nuestros días*. 2ª edición. México, D.F.: Librería de la Enseñanza, 1890.
Sánchez Mármol, Manuel. *Las letras patrias*. México, D.F.: J. Ballescá y Cía., 1902.
Ticknor, G. M. *History of Spanish Literature*. London and Boston, 1849. Trad. Pascual de Gayangos y Enrique de Vedia, 1851-54.

V. Otras imágenes

LOS PÍCAROS Y LAS PÍCARAS EN EL NUEVO MUNDO: ALGUNAS OBSERVACIONES

POR

JULIE GREER JOHNSON
University of Georgia

La picaresca ha fascinado tanto a los lectores como a los escritores desde la publicación de la novela anónima *Vida de Lazarillo de Tormes* en 1554. Famosa por su originalidad y por el impacto que tuvo en el desarrollo de la novela moderna en España y a través de Europa, esta personificación del espíritu del Renacimiento se opuso al idealismo de los discursos medievales, especialmente al de la gesta heroica, al que puso en una perspectiva irónica, y reflejó la decadencia de la sociedad española durante los siglos XVI y XVII.

El papel de la picaresca en la literatura hispanoamericana no es menos impresionante y estudios recientes, como el de Roberto González Echevarría: *Myth and Archive: A Theory of Latin American Narrative* y el mío, *Satire in Colonial Spanish America: Turning the New World Upside Down*, discuten la importancia de obras tempranas del Nuevo Mundo inspiradas por el espíritu picaresco, la influencia que tuvo la picaresca sobre escritos más tardíos y sus manifestaciones actuales. Sin embargo, no ha habido un estudio que se haya dedicado por entero al aspecto colonial de este tema y en este momento parece apropiado hacer algunas observaciones preliminares teniendo en mente este objetivo. Las áreas que aún no han sido completamente exploradas incluyen los orígenes de la picaresca en el Nuevo Mundo, la singularidad de su expresión en las Indias cuando se la compara con el modelo original de la Península, el papel del pícaro en la formulación de una identidad hispanoamericana y la persistencia de la figura del pillo en obras contemporáneas.[1]

Peter N. Dunn, en su estudio reciente titulado *Spanish Picaresque Fiction: A New Literary History*, presenta una revisión de la crítica relacionada a la picaresca y considera sus variadas definiciones a través de los años. Excelentes críticos literarios como Claudio Guillén, Fernando Lázaro Carreter y Francisco Rico, aun teniendo en consideración la modalidad precisa de la picaresca, están de acuerdo en algunas de las características fundamentales de su fórmula. Basando las conclusiones de sus estudios de los tres ejemplos destacados de la picaresca, *Lazarillo de Tormes* (1554), *Guzmán de Alfarache* de Mateo Alemán (1599) y *El Buscón* de Francisco de Quevedo (1626), sostienen que la picaresca incluye un protagonista joven y antihéroe quien, aunque es un personaje ficticio, puede ser encontrado en tipos reales de la sociedad que existió en un momento en la historia de España. El pícaro, como se le llamaba, se ve forzado a sobrevivir por cualquier medio que le sea posible, y, rodeado por un fondo de realismo urbano, se embarca en una serie de desventuras. El relato, narrado en forma autobiográfica, sigue una estructura episódica ya que los empleos del pícaro lo llevan de un amo a otro. Cada uno de los amos pertenece a un sector diferente del espectro social e inspira la aguda crítica del pícaro de la sociedad en general. El hambre es un tema principal y sus manifestaciones literales y figuradas motivan al pícaro a continuar su difícil jornada a través del tiempo, en busca de la buena vida. A menudo se asocia la delincuencia con los años tempranos del pícaro, y por lo tanto su historia puede asemejarse a un caso jurídico (Dunn 4-13).[2]

La *Sátira a las cosas que pasan en el Pirú, año de 1598,* de Mateo Rosas de Oquendo, se considera actualmente como la primera obra escrita en el Nuevo Mundo que presenta una variedad de criterios asociados con la picaresca, ya que se trata de un solo personaje joven que se mueve dentro de la capital virreinal de Lima, divulgando de manera traviesa los defectos de la sociedad de los años posteriores a la Conquista. Asumiendo el papel de un Ulises contemporáneo, explora los barrios bajos de la ciudad y la fingida tenacidad con que se dedica a la actividad sexual se contrapone a la representación de los exploradores y conquistadores como héroes épicos clásicos en la poesía narrativa del Nuevo Mundo. Después de haber presenciado el éxito del *Lazarillo* en España y de haber experimentado el clima de desilusión en las colonias, el poeta, nacido en la Península, sin duda comprendió la utilidad de crear una picaresca del Nuevo Mundo y la usó principalmente como un vehículo efectivo para su sátira. Sin embargo, hay otras obras de naturaleza diferente que han hecho contribuciones significativas al desarrollo de la picaresca que son anteriores a la *Sátira* de Rosas de Oquendo y que, en algunos casos, aparecieron antes de la publicación del mismo *Lazarillo*. Aun durante la primera parte del siglo XVI pareciera que las colonias compartieron con España ciertas condiciones propicias a la aparición de una forma de discurso carente de idealismo, en la que una persona común y corriente hablaba de forma directa y reveladora acerca de sus experiencias cotidianas. La aparición de tales obras inmediatamente después del advenimiento de las letras coloniales da más crédito a la suposición que hizo Luis Leal hace unos años de que la picaresca del Nuevo Mundo es más bien paralela a la de la Península antes que un reflejo de su desarrollo en Europa (Leal 58).

Al estudiar las posibles fuentes no literarias de la novela, Roberto González Echevarría liga los documentos legales a la picaresca tanto en el Nuevo Mundo como en el Viejo. Según él, las *Cartas de relación* de Hernán Cortés sirven como punto de origen para las obras escritas en las Indias que se asemejan al *Lazarillo*. Al encontrarse fuera de la ley luego de haber desafiado la autoridad regional del gobernador de Cuba, el conquistador trató de justificar sus acciones ante el rey de España en sus famosas cartas para ganar la aprobación oficial y compensación por haber fundado Vera Cruz y por haber conquistado la civilización azteca. Aunque su documentación de una serie de sucesos históricos desde una perspectiva autobiográfica ciertamente fue crucial para su caso ante la Corona, fue el retrato del hombre en sí, dibujado con gran habilidad, lo que fue el atributo literario más atractivo y convincente de su narración, y esta reflexión personal se convertiría más tarde en una parte integral de los escritos picarescos del Nuevo Mundo (González Echevarría, *Myth and Archive* 54-55).

Otro documento de la Conquista que apoya el punto de vista de González Echevarría es la *Historia verdadera* de Bernal Díaz del Castillo, en la cual la humildad del autor y su inmersión en la cultura popular proveen un lazo adicional con la picaresca. En esta narración, Bernal Díaz hace una petición ante la Corona en calidad de hombre común que habla en representación del soldado raso que peleó en el Nuevo Mundo, y ofrece comentarios de su experiencia sobre las penurias y los sufrimientos causados por la guerra durante el siglo XVI. Se dio cuenta muy bien de la actitud crítica que tomaron algunos españoles recién llegados hacia la autoridad y documentó los escritos satíricos más tempranos en forma de pasquines en los muros de la ciudad de Coyoacán, México. Influido por la obra maestra de Fernando de Rojas, que era ya un precursor confirmado del *Lazarillo*, Bernal Díaz también presenta a una vieja india de Cholula como una figura celestinesca que trata de arreglar un casamiento entre su hijo y doña Marina. Aunque Rosas de Oquendo fue el primer escritor en el Nuevo Mundo que empleó la palabra "pícaro" en su obra, hay referencias a tipos picarescos como un Maese Rodas en la *Historia verdadera* (Johnson, *Satire* 23; Leal 48-49).

Mientras que las *Cartas* de Cortés y otros documentos de la Conquista compuestos con una intención similar se pueden considerar precursores de la picaresca en el Nuevo Mundo, está claro que hubo también otras fuentes que fueron instrumentales en su aparición. Una de éstas fue la popular pieza corta dramática, escrita cuando la Colonización ya estaba avanzada, que aludía al complejo telón de fondo en el que el pícaro llevaba a cabo su búsqueda del "buen puerto", que introducía otros temas pertinentes a su situación, y que intentaba desvirtuar el mito. Sin embargo, un aspecto más importante del singular desarrollo de la picaresca en el Nuevo Mundo fue el hecho que algunas de estas obras revelaron diferencias crecientes entre los españoles nacidos en el Nuevo Mundo y los nacidos en España, y esta contienda finalmente daría origen a una nueva conciencia de parte de los criollos.

En el teatro de Fernán González de Eslava y Cristóbal de Llerena se puede dar un vistazo a cómo la vida en los virreinatos estaba cambiando del heroísmo en el campo de batalla a la supervivencia en las calles y caminos del Nuevo Mundo. En los *Coloquios VII y XVI*, por ejemplo, González de Eslava trata temas relacionados con la sexualidad y menciona problemas como el matrimonio entre dos personas de clases sociales diferentes, infidelidad conyugal y violencia doméstica. Sin embargo, al enfocarse en los errores comunes de las esposas, y a veces al presentar sus errores de una manera cómica, inevitablemente incluye en la representación de las mujeres un comentario que las denigra. También presenta a una figura celestinesca como la curandera india en el *Coloquio XVI* para desalentar el uso de brujería en asuntos del corazón (González de Eslava II,

257-258). La misoginia fue un tema recurrente en la picaresca de la Península, y tuvo un papel dominante en obras tempranas en el Nuevo Mundo como la *Sátira* de Rosas de Oquendo, *El carnero* de Juan Rodríguez Freile, y *El lazarillo de ciegos caminantes* de Alonso Carrió de la Vandera. El hecho que la Celestina, el epítome de la imagen negativa de las mujeres en la literatura española, reaparezca en el discurso colonial tampoco es coincidencia. En *El carnero*, la vieja alcahueta es presentada otra vez como la negra Juana García en uno de los episodios más creativos de la obra (Johnson, "Three Celestinesque Figures" 41-46).

El dramaturgo criollo Cristóbal de Llerena, por otro lado, presenta en su entremés sin título la falta de moralidad entre las mujeres como sólo uno de los aspectos del ocaso y la desintegración de una ciudad del Nuevo Mundo. Describe la amplia separación entre los ciudadanos comunes y la administración colonial usando a Santo Domingo como símbolo de los fracasados sueños utópicos de España en las Indias, y desafía con atrevimiento a las autoridades al tratar temas candentes como la corrupción en el gobierno municipal, la pobreza y la falta de defensa de la ciudad contra los piratas. Su representación de la vida en la isla de la Hispaniola como un espectáculo grotesco y no como el paraíso terrenal imaginado por Colón se opone directa y vigorosamente al principal mito fundacional de los españoles, y pone en duda la importancia de la misión del Almirante en el Nuevo Mundo (Johnson, *Satire* 31-32).

Aunque estas obras dramáticas tempranas pueden estar entre las primeras que representaron diferencias, conflictos y una nueva autoconciencia y deseo de afiliación en el Nuevo Mundo, su representación en un foro público hizo que los dramaturgos se vieran vulnerables a ser llevados a juicio. La sentencia de cárcel de González de Eslava y el exilio de Llerena a Nueva Granada son testimonio de la dedicación y el poder de la censura en las colonias. Los escritores inclinados a oponerse al discurso hegemónico, por lo tanto, buscaron estrategias alternativas de escritura para la presentación de sus opiniones y la picaresca demostró ser, por varias razones, su opción más efectiva y la que trasciende todo el período colonial.

Durante el siglo XVII la popularidad de la picaresca creció de forma considerable en los virreinatos. A pesar de los reglamentos gubernamentales que prohibieron la exportación de novelas escritas en esta vena desde España, estas novelas, junto a *Don Quijote* y *La Celestina*, llegaron en cantidades a los puertos americanos para satisfacer a un público siempre creciente, de acuerdo a registros conservados de los barcos. Los escritores coloniales también se vieron atraídos por la novedad de la picaresca y las posibilidades que ofrecía para oponerse a las formas de idealismo dentro de un medio americano. Juan Rodríguez Freile, Sor Juana Inés de la Cruz y don Carlos de Sigüenza y Góngora fueron los escritores más importantes que vieron las ventajas de esta fórmula innovadora, y su decisión de usarla puede haber sido influida tanto por su situación social y política como por su conocimiento de la literatura, ya que cada uno de ellos era un criollo interesado, que de alguna manera estaba en oposición al sistema colonial (Johnson, *Satire* 13-14).

Exteriormente, la adherencia de estos autores a un modelo peninsular, aunque fuera uno no consagrado por la Corona para las Indias, pareció natural y apropiado durante la expansión del imperio. Hasta Quevedo debe haber considerado la continuación del pícaro en el Nuevo Mundo como lógica, ya que mandó a Pablos a las Indias donde según se dice sufrió reveses aun más grandes que los que había experimentado en España. De alguna forma, entonces, estos escritores cumplieron la promesa del satírico peninsular de escribir una segunda parte del *Buscón*, aunque tal vez el famoso español no estuviera de acuerdo con el destino final que ellos imaginaron para el pícaro del Nuevo Mundo. Superficialmente, por lo tanto, el principal objetivo de Rodríguez Freile, Sigüenza y Góngora y Sor Juana parece ser la conformidad y no la resistencia cuando emplearon el modelo picaresco en sus obras, lo que esperaban los resguardaría hasta cierto punto de la censura oficial. Al recontextualizar el mundo del pícaro en América podían aludir con bastante naturalidad a la condición de los grupos marginados, criticar los elementos de la sociedad que los amenazaban y desarmar tanto la ideología como la retórica de las ideas utópicas. Hecho y ficción se mezclaban fácilmente dentro de la total estructura narrativa, y la sátira, la parodia y la ironía eran inherentes al desarrollo de sus temas. El humor era especialmente vital en la habilidad del pícaro para entretener, y a menudo escondía la tensión y, en algunos casos, el conflicto. La picaresca hasta contenía en sí una estrategia de lectura dual, ya que las aventuras escandalosas encantaban a un público español aristocrático, a la vez que servían para educar de algún modo a otros sectores de la sociedad.

Al deslizarse las modificaciones en la fórmula de la picaresca, se hizo evidente que la intención de los escritores coloniales era la transgresión y no la adaptación. Sin embargo, la efectividad de estos cambios dependía de una fiel adherencia a algunos de sus elementos y era el subterfugio perfecto para el discurso subversivo. El pícaro del siglo XVII en Hispanoamérica ciertamente se parecía a su correspondiente en España, ya que el criollo se encontraba en gran parte en la misma situación del pícaro peninsular histórico, a quien se consideraba de origen converso. Aunque el sentimiento de no pertenecer es por un lado político y por otro religioso, los criollos, como los no cristianos que decidieron permanecer en España y convertirse al catolicismo luego de la expulsión de los árabes y los judíos en 1492, se habían aislado de la sociedad en general. Por esta causa, la retórica de la separación se volvió un rasgo del discurso de la picaresca que se dio en ambos lados del Atlántico. En los *Infortunios de Alonso Ramírez*, el protagonista puertorriqueño de Sigüenza y Góngora escapa de la indigencia de San Juan y más tarde se condena al exilio en el Oriente. Sor Juana también admite en un breve segmento picaresco de la *Respuesta a Sor Filotea de la Cruz* que, en un esfuerzo por mejorar su situación, escapó de la corte a un convento para desarrollar su afición al estudio (Sor Juana VI, 447).[3] Sin embargo, Rodríguez Freile es el más creativo en la manera como nos comunica esta separación, ya que rompe con las convenciones de la picaresca al descentrar al pícaro estructuralmente de muchos de los sucesos de la narrativa en *El carnero* para subrayar su grado de aislamiento. Además, usa la orfandad, una característica muy común del pícaro español, para definir la relación entre el territorio de Nueva Granada y España y para distinguir esta región de Sudamérica de los virreinatos de Nueva España y Perú (Rodríguez Freile 74).

Las privaciones del pícaro estaban principalmente registradas con el tema recurrente del hambre que lo impulsaban a continuar su lucha cotidiana. Alonso Ramírez la siente en términos físicos tanto en Puerto Rico como en México para dar a conocer la profunda pobreza en algunas áreas del Imperio, y Sor Juana la expresa en términos intelectuales para aludir a la situación de desventaja en que se encontraban las mujeres en la sociedad colonial. En general, los escritores coloniales eligieron interpretar esta necesidad básica en un contexto más amplio haciendo que se refiriera no sólo al ansia de supervivencia sino al anhelo de ser aceptado por la sociedad en su totalidad, de participar en sus actividades y de encontrar una posición segura entre sus filas.

La jornada episódica del pícaro proporcionaba la oportunidad ideal a los escritores coloniales para rehistorizar la picaresca con cuestiones y sucesos específicos relacionados con el ambiente del Nuevo Mundo. Esto también les permitía representar el tratamiento de un miembro de un grupo marginado a lo largo de cierto tiempo, en diferentes lugares y en compañía de una variedad de personas. Los escritores coloniales de la picaresca expandieron el marco del viaje tanto en el tiempo como en el espacio para poner énfasis en la falta de poder de sus protagonistas y las circunstancias continuamente desgraciadas a las que se encontraban sometidos. Estas ampliaciones de la narración enfatizaban en forma adicional la rigidez del sistema colonial y su impermeabilidad ante el cambio. La narración de Rodríguez Freile abarca cien años de la historia de Nueva Granada para señalar la falta de progreso de la zona, y Alonso Ramírez emprende un viaje alrededor del mundo sólo para regresar a Nueva España y encontrarla prácticamente sin cambio alguno.

El modo en que el pícaro español presentaba su caso atrajo a los escritores coloniales ya que ellos también deseaban expresar tanto su acatamiento como su desafío a la tradición legal española y establecer su relación ambivalente con la autoridad y la burocracia que la mantenía. En el siglo XVI, Rosas de Oquendo comenzó por parodiar la forma epistolar usada por los exploradores y conquistadores para oponerse a los discursos usados para ratificar la hegemonía española en el Nuevo Mundo. Durante los cien años siguientes la historiografía del Nuevo Mundo y las llamadas "vidas" también experimentaron inversiones a cargo de Rodríguez Freile y Sor Juana, respectivamente. Hacia el siglo XVIII los relatos de viaje hechos por oficiales de la Corona se convirtieron en el blanco de Alonso Carrió de la Vandera, y su obra *El lazarillo de ciegos caminantes* contiene una ingeniosa síntesis de la historia literaria de las Indias que revela sus lazos con la tradición legalista.

Los escritores subversivos del Nuevo Mundo emplearon una gran variedad de personajes literarios para desahogar sus quejas sobre la sociedad colonial. Sin embargo, el pícaro demostró ser la forma más conveniente para expresar el desacuerdo de los criollos. El pícaro tenía la personalidad adecuada y la ocasión para dar una visión de la sociedad conflictiva y heterogénea en las colonias que era más comprensiva y auténtica que la oficial. Además, el pícaro prestaba una voz única a esta minoría en particular, porque es un individuo que mira la sociedad desde afuera aprovechando el conocimiento que le da el pertenecer a ella. Aunque se puede discutir que toda autobiografía es ficción hasta cierto punto, ya que los autores se presentan a sí mismos y a sus vidas como quieren que otros los vean, la autobiografía es una construcción literaria importante que fue explorada por los escritores de la picaresca como un vehículo para su creatividad. No obstante, ciertos aspectos de la vida del autor colonial y del narrador de la obra a menudo coincidían de forma aproximada, y esta conexión era mucho menos evidente en las novelas españolas. El testimonio de haber presenciado un hecho trataba de dar credibilidad y fuerza considerables al relato del pícaro de sus penurias y victimización. Sin embargo, el "yo" ficticio sufre un cierto grado de despersonalización durante el transcurso de la narración y podría hasta ser interpretado como una metonimia para los inadaptados y marginados del Nuevo Mundo. Cuando el autor se pone la máscara del pícaro peninsular, dando entrada deliberadamente a una amplia gama de comportamiento exagerado, también introduce la posibilidad de que su protagonista esté mintiendo. Este hecho no desmerece la verdad general contenida en lo que dice, sino que solamente pone su visión de la verdad dentro de un marco más imaginativo. La yuxtaposición del obvio desenfado del pícaro dentro de la convencionalidad de la autobiografía confesional tradicional en general hace que el lector tome conciencia y, más notablemente, debilita la confianza que había inspirado el narrador.

A la vez que los autores coloniales dotaron a sus narradores picarescos de diferentes grados de rasgos personales, es importante notar que estos escritores realmente tenían ellos mismos ciertos atributos del pícaro. Del intento de Rosas de Oquendo de falsificar informes de la conquista del norte de Argentina para obtener favores políticos a la presentación de Carrió de la Vandera de información falsa sobre la autoría y la fecha y el lugar de publicación de su obra *El lazarillo de ciegos caminantes*, su objetivo fue engañar, y en la mayoría de los casos el lector puede percibir el deleite de los autores ante su inteligente embuste.

Tal vez el rasgo más significativo del personaje del pícaro, desde el punto de vista criollo, sea que al emprender un viaje real de un lugar a otro, o al pasar de una etapa de su vida a otra, se embarca también en un viaje interior. Aunque el pícaro se defina a sí mismo hasta cierto punto a través de su descripción y su comentario de lo que considera que es el Otro, su introspección le permite no sólo explorar su propia identidad sino también enseñar a otros cómo examinar sus propios móviles y conciencia de una manera igualmente discriminatoria. Las humillaciones y los éxitos objetables se convierten en ejemplos de un comportamiento perjudicial que se revela ante los otros como factor de disuasión por un lado y como incentivo por otro para que mejoren sus elecciones y así mejore su suerte. Al seguir el modelo picaresco, los escritores subversivos también ocultaron su agresividad al tratar de encontrarse a sí mismos y a otros con quienes pudieran identificarse en una búsqueda frenética y frustrante de espacio y una redefinición de centros y márgenes.

Aunque la distinción entre la picaresca del Nuevo Mundo y su correspondiente española era aparente en sus comienzos, la mayor evolución del paradigma y su divergencia del modelo peninsular tuvieron lugar durante el siglo XVII. La manera en que ocurrieron estos cambios lleva a la conclusión de que la picaresca sirvió no solamente como un vehículo para los escritores coloniales, sino también como un blanco de su crítica, y que contenía la expresión de una nueva conciencia dentro de la minoría más activa en el Nuevo Mundo. A este respecto, la obvia inclusión de signos y códigos relacionados con la picaresca casi parecía un pretexto para el empleo de una amplia gama de procedimientos paródicos que iban del revisionismo a lo revolucionario.[4] Aparte de las transgresiones previamente anotadas en este ensayo, la mejor oportunidad para la infracción ocurre cuando estrategias únicas de escritura se intersectan con otras en un texto individual ya que el discurso anterior a la independencia generalmente se compone de matrices genéricas complejas. Aunque previamente los académicos han tendido a tratar cada estrategia como una entidad, sus intersecciones crean una distancia crítica adicional que estaba ausente de la fórmula original y a través de la cual la picaresca se puede reexaminar y deconstruir.[5]

El cambio más radical en la picaresca en el Nuevo Mundo acarrea el proceso de maduración del pícaro, que permite a su personaje evolucionar en vez de permanecer estático al envejecer. Al aprender por medio de la experiencia a discernir lo real de lo ilusorio, el pícaro, en lugar de adaptarse al sistema existente y simplemente conformarse o "convertirse" a él, usa este conocimiento adquirido como fuente de poder para tratar de iniciar reformas en el sistema colonial. Mientras que la recepción de esta iniciativa no fue, en el mejor de los casos, más que un mero reconocimiento y su resultado claramente dudoso, tanto Alonso Ramírez como Sor Juana se esforzaron en dar los primeros pasos hacia un nuevo destino, un destino que no era posible bajo las condiciones existentes. La adversidad trajo determinación y coraje al primero luego de ser capturado por piratas en el Oriente y finalmente dejado cerca de la costa de la Península de Yucatán. Dejando de lado los elementos picarescos, su narración es la de un líder entre los hombres y se parece en cierto respecto a los *Naufragios* de Cabeza de Vaca. Sor Juana también se aleja de su supuesto pasado picaresco para demostrar su conocimiento de religiosa académica y su dominio de la metodología escolástica.

Desde este punto de vista, el joven pícaro que generalmente sigue el modelo peninsular en el discurso colonial se vuelve otro de los mito que fue trasladado por los españoles al Nuevo Mundo. Irónicamente, éste en particular se volvió más poderoso porque podía enfrentar los otros impuestos por la hegemonía española y cuestionaba la validez de los derechos de España sobre el Nuevo Mundo. Al intersectar las estrategias de escritura, la máscara del huérfano español se levanta para revelar a un miembro de un ambicioso grupo de criollos que representa una clase media en ascenso en los virreinatos. La transformación de la figura española en una figura verdaderamente hispanoamericana ocurre en el momento en que el pícaro, al controlarse y tratar de lograr algo que previamente era inconcebible, reconoce y supera un modelo de comportamiento autodestructivo. Al aproximarse a su fin la habitual circularidad de la narración, emerge un nuevo mito fundacional contrario, en el que el Nuevo Mundo es redescubierto y reestructurado por una persona hasta ahora privada de sus derechos. El mito del pícaro continuó interrogando a los tipos idealizados de la sociedad durante el siglo XVIII en *El lazarillo de ciegos caminantes*. Aunque Carrió no era criollo, su amarga experiencia como inspector real lo obligó a escribir una narración mordaz de su viaje de Montevideo a Lima y a introducir también otra transgresión a la picaresca del Nuevo Mundo, la del mestizo pícaro. En el momento en que Carrió escribió su obra, el resultado de haber encontrado una nueva conciencia para los hispanoamericanos y de haber tratado de iniciar un redescubrimiento y una reestructuración del Nuevo Mundo era mucho menos ambiguo. Carrió describe mejor el destino de las colonias en su presente condición durante la última parada en su itinerario cuando vuelve a representar el enfrentamiento del Nuevo Mundo con sus residentes actuales. En este episodio, gente de todas las clases se encuentra en una calle en la Ciudad de los Reyes, aparentemente celebrando, y se origina un choque violento. Las repercusiones de este conflicto, da a entender el autor, no son menos trascendentes que la Conquista (Carrió de la Vandera 412).

Además de alterar el personaje básico del pícaro para que se aviniera a la realidad socio-política del Nuevo Mundo, los elementos cómicos en la picaresca disminuyeron abruptamente durante la última parte del siglo XVII cuando la necesidad urgente de cambio se hizo más aparente. En obras como los *Infortunios de Alonso Ramírez* y la *Respuesta*, los autores buscaron comprensión y apoyo, y subordinaron la satisfacción de las necesidades básicas en un esfuerzo por sobrevivir a la creación de una conciencia que proporcionara una voz más fuerte y una visibilidad mayor a aquéllos que se encontraban marginados y que dejarían una huella permanente en la vida hispanoamericana.

Aunque ninguna de las principales obras picarescas españolas tuvo una protagonista femenina, en novelas como *La lozana andaluza* (1528) y *La pícara Justina* (1605) apareció una antiheroína que se puede comparar en algo a Lazarillo, Guzmán y Pablos. La pícara, sin embargo, no era simplemente la versión femenina del pícaro, ya que sus aventuras giran en torno al uso de sus hazañas sexuales al llevar a cabo sus embustes. Como resultado, la representación de las pícaras reflejaba el estereotipo misógino del momento y no era apropiada en la exposición de temas reales que confrontaban al género femenino. Las supuestas pícaras abundan en la sátira del período colonial escrita por hombres, y la *Sátira* de Rosas de Oquendo viene al caso. Aunque estas mujeres son muy importantes en la representación satírica del clima moral que reinaba en las Indias, en general no son narradoras de los sucesos ni son protagonistas en la narración. Por lo tanto, no es sorprendente que Sor Juana prefiriera al pícaro como su prototipo cuando decidió describir su exuberancia juvenil a modo de estudio, y su elección trasmite también el aspecto de muchachito que presentaba la monja, dado por su determinación de cortarse el pelo para aprender rápidamente y de usar pantalones para ser admitida en la universidad.

Al usar la figura del pícaro, no sólo se opone con éxito a la presentación de sí mismo hecha por el obispo como Sor Filotea, sino que también crea la antítesis de la imagen de la feminidad en la autobiografía hagiográfica, con lo que convierte su máscara picaresca en una expresión de la igualdad de derechos para las mujeres.

La Historia de la Monja Alférez Doña Catalina de Erauso, supuestamente escrita por la misma aventurera, proporciona aún otra dimensión a la interpretación del Nuevo Mundo de la picaresca. Aunque pudo tener otras razones para su elección, probablemente eligió un narrador picaresco con características masculinas para dar idea de su orientación sexual alternativa. Durante el siglo XVI, Catalina de Erauso escapó de un convento español para unirse a los ejércitos conquistadores en Perú y Chile. Cuando ya no pudo mantener su identidad de soldado por más tiempo y se la forzó a volver a España y al claustro, recibió una dispensa especial del Papa para poder seguir vistiéndose de hombre durante la ejecución de sus obligaciones religiosas (Foster 41-43).[6]

Las ideas presentadas en este breve ensayo sólo sugieren maneras en que puede hacerse una aproximación al proceso evolutivo de la picaresca en el Nuevo Mundo e interpretarse sus ramificaciones. Se debe hacer más investigación antes de llegar a conclusiones definitivas. En base a evidencia existente, parecería ser que los escritores coloniales comenzaron a trabajar con un modelo español inherentemente paródico, pero casi inmediatamente obstruyeron su integridad de modos muy deliberados y significativos. El resultado final, por lo tanto, fue la deconstrucción de la fórmula de la picaresca para revelar, en algunos casos, un sentimiento nacionalista escondido en las colonias.

Un cierto número de académicos ha tratado el tema de la continuación de la picaresca durante el siglo XIX, comenzando con la publicación del *Periquillo Sarniento* de José Joaquín Fernández de Lizardi (1816) y continuando su desarrollo hasta el siglo XX en las obras de autores contemporáneos como García Márquez, Fuentes, Cabrera Infante, Cortázar y Sarduy (González Echevarría, *Celestina's Brood* 47-48). La picaresca, aunque haya experimentado cambios para hacer frente a las necesidades de cada generación sucesiva de escritores, ha persistido como influencia literaria en Hispanoamérica y continuará proporcionando un modelo literario atractivo para aquéllos que traten las cuestiones referentes al exilio y la justicia social. Con el interés creciente de los últimos tiempos en el multiculturalismo, sería curioso explorar las manifestaciones de la picaresca dentro de un contexto español/inglés. La narrativa chicana, como la escrita por Rolando Hinojosa, por ejemplo, ofrece esta oportunidad e ilumina una crisis de identidad que de algún modo no es muy diferente de la que enfrentaban los criollos durante el período colonial (Hernández 92-93).

Traducción: Gianna M. Martella

Notas

[1] Aparte de estos dos libros en los que se discuten aspectos de la picaresca en el Nuevo Mundo, hay varios estudios cortos que tratan sobre una sola obra picaresca. Véanse el artículo de Mazzara, mi artículo sobre *Infortunios* de Sigüenza y Góngora y el ensayo de Chang-Rodríguez.

[2] El libro de Dunn es un testamento al sostenido interés que los académicos han demostrado en la picaresca. No solamente la revisa desde una perspectiva histórica sino que también la relaciona con aproximaciones teóricas recientes.

[3] Aunque los elementos picarescos de la *Respuesta* se concentran en el perfil autobiográfico de Sor Juana de su juventud, hay más evidencia en la carta de que la actitud desafiante y crítica del pícaro influyó sobre su comportamiento y finalmente la llevó a vencer textualmente al obispo.

[4] Según Linda Hutcheon, la parodia es una forma de repetición que establece una distancia crítica entre la obra original y la recién creada, y puede emplearse para expresar tanto admiración como burla (Hutcheon 42, 51).

[5] La evaluación crítica de la picaresca en España comenzó en las obras de Cervantes con su episodio sobre Ginés de Pasamonte en *Don Quijote*, "El casamiento engañoso", y "El coloquio de los perros" (González Echevarría, *Celestina's Brood* 60-65).

[6] La vida de Erauso también se convirtió en el tema de varias obras dramáticas del Siglo de Oro. En *La monja alférez*, de Juan Pérez de Montalbán, aparece como un galán.

BIBLIOGRAFÍA

Carrió de la Vandera, Alonso. *El lazarillo de ciegos caminantes*. Emilio Carilla, editor. Barcelona: Editorial Labor, 1973.
Chang-Rodríguez, Raquel. "La transgresión de la picaresca en los *Infortunios de Alonso Ramírez*". *Violencia y subversión en la prosa colonial hispanoamericana, siglos XVI y XVII*. Madrid: Studia Humanitatis, 1982. 95-108.
Dunn, Peter N. *Spanish Picaresque Fiction: A New Literary History*. Ithaca: Cornell University Press, 1993.
Erauso, Catalina de. *Historia de la Monja Alférez Doña Catalina de Erauso, escrita por ella misma*. París: Imprenta de Julio Didot, 1829.
Foster, Jeannette H. *Sex Variant Women in Literature*. Londres: Frederick Muller, 1958.
González de Eslava, Fernán. *Coloquios espirituales y sacramentales*. 2 vols. México: Porrúa, 1976.
González Echevarría, Roberto. *Celestina's Brood: Continuities of the Baroque in Spanish and Latin American Literature*. Durham: Duke University Press, 1993.
____ *Myth and Archive: A Theory of Latin American Narrative*. Cambridge: Cambridge University Press, 1990.
Hernández, Guillermo E. *Chicano Satire: A Study in Literary Culture*. Austin: University of Texas Press, 1991.
Hutcheon, Linda. *A Theory of Parody: The Teachings of Twentieth-Century Art Forms*. New York: Methuen, 1985.
Icaza, Francisco A. "Cristóbal de Llerena y los orígenes del teatro en la América Española". *Revista de Filología Española* 8.2 (1921): 121-130.
Johnson, Julie Greer. "Picaresque Elements in Carlos Sigüenza y Góngora's *Los infortunios de Alonso Ramírez*". *Hispania* 64.1 (1981): 60-67.
____ *Satire in Colonial Spanish America: Turning the New World Upside Down*. Austin: University of Texas Press, 1993.
____ "Three Celestinesque Figures of Colonial Spanish American Literature". *Celestinesca* 5.1 (1981): 41-46.
Juana Inés de la Cruz, Sor. *Obras completas*. Alfonso Méndez Plancarte y Alberto G. Salceda. editores. 4 vols. México: Imprenta Nuevo Mundo, 1955; Fondo de Cultura Económica, 1957.
Lasarte, Pedro, editor. *Sátira hecha por Mateo Rosas de Oquendo a las cosas que pasan en el Pirú, año de 1598*. Madison: Hispanic Seminary of Medieval Studies, 1990.
Leal, Luis. "Picaresca hispanoamericana: De Oquendo a Lizardi". *Estudios de literatura hispanoamericana en honor a José J. Arrom*. Andrew P. Debicki y Enrique Pupo-Walker, editores. Chapel Hill: University of North Carolina Press, 1974. 47-58.
Mazzara, Richard A. "Some Picaresque Elements in Concolorcorvo's *El lazarillo de ciegos caminantes*". *Hispania* 46.2 (1963): 323-327.
Rodríguez Freire (también escrito como Freile y Freyle), Juan. *El carnero*. Miguel

Aguilera, editor. Bogotá: Imprenta Nacional, 1963.
Sigüenza y Góngora, Carlos de. *Seis obras.* William G. Bryant, editor. Caracas: Biblioteca Ayacucho, 1984. 5-47.

EL SIGLO XVIII:
SUJETOS SUB-ALTERNOS Y EL TEATRO DE LA PERRICHOLI

POR

SARA CASTRO-KLARÉN
The Johns Hopkins University

Ricardo Palma en su "Genialidades de la Perricholi" (1872) escribe que Micaela Villegas, "fue una criatura ni tan poética como la retrató José Antonio de Lavalle en el *Correo del Perú* ni tan prosaica como la pintara su contemporáneo, el autor anónimo del *Drama de las palanganas*,[1] injurioso opúsculo en 4° que contra el virrey Amat se publicó en 1776 a poco de salido de su mando". De la noticia bibliográfica que incluye Palma se desprende la falta de materiales documentales sobre Micaela Villegas. Es más, una revisión de la literatura sobre este personaje —Ricardo Palma (1872), Porras Barrenechea (1935), Lohmann Villena (1945), Pablo Macera (1977), Flores Galindo (1984)— registra la ausencia tanto de la voz como de la pluma de la cómica que sus contemporáneos construyeron en "la Perricholi". ¿Por qué entonces ocuparse de esta pasajera figura de la picaresca de un mundo colonial en crisis y cuya caracterización, a primera vista, parecería corresponder a la general misoginia con que la sátira, los pasos, los entremeses y los bailes cantados de la Colonia trataron de la mujer?[2] Porque, como espero esbozar en las páginas que siguen, la Perricholi, tal y como la recogen los anónimos de la época y más tarde la narran los primeros arquitectos de la "nacionalidad", condensa ambigüedades fundamentales de una cultura colonial dada en —y atravesada— por los circuitos orales del teatro, el sermón, el chisme, la maledicencia, el pasquín, el anónimo y la conversación.[3]

Las escenas e instituciones en que Micaela se mueve vibran en respuesta a la presencia de esta mujer en ellas. De acuerdo a sus "bio"-grafos, desde su *status* de cómica y amante del virrey (militar, viejo y soltero), la calle, el teatro, la iglesia, el paseo se hinchaban de tumultos de toda clase de gente que acudía a ver y comentar el espectáculo de su presencia. Sin decir palabra alguna la Perricholi ocasiona la circulación de un discurso oral, intensamente social y crítico, que tiene lugar debido al *sitio* público en que ella conduce sus transgresivos amoríos con el viejo virrey. En estos espacios públicos, específicamente vedados al protagonismo de la mujer, se vocea una crítica de la cultura colonial en que se mezclan hitos del sermón barroco enlatado con la mala lengua del sátiro en la calle. Se alternan, como en el diálogo de los palanganas, los gratuitos latinajos y alusiones al mundo griego y romano de la "alta" cultura del Barroco con el inventivo lunfardo limeño. Situada así la Perricholi resulta ser una figura a caballo, en ambos sentidos de la expresión. Ella se configura como una mujer iletrada que pone en jaque a todo un aparato cortesano destinado a la retención del poder por una infinitesimal fracción de la población de los Andes a fines del siglo XVIII y así perpetuar el poder del ya muy decaído Imperio español. La figura de Micaela Villegas emerge *entre* espacios reservados a la aristocracia y los destinados a constituir la plebe.[4] A manera de visagra, el *bios* de la cómica re-presenta el diálogo antagónico y ensordecido que desde la instauración del régimen colonial se dió en Iberoamérica y cuya expresión fue la plenitud, la saturación y desborde carnavalesco de la sátira[5] en el sentido que la estudia Mikhael Bakhtin.

I

Entre los hombres de letras que se han ocupado de ella no existe disputa alguna sobre la belleza y *sex-appeal* irresistible de la adolescente Micaela Villegas, la que al ambular por las calles de Lima enpaquetada en su ceñida saya recogía con placer los piropos que a su paso le voceaban los que a la calle salían para ver y ser vistos. Todos —el pardo Ricardo Palma, el aristócrata Porras Barrenecha, los cuidadanos Luis Alberto Sánchez y Alberto Tauro— se disputan el regocijo de describir, o mejor dicho imaginar, los atributos "femeninos" que hicieran perder el decoro y lealtad de grupo al viejo y duro Amat. El imán del cuerpo de Micaela desborda incluso las normas retóricas de las secas páginas de la *Enciclopedia ilustrada del Perú* (1988) en donde ella no sólo irrumpe en las páginas de la Historia sino que ocupa espacio extra con su retrato (226). El autor del artículo corespondiente en la *Enciclopedia*, sigue en su texto las eróticas caracterizaciones que de la joven limeña nos entregara Luis Alberto Sánchez en su novelada historia *La Perricholi* (1936). Aquí Sánchez, desde su exilio en Chile, a su vez copia y expande las tradiciones de Ricardo Palma (1872) y el escrito de Lavalle en la *Revista de Lima* de 1861.

Vale la pena citar aquí esos trabajos porque es obvio que uno de los objetivos primordiales en el archivo[6] o "tradiciones" de la Perricholi es re-crear en el lector los sentimientos que el viejo militar catalán abrigara por la joven actriz. Al pintarla en extremo seductura se responde al cuestionamiento implícito de los apetitos, juicios y conducta del virrey quien, al acceder a sus deseos, arriesgara tanto en trangresiones tan serias y tan públicas de todo un régimen colonial basado en clasificaciones, exclusiones y privilegios de castas.[7] Ésta fue, a no dudar una *liason dangerous*. Pero la gracia, la belleza, los movimientos irresistiblemente seductores de la joven en sayas, el deseo experimentado por todos los hombres de Lima, mitigan la condena que sobre el virrey, el representante del rey, pudiera caer. Después de todo no es ella fea, ni tonta, ni sucia, ni gorda, ni desdentada, ni apestosa, ni sifilítica, como lo fueron las mujeres de *Lima por dentro y fuera* (1798) de Terralla y Landa.[8] Con el énfasis en los encantos irresistibles de Micaela no sólo se singulariza a la actriz, sino que se apela al lector sensato, el lector que comparte los supuestos ideológicos de un señor tal como Porras Barrenechea, para que comprenda el dilema de su "con-género" y vea, a manera de *voyeur*, este escándalo como excepción a la regla que prohibe los enlaces entre la aristocracia y la plebe, las castas de arriba y las de abajo. Basándose en la descripción de Lavalle, quien alcanzó a conocer y ver a la actriz, Palma empieza por cuestionar la ya legendaria belleza de la perra-chola:

> ¿Fue la Perricholi una belleza? No, si por belleza entendemos la regularidad de las facciones y la armonía del conjunto; pero si la gracia es belleza, indudablemente que Miquita era digna de cautivar a *todo hombre de buen gusto*. De cuerpo pequeño y algo grueso, sus movimientos eran llenos de vivacidad; su rostro oval y de un moreno pálido, lucía un poco cacarañas u hojitos de viruela ... profusa su belleza y manos microscópicas (229, énfasis mío).[9]

El mismo enamorado de Miquita y proponente de un mestizaje "racial" y cultural correspondiente a la emergencia de un sujeto nacional, Luis Alberto Sánchez expande gustoso la evocación de Palma. Indudablemente Sánchez tiene en mente también sus lecturas *The Bridge of San Luis Rey* (1928) tanto como los escándalos de Madame Pompadour en París y los retratos de otras cortesanas de la época al evocar a la Perricholi en términos que mezclan lascivia con picardía limeña:

> Trigueña y picante mozuela, de ojos fulgurantes, todavía modesta en el vestir pero bajo cuyo rebozo y apretadas faldas se adivinaban, las anatemizadas curvas del pecado (65).

Citando a Palma, la Perricholi de Sánchez conjugaba el fetiche de lo menudo: "Ojos pequeños y negrísimos, pies y manos microscópicos, nariz ñata .... Un lunarcito sobre el labio superior le hacía irresistible su boca. Dientes menudos. Cuello bien contorneado, hombros incitantes y seno turgente" (67).

Como queda claro en los textos citados, la fantasía colonial de la Perricholi antecede a la de Nabokov y su Lolita.

El viejo Lavalle, el único que entre los que han escrito sobre ella la vió, asegura que "era completamente seductora, de formas pulidas y graciosas, su tez ligeramente morena, era suave como un terciopelo, sus grandes y acerados ojos, ora lanzaban dardos ardientes, ora se velaban lánguidos bajo la doble cortina de sus pestañas rizadas" (Sánchez 68). Sólo al final del retrato sabemos que Micaela "hablaba con gran locuacidad y salpicaba su conversación de chistes y de apreciaciones originales, pronta para descubrir el lado ridículo de las personas" (Sánchez 68). Con su donaire, su vivo ingenio, su lisura en el decir y el vestir, Micaela aparece dotada de los elementos visuales y verbales necesarios para convertirse en el espectáculo favorito de una corte colonial picaresca, cada día más y más remota y exótica en su relación con una decadente y segundona metrópoli.

Con la ascendencia del cuerpo, el donaire, la ambición y la belleza criolla (mestiza) de Micaela en el teatro de Lima y su *conquista* del virrey soltero, se produce en Lima una especie de palimpsesto de varios públicos *ordinariamente* o consuetudinariamente estancados. *Ella* aparece diaria y conjuntamente en la corte, en la calle. En la noche se la ve a *ella* en el escenario y a *él* en el palco. El público la imagina desde su actuación en el baile o el paso de la noche. El público interpreta las miradas y los aplausos del virrey-amante ante el espectáculo que su amante ofrece a todos los presentes. Nadie en Lima se resiste a estos bailes, sainetes, jácamas y dramas de doble escenario. *Ella* baila, canta y toca la guitarra y el arpa. La voz, el cuerpo, la gracia de la Perricholi es apetecida y aplaudida por los hombres; calumniada y odiada por las mujeres. Inscrito en el álgido y oficial racismo de fines del XVIII, el cuerpo de la Perricholi, su exhibición y participación en la vida ceremonial de la corte —paseos a caballo y en carroza, cenas, inauguraciones de edificios públicos, procesiones— se convierte en un espectáculo que en sí narra la decadencia del orden colonial. Sánchez interpreta con agudeza el temor y la transgresión que la frase, "¡Ésa es!" condensa en los labios del público que sale a verla, a identificarla al paso de su calesa, al asomo de su cuerpo por el balcón. Convertida en la virreina morganática después de la inauguración de la plaza de toros en Acho, Lima entera se desmaya ante la idea de una virreina *chola*. El horror colonial a las mezclas —mezclas que diluyen las concentraciones de poder y riqueza— alcanza hasta el hijo del virrey quien, en coplas anónimas, no es despreciado por ilegítimo sino, en un eco del marrano español, por ser perro-*cholo* (Sánchez 92). Mientras duró el placer del virrey Amat la Perricholi vivió del teatro de su vida. Abandonada por el virrey hizo del teatro su negocio y vivió las vicisitudes de la Colonia hasta la entrada de San Martín en Lima. Murió a los 70 años heredando a su nieta mucho de lo que el virrey le obsequiara en pago por sus servicios de amante y actriz singulares.[10]

II

Micaela Villegas, bautizada de perra-chola por sus contemporáneos y convertida así en álgido signo de las contradicciones, conflictos y resistencias de la hibridez que forjara un régimen colonial racista, moviliza dentro de la esfera cultural local los circuitos de un decir y un hacer contestatarios al poder de la administración colonial.

En forma muy inteligente, pero a la vez demasiado sutil, la novela de Sánchez trae a colación los acontecimientos más importantes de fines del XVIII en la Colonia: las rebeliones de Juan Santos Atahualpa (mayo, 1742) y la de Tupac Amaru II (1780). Sánchez no deslinda la importancia de las rebeliones indígenas con la claridad con que después lo harán Flores Galindo en *Buscando un inca: identidad y utopía en los Andes* (1987), ni Pablo Macera en *Visión histórica del Perú* (1968) donde éste último afirma en relación a las guerras de independencia que ocurrieron en 1780 y 1824:

Los estudios más recientes niegan que nos encontremos ante un solo proceso conducido por los criollos y que haya terminado en 1821-24 con las victorias militares contra el ejército español; sugieren más bien la existencia de no menos de dos movimientos de liberación nacional: el criollo y el indígena.... El movimiento de liberación indígena había comenzado desde el siglo XVI y se había desarrollado a través de la resistencia pasiva, las rebeliones locales, los movimientos nativistas y la contraculturación conflictiva (160-61).

Tanto Macera como Flores Galindo opinan que las rebeliones indígenas dieron empuje y claridad a la posterior concientización "nacional" de intelectuales locales urbanos. Es decir que los esfuerzos emancipadores concretados en los círculos de los *Amantes del País* (1787), *El Mercurio Peruano* (1791), en un deseo de ocupar cátedras en San Marcos, en un deseo de modernización del *curriculum* hasta entonces en latín, la promoción del conocimiento local y el deseo de emancipación intelectual de la carcomida España tienen una relación muy específica con las rebeliones protagonizadas por los sectores "populares". En lo que sigue intentaré establecer lazos, tal vez por el momento tenues, entre estos acontecimientos de gran envergadura histórica y la minucia de la escenificación de la vida-experiencia de la Perricholi en Lima. Se podría organizar la relación de estos grupos en forma triangular. En un ángulo se pondrían las rebeliones indígenas con su ideología restauradora del antiguo imperio, en el otro se colocarían a los intelectuales de la ilustración local y en el último ángulo se pondría una cultura popular oral que hace circular los contenidos de los otros dos entre las tres convergencias del triángulo. No es casual, por ejemplo, que tanto Sánchez como Palma *escriban* desde la retórica y la temática de una tradición oral más o menos apoyada o disimulada con documentos de archivo, aunque gruesamente nutrida de un manejo brillante del lunfardo limeño, de la retórica chispeante del chisme, la brevedad y la picardía de la maledicencia, del léxico del escándalo, la psicología del catecismo, la lección del sermón, el ritmo diabólico y dialógico de la conversación del sátiro y el lunfardo.

En el cuadro que Flores Galindo nos entrega del juego de las etnias y castas (no clases) de la Lima de entonces, la "plebe", es decir la esfera baja, aquéllos que no eran dueños ni de un esclavo (160), se definían porque "en una sociedad que pretendía acatar una rigurosa estratificación social, sus miembros carecían de ocupación y oficios permanentes. Entre los miembros de la plebe estaban los vagos, los vendedores ambulantes, los negros jornaleros, los esclavos viejos, los 'zánganos', los mercachifles, los migrantes, los arrieros, las putas, las mujeres indigentes" (151-161) y, añadiríamos, los lazarillos de ciegos caminantes y las mujeres. Esta plebe se contrapone a la aristocracia por vivir al margen de la "cultura". No había escuela ni maestros para ellos; "eran analfabetos porque la educación resultó ser uno de los más preciados privilegios de clase. Por eso, aristócratas como José Baquijano y Carrillo o José Bravo de Lagunas y Castilla, fueron retratados al lado de sus bibliotecas: el libro era un símbolo de status" (155).

La Perricholi, en cuanto mujer y cómica, en cuanto analfabeta y en cuanto amante del virrey y a pesar de su legítimo nacimiento, podría ser *ubicada*, sino entre la plebe, en esa categoría precaria de los que al perder la más mínima entrada se enrolarían en esa esfera baja y común a la gran mayoría de la población.

Pero esta plebe para la cual no hubo ilustración, no fue dócil, ni pasiva, ni nula. Las mujeres en ella, lejos de ser sumisas, fueron capaces de mucho trabajo y se definieron con gran arranque. Esta plebe elaboró un lenguaje propio, una jerga recogida en testimonios literarios tales como los versos satíricos, los pasquines, el drama de la culebra y naturalmente *El drama de los palanganas*. La Perricholi fue obviamente identificada con esta plebe atrevida, capaz de configurar una cultura contestaria con "la elaboración de anti-héroes en la idealización de los bandidos, el empleo de los apodos ... la sátira y la burla de la aristocracia ... la afición por el azar" (160) como máximo exponente de estas tácticas y ambiciones.

No hubo ilustración, no hubo crítica de la razón desde la Gran Tradición Europea pero sí hubo formaciones contestatarias locales emblematizadas por el desparpajo, la ambición y la destreza en la lectura de los cuadros locales del deseo y el poder. La Perricholi construye todo un escenario de desafío cuando se luce en la carroza de oro que todo Lima sabe que le exigió al virrey o cuando sale a pasear con el virrey, ella —joven y enérgica vestida de hombre y a caballo— él viejo y sin dentadura metido dentro de la carroza, estiraba el brazo para tocar la bota de la actriz.

Y sin embargo, tenitiendo en cuenta los estudios de Pablo Macera podríamos *también* ubicar el teatro de la vida, el desparpajo, el tesón y las estrategias de la Perricholi dentro de una ilustración que llegó al Perú no por medio de los libros sino más bien por medio de la moda, la cultura material, la crítica a la posición servil de la mujer, su falta completa de educación y el desperdicio general que de ella se hacía.[11] En sus *Trabajos de Historia* escribe Macera que:

> Los primeros mensajes del modernismo fueron el mueble, la joya, el adorno de las casas, los empaste, todas aquellas creaciones minúsculas que constituyen la circunstancia inmediata del hombre y que el erudito descuida. El cuerpo, los sentidos, la sensibilidad, estuvieron pues familiarizados con lo moderno antes que la inteligencia; la idea escrita llegó después o fue aceptada después (Vol. 2, 14).

Todos estos rasgos de una cultura (material) puesta en circulación por medios orales marcan, como iremos viendo, la experiencia-vida de Micaela Villegas.

Si la posesión de libros y esclavos fue símbolo de distinción entre la aristocracia y la plebe, la Perricholi proyectó su ambición de *status* y conquista de ascenso en el hecho de que llegó a tener y ser vista con más de un esclavo(a). En cuanto a los libros, como veremos pronto, poseerlos y más aún leerlos era cuestión más complicada en una colonia en que no se producía papel y casi todo libro era importado, y en donde la técnica de la lectura era reservada para una aristocracia que en general se manejaba sin libros. La lectura no estaba imposibilitada sólo por la falta de condiciones materiales que la propiciaran sino también por estructuras sociales que la vedaban o la prohibían: la gran mayoría de libros estaba en latín, la Inquisición no cejaba de vigilar el contenido y la difusión de la lectura (Vol. 3, 285). Escribe Macera que "en San Marcos no se leía y cuando se quería hacerlo no faltaba quien lo impidiera. La situación no varió hasta la independencia" (Vol.3, 300).

La lectura fue así de *uso* reducidísimo, fue un lujo de los grupos dominantes. No había bibliotecas públicas y de las privadas no se puede decir que estuvieran bien surtidas o enormes. Una de las más ricas bibliotecas arzobispales contaba entre sus muy seleccionados textos técnicos (teología, historia de la Iglesia etc.) no más de 1,500 volúmenes. Para su tiempo ésta era una colección respetable pero hoy no pasaría de ser más que la colección privada de un investigador universitario normal. Macera recalca que:

> ni siquiera aquéllos que podían comprar [libros] lo hicieron. El virrey Agustín de Jaúregui, por ejemplo, no tuvo más de 59 tomos y entre ellos había muchos libros del tipo de manual para herrar caballos. Los militares como Amat y sus funcionarios, entre otros Miguel de Belaunde y Olavia, por ejemplo en toda su vida no compraron más de cuatro libros (Vol. 3, 293).

Visto el cuadro cultural desde esta perspectiva, es inescapable la conclusión de que tanto el virrey (la aristocracia) como la Perricholi (la plebe) compartían seria y profundamente una cultura oral que se reproducía, diseminaba y reinscribía en y por medio del sermón, el teatro, el pasquín, la calle, la tertulia y todos los otros modos carnavalescos de representación que Bakhtin nos ha enseñado a reconocer.

No obstante, y aunque parezca increíble después de lo dicho arriba, Lima fue uno de los centros bibliográficos más activos del continente. Esto se debe a un pequeñísimo grupo de médicos, juristas, clérigos y hombres de letras que insistieron en *saberse* a la par con Europa y muy en especial con la Francia de la Ilustración. Pablo de Olavide, por ejemplo, vio perseguidas en el Perú y en España sus lecturas y escritos sobre filosofía, historia, física y matemáticas. Pero en 1778 consigue mudarse a París en donde es recibido con entusiasmo por nada menos que D'Alambert y Diderot (Sánchez 139). Dentro de este panorama Macera en su "Lenguaje y modernismo peruano del siglo XVII" (Vol.2, 9-77) acredita la crítica del lenguaje que surge de la crítica local del sermón barroco con la delantera en forjar un cierto espíritu de modernidad crítica en el Perú anterior a la ilustración francesa. Macera demuestra que Francisco Ruiz Cano, a quien Porras equivocadamente le atribuye el *Drama de los palanganas*, partiendo de inquietudes estéticas sobre el Barroco, "divulga" un programa ideológico modernista. En los *Júbilos de Lima* (1755) aboga por un lenguage racional y moderno y por olvidar la oscuridad y el artificio. Otros critican y condenan las mentiras piadosas de los sermones plagados de los más acendrados vicios del conceptismo y el culteranismo españoles. Sermones que por "deleitar" a su público ofrecían una mezcla abigarrada de lo sagrado con lo profano, la erudición inoportuna y el abuso de citas marginales. Prácticas escriturales todas que constatamos en los latinajos, alusiones al mundo griego y alegorías gratuitas del *Drama de los palanganas*.

En sus sermones el jesuita Juan Sánchez (1758) difunde esta crítica del oscurantismo del Barroco. Coincide con otros en caracterizar al típico sermón de "complexo hacinado de noticias, teatro de vanidades, erudición sin sentido" (Macera, Vol. 2, 39). En cuanto teatro de vanidades, el sermón en el día domingo, en los matrimonios, en las exequias, en los bautizos, en semana santa, difiere en poco de las erudiciones sin sentido de algunos dramas, del teatro de vanidades de los géneros ligeros y de la sátira. El *uso* del templo como escenario para ver y ser visto, para dis-traer la mente del que-hacer ordinario, para propiciar el chisme y la burla en el oído del vecino se sobreimpone al teatro, al paseo, a la calle, a la visita. Los sermones huecos a la par con el teatro hueco del sainete y el paso inclusive de la tragedia barroca dejan una estela de oralidad vaciada de significados que la plebe carga de significados "otros" con los que expresa su distancia de una "cultura oficial" que ni la representa, ni la habla y cuyos materiales avejentados y desubicados recicla para re-presentar su presencia en su cronotopo.[12]

Macera mismo, en una nota a pie de página reconoce, pero no insiste, el parentesco entre el sermón dicho para deleitar a la muchedumbre con los juegos y mezclas improcedentes del Barroco y ciertas calidades lingüísticas y temáticas del teatro. Elegiría yo la farsa y el sainete por cuanto se basan en el malentendido, en el albur, el refilón, la mascarada.

Así pues, hacia fines del XVIII se diferencian, contraponen y se superponen dos tipos de elocuencia con públicos que a veces se contraponen pero a menudo se superponen: a) el sermón barroco sellado por el amor al adorno y la producción del espectáculo y b) la prédica modernista con su crítica del Barroco, su sobriedad de estilo y despuntes nacionalistas.

Así pues, esta crítica modernista asocia la grandeza de la erudición y el regocijo por la carambola verbal con la Colonia, es decir con un pasado que ya se quiere caduco. El estilo directo, la introducción del castellano al *curriculum* universitario, el concederle a la lengua colonizadora utilidad como instrumento del saber junto con el afrancesamiento y la sátira de los géneros populares fueron todos tenidos por impulsos emancipadores en este conjunto de una razón local que se anticipa a la ilustración propiamente dicha.

¿Y la Perricholi? Por su género, por su (des)ocupación, por su etnia, por su analfabetismo, por su atrevimiento, por su elocuencia burlona y manejo de la sátira, por su afrancesamiento, por su pasión por el teatro, por su empuje y transgresiones del orden social, por ser personaje del decir popular durante su vida y de los letrados después, por su capacidad de proyección pública a pesar de no ser letrada, por su apropiación de los signos materiales de la clase dominante —joyas, carrozas, suntuoso vestuario, palacete— por su capacidad de proyección imaginaria —papeles de reina, ninfa, diosa pagana, la Perricholi conjuga casi todas las tendencias emancipadoras de la cultura colonial (oral) en que se manejó.

Micaela Villegas aparece y permanece en la historia de la cultura del XVIII en cuanto emblema de una conjugación de prácticas y signos de una cultura oral de gran fuerza y con poderes definitorios en la lucha por la representación de lo nacional en los territorios colonizados por España en América.

NOTAS

[1] *Dramas de las palanganas* es como aparece citado por Palma. En su edición de 1938 del mismo texto Luis Alberto Sánchez escribe *los* palanganas. Ya que los dialogantes son Veterano y Bisoño, la corrección al impreso de Palma vale.

[2] En su *Women in Colonial Spanish American Literature: Literary Images* (1983) Julie Greer Johnson deja abundante prueba de esta general misoginia. "Using Spain's satirical tradition as a guide, Mateo Rosas de Oquendo, Juan Rodríguez Freile, Juan del Valle y Caviedes, Alonso Carrió de la Vandera, and Esteban de Terralla y Landa portray a wide variety of Spanish Americans female residents inmersed in the rutine of daily living. These women live in urban centers as well as in remote areas of the viceroyalties, and they represent every segment of the colonial population. Although the tone of these presentations ranges from lightly humorous to blatantly mysogenistic, their purpose is a single one, which is to prove that women are a detrimental force to men and society" (88).

[3] En su estudio "Espinosa Medrano, la recepción del sermón barroco y la defensa de los americanos", José A. Rodríguez Garrido apunta también a la coyuntura entre el sermón, el teatro y la formación de la cultura colonial popular (155). Ver la colección editada por Mabel Moraña, *Relecturas del Barroco de Indias*, (1994).

[4] Tomo aquí las caracterizaciones que Flores Galindo hace de estos grupos (no clases) en su *Aristocracia y plebe: Lima 1760-1830*, 1984.

[5] Lúcia Helena Costigan retrae la historia de la sátira en Iberoamérica hasta los primeros días en México al identificar los pasquines que aparecieron en contra de Cortés en las paredes de Coyoacán como una de sus primeras manifestaciones. Dice Costigan que "devido possivelmente aos conflitos e contradições que se perceberam na Colônia a partir dos primeiros momentos da conquista espanhola, a sátira se fez presente na Terra Nova desde os dias de Cortés, não se limitando, pois, apenas ao século XVII". (59) Es más, Costigan argumenta que la sátira fue una de las pocas maneras en que se podía hacer pública la conciencia de los grupos excluidos de los circuitos de comunicación controlados por la administración colonial.

[6] Uso aquí el término *archivo* en el sentido que Michel Foucault le ha conferido desde su obra. Véase de Foucault, *Les Motes et les choses* (1966) y *L'Archéologie du Savoir* (1969).

[7] Véase "Rostros de la plebe" en Flores Galindo, *Aristocracia y plebe*.

[8] En su capítulo "Femenine satire" Julie Greer Johnson observa que "the mockery of New World female residents, and their complaints about them are as diverse as the women themselves" (100). Sobre *Lima por dentro y por fuera* del andaluz Esteban de Terralla y Landa, Greer Johnson observa que "Contains a more detailed description of Limats female population during the eighteenth century than that of Carrió. He too wishes to warn visitors about the city's women, but his criticism of them is far lengthier and harsher than that of his compatriot" (104).

[9] Cito aquí de Porras Barrenechea, *Pequeña antología de Lima, 1535-1935*, 1935.

[10] Sánchez le acredita demasiada virtud y conciencia de sujeto nacional al ver en la Perricholi "un Cid nuestro con faldas [que] enarbola su estandarte desde la huesa ... leyenda de pecado y donaire, lisura y amor" (189).

[11] En un extraordinario y revelador contraste sería interesante comparar la figura de la Perricholi con la muy leída novela de Françoise de Graffigny, *Lettres d'une Peruvienne* (1747), en que a través del personaje de una princesa inca se monta una crítica de la educación y el estatus socio-económico de la mujer en Francia.

[12] Para más referencia en relación al problema de la representación véase Mikhail M. Bakhtin, *The Dialogic Imagination*, 1981. Véase también de Iris Zavala *Colonialism and Culture. Hispanic Modernisms and the Social Imaginary*, 1992, 16-27.

Obras Citadas

Bakhtin, Mikhael M. *The Dialogic Imagination*. Ed. & Trans. Caryl Emerson and Michael Holquist. Austin: University of Texas Press, 1981.
Carrió de la Vandera, Alonso. *El lazarillo de ciegos caminantes desde Buenos Aires a Lima*. Lima, 1775.
Castro Arenas, Mario. *La rebelión de Juan Santos*. Lima: Milla Batres, 1973.
Chang-Rodríguez, Raquel. "La subversión del Barroco en *Amar su propia muerte* de Juan de Espinosa Medrano". En Mabel Moraña. Ed. *Relecturas del Barroco de Indias*. Hanover: Ediciones del Norte, 1994. 117-147.
Costigan, Lúcia Helena. *A sátira e o intelectual criollo na colônia: Gregório de Matos e Juan del Valle y Caviedes*. Lima: Latinoamericana Editores, 1991.
Flores Galindo, Alberto. *Buscando un Inca: identidad y utopía en los Andes*. Lima: Instituto de Apoyo Agrario, 1987.
____ *Aristocracia y plebe: Lima. 1760-1830*. Lima: Editorial Mosca Azul, 1984.
Foucault, Michel. *Les Mots et les choses*. París: Gallimard, 1996.
____ *L'Archéology du Savoir*. París: Gallimard, 1969.
García Calderón, Ventura. *La Perri-choli*. París: Desclée de Brouwer & David, 1939.
Graffigny de, Françoise. *Lettres d'une Péruvienne*. París, 1747.
____ *Letters from a Peruvian Woman*. Trans. David Kornacker. Intro. Joan Dejean and Mancy K. Miller. New York: MLA, 1993.
Greer Johnson, Julie. *Women in Colonial Spanish American Literature: Literary Images*. Westport: Greenwood Press, 1983.
Lavalle, José de. "La Perricholi". En *Revista de Lima*. Lima, 1861. Reproducido en *Estudios Históricos*. Lima, 1935.
Lohnann Villena, Guillermo. *Historia del arte dramático en Lima*. Madrid: Escuela de Estudios Hispano-Americanos, 1935.
Macera, Pablo. *Visión histórica del Perú*. Lima: Milla Batres, 1978.
____ *Trabajos de Historia*. 3 Vols. Lima: Instituto Nacional de Cultura, 1977.
Palma, Ricardo. *Tradiciones*. Lima, 1872.
____ *Tradiciones peruanas completas*. Ed. Edith Palma. Madrid, 1952.
Porras Barrenechea, Raúl. "La Perricholi, personaje histórico". *La Prensa*. Lima, 11 de junio de 1944.
Porras Barrenechea, Raúl. *Pequeña antología de Lima (1535-1935)*. Madrid, 1935.
Rodríguez Garrido, José A. "Espinosa Medrano, la recepción del sermón barroco y la defensa de los americanos". En Mabel Moraña. Ed. *Relecturas del Barroco de Indias*. Hanover: Ediciones del Norte, 1994. 149-169.
Sánchez, Luis Alberto. Ed. Anónimo. *Drama de los palanganas Veterano y Bisoño*. Lima, 1938.
____ *La Perricholi*. Santiago de Chile, 1936.

Terralla y Landa, Esteban de. *Lima por dentro y por fuera*. Madrid: Villalpando, 1798.
Tauro, Alberto. *Enciclopedia ilustrada del Perú*. Lima: PIESA, 1988.
Valcarcel, Daniel. *Rebeliones indígenas*. Lima, 1947.
Wilder, Thorton. *The Bridge of San Luis Rey*. New York, 1928.
Zavala, Iris M. *Colonialism and Culture. Hispanic Modernisms and the Social Imaginary*. Bloomington: Indiana University Press, 1992.

LA FIGURACIÓN DE LA MUJER:
MÉXICO EN EL MOMENTO DE LA INDEPENDENCIA

POR

NANCY VOGELEY
University of San Francisco

Lo siguiente es un estudio de visiones masculinas del sexo femenino.[1] Es un análisis de la aparición repentina de "la mujer" en el discurso social de México en las primeras décadas del siglo XIX, sobre todo durante los años 1810-1821 cuando México estaba ocupado con la guerra que resultaría en su independencia de España. Periódicos, la oratoria religiosa, declaraciones políticas y panfletos de realistas e insurgentes —todo medio de comunicación libremente sometió su imagen a la inspección del público. Antes protegida por las leyes y costumbres españolas que la mantenían en casa, escondida de los ojos de hombres y misteriosamente hecha el símbolo del honor del hombre en la literatura cortesana, la mujer se hacía nuevamente visible. ¿Por qué cuando la colonia estaba convirtiéndose en nación, escogieron varias representaciones femeninas para simbolizar aspectos de la nacionalidad mexicana y dar voz a sus preocupaciones los líderes varones que intelectual y políticamente seguían siendo los que tenían acceso principal a la prensa? ¿Cómo se reflejaba en el retrato que estos hombres produjeron de "la mujer" sus propios ideales en un momento de cambio y, así, posiblemente, su nueva comprensión del verdadero papel de la mujer mexicana en aquella sociedad? ¿Hay evidencia, quiero inquirir, de que ellos comenzaran a ver a la mujer como algo más que la propiedad, o, si ella era miembro de las clases bajas, más que como un objeto sexual o una bestia de carga, para ser explotada y después rechazada? ¿Cómo fue elaborada de nuevo su imagen para que sugiriera la modernidad, una sociedad secular y el republicanismo?

En mi enfoque no quiero proclamar a estos hombres —escritores y pensadores— como feministas. Señalando a estas mujeres soñadas o ficticias, nuevamente incorporadas en la imaginación mexicana por la invención de formas literarias como la novela, no estoy concluyendo que su presencia se tradujera en beneficios apreciables para la mujer mexicana. Sí creo, sin embargo, que el concepto de la mujer estaba experimentando una transformación importante en aquel momento en México. "La mujer" de alguna manera expresaba un conjunto de significados nuevos que "el hombre", en sus varias identidades establecidas, tal vez no pudiera connotar. En una confluencia de ocurrencias al nivel de las culturas "educada" y popular, "la mujer", que estaba diversamente retratada, parecía manejar intromisiones políticas, estrategias morales no convencionales, y nuevos matices de entendimiento filosófico.

Por qué los hombres necesitaban a la mujer entonces, por qué habrían decidido disfrazar elementos de su propia identidad detrás de íconos femeninos y mujeres ficticias, son cuestiones de amplio interés poscolonial. El uso en el período de una femineidad muchas veces militante ciertamente señalaba un resentimiento respecto a la opresión colonial por parte de los hombres, que se tenía que ocultar. Pero tal militancia también comunicaba fielmente la realidad de la resistencia de algunas mujeres; y este hecho histórico contradice las interpretaciones sicológicas bien difundidas del carácter de la mujer mexicana, las cuales tienden a prevalecer hasta hoy. Éstas, que se han basado principalmente en la figura de la amante de Cortés, la Malinche, han concluido que la mujer mexicana colaboró de una manera pasiva y traicionera en la conquista del país.[2] La forma en que México empleaba a la mujer en el proceso de construir la nación tiene sus paralelos con los proyectos de otros países; uno piensa en Juana de Arco y Mariana en Francia o en las muchas heroínas románticas de las novelas tradicionalmente asociadas con las literaturas nacientes. No obstante, las representaciones simbólicas de la mujer, que produjeron los hombres mexicanos, fueron diferentes de las de las naciones europeas, o de países con otra historia de colonización, como consecuencia de la experiencia colonial mexicana de diferencias raciales y violencia en la toma de sus territorios.

Que la visualización del cuerpo de la mujer ocurriera en este momento a causa de una nueva comprensión de la carnalidad y materialidad de la vida americana no es un descubrimiento.[3] Sin embargo, estudios de la figura de la mujer en la novela del siglo XIX, que están apareciendo con más frecuencia, quieren interpretar esta nueva visibilidad de la mujer en términos de atracción sexual y deseo erótico.[4] Pero tales interpretaciones dejan de lado algunas consideraciones importantes. El afán alegórico en la época colonial de retratar al mundo americano como una india desnuda sugiere que habría habido una versión de ella, transicional y descolonizadora, en que la política permitiera que su cuerpo, antes un sitio codiciado y abusado, fuera repensado; habría habido un momento entre el tiempo cuando la mujer fue hecha exótica por intereses extranjeros y cuando fue hecha accesible en la simbolización patriótica. Adicionalmente, la incorporación de la imagen de la mujer en la iconografía católica de Hispanoamérica la habría rodeado con un aura de lo divino;[5] en México, por ejemplo, la devoción a la Virgen de Guadalupe, que mayormente preparó y legitimó la vía para la pública aparición de la mujer en el discurso secular, hace que la explicación del deseo sexual de los hombres mexicanos sea demasiado fácil. En mi estudio, por consiguiente, quiero enfatizar la importancia de fuerzas secularizantes que quitaron a la Iglesia un modelo femenino, que antes era propiedad de esta institución, para hacer que la imagen simbolizara otro conjunto de principios; quiero trazar el movimiento de la imagen de lo sagrado a lo profano. También, pienso enfocarme en cómo, con la descolonización, la política exigió que la mujer fuera mexicanizada, que su identidad colonial fuera reemplazada por una personalidad más familiar —una que ahora podría ser propiedad del hombre mexicano.

Joanna S. R. Mendelson ha escrito que "para muchos señores coloniales la preocupación por la mujer era académica y filosófica" (213).[6] Este comentario (aunque reconoce la especificidad histórica) recupera la estructura de abstracciones dentro de la cual la identidad de la mujer fue elaborada. Yo pienso trabajar con este sentido, llevado al plano intelectual, de la naturaleza femenina y el papel social de la mujer. Mi análisis se basa principalmente en textos publicados en México en los años de la guerra de la independencia y en el período poscolonial.

I

La Virgen de Guadalupe ha sido ampliamente reconocida como un importante símbolo de la nacionalidad mexicana.[7] La frase "Non fecit taliter omni nationi" ("Él no hizo igual para otra nación") fue empleada en 1688 por Francisco de Florencia, S.J. para describir el favor especial que Dios mostró a la nación mexicana cuando la Virgen de Guadalupe apareció en suelo mexicano; el Papa usó la misma frase en 1756 para otorgar la confirmación apostólica a su posición como patrona nacional.[8] El Padre Florencia había escrito para protestar un sermón español en que se insistía en que el culto de Guadalupe era español; debido al hecho de que se creía que la Virgen de Guadalupe había aparecido originalmente en la región al oeste de España, en Extremadura, intereses peninsulares defendieron su identidad española (para un resumen, véase Lafaye, Parte 3). El orgullo mexicano del Padre Florencia (y el resentimiento de España) están patentes en su queja: "No debe quitarnos Madrid lo que el cielo dió a México" (citado en de la Maza, 94). A lo largo del período colonial, escritores como Bernardo de Balbuena, Sor Juana Inés de la Cruz, Carlos de Sigüenza y Góngora, y Lorenzo Boturini de Benaduci, contribuyeron a que su aparición en México —una segunda Eva en un paraíso terrenal— fuera una declaración de singularidad nacional (véase Lafaye Cap. 4, 5, 12).

Sin embargo, en las primeras décadas del siglo XIX cuando prometieron un fin a tres siglos de gobierno colonial en la colonia americana, la persona de Ella se hizo un símbolo abiertamente político.[9] En 1810, cuando el Padre Miguel Hidalgo emitió su famoso "Grito de Dolores" —"Viva la religión, viva nuestra madre santísima de Guadalupe, viva Fernando VII, viva la América y muera el mal gobierno"— él invocó a la Virgen, vinculando así la creencia tradicional y el espíritu revolucionario.[10] La Virgen de Guadalupe llegó a ser la patrona de los insurgentes; y, blasonada en sus banderas, compitió con la Virgen de los Remedios, un símbolo de lealtad a España.[11] Hombres que eran miembros de una sociedad secreta tomaron su nombre para oponerse el régimen realista. Estos "Guadalupes" espiaron subversivamente y publicaron periódicos alternativos a la imprenta oficial; sus ideas contribuyeron a las reformas sociales del Padre José María Morelos.¹² Después de la Independencia, el gobierno nacional creó una orden honoraria de Guadalupe, un tipo de "elite", para premiar el servicio a la nación. Y cada 15 de septiembre, la celebración de las "fiestas patrias" se convirtió en una clase de teatro secular en el cual la Virgen de Guadalupe seguía representado un papel.

Otras voces habían contribuido a la apropiación de esta figura femenina religiosa por la política. En un sermón influyente (1794) Fray Servando Teresa de Mier encontró evidencia de la devoción a la Virgen y a Santo Tomás en creencias indias precolombinas, desafiando así la justificación española de la Conquista como la necesaria evangelización de gentes bárbaras. Su sermón, en su reconocimiento de prácticas piadosas de pueblos indígenas en México, los cuales reclamaban a la Virgen morena como suya, tuvo el valor adicional de reevaluar estas prácticas como bases para la cultura en la nueva nación.¹³ Los "mapas" de los indios, o relaciones en forma pictórica de apariciones de la Virgen, existían como textos paralelos a los documentos españoles; y éstos, como los bailes y canciones de los indios, eran citados como pruebas teológicas de su mensaje especial a la población indígena.¹⁴

El sermón de Fray Servando establece varias maneras en que la historia guadalupana se habría vuelto a escribir como historia de pueblos indígenas y la femineidad se habría configurado nuevamente como lo exigían varias agendas políticas durante aquellas décadas. La perspectiva de la historia americana que tenía Fray Servando, la cual se enfocaba en los indios y en una mujer simbólica, sugiere la participación que las dos categorías demográficas (que normalmente se entrecruzaban) prestaron a aquel relato del pasado. El razonamiento de Fray Servando, legalmente estructurado, y los argumentos de otros escritores religiosos y seculares en los siglos XVIII y XIX, aducían pruebas importantes de sus apariciones. Lenguaje sacado de la terminología de los abogados con respecto al examen de los datos físicos de estas apariciones —sobre todo en lo concerniente a la tilma (o tela) en que Ella supuestamente dejó su imagen y que artistas del siglo XVIII juraron que manos humanas no podrían haber producido¹⁵— dio a entender cuestiones de verdad y veracidad. Por lo tanto, yo sostengo que en los años de la Independencia y décadas posteriores la imagen guadalupana comenzó a cambiar de la representación colonial de Ella como madre y fuente de protección y socorro a la de portadora de la verdad. En este papel su identidad fue fundida con la de su vocero indio. La voz de Ella fue oída como una voz extra-eclesiástica (que Roma y órdenes religiosas poderosas, sin embargo, por fin autenticaron y elogiaron, abriendo así la puerta a que otras voces indígenas humildes se oyeran como fieles y verdaderas).¹⁶ Se podría utilizar una voz alternativa a la cultura oficial para sugerir toda clase de perspectivas diferentes; aun se podría emplearla para subvertir la autoridad colonial.

Considero ahora un "auto mariano", en que el autor mexicano independentista, José Joaquín Fernández de Lizardi, narra la historia guadalupana. Fechada 1813 y 1817,¹⁷ esta adaptación del "auto" medieval permite una apreciación importante de la politización de la iconografía religiosa, de la conciencia de que ciertos atributos de la Virgen podrían ser apropiados para expresar problemas contemporáneos. A primera vista, el auto de Lizardi es solamente una copia mecánicamente elaborada de una forma teatral usada en la Iglesia desde la Edad Media para instruir a los piadosos en los sacramentos y otras lecciones. Aunque esta obra solamente ha sobrevivido en manuscrito y no hay documentación de que fuera representada,[18] el formato sugiere la dramatización ritual de esta intervención divina en la historia de México, una creencia que las enseñanzas de la Iglesia habían fomentado desde el siglo XVI cuando se pensaba que las apariciones ocurrieron. Los franciscanos, entre las primeras órdenes religiosas para llegar al Nuevo Mundo, inicialmente rechazaron una fe basada en los eventos de las apariciones. Pero después concedieron su realidad, entendiendo los beneficios para la empresa imperial española de que esta Virgen europea apareciera ante un humilde indio precisamente en el lugar donde los indios adoraban a su diosa, Tonantzín. También el auspicio jesuita de esta materialización de María aumentó la difusión de la leyenda. La femineidad, representada en esta forma sagrada, llegó a un público más numeroso, con más poderosas garantías de la verdad de lo que podían proveer otras formas artísticas seculares y su pintura de la mujer, porque la Iglesia autorizaba la representación como parte de su mensaje y la hacía accesible a devotos educados y analfabetos, en cualquier lugar donde hubiera una iglesia o una misión. Aparte de su valor en la formación de dogmas, lo cual resultaría en que edictos papales en el siglo XIX proclamaran que la Inmaculada Concepción y la Asunción eran artículos de fe, la creciente proliferación de esta imagen de la aparición en el período tardío colonial indica un emergente espíritu nacionalista entre los miembros de la clase criolla (gente de sangre española, nacida en las Américas), los cuales vieron en el mito posibilidades para adelantar sus propios intereses políticos.

La versión de Lizardi de la historia guadalupana refuerza la unión entre las identidades de la mujer y del indio.[19] Juan Diego protesta que él no es digno de ser el intérprete de la Virgen frente al obispo —él es demasiado humilde y pobre; él habla imperfectamente. Pero Ella contesta que, aunque tiene muchos siervos, desea que él se comunique con la Iglesia oficial. Y los Músicos agregan: "El mundo ha olvidado/que el Señor revela a los pequeñitos/lo que a otros reserva". Los pajes en el palacio del obispo se burlan del indio y tratan de descubrir cuál es su "recado secreto". Y el obispo se muestra incrédulo cuando por fin se permite a Juan Diego verle, demandando más pruebas de la petición de la Virgen. Entonces la Virgen se le aparece otra vez a Juan Diego y le manda ir a un lugar lejano y seco para recoger las flores que encontrará allí. Cuando vuelve con rosas, la Virgen las arregla en su tilma, y Juan Diego va con esta demostración al palacio. Pero, cuando abre su manta para mostrarlas al obispo, milagrosamente una imagen de la Virgen se ha imprimido en la tela; y el obispo se cae de rodillas para adorarla.

En su narración de la historia, creo que Lizardi quería que sus lectores/ espectadores no se enfocaran en el mensaje de la Virgen sino en el medio por el cual el mensaje se transmitió. Quería que su público entendiera la fusión de sensibilidad cariñosa y expresividad indígena, de verdad femenina y voz india, frente al autoritarismo masculino. Creo que Lizardi, que no habría tenido interés en contar la historia para estimular creencia en los milagros, puesto que en sus otros escritos criticaba los acontecimientos desnaturalizados como una invención supersticiosa, aquí quería comunicar el carácter especial del mensaje en la ropa del indio.

Luis Lazo de la Vega, quien en 1649 publicó una relación de la historia de la cual se desprenden muchas de las versiones posteriores, especifica muy claramente que la ropa estaba identificada con las clases indias.[20] Los miembros de la clase gobernante española usaban lana o algodón y después seda, pero los indios se vestían de una manta larga hecha de *ayate* o fibra de cacto; así el material mismo en que la divina imagen se imprimió recordaba un medio indio. La Virgen, en su selección de un signo visual, evitó las lenguas escrita o hablada que habrían requerido la traducción entre las personas involucradas. De hecho, como un comentarista escribió en el siglo XVII, la imagen de Ella eliminó la necesidad de la escritura: "ésta, como está pintada, no necesita escritos porque ella misma es la escritura impresa en el papel de una manta".[21]

Escogiendo a un mensajero indio, una persona a quien, según la versión de Lizardi, el obispo y sus pajes ridiculizan porque es un indio, la Virgen validó la palabra india. La conversación entre los pajes muestra cuántos desacreditaban este lenguaje inferior de los indios; uno dice que advirtió al obispo: "Que son [los indios] unos embusteros,/brujos y supersticiosos,/ignorantes y hechiceros". Y el otro replica: "Hiciste bien de decir/la verdad de *verbo ad verbum*;". La dramatización de Lizardi de la historia en un momento cuando México estaba revalorizando su ser indio sugiere que se podía confiar en que este componente indígena de la población dijera la verdad pero que los mexicanos europeizados (los pajes), que copiaban el latín de sus amos y pensaban que ellos tenían acceso a la verdad, en realidad eran los verdaderos mentirosos.

Una loa colonial provee evidencia más temprana de que la Virgen mexicana fuera considerada la encarnación de la verdad de Dios, y que un indio fuera identificado como su vocero.[22] Un frutero indio está sacando frutas de su canasta para explicar cualidades de la Virgen: "Es madre de la verdad,/es en todo Virgen bella,/fue a gusto del Padre en ella/que el Verbo había de encarnar,/y así se llegó a formar:/ 'clara luz, divina estrella'" (90). Otra loa colonial muestra el punto en el cual se veía a la Virgen como mujer y la lucha entre el bien y el mal entendida en términos sexuales. Lucifer, de una manera cómica y realista, está quejándose ante San Miguel de que la Virgen le haya derrotado:

> ¿Posible es que una mujer
> me cause tanto temor?
> ¡No es posible! ¡No es posible
> ¿Quién tan gran bajeza vio?
> ¿No soy yo el Rey de los vicios? ....
> Y por último, ¿mi esfuerzo

> no los cielos revolvió,
> ni soy, en fin, el que quiso
> oponerse al mismo Dios?
> Pues si todo ese poder
> ha encerrado mi rencor,
> ¿cómo ahora me da pavor
> solamente una mujer? (98-9).

Esta humanización de la Virgen se ve en la manera en que Lizardi trata la leyenda guadalupana. Después de que Juan Diego, y los Músicos que están comentando la acción, al principio se dirigen a Ella como si fuera una reina, la Virgen, cuando habla, subraya su identidad como "madre" —pero "madre" específicamente de "los indios". Pero, de modo diferente a las representaciones europeas de la Virgen en las que su maternidad está enfocada, la Virgen mexicana no está retratada aquí, ni en otras escenas literarias visuales, como preñada o junto a su Hijo:

> Hijito tierno:
> sabe que yo soy María,
> madre del Dios verdadero,
> que es el autor de la vida,
> señor de la tierra y cielo,
> y es mi voluntad, atiende,
> se me haga una casa o templo
> en este mismo lugar,
> donde como madre quiero
> dispensar mis beneficios
> a los indios; .... (43).

Oficialmente en sus títulos honoríficos siempre era "corredentora con Cristo", "reina del cielo", y "protectora de las Américas"; pero en el auto de Lizardi, Juan Diego y el obispo se refieren a Ella familiarmente como "niña" (el término recuerda así el lenguaje coloquial, si no popular).

Parece que la adaptación que hizo Lizardi de la leyenda no contribuye con nada significativo a la historia guadalupana básica. Su empleo del tema da la impresión de predicar la piedad y la obediencia; Juan Diego, por ejemplo, habla de cumplir sus obligaciones asistiendo a la Misa. Sin embargo, como el sermón de Fray Servando, el auto de Lizardi, de una manera subversivamente ortodoxa, recuerda la justificación española de la Conquista —la salvación de los indios de su superstición, prácticas sangrientas bárbaras y condena segura al infierno. Su auto repite la historia de las enseñanzas franciscanas y devoción a los padres como Motolinía. Su relato de esta historia religiosa en este momento de conflicto político sugiere la transformación de la mujer y el indio en protagonistas seculares de cambio.

II

Lizardi, el primer novelista que tuvo Hispanoamérica, escribió una novela para mujeres —*La Quijotita y su prima* (1818, 1819),[23] dos años después de su primer ensayo con una forma ficticia larga. La historia picaresca de *La Quijotita*, supuestamente diseñada para enseñar a las mujeres los peligros de la frivolidad y la locura, y a sus padres la necesidad de educar bien a sus hijas, en realidad propone cuestiones fundamentales de la identidad colonial. En la pintura de personajes femeninos, por ejemplo, Lizardi no solamente subraya el hecho de que la mayoría de la población mexicana tenía una madre india, o había sido amamantada con la leche india —una herencia que en el período colonial el gusto europeizado habría escondido— sino que también, en una escena temprana en la novela, ficticiamente desviste a la mujer. Este enfoque en la identidad biológica de la mujer dramáticamente comunicó a sus lectores la naturaleza esencial del hombre mexicano, su dependencia material en las clases indias y la necesidad de la mujer en la labor de crear una cultura doméstica.

En la escena, Matilde, la madre de la hija bien educada, está hablando con su hermana Eufrosina, la madre de la mal educada Pomposa o "la Quijotita". Matilde ha amamantado a su hija mientras Eufrosina ha mandado a la suya con nodrizas. Una amiga de Eufrosina, de igual parecer que ella, comenta: "la crianza acaba a las mujeres, y por fin, no es moda, ni se quedan estas cosas para las personas de nuestra clase, sino para las pobretas, y gente ordinaria". En aquel momento Pascual, el gerente de un rancho que posee el esposo de Matilde, entra. Él tiene en la mano dos cachorros que ha tomado de los pechos de una campesina cuya propia criatura ha abandonado; y él con indignación —pero cómicamente— dice: "si la viera, mi amo, qué colorada está y más gorda que un marrano capón, y con dos tetas tamañotas, que a fe que para vaca chichihua valía un dineral".

Los lectores de Lizardi se habrían escandalizado por varias razones. Aunque el autor ostensiblemente está satirizando a las mujeres de las clases altas en México, quienes, los lectores aprenden, imitaban la moda europea en perjuicio de la salud de sus niños, su lenguaje, que desafía el pudor, es vulgar y trae a la luz el cuerpo de la mujer. Su discusión abierta de la naturaleza biológica de la mujer está fuera de lo normal para él y no será repetida en sus otras novelas; tipos populares, como el payo y los indios que están conectados a la materialidad de la mujer, en general desaparecen de sus historias de hombres, escritas después. Las mujeres de las clases altas muchas veces eran el objeto de la crítica de escritores coloniales que las censuraban por sus gustos extravagantes, los cuales resultaban en la ruina económica de su familia; y Eufrosina es tal persona. Pero Lizardi, que usó el tema de la caída de un hombre en otras novelas picarescas, muy atrevidamente introduce lo que sería la caída de una mujer de la clase alta, su indiscreción sexual fuera del matrimonio; se refiere al aborto de la muchacha, aunque mínimamente.

En *La Quijotita*, la moda y la ciencia de la Ilustración dan al autor mexicano diferentes posibilidades discursivas para discutir a "la mujer" de las de la literatura española tradicional. Los hispanoamericanos habían aprendido que "la mujer", como "el indio" y "el sujeto colonial", era un ser inferior débil, que constantemente necesitaba la fuerza y protección de sus amos naturales. Bajo la apariencia de una historia para mujeres en *La Quijotita*, por lo tanto, yo leo un profundo examen de ideas clásicas acerca de la naturaleza humana. A medida que los mexicanos comprendían que la reforma y la autonomía dentro del imperio español no eran factibles y que la independencia era preferible, ellos necesitaban reexaminar explicaciones europeas de su naturaleza americana; y el tema de "la mujer" les permitía este auto-análisis. Cuando en la novela Lizardi discute la identificación, común en el período, del "furor uterino" (otro término para la ninfomanía) como prueba de la inherente debilidad de la mujer y la consiguiente necesidad de que ella fuera vigilada y cuidada, se introduce el tópico como parte de un estudio de cómo la biología puede afectar aquella cosa intangible que el discurso teológico nombra "el espíritu". Pero la discusión médica también despierta la cuestión de si la vida de los seres humanos está determinada por su biología —un asunto de gran interés para los sujetos coloniales que ansiaban librarse de la inferioridad que se pensaba que los caracterizaba. Lizardi, dividido entre la visión de la mujer de las ciencias de la Ilustración y las varias visiones de la Iglesia (o ella es naturalmente piadosa y así tiene una naturaleza superior, o, como inferior al hombre, ella necesariamente tiene que estar subordinada al gobierno de los hombres), aquí está empleando a "la mujer" para representar al "sujeto colonial".

Un panfleto político utiliza una imagen de la mujer con un niño al pecho de una manera semejante; aunque fechado más tarde (1822), proporciona evidencia de la extensión y las resonancias políticas de la interpretación de Lizardi:

> México, esta Vaca chichihua, tan pingüe y tan lechera que desde principios del siglo diez y seis (año de 1521) hasta el 27 de septiembre de 1821 ha dado generosamente y con pasmosa prodigalidad, á España y toda la Europa, ¿qué digo? á todo el mundo entero, leche, jocoque, coajade, mantequilla, queso, requesón y mil otras producciones o compuestos que se sacan del simple de aquel candido licor: Tenoxtitlan, esta india desgraciada, triste madre de los más infortunados hijos, que a pescozones y patadas han sido por el largo espacio de trescientos años, violenta, bárbara y cruelmente arrancados del tierno y dulce regazo de su cara infausta madre, para que los españoles y cualesquiera otros extrangeros advenedizos pudiesen libremente extraer con ansia avara el delicioso, nutritivo y apreciable jugo de sus mamilas, hasta saciar si fuese posible aquella sed idrópica de la codicia humana ....

Y una nota al mismo texto se refiere a un

> geroglífico [con que pasquinaron los mexicanos al Virrey Lacroix] que representaba a esta América bajo la forma de una india muy tetona a cuyos

pies yacían sus propios hijos expresando en sus lánguidos semblantes la cruel hambre que devoraba sus estomagos; y los ajenos ó gachupinsitos muy pegados a las chiches mamando ansiosamente sus pezones .... [24]

En ambos, la ficción de Lizardi y el panfleto político, las visiones de la mujer en el acto de amamantar dramáticamente plantean cuestiones de la madre legítima y las necesidades de los hijos. El panfleto político recuerda las representaciones pictóricas cristianas de la Madre e Hijo; y las sugerencias religiosas debían haber intensificado la cólera colonial en cuanto a la explotación de la tierra y la gente. La descripción novelesca de Lizardi de la maternidad en *La Quijotita*, la cual está inspirada en la temática de la Ilustración pero también en la retórica política como el ejemplo arriba, está lejos del trato normal de la mujer en la literatura cortesana española.

El choque de ver expuestos los pechos de la mujer, aunque a través de las palabras, puede haber sido, en el caso del panfleto político, un esfuerzo escatológico deliberado para ofender a los lectores mexicanos enseñándoles la verdad de los retratos españoles de una América fecunda. Sin embargo, en la novela de Lizardi, la mirada a los pechos de una campesina reprocha la postura anti-biológica de la mujer mexicana de las clases altas. Como esta mujer negaba su función maternal para poder demostrar su riqueza y posición social, ella se separaba de otras mujeres indias. Pero esta improductividad, que también caracterizaba a muchos hombres como sacerdotes, nobles y solteros irresponsables, no podía ser tolerada en la nueva nación. Así, detrás de esta discusión ficticia de la maternidad de mexicanas de la clase alta yace una advertencia política y económica a la colonia. Aunque el tono narrativo es cómico en la presentación del cuerpo desnudo, yo no leo un estímulo al deseo erótico del lector en las palabras de Lizardi, sino una llamada profunda a reexaminar la naturaleza humana mexicana en el contexto de las necesidades nacionales.

III

Me dirijo ahora a otra obra de Lizardi —su *Calendario para el año de 1825, dedicado a las señoritas americanas, especialmente a las patriotas*.[25] Como parte de esta publicación secular, basada en el calendario litúrgico de la Iglesia, Lizardi introdujo biografías cortas de "las heroínas mexicanas", Leona Vicario, María Rodríguez Lazarín, María Fermina Rivera, Manuela Herrera (criollas de alguna importancia) y otras pobres cuyos nombres él no sabía. Como otras guerreras legendarias, como las soldaderas de la revolución mexicana de 1910, estas mujeres que participaron en la guerra de independencia de España no eran típicas amas de casa. Inflamadas por amor a la patria, ellas aguantaron el encarcelamiento y la tortura. Mariana Rodríguez de Lazarín, por ejemplo, estuvo en la cárcel por siete meses, *incomunicada*, y rehusó revelar quiénes eran sus conspiradores. Lizardi escribe: "Mariana era una roca" y entonces: "Digan ahora los necios si las mujeres son incapaces de valor, secreto y constancia.

Estas virtudes se hallan muchas veces en el bello y delicado sexo más afirmadas que en el fuerte". Manuela Herrera, la hija de una familia rica, ayudó a los insurgentes y viajó con ellos. Lizardi cuenta la historia de que una vez, fugitiva y sucia, ella descubrió unos baños termales y, mientras se bañaba en uno, puso su ropa sucia en otro "con el objeto de que se murieran los innumerables y asquerosos animalillos de que abundaban". Sin embargo, cuando fue para recogerla, encontró que la actividad del agua la había deshecho; y tuvo que refugiarse en una gruta hasta que algunas indias que pasaban pudieron darle socorro.

El heroísmo, que es lo que tenían en común estas mujeres y lo que Lizardi destacaba como el atributo que sus compatriotas debían admirar y emular, es, algunos argüirían, sólo un valor masculino disfrazado. Estas mexicanas ganaron renombre porque entraron en una esfera de actividad normalmente habitada por hombres. Esta percepción, muchas veces invocada para disminuir la importancia de su contribución y limitar la cualidad de su feminismo, es precisamente el punto que quiero señalar. Las acciones de estas heroínas se contrastan vívidamente con las de la Quijotita, que debe ser censurada cuando sale de la casa de su padre y comienza a actuar por su propia cuenta; no había una actividad apropiada para una mujer respetable aparte de ser una esposa cumplida y madre. Las acciones de ellas también ofrecen un contraste con las de las santas católicas, a quienes el martirio típicamente convirtió en víctimas admirables. Se deben entender las acciones de estas heroínas como un reproche poderoso a los hombres mexicanos; las fuerzas y sus sacrificios a metas patrióticas reprendieron a los mexicanos cuya dedicación a la nueva nación estaba vacilando en 1825. El ejemplo de la resistencia de estas mujeres al dominio español sería útil a aquella generación mexicana, aunque la virtud guerrera de su heroísmo también habría inspirado ambigüedad en un momento cuando el gobierno en un tiempo de paz trataba de sofocar la rebelión y consolidar su poder. También se puede leer la unión de las mujeres a través de las clases como un modelo de filantropía y servicio público para todos los mexicanos.

Si, después de la Independencia, la noción de "amor de la patria", que la imagen de la Virgen de Guadalupe da evidencia de haber fomentado, comenzó a sugerir que otras formas de trabajo femenino, y otras expresiones de la naturaleza femenina, fueron posibles, no está claro que se les haya permitido a las mujeres mexicanas una expansión de su papel social. No hay evidencia abrumante que en el período poscolonial mexicano el lenguaje republicano de "los ciudadanos", que permitía un sentido creciente de igualdad entre los sexos en Francia, por ejemplo, trajera grandes cambios para las mexicanas. Como la primera revista literaria en México, *El Iris* (1826) muestra en sus planchas de la moda y artículos en que figuran las mujeres,[26] todavía se veía a "la mujer" en términos de la galantería y sentimentalismo de los hombres, y la contribución de ella a la vida de la familia y la virtud cívica. Las viejas ideas aristocráticas mueren con dificultad, sobre todo en las colonias, y actitudes anticuadas hacia la mujer se perpetuaban en el período poscolonial, excluyendo así oportunidades para la acción independiente que las actividades de "las heroínas" parecían abrir. Pero la emergencia de estas nuevas formas de literatura secular, como "el calendario" de Lizardi y *El Iris*, revela una conciencia intensificada por parte de los hombres mexicanos de que las mujeres como "madres" de la juventud mexicana, o "lectores", merecían una nueva consideración; también se podía contar con que ellas (i.e., mujeres de las clases altas), ya no sólo consumidoras piadosas de la literatura devocional, podían comprar las nuevas revistas nacionales.

IV

Paso ahora a considerar una serie de veintiún panfletos políticos publicados a lo largo de 1829 por un escritor mexicano que se firmaba G. T.[27] Para discutir eventos y dar consejos a los líderes mexicanos, G. T. creó a dos figuras alegóricas, Doña Clara Verdad y Doña Juana Valiente, quienes en diálogo rimado, desarrollan su perspectiva chismosa. Se llaman "viejitas", y se ve que ellas sacan sus noticias y sus opiniones de una red de amistades con otras mujeres. Doña Clara dice, por ejemplo, "tengo mil amigas/y visito tantas casas" ("Diálogo Veinte"). Doña Clara dice que ella visita los hospitales y habla en pro de los pobres cuya condición triste le hiere el alma. Las dos se quejan de que los sirvientes muchas veces sobrevivan de las sobras de comida de sus amos y que se remunere tan mal a los artesanos que a veces no puedan dar de comer a su familia. Ellas describen medicinas caseras para la tos y cuentan cómo se consume su tiempo lavando la ropa. Ellas asisten devotamente a la Misa y dan caridad a los pobres; su conexión con la Virgen de Guadalupe se establece en el "Diálogo Quinto" cuando Doña Clara dice que ella acaba de visitar a la Virgen "a las seis de la mañana ... a encomendarle esta patria" (su lenguaje sugiere no sólo su participación en la Misa sino una reunión entre dos mujeres). En un panfleto "Lágrimas de mexicanas casadas con españoles", ellas presentan el dilema de las mexicanas casadas con esposos españoles que, a causa de la orden reciente de que todos los españoles fueran expulsados de México, también tendrían que abandonar su casa. El sentido de causa común en un destino mexicano, si no la identidad racial mixta de ellas, se ve cuando una llama a la otra familiarmente "negrita" ("Diálogo Nueve").

Estas mujeres no se jactan de su amor a la patria, pero su interés por el bienestar de sus compatriotas claramente lo demuestra. Doña Clara, que ha atestiguado la violencia en las calles de la Ciudad de México mientras los ejércitos invadían para sacar botín, se queja de cómo se empleaba la sentencia de la excomunión para castigar a gente hambrienta:

> ¿Qué hemos de hacer? siempre ha sido
> costumbre antigua adoptada
> la de saquear las ciudades
> donde se da una batalla,
> y más la plebe de México

> que con tanta ansia anhelaba
> meterle la uña al Parian [un almacén para la comida];
> conque cate Usted, mi hermana,
> que esto lo permite Dios
> para probar a las almas,
> a ver si tienen paciencia
> los que antes de esta jarana
> en tiempo de insurrección
> robaron cuanto encontraban:
> los descendientes de aquéllos
> que refiere el Padre Casas,
> hicieron en la conquista
> cien mil robos y matanzas,
> y esto es que venían a traernos
> la religión sacro-santa,
> que eran cristianos añejos,
> y sobre la gente indiana
> no tuvieron más derecho
> que el de la rapiña, ¡vaya!
> mas éstos nunca incurrieron
> en ex-comunión, hermana,
> porque de lo que robaron
> algo remitían a España,
> y porque tenían licencia
> del Rey, del Diablo, y del Papa ("Diálogo Segundo").

Doña Clara Verdad y Doña Juana Valiente son las voces de los ciudadanos inocentes, las víctimas impotentes de decisiones políticas y acciones militares, que tienen que reconstruir su vida después de que los hombres poderosos han ejecutado sus planes. Estas mujeres simpatizan con los que han atacado aquel símbolo de riqueza, el Parián, y entienden que las masas indias han aprendido a robar y matar por medio del ejemplo histórico de la Conquista española (personificada, en la última línea, por tres hombres: el Rey, el Diablo y el Papa). La honradez y el claro sentido moral de ellas, se entiende, es el resultado de su vida en una cultura oral, en contraste con la de esos hombres que piensan que están educados porque han leído "tres gramáticas" ("Diálogo Cuarto"). Su libertad de palabra resulta del hecho de que hablan en casa, en vez de en lugares públicos donde alguien les pueda oír ("Diálogo Primero").

Sus voces critican la política oficial del gobierno; sin embargo, es imposible vincular absolutamente su punto de vista (aunque ellas generalmente se entusiasman por Antonio López de Santa Anna) con un campo político o perspectiva ideológica. En el "Diálogo Sexto", ellas acusan a aquellos líderes mexicanos, como Lorenzo de Zavala, por que han encontrado sus ideas progresivas en la prestigiosa Logia Escocesa y que como consecuencia "hoy pretenden/con la perfidia más rara/volver la Iglesia a Lutero,/a Calvino y su canalla". Entonces, la vuelta de estas mujeres ficticias a un discurso basado en una devoción a la Virgen de Guadalupe no es un retiro al tradicionalismo español (la Iglesia de los hombres estaba demasiado perjudicada por los excesos del clero), sino que representa un esfuerzo por medio de un símbolo religioso femenino todavía creíble para contrarrestar experimentos liberales contemporáneos y preservar algo de la base religiosa de la vida cívica.

En otro asunto, en el "Diálogo Octavo", Doña Clara y Doña Juana atacan al gobierno mexicano que, en los siete años desde la Independencia, había basado su política fiscal en la imposición de la alcabala en productos importados. En vez de hacer más difícil el consumo de artículos de lujo no necesarios el efecto de esta legislación era incurrir en deudas porque los ricos persistían en sus hábitos de compra; y los artesanos mexicanos desesperadamente presenciaban la muerte de la industria mexicana al ver invadir el mercado mexicano por los productos británicos. Las mujeres creen que el gobierno mexicano debe excluir artículos fabricados en el extranjero y, a la vez, dar estímulos para desarrollar la producción doméstica.

Desde su perspectiva alternativa, las mujeres critican una nueva clase de hombre que había surgido para llenar la asamblea y que estaba abusando de las nuevas libertades:

> ... hay muchos en la *asamblea*,
> que no saben dicernir,
> cuál es su mano derecha:
> hay otros muy orgullosos,
> pedantes en sus arengas,
> y ... si Usted los va a pulsar,
> entienden tanto en materias
> de leyes y de política,
> que para machos de recua,
> les falta la *sobre-enjalma*.
> porque hasta *aparejo* llevan:
> ¿qué leyes podrán dictar,
> aunque su intención sea buena,
> los que no saben ni leer
> el *Todo fiel* en la escuela? ("Diálogo Octavo").

Aquí el lenguaje popular mexicano propone una visión de estos hombres como "machos de recua", quienes no tenían "la sobre-enjalma" (¿la civilidad?) pero sí llevaban "aparejo" (¿su estado vil?).

V

Aunque el arte y la literatura muchas veces han permitido que las mujeres funcionen como figuras alegóricas, creo que la atribución imaginativa de G. T. de una perspectiva alternativa en la historia colonial mexicana y la política gubernamental poscolonial a la mujer mexicana es sugestivamente literal. Para los años de la Independencia la conciencia del mestizaje caracterizaba la identidad mexicana extensivamente. La crianza de las indígenas a la mayor parte de la población mexicana, sus preocupaciones domésticas, sus lenguas indias y dependencia en la transmisión oral de la tradición, y su entendimiento de las realidades materiales habrían formado la mente mexicana, aunque sólo fuera un recuerdo irritante de lo diferente que era México de la Europa civilizada. Se puede aseverar que el distanciamiento crítico que las mujeres mantenían del lenguaje metropolitano, ayudó a promover el pensamiento independiente en la Colonia.

A partir de 1821, en los años posteriores a la Independencia cuando se permitió la libertad de prensa y un número de agrupaciones compitieron por el poder, varias voces proclamaban que sabían lo que era la verdad. Escritores políticos variadamente se apellidaban "El verdadero liberal", "Un verdadero patriota" y "El verdadero mexicano". La crítica, llamada "la verdad", y una conciencia de las realidades nacionales, muchas veces era atribuída imaginativamente a los indios, mujeres y payos. Así, se puede equiparar la voz de Doña Clara Verdad con "la verdad" desde la perspectiva de la población mexicana, ahora algo feminizada como consecuencia de preocupaciones materiales indígenas. Doña Juana Valiente —y aquí no sé si el autor pensaba recordar con "Juana" al mensajero indio, Juan Diego— da a entender en su nombre "valor", otro atributo asociado con las clases indígenas que prestaban su servicio militar. El término habría transmitido la idea de la guerra reciente con España, cuando los indios morían en los dos lados del conflicto. "El valor" o "el heroísmo" era lo único que se podía considerar que los pobres poseían; sólo tenían la vida que ofrecer. Sin embargo, en 1829 "el amor a la patria", que había producido este "valor", había llegado a ser tan problemático que jóvenes que patrióticamente rendían la vida en campañas militares, eran llamados "facciosos y rebeldes" ("Diálogo Sexto") porque cada uno de los jefes mexicanos que se oponía proclamaba que hablaba en el nombre de la patria y tachaba las tropas de su opositor de esta manera. Doña Juana Valiente aparentemente estaba perturbada por estos cambios de significado de los vocablos "valor" y "patriotismo"; por consiguiente, se debe entender su nombre irónicamente, como calculado para hacer que los lectores contemporáneos pensaran en cómo estos términos heroicos habían sido apropiados y comprometidos.

Es lógico que el periodismo, la panfletería política y la literatura escrita para instruir y entretener —formas de discurso público que comenzaban a suplementar y aun reemplazar la instrucción religiosa en aquellos años— tomaran elementos del vocabulario religioso ya establecido. Lo que yo encuentro significativo en la apropiación mexicana de la imagen guadalupana, sin embargo, es la manera en que, en un momento cuando se estaba atacando la Iglesia masculina (el Papado, el clero, etc.), este principio femenino, que el catolicismo había hecho parte de la esencia divina, todavía fuera útil como símbolo. Los pensadores independentistas mexicanos, varones, para alejarse de las instituciones coloniales paternalistas pero también de algunas de las nuevas ideologías protestantes y seculares, podían convalidar sus reclamos de veracidad y amor a la patria apropiándose de las cualidades que Ella poseía. Se podía utilizar una imagen que contenía información teológica (i.e., unión con algo trascendental) para comunicar sugerencias de una unión secular (i.e., la nación con su llamada por el bien de todos).

En este período poscolonial, mientras las Logias Escocesa y York competían por la supremacía en México, otra vez dos Vírgenes simbolizaban las ambiciones de grupos separados de hombres —la Virgen de Guadalupe quedaba como la favorita de la Logia York (ellos decían representar los intereses nacionales); la Virgen del Pilar de Zaragoza y Santiago, eran escogidos por la conservadora Logia Escocesa (que mayormente había heredado los intereses españoles).[28] Una medida de la manera en que la iconografía guadalupana fue reinterpretada por propósitos seculares es el dibujo adjunto para un panfleto político (1825). En la escena, con las figuras obligatorias, un criollo (su traje elegante denota su posición alta) se arrodilla ante la Virgen de Guadalupe; su homenaje ahora sugiere su obediencia a la ley y a la nación mexicanas (i.e., el gobierno), en vez de la devoción religiosa.[29] La imagen de Ella es la misma, aunque dotada de un nuevo significado político; pero es de notar que Juan Diego, el indio, ha sido reemplazado por esta figura aristocrática.

Si los escritores masculinos como Lizardi y G. T. escogieron a las mujeres como sujetos ficticios para encarnar nuevos intereses y puntos de vista, tal vez ellos sólo vieran parcialmente a la mujer mexicana e, incluso, trataran de controlarla con sus imágenes. Como Jean Franco ha mostrado,[30] muchas veces no se hacía caso de las mujeres en la época colonial en México, o éstas eran acalladas. Pero si, en estas primeras décadas del siglo XIX, las mujeres no hablaban totalmente por sí mismas, por lo menos se hacían visibles y se asociaba algún valor a su retrato literal y figurativo. Lo que hace pensar, sin embargo, es la evidencia de que, después de este momento inicial de actividad política y de identificación de la mujer con el acto de decir la verdad, en los años siguientes, revistas como *El Iris* limitaban su esfera de acción con pinturas de la nueva mujer, vestida según la moda europea en bonete, corsé, etc.

Diferente de cualquier otro debate artístico del período, el proceso representacional conectado con la devoción a la Virgen de Guadalupe estimuló gran discusión. Cuestiones acerca de la transferencia milagrosa de la esencia divina a la existencia material eran básicas a la creencia de Su imagen impresa en la tilma. La figuración oficial había llegado a ser tan fija en el siglo XVIII que una iconografía invariable era parte del poder de la imagen (Lafaye, 258-9). Pero, con sus alusiones históricas y antropológicas, el sermón del Padre Mier tuvo el efecto de desacralizar Su imagen y pluralizar las posibilidades para Su representación introduciendo la idea de muchas imágenes indias. Los mexicanos ordinarios comenzaron a participar en Su representación (y también sacaron provecho económico del proceso) cuando la industria de los retablos, la cual empezó a florecer en la década de 1820 en una área limitada del México central, circulaba la imagen de la Virgen visual y concretamente entre las masas.[31]

Si otros gobiernos, nacidos entonces, también se valían de símbolos femeninos para representar la nación nueva, el uso que los mexicanos hicieron de la imagen guadalupana parece más rico en su reconocimiento del carácter racial del país, en su capacidad de sintetizar la fe popular con las necesidades intelectuales de liderazgo. Si la literatura guadalupana, escrita en español en la época colonial, se limitaba a expresiones de agradecimiento (como el soneto de Sor Juana, "La compuesta de flores Maravilla"), ahora se podría emplear su declaración de patriotismo para proyectar un futuro independiente para el estado nacional al mismo tiempo que se preservaba un fundamento religioso para la sociedad. La imagen de la Virgen de Guadalupe autorizó afirmaciones de verdad, una tarea necesaria en este momento de descolonización cuando los sujetos coloniales estaban tratando de aseverar sus propias verdades frente a las premisas imperiales. En los cuatro ejemplos que he trazado en donde se vio retratada la mujer —el "auto mariano", la novela, el "calendario" con sus biografías heroicas y los panfletos políticos— autores seculares variamente emplearon a "la mujer" para personificar, y así verbalizar, nuevos puntos de vista.

Notas

[1] Leí dos versiones de este ensayo como ponencias en la MLA (Washington, D.C., 1990) y en una conferencia "Multiple Voices: Women of the Americas" (Berkeley, CA, 1991). Quisiera agradecer a Rosa Perelmuter y Gwen Kirkpatrick por estas invitaciones, y también formalizar mis gracias a Francine Masiello, Norma Alarcón y Linda Lewin por sus comentarios.

[2] El análisis de Octavio Paz en *El laberinto de la soledad* (México: Fondo de Cultura Económica, 1950) subraya el carácter violado y conquistado de la mujer mexicana. Movimientos de resistencia en la Argentina, Chile y el Perú recientemente han demostrado las contribuciones importantes que las mujeres han hecho al desarrollo político de su país. Para una discusión teórica valiosa, véase Julieta Kirkwood, "El feminismo como negación del autoritarismo", en *Y hasta cuándo esperaremos mandan-dirun-dirun-dán, Mujer y poder en América Latina*, ed. Alberto Koschutzke (Caracas: Editorial Nueva Sociedad, 1989), 53-62.

[3] Margaret R. Miles, *Carnal Knowing: Female Nakedness and Religious Meaning in the Christian West* (New York: Vintage, 1991; orig. Boston: Beacon Press, 1989).

[4] Doris Sommer, *Foundational Fictions, The National Romances of Latin America* (Berkeley: University of California Press, 1991).

[5] El importante estudio de la mujer en México, de Silvia Marina Arrom, *The Women of Mexico City, 1790-1857* (Stanford: Stanford University Press, 1985), no menciona la historia guadalupana. Pilar Gonzalbo Aizpuru (*Las mujeres en la Nueva España, educación y vida cotidiana* (México: El Colegio de México, 1987) describe útilmente el ideal femenino de la imaginación del Siglo de Oro español ("la gracia cortesana y la piedad religiosa", 30) y traza la preocupación acerca de la educación de la mujer en el siglo XVIII en España y Nueva España, así como el interés en el siglo XIX en las "heroínas" de la independencia. Pero, el interés de ella en la imagen de la Virgen de Guadalupe se limita a su mensaje de mestizaje y no considera la definición de la femineidad que esa imagen implica.

[6] "The Feminine Press: The View of Women in the Colonial Journals of Spanish America, 1790-1810", en *Latin American Women: Historical Perspectives*, ed. Asunción Lavrin (Westport: Greenwood Press, 1978), 198-218. La traducción aquí y en otras partes de este estudio es mía.

[7] Véase Francisco de la Maza, *El guadalupanismo mexicano* (México: Fondo de Cultura Económica, SEP, 1984); Jacques Lafaye, *Quetzalcoatl and Guadalupe, The Formation of Mexican National Consciousness, 1531-1813* Trans. Benjamin Keen (Chicago: University of Chicago Press, 1976). Para una colección de los documentos guadalupanos, véase Ernesto de la Torre Villar y Ramiro Navarro de Anda, ed. *Testimonios históricos guadalupanos* (México: Fondo de Cultura Económica, 1982).

[8] Los teólogos e historiadores sociales han detallado la evolución de la devoción, principalmente en términos institucionales. Véanse los muchos estudios de Mariano Cuevas, S. J., y J. Lloyd Mecham, *Church and State in Latin America, A History of Politico-Ecclesiastical Relations*, rev. ed. (Chapel Hill: University of North Carolina Press, 1966). Para una discusión, corta pero valiosa, véase Jaime del Arenal Fenochio, "Modernidad, mito y religiosidad en el nacimiento de México", en *The Independence of Mexico and the Creation of the New Nation*, ed. Jaime Rodríguez O. (Los Angeles e Irvine: University of California Press, 1989), 237-46; esto es una respuesta a un estudio de Ernesto Lemoine, publicado en *La formación del estado mexicano*, ed. María del Refugio González (México: Porrúa, 1984), 43-8.

[9] Las bibliografías revelan un gran surtido de materiales impresos relacionados al culto, que fueron publicados en México en los últimos años del siglo XVIII y los primeros años

del siglo XIX; véase, por ejemplo, Gloria Grajales y Ernest J. Burrus, S. J., ed. *Bibliografía Guadalupana (1538-1984)* (Washington, D.C.: Georgetown University Press, 1986).

[10] Hugh M. Hamill, Jr. *The Hidalgo Revolt, Prelude to Independence* (Gainesville: University of Florida Press, 1966) dice que es imposible saber exactamente lo que gritó Hidalgo (121); pero la versión que yo doy es la más aceptada por la tradición. El estudio militar de Hamill está enriquecido por el acercamiento de Victor Turner en "Hidalgo: History as Social Drama", *Dramas, Fields, and Metaphors* (Ithaca, NY: Cornell University Press, 1974), Cap. 4.

[11] Ignacio Carrillo y Pérez, *Lo máximo en lo mínimo. La portentosa imagen de Nuestra Señora de los Remedios, conquistadora y patrona de la imperial ciudad de México* ....(México: Don Mariano de Zúñiga y Ontiveros, 1808) y también por Carrillo y Pérez, *Pensil americano florido en el rigor del invierno, la Imagen de María Santísima de Guadalupe, Aparecida en la Corte de la Septentrional América México, En donde escribía esta Historia ...*, hijo de esta Ciudad y Dependiente de su Real Casa de Moneda, año de 1793 (México: D. Mariano Joseph de Zúñiga y Ontiveros, ed. facsímile Edmundo Aviña Levy, 1984).

[12] Ernesto de la Torre Villar, *Los Guadalupes y la Independencia, con una selección de documentos inéditos* (México: Editorial Porrúa, 1985).

[13] "Sermón" en de la Torre Villar y Navarro de Anda, 732-52. William B. Taylor, en "The Virgen de Guadalupe in New Spain: An Inquiry into the Social History of Mexican Devotion", *American Ethnologist* 14 (1987): 9-33, califica esta visión convencional de la devoción guadalupana como la fe india. Él traza la dispersión del culto al valle de México, el centro administrativo colonial y a ricas zonas agrícolas donde la población india no era extensa; dice que al final del período colonial "el culto guadalupano era promovido principalmente por la *intelligensia* criolla" (23). Concluye que "Guadalupe como símbolo de la nación para los indios y la gente común sería más un producto de la guerra que un símbolo dominante universal disponible para 'activar las masas'" (23-4). Creo que mis conclusiones son consistentes con las de Taylor.

[14] Florencia describe estos *mapas*, bailes y canciones en *La Estrella de la milagrosa imagen de María Stma. de Guadalupe, escrita en el siglo XVII por el P. Francisco de Florencia ...* (Guadalajara: Imprenta de J. Cabrera, 1895), 95-101, como también Carrillo y Pérez, *Pensil*, 109. Bailes y canciones indios figuran en el estudio de Mariano Fernández de Echeverría y Veitia, *Baluartes de México. Descripción histórica de las cuatro milagrosas imágenes de Nuestra Señora que se veneran en la muy noble, leal, e imperial ciudad de México, capital de la Nueva España* (Méjico: Imprenta de D. Alejandro Valdés, 1820, ed. facsímile Edmundo Aviña Levy, 1967), 12, 61.

[15] *Pensil*, 113. Véase también el informe (1756) por el artista del siglo XVIII, Miguel Cabrera, en el que atestigua que, porque él encontró cuatro medios en la pintura, él dedujo que la obra no fue el producto de un ser humano; reimpreso en Donald Demarest y Coley Taylor, ed. *The Dark Virgin, The Book of Our Lady of Guadalupe, A Documentary Anthology* (Freeport, Maine: Coley Taylor, Inc., 1956).

[16] En esta visión de la Virgen como madre pero también la fuente de puntos de vista que corrige la Iglesia oficial, Jacques Lafaye ha visto a la Mujer de Revelación, la cual representa "la iglesia de los eremitas y monjes, que volverá a construir la iglesia espiritual" (225).

[17] Jacobo Chencinsky (33-4) discute el problema de fechar el *Auto mariano* de Lizardi en su edición *Obras, José Joaquín Fernández de Lizardi* Vol. 2 *Teatro* (México: UNAM, 1965), 33-4. He consultado esta versión del drama para este estudio. Jefferson Rea Spell, "The Life and Works of José Joaquín Fernández de Lizardi" (Ph.D. diss., U of Pennsylvania, 1931) prefiere la fecha más temprana (56).

[18] Ubaldo Vargas Martínez, "Prólogo" a *Obras, Lizardi* Vol. 2, enfatiza la marginalidad de Lizardi con respecto al teatro de su época (17, 31). Lizardi no hacía caso de los preceptos

teatrales para la forma dominante, prefiriendo inspirarse en los modos populares; y Vargas Martínez cree que la mayor parte del teatro de Lizardi había de ser recitada en voz alta (aunque concede las posibilidades para la representación del *Auto*).

[19] Lafaye observa que "la selección que hace la Virgen de un pastor humilde para ser el mensajero de Su gracia es un detalle obligatorio del género" [i.e., la narración de la aparición de la Virgen de Guadalupe] (219).

[20] Primo Feliciano Velázquez, *La aparición de Santa María de Guadalupe* (México: Imprenta "Patricio Sanz", 1931), 230-31.

[21] Jerónimo de Valladolid, "Dedicatoria", *La Estrella del Norte de México aparecida al rayar el día de la luz evangélica en este Nuevo Mundo en la cumbre del cerro del Tepeyac, orilla del mar texcucano ...*, Francisco de Florencia, S.J. (México: Doña María de Benavides, Viuda de Juan Ribera, 1688), citado en de la Maza (92).

[22] Esta loa y la siguiente están sacadas de Enrique de Olavarría y Ferrari, *Reseña histórica del teatro en México, 1538-1911* 3a ed. (México: Editorial Porrúa, 1961).

[23] Todas las citas serán a la edición de María Carmen Ruíz Castañeda, *La Quijotita y su prima* (México: Editorial Porrúa, 1967), y se incluirán en mi texto.

[24] Facundo Casares y Farria, "México, esta Vaca chichihua" (México: Oficina de D. José María Ramos Palomera, 1822).

[25] (México: Oficina de D. Mariano Ontiveros, n.d.). He consultado la copia en la Biblioteca Británica.

[26] *El Iris*, ed. Claudio Linati, Florencio Galli, José María Heredia (México: Oficina del Iris, 1826), ed. facsímile María del Carmen Ruíz Castañeda y Luis Mario Schneider (México: UNAM, 1986).

[27] *Colección de los diálogos críticos, entre Doña Clara Verdad y Doña Juana Valiente ... escrita por G.T.* (México: Imprenta del C. Valdés, 1829). Éstos están encuadernados en un volumen que se encuentra en la colección Sutro de la California State Library System (San Francisco). Yo estoy suponiendo que la identificación dada por María Carmen Ruíz Castañeda y Sergio Márquez Acevedo en *Catálogo de seudónimos, anagramas, iniciales y otros alias usados por escritores mexicanos y extranjeros que han publicado en México* (México: UNAM, 1985) que G.T. era Vicente García Torres (1811-1894). Aunque las mujeres contribuían al *Diario de México* en el período 1805-12, ellas no solían escribir en los periódicos o panfletos políticos en los años después de la guerra. También las mujeres normalmente se identificaban con una firma cuando escribían.

[28] José María Mateos, *Historia de la masonería en México* (México: "La Tolerancia", 1884), 31.

[29] Fr. Francisco Saavedra, "¿Qué nos reclama Fernando ligado con tanto rey? México rendirá el mando a la soberana ley; a otro soberano ¡Cuándo!" (México: Imprenta á cargo de Martín Rivera, 1825). La Biblioteca Bodleiana (Oxford) ha dado permiso para la reproducción de este grabado; se lo agradezco.

[30] *Plotting Women, Gender and Representation in Mexico* (New York: Columbia University Press, 1989).

[31] Gloria Kay Giffords, *Mexican Folk Retablos, Masterpieces on Tin* (Tucson: University of Arizona Press, 1974), 19.

DIANA DE ARMAS WILSON es profesora de estudios renacentistas en el Departamento de Inglés de la Universidad de Denver. Es autora de *Allegories of Love: Cervantes' Persiles and Segismunda* (Princeton University Press, 1991) y co-editora de *Quixotic Desire: Psychoanalytic Perspective on Don Quijote* (Cornell University Press, 1993). Entre sus más recientes ensayos se encuentra la introducción a la nueva traducción inglesa de *Don Quijote* (Norton, 1995) realizada por Burton Raffel. Su nuevo libro, de próxima aparición, se titula *Cervantes and the Matter of America*.

TRINIDAD BARRERA. Profesora de literatura hispanoamericana en la Facultad de Filología de la Universidad de Sevilla y Miembro de la Junta Directiva de la Asociación Española de Estudios Literarios Hispanoamericanos. Fue profesora visitante de la Universidad de Bielefeld (Alemania Federal) en 1987, de la Universidad de Princeton (USA) en 1990 y de The Ohio State University en 1994 Es autora de *La estructura de Abaddón el exterminador*, 1982. Ha publicado también diversos trabajos sobre Sábato, Azuela, Cortázar, Vallejo, Güiraldes, Florencio Sánchez, Fray Gaspar de Carvajal, Colón, Bernardo de Balbuena y otros.

MARIE-CÉCILE BÉNASSY-BERLING, Universidad de Paris III, Sorbonne Nouvelle. Directora del Centre de Recherche Interuniversitaire sur l'Amérique Espagnole Coloniale (13 libros colectivos editados, el último *Langues et culture en Amerique espagnole coloniale*. Es autora de numerosas publicaciones sobre el período barroco y, en particular, sobre Sor Juana Inés de la Cruz. Su libro *Humanisme et religion en Sor Juana Ines de la Cruz* fue publicado en francés en 1982 y en español por la UNAM en 1983.

MARÍA DOLORES BRAVO ARRIAGA. Profesora titular de literatura novohispana en la Facultad de Filosofía y Letras de la UNAM. Imparte un Seminario de fuentes originales en torno a Sor Juana. Ha sido profesora visitante en distintas universidades de México y España. Entre sus últimas publicaciones se cuentan: *Obra selecta de Sor Juana Inés de la Cruz* (1994); "Dos dedicatorias de Núñez a Santa Cruz, indicios inéditos de una relación peligrosa", en *La literatura novohispana, revisión y crítica y propuestas metodológicas*. José Pascual Buxó y Arnulfo Herrera, eds. (México: UNAM, 1994); y "Signos religiosos y géneros literarios en el discurso de poder", en *Sor Juana y su mundo* (México: Universidad del Claustro de Sor Juana, 1995).

SARA CASTRO-KLAREN es *Research Professor* de literatura y cultura latinoamericanas en la Johns Hopkins University. Sus campos de especialización incluyen la novela moderna, teoría y cultura colonial desde una perspectiva postcolonial. Ha publicado numerosos estudios sobre la obra de José María Arguedas, Euclides da Cunha, Rosario Ferré y Diamela Eltit, entre otros. Varios ensayos sobre Cortázar se encuentran reunidos en *Escritura, transgresión y sujeto en la literatura latinoamericana* (1989). Además es autora de *Understanding Mario Vargas Llosa*

(1990). Más recientemente ha publicado artículos sobre Guaman Poma, el Inca Garcilaso de la Vega, los disturbios del Taqui-Oncoy y teoría post-colonial. Prepara un libro sobre la representación literaria del canibalismo.

RAQUEL CHANG-RODRÍGUEZ es profesora de literatura y civilización hispanoamericanas en The City College y The Graduate School, City University of New York (CUNY). Ha publicado varios libros y numerosos artículos sobre literatura colonial entre los cuales se destacan: *Prosa hispanoamericana virreinal* (1978), *Violencia y subversión en la prosa colonial hispanoamericana, siglos XVI y XVII* (1982) y *El discurso disidente: ensayos de literatura colonial peruana* (1991). Dirige la revista interdisciplinaria *Colonial Latin American Review.* Coordinó un número monográfico de *Review: Latin American Literature and Arts* 48 (1994) dedicado a las escritoras contemporáneas.

JORGE CHECA es *Associate Professor* en la Universidad de California, Santa Barbara. Es autor del libro *Gracián y la imaginación arquitectónica* (1986), de una extensa antología sobre la cultura y la ideología del Barroco en España (1992), así como de numerosos ensayos sobre Gracián, Cervantes y Sor Juana Inés de la Cruz, entre otros autores. Actualmente trabaja en un proyecto acerca de las nociones de experiencia y representación en el mundo hispánico durante la temprana modernidad.

ROSA HELENA CHINCHILLA es profesora en la Universidad de Connecticut en Storrs donde enseña literatura del Siglo de Oro y literatura feminista. Ha editado el manuscrito de *Arte de las tres lenguas* por Francisco Ximénez. Artículos suyos sobre el humanismo colonial aparecerán en *Revista de Bibliografía Interamericana, Anales de la Academia de Geografía e Historia de Guatemala* y *Revista Iberoamericana*. También ha contribuido con estudios filológicos a la *Historia General de Guatemala* en los volúmenes pre-colombino y colonial.

ALICIA DE COLOMBÍ-MONGUIÓ es profesora de humanidades y de español en la State University of New York, en Albany. Sus múltiples publicaciones sobre poesía medieval, renacentista y barroca incluyen *De amor y poesía en la España medieval: prólogo a Juan Ruiz* (1976) y *Petrarquismo peruano: la poesía de Diego Dávalos y Figueroa* (1985).

MARGO GLANTZ, profesora emérita de la UNAM, fue también profesora visitante en las universidades de Princeton y Yale. Entre sus obras de creación se cuentan *Las genealogías* (1981, Premio Magda Donato) y *Síndrome de naufragios* (1984, Premio Xavier Villaurrutia). Entre sus trabajos críticos se destacan *La lengua en la mano* (1983), *De la amorosa inclinación a enredarse en cabellos* (1984), *Borrones y Borradores* (Ensayos de literatura colonial, 1992), *Notas y documentos sobre Alvar Núñez Cabeza de Vaca* (Ed., 1992), *Esguince de cinturas* (1994), *La Malinche, sus padres y sus hijos* (Ed., 1994).

FRANK GRAZIANO es *Assistant Professor* de español y estudios latinoamericanos en la American University. Sus publicaciones más recientes incluyen *Divine Violence: Spectacle, Psychosexuality, and Radical Christianity in Argentine "Dirty War"* (1992) y *Semblanza de Alejandra Pizarnik* (1992). Acaba de terminar un libro sobre Felisberto Hernández y actualmente está trabajando en un libro sobre Santa Rosa de Lima.

JULIE GREER JOHNSON es profesora de español en la Universidad de Georgia. Entre sus publicaciones se encuentran *Women in Colonial Spanish American Literature: Literary Images* (1983), *The Book in the Americas: The Role of Books and Printing in the Development of Culture and Society in Colonial Latin America* (1988) y *Turning the New World Upside Down: Satire in Colonial Spanish America* (1993). En 1984 fue John Carter Brown Fellow en la Universidad de Brown en Providence, Rhode Island. En 1988 recibió una beca para investigación en la Newberry Library, en Chicago.

ASUNCIÓN LAVRIN es profesora de historia en Arizona State University. Recibió su Ph.D. en la Universidad de Harvard y ha escrito numerosos ensayos sobre mujeres, sociedad e Iglesia en el México colonial y sobre la mujer latinoamericana en el siglo XX. Es editora y co-autora de *Women in Latin America: Historical Perspectives* (1978) y *Sexuality and Marriage in Colonial Latin America* (1988). Es también autora del libro *Women, Feminism and Social Change in Argentina, Chile and Uruguay, 1890-1940*, editado por University of Nebraska Press.

KATHLEEN MYERS es profesora titular de literatura hispanoamericana en la Universidad de Indiana en Bloomington. Es autora de *Word from New Spain: The Spiritual Autobiography of Madre María de San José* (Liverpool, 1993). Su próximo libro sobre la misma escritora, *A Wild Country Out in the Garden*, realizado en colaboración con Amanda Powell, será publicado por Indiana University Press. La doctora Myers y Amanda Powell recibieron una beca de la National Endowment for the Humanities para la realización de dicho libro.

MABEL MORAÑA es profesora en la Universidad de Pittsburgh y Miembro de la Dirección Editorial de la *Revista Iberoamericana*. Sus trabajos sobre el siglo XX incluyen *Literatura y cultura nacional en Hispanoamérica, 1910-1940* (1982) y *Memorias de la generación fantasma* (1988). Es editora de *Relecturas del Barroco de Indias* (1994) y co-editora de *La imaginación histórica en el siglo XIX* (1994). Ha coordinado volúmenes especiales sobre literatura colonial para la *Revista de Crítica Literaria Latinoamericana* y la *Revista Iberoamericana* y publicado múltiples artículos sobre el Barroco hispanoamericano.

JOSÉ PASCUAL BUXÓ. Es profesor de la UNAM y Director del Instituto de Investigaciones Bibliográficas de la misma. Es también miembro de la Academia Mexicana de la Lengua. Sus publicaciones sobre el período colonial incluyen

Góngora en la poesía novohispana (1960), *Muerte y desengaño en la poesía novohispana* (1977), *Sor Juana Inés de la Cruz en el conocimiento de su Sueño* (1984), *La imaginación en el Nuevo Mundo* (1988) y numerosos artículos sobre Bernardo de Balbuena, Diego de Ojeda, Domínguez Camargo, etc. Su último libro se titula *El enamorado de Sor Juana. Francisco Álvarez de Velasco Zorrilla y su Carta laudatoria (1698) a Sor Juana Inés de la Cruz.*

ROSA PERELMUTER recibió su doctorado de la Universidad de Michigan y actualmente es *Associate Professor* en la Universidad de Carolina del Norte, Chapel Hill. Es autora de *Noche intelectual: La oscuridad idiomática en el "Primero sueño"* (1982), así como de otros ensayos sobre Sor Juana, Ercilla y Balbuena. Actualmente prepara dos monografías: una sobre las descripciones de la naturaleza en la poesía épica hispanoamericana de los siglos XVI y XVII y otra sobre la poesía lírica de Sor Juana.

GEORGINA SABAT DE RIVERS pertenece al Departamento de Lenguas y Literaturas Hispánicas en la Universidad del Estado de Nueva York en Stony Brook. Ha publicado varios libros, ediciones anotadas y numerosos artículos sobre autores coloniales, principalmente Sor Juana Inés de la Cruz, Balbuena, Sigüenza y Góngora, Domínguez Camargo, entre otros. Su último libro se titula *Bibliografía y otras cuestiúnculas sorjuaninas* en Salta, Argentina.

STACEY SCHLAU enseña literatura y cultura latinoamericanas y estudios de la mujer, además de ejercer como Directora del Programa de Estudios de la Mujer, en la West Chester University (PA). Además del libro escrito con Electa Arenal, *Untold Sisters: Hispanic Nuns in Their Own Works* (1989), ha publicado ensayos sobre narradoras latinoamericanas desde el siglo XVII hasta el XX.

ELÍAS TRABULSE es profesor-investigador de El Colegio de México, asesor y co-director de la Historia de la Humanidad de la UNESCO, Miembro de la Academia Mexicana de la Historia y de la Real Sociedad Vascongada de Amigos del País. Entre sus últimos libros podemos mencionar *Historia de la ciencia en México, Archipiélagos siderales, Eclipses y astronomía en la historia de México, José María Velasco: un paisaje de la ciencia en México, Ciencia mexicana, Los orígenes de la ciencia moderna en México (1630-1680)* y *Ciencia y tecnología en el Nuevo Mundo.* Ha editado las obras de Sor Juana Inés de la Cruz, Carlos de Sigüenza y Góngora y Francisco Javier de Gamboa.

NANCY VOGELEY es profesora de la literatura hispanoamericana en la Universidad de San Francisco. Es especialista en literatura de la emancipación mexicana. Sus artículos han sido publicados por las revistas *Estudios* (Caracas), *Bulletin of Hispanic Studies, Dispositio, Diacritics,* etc. Está actualmente terminando un libro sobre la novelística de José Joaquín Fernández de Lizardi.

www.ingramcontent.com/pod-product-compliance
Lightning Source LLC
Chambersburg PA
CBHW071400300426
44114CB00016B/2132